KÖSTER–ROBINSON

ENTWICKLUNGSLINIEN DURCH DIE WELT
DES FRÜHEN CHRISTENTUMS

ENTWICKLUNGSLINIEN DURCH DIE WELT DES FRÜHEN CHRISTENTUMS

von

HELMUT KÖSTER UND JAMES M. ROBINSON

1 9 7 1

J. C. B. MOHR (PAUL SIEBECK) TÜBINGEN

ISBN 3 16 131511 1 (Brosch.)

ISBN 3 16 131512 X (Lw.)

Unseren deutschen Freunden

GÜNTHER BORNKAMM

ERNST HAENCHEN

ERNST KÄSEMANN

VORWORT

Von den acht Kapiteln dieses Buches sind vier bereits als Aufsätze veröffentlicht worden (die bibliographischen Nachweise finden sich jeweils in der
Titelanmerkung der betreffenden Kapitel). Warum diese acht Aufsätze hier
als Kapitel eines Buches erscheinen, sagt James Robinson in der Einleitung.

Kapitel I und III übersetzten mein Bruder Pfarrer Dr. Reinhard Köster
und seine Frau Maria Köster aus dem Englischen ins Deutsche, Kapitel VII
meine Frau Gisela Köster. Dafür sei ihnen an dieser Stelle gedankt. Für die
deutsche Fassung von Kapitel II, IV–VI und VIII ist Helmut Köster verantwortlich.

Fräulein Ann Bradley und Frau Elisabeth Lapointe danken wir für viele
Hilfe und viel Geduld beim Schreiben des Manuskriptes, beim Lesen der Korrektur und bei der Abfassung der Register. Die Initiative von Herrn Dr. Hans
Georg Siebeck und das Entgegenkommen des Verlags Fortress Press in Phila-
delphia haben dazu geholfen, diese deutsche Ausgabe des demnächst er-
scheinenden Buches „Trajectories through Early Christianity" so schnell erscheinen zu lassen. Schließlich hat dazu auch die Druckerei mit einem sauberen
und zuverlässigen Satz des Manuskriptes nicht wenig beigetragen. Ihnen allen
gilt unser Dank.

Wir widmen die deutsche Fassung dieses Buches den deutschen Freunden,
die durch Anregung, Ermunterung und Kritik unsere Arbeit beständig begleitet haben. Wenn wir dabei Günther Bornkamm, Ernst Haenchen und
Ernst Käsemann besonders nennen, so geschieht das deshalb, weil diesen ver-
dienten und älteren Kollegen ganz besonderer Dank gebührt.

Helmut Köster

James M. Robinson

Cambridge (Massachusetts)

und Paris, im November 1970

INHALTSVERZEICHNIS

ABKÜRZUNGSVERZEICHNIS

ADAIK	=	Abhandlungen des Deutschen Archäologischen Instituts Kairo
ASNU	=	Acta Seminarii Neotestamentici Upsaliensis
ATD	=	Das Alte Testament Deutsch
AThANT	=	Abhandlungen zur Theologie des Alten und Neuen Testaments
BG	=	Berolinensis Gnosticus 8502
BevTh	=	Beiträge zur evangelischen Theologie
BhTh	=	Beiträge zur historischen Theologie
Bornkamm, Ges. Aufs.	=	G. Bornkamm: I. Das Ende des Gesetzes, 1961³; II. Studien zur Antike und Urchristentum, 1963²; III. Geschichte und Glaube, 1968
CBQ	=	The Catholic Biblical Quarterly
CG	=	Cairensis Gnosticus (Nag Hammadi Codices)
CSCO	=	Corpus Scriptorum Christianorum Orientalium
EKL	=	Evangelisches Kirchenlexikon
EvTh	=	Evangelische Theologie
ExpT	=	The Expository Times
FRLANT	=	Forschungen zur Religion und Literatur des Alten und Neuen Testaments
GCS	=	Die Griechischen Christlichen Schriftsteller der ersten drei Jahrhunderte
Gn	=	Gnomon
GuV	=	R. Bultmann, Glauben und Verstehen, 1–4, 1933–1965
Hennecke-Schneemelcher	=	E. Hennecke, Neutestamentliche Apokryphen, 3. Aufl., hg. von W. Schneemelcher, I, 1959; II, 1964
HNT	=	Handbuch zum Neuen Testament, hg. von H. Lietzmann
HThR	=	The Harvard Theological Review
HUCA	=	Hebrew Union College Annual
HUTh	=	Hermeneutische Untersuchungen zur Theologie
IZBG	=	Internationale Zeitschriftenschau für Bibelwissenschaft und Grenzgebiete
JBL	=	Journal of Biblical Literature
JBR	=	Journal of Bible and Religion
JThC	=	Journal for Theology and the Church
HThS	=	Journal of Theological Studies
Käsemann, EVB	=	Ernst Käsemann, Exegetische Versuche und Besinnungen, I, 1960; II, 1965
MeyerK	=	Kritisch-exegetischer Kommentar über das NT, begr. von H. A. W. Meyer
Neotestamentica	=	E. Schweizer, Neotestamentica, 1963
NF	=	Neue Folge
NovTest	=	Novum Testamentum
NTS	=	New Testament Studies
RB	=	Revue Biblique
RE	=	Realencyklopädie für protestantische Theologie und Kirche
RGG	=	Die Religion in Geschichte und Gegenwart
SBT	=	Studies in Biblical Theology

SHA	=	Sitzungsberichte der Heidelberger Akademie der Wissenschaften
SQS	=	Sammlung ausgewählter kirchen- und dogmengeschichtlicher Quellenschriften
Strack-Billerbeck	=	H. L. Strack und P. Billerbeck, Kommentar zum Neuen Testament aus Talmud und Midrasch, 1922–1961
ThB	=	Theologische Bücherei
StTh	=	Studia Theologica
ThF	=	Theologische Forschung
ThLZ	=	Theologische Literaturzeitung
ThR	=	Theologische Rundschau
ThSt	=	Theological Studies
ThWNT	=	Theologisches Wörterbuch zum Neuen Testament, hg. von G. Kittel und G. Friedrich, I–VIII
TU	=	Texte und Untersuchungen zur Geschichte der altchristlichen Literatur
USQR	=	Union Seminary Quarterly Review, New York
VigChr	=	Vigiliae Christianae
VuF	=	Verkündigung und Forschung
WMzANT	=	Wissenschaftliche Monographien zum Alten und Neuen Testament
WUzNT	=	Wissenschaftliche Untersuchungen zum Neuen Testament
ZAW	=	Zeitschrift für die alttestamentliche Wissenschaft
ZNW	=	Zeitschrift für die neutestamentliche Wissenschaft
ZThK	=	Zeitschrift für Theologie und Kirche

Sonstige Abkürzungen:

aaO	=	am angegebenen Ort
Anm.	=	Anmerkung
Aufl.	=	Auflage (nur wenn unentbehrlich, sonst: 1960[3])
Bd.	=	Band
bes.	=	besonders (nur in Anm.)
ders.	=	derselbe
f ff	=	folgende (ohne folgenden Punkt)
hg.	=	herausgegeben
Kap.	=	Kapitel
par, parr	=	Parallele, Parallelen (nur bei Stellenzitaten)
S.	=	Seite (nur wenn unentbehrlich und bei Querverweisen innerhalb des Bandes)
s.	=	siehe
s. o.	=	siehe oben
s. u.	=	siehe unten
übers.	=	übersetzt
vgl.	=	vergleiche
z. B.	=	zum Beispiel
z. St.	=	zur Stelle

EINLEITUNG: DEMONTAGE UND NEUER AUFBAU DER KATEGORIEN NEUTESTAMENTLICHER WISSENSCHAFT

JAMES M. ROBINSON

Die Aufsätze dieses Bandes sind von zwei Autoren unabhängig voneinander verfaßt worden. Sie sind jedoch thematisch und vom Ansatz her so eng miteinander verwoben, daß es angemessen ist, sie als die Kapitel *eines* Buches zu veröffentlichen; denn in außerordentlich hohem Maße stellen sie ein gemeinsam zurückgelegtes Stück des Weges der wissenschaftlichen Arbeit dar. Beide Autoren haben bei Bultmann studiert, beide sind beteiligt bei der gegenwärtig sich vollziehenden Einbürgerung dieser wissenschaftlichen Tradition auf amerikanischem Boden, beide beurteilen die Richtung, die die Erforschung der Frühgeschichte des Christentums in Zukunft einschlagen sollte, ähnlich. So spiegeln diese Aufsätze ausdrücklich oder auch stillschweigend einen Gedankenaustausch wider, wie er sich auf dem gemeinsam beschrittenen Wege vollzogen hat und noch vollzieht. Sinn dieser Einleitung und ebenso des Schlußkapitels ist es, das, worin die Aufsätze richtungweisend sein könnten, explizit zu formulieren, sowie die Voraussetzungen, von denen sie ausgehen, und die Folgerungen, auf die sie in programmatischer Weise hinzielen, zu benennen.

I. Neutestamentliche Forschung als moderne Wissenschaft

Neutestamentliche Forschung als geistige Betätigung ist eine moderne Wissenschaft, die das moderne Wirklichkeitsverständnis sowohl widerspiegelt als auch formen hilft. Dieses dialektische Verhältnis zum Realitätsbewußtsein teilt sie ganz allgemein mit den Geisteswissenschaften, aber auch mit den Sozial- und Naturwissenschaften. Jeder Wissenschaftler und Forscher, der sich mit einem Gegenstand aus der Vergangenheit beschäftigt, bringt dabei seine gegenwärtige Auffassung von Realität ins Spiel, und die Ergebnisse seiner Untersuchungen vermehren umgekehrt den vorhandenen Bestand an Erkenntnis, von dessen Entwicklung her unser Wirklichkeitsverständnis eine ständige Veränderung erfährt.

Die Astronomie hat es nicht mit den Sternen in ihrer gegenwärtigen Beschaffenheit zu tun, sondern mit Lichtwellen, die von Sternen vor Millionen von Jahren ausgegangen sind; doch die Astronomie ist in jeder Hinsicht eine moderne Wissenschaft, die von sehr komplizierten Wirklichkeitsvorstellungen ausgeht und umgekehrt unser Verständnis der Wirklichkeit ungeheuer bereichert, wie das Zeitalter der Weltraumforschung hinreichend deutlich zeigt.

Ähnlich ist es mit den meisten Formen gesellschaftlicher Organisation und psychischer Erfahrung. Ihre Ursprünge sind oft prähistorisch, aber die Methoden, mit denen diese Phänomene wissenschaftlich erforscht werden, sind modern, und die Wirkung, die von diesen Phänomenen ausgeht, hat sich vorwiegend erst in unserer Zeit, die einen wissenschaftlichen Zugang zu ihnen hat, bemerkbar gemacht. Der heute als terminus technicus benutzte Ausdruck „Ödipuskomplex" knüpft an die klassische, zweieinhalb Jahrtausende alte dramatische Gestaltung des sophokleischen Ödipus Rex an. Tatsächlich hat es die psychologische Realität, die dieser Ausdruck bezeichnet, schon zu unvordenklichen Zeiten gegeben, längst vor dem klassischen Griechenland und völlig unabhängig davon, ob die thebanische Legende einen historischen Kern hat oder nicht. Doch als wissenschaftliche Kategorie ist der Ausdruck ein Produkt der modernen Psychologie, und er hat das Wirklichkeitsverständnis wesentlich erst in unserer Zeit beeinflußt. Der Ausdruck als solcher ist ein Neologismus.

Auch das Neue Testament ist ein klassischer Text des Altertums, der auf Legenden unterschiedlicher geschichtlicher Zuverlässigkeit fußt, der jedoch bestimmten Phänomenen klassischen Ausdruck verliehen hat – Phänomene, welche die Forschung in moderne Kategorien faßt und damit so freisetzt, daß sie eine wirksame Rolle im Vollzug der fortlaufenden Revidierung des Wirklichkeitsverständnisses spielen.

Als bekanntes Beispiel sei das Schlagwort „der historische Jesus" genannt. Dieser Ausdruck bezieht sich offensichtlich auf eine Gestalt der Vergangenheit. Doch in seiner technischen Bedeutung, in der er sich auf das vom Historiker wissenschaftlich rekonstruierte Bild Jesu bezieht, gehört der Ausdruck einem neueren Stadium der modernen Wissenschaft an. In dieser Hinsicht spiegelt er das Wirklichkeitsverständnis des Historismus wider und hat eine kritische Stoßrichtung inne, die einen bedeutsamen Einfluß auf die moderne abendländische Kultur ausgeübt hat, wie die Ausstrahlungskraft von Albert Schweitzers Geschichte der Leben-Jesu-Forschung beweist. Diese Wirkung kann nicht aus dem Zusammenhang der Neuzeit gelöst werden; sie hat keine unmittelbare Beziehung zu der Rolle, die Jesus in seiner eigenen Zeit gespielt hat, oder zu dem Verständnis Jesu als göttlicher Gestalt in der Folgezeit.

Was hiermit in bezug auf Jesus gesagt worden ist, gilt in gleicher Weise für das Neue Testament und das Urchristentum insgesamt. Die Wechselwirkung zwischen dem modernen Wirklichkeitsverständnis, aus dem die wissenschaftlichen Kategorien abgeleitet werden, und den Ergebnissen der wissenschaftlichen Untersuchungen, die ihrerseits das Wirklichkeitsverständnis modifizieren, ist sowohl unvermeidlich als auch legitim. Fortschritt wird erzielt, wenn die verwendeten modernen Kategorien genügend erhellende Kraft haben, um zu einem angemesseneren Verständnis des Forschungsgegenstandes zu führen, mit anderen Worten, wenn sie durch den Erfolg des wissenschaftlichen Vorhabens selbst eine, wenn auch bedingte, Bestätigung erfahren. Nichtsdestoweniger können die neuen Erkenntnisse, die durch die Anwendung brauchbarer Kategorien gewonnen wurden, ihrerseits eben diese Kategorien und ihre Voraussetzungen in Frage stellen. Das führt schließlich zu einer grundsätzlichen Infragestellung der bisherigen Kategorien im Hinblick darauf, ob sie dem gegenwärtigen Stand der Forschung noch angemessen sind. Die Folge ist eine Krise der Kategorien der Forschung.

Wenn wir Gegenstände der Analyse und Synthese unterziehen, sie Allgemeinbegriffen unterordnen, sie mit Hilfe von Kategorien aufschlüsseln, so hat das alles darin seinen Sinn, daß beides, Text und Erfahrung, einem tieferen und weiteren Verständnis erschlossen werden, daß ein höherer Grad des Begreifens und der Bedeutsamkeit erreicht wird. Allgemeinbegriffe sind in diesem Zusammenhang nicht grundsätzlich etwas dem Gegenstand Fremdes, das ihm erst beigelegt wird, sondern vielmehr Instrumente des Entdeckens, mit denen durch streng methodische Beobachtung bestimmte zusätzliche Tatbestände, besonders das Beziehungsgeflecht der verschiedenen Tatsachen und die Strukturen ihres Zusammenhangs erschlossen werden. Es wird dabei vorausgesetzt, daß die Abgrenzung der verschiedenen Kategorien, ihre Konturen und die in ihnen angegebene Richtung irgendwie zu der Realität passen, die untersucht wird.

Ein Gegenstand, der aus seinem Beziehungsgeflecht herausgelöst ist, kann nicht so gut verstanden werden wie ein Gegenstand, dessen Zusammenhänge bekannt sind. Aber ein Allgemeinbegriff, der in die Forschungsgegenstände als Teil der untersuchten Wirklichkeit hineinprojiziert wird, kann selbst überholt sein. Das tritt dann ein, wenn eine Wissenschaft nicht nur neues Material angehäuft, sondern auch sachlich einen Punkt erreicht hat, an dem die Verwendbarkeit des betreffenden Allgemeinbegriffes in Frage gestellt wird. Die Beibehaltung eines Allgemeinbegriffes wird dann, anstatt hilfreich zu sein, ein hemmender Faktor. Eine Wissenschaft, die im Netz ihrer eigenen unangemessenen Begriffe gefangen ist, tappt im dunkeln. Es mag sein, daß weiter Material angehäuft werden kann, aber die unangemessenen Kategorien, mit denen es erfaßt wird, vermindern seine Bedeutung und seinen Wert. An die Stelle geistigen Fortschritts tritt Geschäftigkeit.

Wenn eine Wissenschaft in eine solche Periode der Krise hineingerät, kann es geschehen, daß der Forschungsbetrieb dessenungeachtet eine Zeitlang weiterläuft, sehr zum Schaden des Fortschritts. Eine Wissenschaft, die durch die Mängel ihres konzeptionellen Apparats gefesselt ist, kann auf einen spürbaren Fortschritt nur hoffen, wenn sie sich zu einer kritischen Selbsterkenntnis durchringt, die in der Lage ist, die eigene Situation unverfälscht zu sehen und die Herausarbeitung neuer Konzeptionen gewissenhaft in Angriff zu nehmen.

II. Die Krise der Kategorien

Die neutestamentliche Wissenschaft ist in bezug auf die grundlegenden Kategorien, nach denen sie ihr Material ordnet, in eine Periode der Krise geraten. Der wichtigste Schritt, der deshalb jetzt getan werden muß, ist das Bemühen, Klarheit über diese Krise zu gewinnen. Diese Einleitung soll lösend zur Klärung der Krise beitragen. Die folgenden Kapitel wollen, bildlich gesprochen, als Erkundungsgänge in ein kartographisch noch nicht erfaßtes Gebiet verstanden werden und beispielhaft zeigen, welche Bemühungen erforderlich sind in einem Augenblick, in dem Demontage und Neubildung der grundlegenden Kategorien der wissenschaftlichen Disziplin den ersten Rang in der Dringlichkeitsliste einnehmen. Die fundamentale Kritik einer Disziplin wird gewöhnlich nicht von außen her an sie herangetragen. Sie hat tatsächlich erst dann die größte Bedeutung, wenn sie von innen her unternommen wird. Dann entsteht durch die Demontage nicht nur Platz für den Neubau, sondern es wird durch sie auch zugleich der Weg dazu aufgezeigt.

Wenn der Abbruch sorgfältig vollzogen wird, fördert er die tragenden Elemente zutage, die einen völligen Zusammenbruch verhindert haben, zeigt, wo die Spannungen am größten sind, und läßt erkennen, wo das angesammelte Material die Grenzen der Kategorien durchbrochen und wo die scheinbare Stabilität nur unbeständige, vorläufige Reparaturen verdeckt hat. Der Abbruch arbeitet sich bis zu den entscheidenden Stellen vor, von denen aus der ganze Aufbau aus dem Lot geraten ist, und deckt dabei u. U. strukturelle Fehler auf, die sonst nur am Endpunkt der in die Irre gegangenen Entwicklung erkennbar sind, nachdem der eigentliche Ursprung des Problems längst außer Sicht geraten ist. Der Abbruch bringt also Direktiven, Arbeitshypothesen, neue Beurteilungen der gegenwärtigen Situation hervor, durch die der Neuaufbau seinen ersten Anstoß und sein Recht erhält.

Die unmittelbare wissenschaftliche Reaktion auf einen Zusammenbruch oder ein mechanisches Versagen besteht darin, daß man die Ursache für den Unfall herauszufinden versucht. Dabei wird nicht ohne weiteres vorausgesetzt, daß der Schaden behoben werden kann oder daß die Maschine, die durch den Unfall ausgefallen ist, notwendigerweise wiederhergestellt und neu in Gebrauch genommen werden wird. Vielmehr hat die Feststellung der Stellen, an denen die mechanische Konstruktion versagt hat, einen Einfluß auf die ganze Forschung und Technologie in dem betreffenden Gebiet. Diese feinen, aber weitreichenden Konsequenzen, die sich so ergeben, haben ein größeres Gewicht als die Behebung eines bestimmten Schadens im Einzelfall. Denn bestimmte Einzelfälle von Unzulänglichkeit offenbaren bei systematischer Erfassung und Untersuchung, daß die gesamte Entwicklung in eine falsche Richtung läuft und lassen so in der Zusammenschau aller Einzelfälle gleichzeitig auch die Umrisse für eine neue Ausrichtung der Disziplin erkennen.

So haben sich in der Erforschung der synoptischen Evangelien verschiedene Quellenhypothesen als ungeeignet erwiesen, die in den zwanziger Jahren aufgestellt wurden, um solche Probleme zu klären, die nach dem Triumph der Zweiquellentheorie noch immer bestanden. Aber das Versagen dieser Quellenhypothesen war weniger darauf zurückzuführen, daß die einzelnen Vorschläge in sich nicht schlüssig gewesen wären, als vielmehr darauf, daß es die Literaturkritik selbst war, die als Instrument zur Erforschung der vorgegebenen Dokumente an ihre Grenzen gekommen war. Neuer Fortschritt wurde erst dadurch möglich, daß die Disziplin durch die Erforschung mündlicher Überlieferungen in eine neue Richtung gewiesen wurde.

Die neutestamentliche Wissenschaft hatte ihren ursprünglichen Ausgangspunkt von der traditionellen Auffassung des Neuen Testaments genommen. Diese traditionelle Sicht hatte sich in jenen Jahrhunderten herausgebildet, die vergangen waren, seit die historischen Umstände der Entstehung des Neuen Testaments in der frühen Kirche in Vergessenheit geraten waren. Diese Zeit kam zu ihrem Ende, als die moderne kritische Geschichtsschreibung sich an den Versuch machte, eben diese historischen Umstände der Entstehung des Neuen Testamentes zu rekonstruieren. Die Kritik bezog sich zunächst nicht auf diejenige Form des Neuen Testamentes, in der es sich zur Zeit seiner Abfassung befand; denn in diesem Zustande war es nicht mehr zugänglich, nachdem die historischen Umstände seiner Entstehung in Vergessenheit geraten waren. Erreichbarer Forschungsgegenstand war lediglich das Neue Testament, wie man es in den der kritischen Forschung vorausliegenden Jahrhunderten kannte.

Die erste kritische Aufgabe war die Beseitigung vorkritischer Textverderbnisse und die Rekonstruktion eines Textes, der dem Original so nahe wie möglich stand. Der gleiche Prozeß, zwar nicht immer deutlich erkennbar, aber immer tatsächlich vollzogen, mußte sich auf jeder Ebene neutestamentlicher Forschung wiederholen. So wie die Textkritik nicht mit dem Original begann, sondern mit dem kritiklos rezipierten byzantinischen Text, so sind in entsprechender Weise andere Zweige der neutestamentlichen Wissenschaft nicht aus der Kritik der tatsächlich ursprünglichen Schicht, sondern aus der Kritik der verschiedenen späteren Schichten von Überlieferungen, Legenden und Interpretationen hervorgegangen, die den Text überlagerten.

Dieser Abbau der vorkritischen Tradition war nicht notwendigerweise eine negative oder destruktive Angelegenheit, jedenfalls nicht mehr, als das bei der hier geforderten Demontage der modernen Forschungstradition der Fall ist. Was die kritische Forschung tat, war dieses: sie unterschied die verschiedenen Schichten der dem Text hinzugefügten Bedeutungen und versuchte, ursprünglichere Schichten von sekundären und tertiären zu sondern. Es ist ähnlich wie mit der Patina auf antiken Werken aus Bronze, Elfenbein oder Stein, deren interessante Tönung genau so schön oder noch schöner sein kann als das Kunstwerk in seinem ursprünglichen Zustand. Ebenso mag die Bedeutungsfülle, die das

Mittelalter einem Text beigelegt hat, beachtlicher sein als der ursprüngliche Sinn. Kritische Forschung muß die Bedeutung, die das Mittelalter so einem Text gegeben hat, nicht verwerfen; sie unterscheidet lediglich: die Bedeutung, die sich mit dem Text in einer bestimmten späten Phase seiner Geschichte verbindet, und die Bedeutung, die mit ihm verbunden war zu einer Zeit, die dem Autor und seinen Adressaten näherstand, – das sind eben zwei verschiedene Dinge.

Wenn heute Kunstwissenschaftler entdecken, daß ein Gemälde oder ein Fresko über das Werk eines früheren Meisters gemalt wurde, dann könnten sie sich der mühevollen Aufgabe unterziehen, die obere Schicht Stück für Stück zu entfernen und sie möglichst unbeschädigt wieder zusammenzusetzen. Sie werden den unersetzlichen Wert des späteren Meisterwerkes zu schätzen wissen, aber sie wissen auch um den Wert eines Cimabue, eines Giotto oder eines bisher unbekannten Meisters des Tricento, der überhaupt erst durch die Restaurationsarbeiten zugänglich gemacht werden kann. Bei der biblischen Wissenschaft liegen die Dinge ähnlich: der Wert des zugrunde liegenden Textes ist natürlich der Anreiz für die kritische Bearbeitung der überlagernden Schichten, und die kritische Analyse führt dazu, daß die Patinaschichten nicht mehr mit der ursprünglichen Schicht verwechselt werden können (was häufig Verärgerung hervorgerufen hat), sondern vielmehr als einer späteren Zeit zugehörig erkannt werden. Doch als Gegenstände christlicher Verehrung und als kultische Symbole sind sie deshalb nicht wertlos geworden; es kommt ihnen die gleiche Achtung zu wie einer Ikone, bei der es in der Beurteilung ihres Wertes keine Rolle spielt, ob sie den betreffenden Heiligen wirklich historisch getreu darstellt.

Allerdings hatte so mancher Gelehrte kein Interesse an der späten Schicht, auf die er zunächst gestoßen war, und hat sich deshalb nicht die Mühe gemacht, diese Schicht nach ihrer Entfernung wieder zu rekonstruieren. Obgleich das Interesse sich an der unkritischen Gleichsetzung der Überlagerungen mit dem ursprünglichen Text entzündete, blieb der ursprüngliche Text allein im Brennpunkt der Bemühungen, auch wenn man erkannt hatte, daß die späteren Überlagerungen ihre Eigenbedeutung hatten. Nachdem man sich z. B. davon überzeugt hatte, daß die Annahme der apostolischen Verfasserschaft des vierten Evangeliums nicht ursprünglich war, hat sich das Interesse meist nicht der Frage zugewandt, diese Annahme zu interpretieren (wie sie entstanden war, welche Geschichte sie gehabt hat, und was sie bedeutet), sondern vielmehr lediglich auf das, was man als die ursprüngliche Schicht ansah: wer war denn nun der Verfasser des vierten Evangeliums?

Man hat jedoch nicht hinreichend beachtet, daß die kritische Fragestellung, obwohl sie sich *auf* die ursprüngliche Schicht bezieht, nicht *durch* diese ursprünglichere Schicht veranlaßt wurde. Vielmehr verdankt die kritische Fragestellung ihre Entstehung der späteren sekundären Schicht, nämlich der Tatsache, daß die betreffende neutestamentliche Schrift sekundär einem Apostel zugeschrieben worden war. Die Aussage der Kritik, daß Johannes das vierte Evangelium *nicht* verfaßte, ist, methodisch gesehen, in Interesse, Begrifflichkeit und Blickrichtung der vorkritischen Sicht überraschend nahe verwandt. Denn die Fixierung auf die Frage der Verfasserschaft entstammt der Tradition, nicht der ursprünglichen Schicht des vierten Evangeliums selbst (in der Joh 21, 24–25 noch fehlte); und die Frage der Verfasserschaft ist für das vierte Evangelium selbst überhaupt nicht akut. Sein spezifisches Anliegen und die ihm angemessenen Kategorien könnten bei den Anstrengungen, die sekundäre Verfasserangabe zu widerlegen, zu kurz gekommen sein. Die Tatsache, daß eine unvermittelte Begegnung mit dem ursprünglichen Text nicht möglich war, ist die erste Fehlerquelle, die sich aus den von der modernen kritischen Wissenschaft übernommenen Kategorien ergibt. Die nachdrückliche Betonung der Objektivität in der kritischen Wissenschaft gegenüber den subjektiven kirchlichen Bedingungen, die Ausscheidung späterer Zusätze aus dem kritisch rekonstruierten Text, das Bemühen, die Ereignisse der Vergangenheit so darzustellen, wie sie eigentlich gewesen sind, und den Text in seiner ursprünglichen Intention zu erfassen, – das alles war ein so großer Fortschritt gegenüber der traditionellen Bibelauslegung, daß der Blick dafür verlorenging, daß ein kritischer Zugang zum Text an der Patina vorbei nicht möglich war und daß die historisch-kritische Methode darauf ausgerichtet war, durch die Patina hindurch zum ursprünglichen Text vorzudringen. Die Gestalt der obersten Schicht, bei der die historisch-kritische Arbeit begann, war durch die Patina bestimmt. Ihrer Gestalt entsprach deshalb das Gefälle, die Forschungsrichtung und die Problemstellung, mit denen die Forschung sich zunächst einmal beschäftigen mußte. Zwar kam die kritische Forschung Stück für Stück zu Schlüssen, die im Gegensatz zur Patina standen; sie entfernte die Patina und vertrat in ihren Feststellungen über den ursprünglichen Text ganz gegenteilige Ansichten. Aber gerade das trug dazu bei, die Ausgangslage zu verschleiern, aus der die kritische Arbeit ihre Ausrichtung durch das bekommen hatte, was zunächst vorgegeben und allein zugänglich war, nämlich die Patina selbst. Ein Grund dafür, daß die Einleitungswissenschaft offensichtlich in der uns vorausgehenden Generation ihre zentrale Rolle verloren hat, ist darin zu sehen, daß sie in erster Linie durch erfolgreiches Ringen mit der Patina „einleitete". Es gelang ihr, durch die Patina hindurchzustoßen und den Text selbst in den Griff zu bekommen, aber sie bohrte nur an den Stellen, an denen die Patina einen Anlaß dafür gab. Nachdem die Patina schließlich entfernt war, erschienen Ausrichtung und Intensität dieser Bemühungen willkürlich und übertrieben. Wer heute das Neue Testament studiert, mag so weit von der kulturellen Tradition abgerückt sein, daß die Patina für ihn gar nicht mehr existiert, oder er nimmt seinen Ausgangspunkt bei den Ergebnissen der kritischen Überprüfung, die ja selbst schon Tradition geworden ist. Wer an diesem Punkt der Entwicklung steht, der kann nicht mehr dadurch in einen Text „eingeführt" werden, daß man ihm Fragen beantwortet, die er nie gestellt hat oder die er als längst beantwortet ansieht, – Fragen jedenfalls, die vom ursprünglichen Text her gesehen ohnehin keine besondere Bedeutung haben. Das Gefühl des Unbehagens, das sich oft einstellt, wenn man sich mit der „Einleitung in das Neue Testament" beschäftigt, rührt letztlich nicht so sehr von der häufigen und triftigen Ablehnung der Tradition her, auch nicht von der mangelnden Beweiskraft mancher längst abgenutzter Argumente; es kommt vielmehr aus dem zunehmenden Verdacht, daß die ganze Angelegenheit, ohne Rücksicht darauf, wie sie gelöst bzw. nicht gelöst wird, herzlich wenig mit dem Text selbst zu tun hat. Der Anspruch des Textes, daß doch aus ihm heraus sich die Gestalt der wissenschaftlichen Fragestellung ergeben müsse, findet demgegenüber kaum Gehör.

III. Vom „Hintergrund" zu „Entwicklungslinien"

Die gegenwärtige Grundlagenkrise der neutestamentlichen Wissenschaft betrifft das ganze Spektrum ihrer Voraussetzungen und Kategorien, angefangen von empirischen Details, wie dem Begriffspaar „palästinensisch" und „hellenistisch" (das eine hier gar nicht vorhandene Übereinstimmung von bestimmten geographischen und kulturellen Grenzen voraussetzt) bis hin zu den abstraktesten Voraussetzungen der Wissenschaft überhaupt, ihren metaphysischen (oder antimetaphysischen) Vorentscheidungen. Ein prominentes Beispiel für eine solche metaphysische Vorentscheidung, auf das weiter unten noch näher einzugehen sein wird, ist gerade die Vorstellung vom „Hintergrund" des Neuen Testaments. Der Titel des vorliegenden Bandes „Entwicklungslinien durch die Welt des frühen Christentums" zielt in der Tat hin auf die Demontage und den Neubau der vielleicht umfassendsten und grundlegendsten Kategorie – der traditionellen statischen, substantivischen, am Gegensatz von „Wesen" und „Akzidenz" orientierten Metaphysik, die für unsere ererbten Kategorien grundlegend war. Der Titel will die Notwendigkeit andeuten, diese Metaphysik durch eine dynamische, historische, an der Existenz und an der Entwicklung orientierte neue Metaphysik zu ersetzen, von der aus eine ganze Tafel neugefaßter Kategorien in den Blick kommt.

Für die heutzutage vorherrschende Ablehnung der Metaphysik sind nicht nur erkenntnistheoretische Erwägungen verantwortlich, die darauf hinauslaufen, daß solche Spekulationen über letztgültige Kategorien niemals wissenschaftlich kontrolliert und als Erkenntnis verifiziert werden können. Sie beruht in gewissem Grade auch auf der Einsicht, daß die traditionelle Metaphysik unsere Vorstellung von der Wirklichkeit in einem solchen Maße belastet, daß sie uns unsere eigene Geschichtlichkeit verstellt.

Es ist ja das historische Bewußtsein der Moderne, das die Aufmerksamkeit auf die Unangemessenheit der substanzhaften Kategorienbildung in der Wissenschaft gerichtet hat. Dieses historische Bewußtsein hat natürlich auch zur modernen Geschichtsschreibung geführt, deren Ergebnisse wiederum als Katalysator für die Durchsetzung des historischen Denkens gewirkt haben. Doch für diese Ergebnise war es hinderlich, daß sie mit dem ganzen Gewicht einer Begriffsbildung belastet waren, die einer unhistorischen Metaphysik entstammte. Die zunehmende Inkommensurabilität zwischen der Zielrichtung, in welche die zu immer größerer Fülle zusammengetragenen historischen Materialien selbst weisen, und der ganz anderen Zielrichtung, die durch die überkommenen Kategorien bestimmt wird, mit denen diese Materialien geordnet werden, ist ein grundlegendes Problem moderner Geschichtsschreibung. Dieses Dilemma beruht eben darauf, daß sich die neuere Geschichtsschreibung zwar im Aufbruch des modernen historischen Bewußtseins, aber doch gleichzeitig auf der Grundlage der traditionellen Metaphysik entwickelte. Diese fehlende Kongruenz ist die Wurzel der Widersprüche im Charakter der Geschichtsschreibung, die einerseits als deutlichster Ausdruck für das moderne Geschichtsbewußtsein anzusehen ist, andererseits aber eine unzureichende Erscheinungsform seiner Selbstdarstellung blieb.

Diese grobe, pauschale Feststellung kann präzisiert werden, wenn wir ein Beispiel untersuchen, das für das Anliegen dieses Bandes zentrale Bedeutung hat. Mit dem Erwachen des historischen Bewußtseins konnte die Arbeit am Neuen Testament ihre Aufgabe nicht länger darin sehen, offenbarten ewigen Wahrheiten eine durch die Quellen dokumentierte Autorität zu verschaffen. Bis dahin hatte man diese Wahrheiten ja so verstanden, daß ihren historischen Bedingungen nur periphäre Bedeutung zukam. Es waren ewige Wahrheiten in irdischen Gefäßen oder Hüllen. Das Vorhandensein solcher unwesentlichen, zufälligen historischen Vorgegebenheiten ließ sich leicht rechtfertigen, wenn man sie im Lichte der göttlichen Erniedrigung betrachtete. Man konnte sich dieser Hüllen auch schnell dadurch entledigen, daß man den Text mit dem Dogma bzw. mit der Vernunfterkenntnis in Beziehung setzte und dabei den in der Hülle der Geschichte enthaltenen bleibenden Schatz oder Wahrheitskern zur Geltung brachte.

Aber die historischen Gegebenheiten im Text wurden in zunehmendem Maße in ihrem eigenen Recht der Gegenstand des Interesses. An die Stelle der einen, unwandelbaren, göttlichen und ewigen Wahrheit trat die Geschichte des Dogmas, die man als einen Vorgang innerhalb der Geschichte des menschlichen Geistes begriff. Natürlich wurde diese Historisierung der Theologie nicht konsequent durchgeführt. Das Göttliche blieb eingeschlossen in den Begriff der Unwandelbarkeit, sei es als Rahmen und Plan eines dialektisch verstandenen Geschichtsprozesses, sei es als fortschreitende Evolution ethischer Ideale und moralischer Institutionen, sei es als vorherbestimmter Wille des Herrn der Geschichte, der sich in einer Heilsgeschichte verwirklichte, oder sei es als sich stets gleichbleibendes Existenzverständnis, das trotz allen Wandels mythologischer und anderer sprachlicher Ausdrucksformen durchgehalten werden konnte.

Als Ergebnis von zwei Jahrhunderten kritischer Geschichtsschreibung liegt uns jetzt, ungeachtet ihrer Mängel, eine Geschichte des Urchristentums vor, die unbestreitbar den Wandel von Jesus zu Paulus, von Paulus zu Markus oder Ignatius, von Ignatius zu Irenäus oder Origenes, und weiter zu Athanasius oder Augustinus belegen kann. Dabei handelt es sich nicht um zufällige Vielfalt oder um bloße Pluralität des Ausdrucks. Eine gründliche Analyse hat gezeigt, daß die einzelnen Persönlichkeiten Exponenten geistiger Bewegungen sind. Auf diese Weise kann man die Entwicklung von der noch unphilosophischen Kulturebene des frühen Christentums über die philosophisch gemeinten Versuche der Apologeten bis hin zu der philosophischen Könnerschaft der alexandrinischen Theologen verfolgen. Oder man kann die Entwicklung nachzeichnen, die von der Theologie des Paulus ausgeht. Sie verläuft durch die allmählich sich verzweigende paulinische Schule: ihr einer Zweig geht über den Brief an die Epheser zum ersten Petrusbrief, zu Lukas (einschließlich der Apostelgeschichte), zu den Pastoralbriefen und weiter bis zur Orthodoxie; der andere entwickelt sich über den Kolosserbrief zu Valentin, Basilides, Marcion und so zur Häresie. Oder man kann den Gang verfolgen, der bei einem „entweltlichten" Anti-Institutionalismus beginnt, der in der apokalyptischen Ideologie einer unmittelbar bevorstehenden Zukunft wurzelt; er mündet einerseits in ein relativ „weltliches", christlich organisiertes Kirchentum, bei dem die Naherwartung abgebaut wird oder ihre existentielle Dringlichkeit verliert, und andererseits in ein „überweltliches" organisationsfeindliches Christentum, das die apokalyptische Ideologie durch eine gnostische ersetzt.

Solche Linien der Entwicklung sind durch die historisch-kritische Forschung der voraufgehenden Generationen zutage gefördert worden. Doch die Tragweite ihrer Entdeckungen ist verdeckt worden durch den Zusammenhang, in dem sie gemacht und ausgewertet wurden. Denn im allgemeinen fand man diese Stufen im Verlauf des Bemühens, für eine bestimmte Urkunde die Entstehungszeit zu ermitteln, oder wenigstens soviel an chronologischer Bestimmtheit zu erreichen, daß apostolische Verfasserschaft auszuschließen war; oder man beschäftigte sich mit manchen Schriften zunächst deshalb, weil man das Vorhandensein und die Verbreitung einer anderen Schrift belegen wollte. Diese und ähnliche Untersuchungen, von denen viele einen unbestrittenen Wert haben, lenkten mithin die Aufmerksamkeit vom grundlegenden Phänomen ab, nämlich von der Entwicklung selbst. Sie bewegten sich in Fragestellungen, die mit der Entwicklung selbst nichts zu tun hatten. So wurde ein einzelner, fixierter Punkt der Entwicklung als historische Tatsache ausgegeben, und man schätzte seinen Wirklichkeitsgrad ungleich höher ein als die schwerer faßbaren, im Halbdunkel liegenden Einflüsse, die zu diesem einzelnen Punkt hinführten, oder als die Folgen, die sich daraus ergaben. Für eine solche Orientierung wurde die Entwicklung selbst leicht zu einer unzureichenden Erscheinungsform der Wirklichkeit, zum leeren Raum zwischen den

Atomen der Tatsachen, aus denen sich die eigentliche Wirklichkeit scheinbar zusammensetzte. Die hegelianische Dialektik und die Entwicklungstheorie eines unausweichlichen Fortschritts lieferten in ihrer Zeit eine ontologische Grundlage dafür, die Aufmerksamkeit auf die Bewegung der Geschichte zu richten. Aber nachdem deutlich geworden war, daß es sich bei ihnen um spekulative Abstraktionen handelte, die den Tatsachen übergestülpt worden waren, jedoch nicht durch die Tatsachen selbst verifiziert werden konnten, zog die positivistische Geschichtsschreibung daraus ihre Rechtfertigung zur methodischen Beschränkung auf die gesonderte Tatsacheneinheit. Diese Konzentration entsprach jedenfalls der schnell zunehmenden Spezialisierung der Zeit besser.

Die Ausrichtung auf das einzelne literarische Dokument und seinen Verfasser konnte sogar eine weitere Verengung erfahren, insofern man das Interesse an einer Ideengeschichte verlor und sich in erster Linie um die psychologische Verfassung des Autors und um seine Erfahrungen zum Zeitpunkt der Abfassung des Textes kümmerte. Dieser „Psychologismus" wurde jedoch überwunden. Die vom Autoren her aufgebaute Textinterpretation wandte sich von seiner psychologischen Verfassung und seiner Bewußtseinsentwicklung weg und statt dessen seinem Existenzverständnis zu, wie es im Text objektiviert war. Vielfach trat an die Stelle der Ausrichtung auf den einzelnen Verfasser das Interesse an der Gemeinschaft und am Sitz im Leben, den der Text im sozialen Zusammenhang hatte: die Gruppe war dann die Tatsacheneinheit, die im Text zum Ausdruck kam. Doch allen diesen Alternativen lag die gemeinsame Voraussetzung zugrunde, daß Texte als Ausdrucksweisen eines Einzelnen oder einer Gruppe angesehen werden müssen und daß der individuelle oder kollektive Verfasser etwas Feststehendes ist, etwas gleichsam Erstarrtes, nicht aber lebendiger Teil eines fortschreitenden Prozesses.

Ein solcher Autor oder Herausgeber, der auf diese Weise in einer „feststellbaren" Gemeinschaft „lokalisiert" worden war, wurde nun seinerseits vor einem religionsgeschichtlichen „Hintergrund" gesehen. Während man zwar als Geschichte des Urchristentums hier und da Entwicklungen feststellte, und zwar in dem Sinne, in dem sich etwas von einem vorgegebenen Punkt zum andern bewegt, blieb der „Hintergrund" in der Regel eher eine unverrückbare Kulisse oder ein bleibender Bühnenaufbau. Dieser Unterschied in der Behandlung von urchristlicher Geschichte und Hintergrund läßt sich kaum nur aus der Wirkung einer traditionellen, in der Sprache noch nachwirkenden Metaphysik erklären. Man muß noch nach anderen besonderen Gründen dafür im Bereiche der Forschung selbst suchen. Denn wenn die neutestamentliche Wissenschaft unterschiedliche Entwicklungsstufen in der frühchristlichen Theologie entdeckte, dann befand sich das im Widerspruch zum Stande der religionsgeschichtlichen Forschung, die sich mit der „Umwelt" beschäftigte, in der eine unbewegliche Einheitlichkeit vorherrschend zu sein schien.

Dieser Widerspruch hatte verschiedene Ursachen. Einige der religiösen Bewegungen zur Zeit des frühen Christentums waren stärker auf mündliche Überlieferung beschränkt. Das gilt für das rabbinische Judentum, wo die erklärte Absicht, nicht durch schriftliche Äußerungen in Konkurrenz mit der Schrift zu treten, der mündlichen Überlieferung die Vorrangstellung verschaffte. Es gilt ebenfalls für die Mysterienreligionen, wo die Arkandisziplin die Publizität mit Erfolg eindämmte und schriftliche Äußerungen auf verschleierte Andeutungen beschränkte. Nach dem Siege des konstantinischen Christentums hat in einigen Fällen die Neigung, Irrtümer durch Bücherverbrennungen aus der Welt zu schaffen, die Chancen des Überlebens der vor dieser Zeit entstandenen Literatur einseitig zugunsten der christlichen Quellen verschoben. Zum Teil hat die herrschende Stellung, welche die westlichen Sprachen, Griechisch und Lateinisch, erlangten, dazu beigetragen, daß die Texte des (westlichen) Christentums in größerem Umfang erhalten geblieben sind als die Texte östlicher Religionen, deren Texte zum Teil auf den Bereich semitischer Schriftsprachen beschränkt waren. Dies gab den christlichen Quellen einen geschichtlich bedingten Vorsprung; hinzu kam die starke Konzentration der wissenschaftlichen Kapazität auf die Erforschung der Texte der herrschenden Religion. Das führte dazu, daß in der wissenschaftlichen Erschlossenheit die Bibel und das Christentum den ihnen ursprünglich konkurrierenden Religionen weit voraus war.

Die Folge war, daß man von der religiösen Welt, in der sich das Urchristentum entwickelte, ein Bild von merkwürdiger Starrheit und Unbeweglichkeit entwarf. Rabbinisches Judentum, Gnosis, Kaiserkult oder irgendeine bestimmte Mysterienreligion wurden jeweils so dargestellt, als seien sie sich selbst zu allen Zeiten und an allen Orten in ihrer Erscheinung gleichgeblieben. Die Forschung hatte noch nicht gelernt, bei ihnen verschiedene Schichten der Überlieferung zu unterscheiden. Der fragmentarische Bestand des Quellenmaterials reichte nicht aus, um eine Reihe von Entwicklungsprozessen Schritt für Schritt zu verfolgen, er nötigte vielmehr dazu, Belege, die über ein halbes Jahrtausend verstreut waren, zu einem zusammenhängenden und harmonisierten Bilde zu verschmelzen. Während man kaum auf den Gedanken gekommen wäre, die Theologie des Origenes etwa Jesus oder Paulus oder Ignatius zuzuschreiben, konnten gnostische oder jüdische Zeitgenossen ohne weiteres mit ihren Vorgängern zusammenfließen, wenn es darum ging, ein Bild dieser Religionen zu rekonstruieren. Was herauskam, mag einen gewissen Wert haben als ein Modell oder eine Typologisierung, es hat aber in dieser Weise niemals wirklich in der Geschichte existiert.

Wachsende Konzentration wissenschaftlicher Kapazität in Verbindung mit einem bedeutenden Anwachsen des verfügbaren Quellenmaterials, wie es dem Studium des Judentums durch Qumran und der Erforschung der Gnosis durch Nag Hammadi zur Verfügung gestellt wurde, haben dazu geführt, die Unzulänglichkeiten solcher „Hintergrunds"-Attrappen zu enthüllen. Die daraus resultierende Erschütterung der Grundlagen, die Ungewißheit in bezug auf die Gültigkeit der Kategorien, hat eine die Zusammenschau meidende, positivistische Vorsicht begünstigt: Man wagt es nicht mehr, Verallgemeinerungen auszusprechen, etwa eine Vorstellung als „jüdisch" oder „gnostisch" oder „hellenistisch" zu bezeichnen, sondern beschränkt sich lieber auf die Mitteilung, daß eine bestimmte Vorstellung in einer bestimmten Schrift an einer angegebenen Stelle zu finden sei. Aber eine Liste nicht zueinander in Beziehung gesetzter Fundstellen eines bestimmten Begriffs, so exakt und fehlerfrei diese Liste auch immer sein mag, ist keine geschichtswissenschaftliche Aussage, ebenso wie ja auch eine Chronik keine Geschichtsschreibung ist.

Das Vakuum, das entsteht, wenn man die Unzulänglichkeit einer bestimmten Kategorientafel erkannt hat, bedeutet für die Wissenschaft nicht nur eine Befreiung von Vorurteilen, sondern zugleich ihr Ende als Unternehmen der Vernunft. Eine Krise der grundlegenden Kategorien einer Wissenschaft ist eine Krise ihrer Fundamente, eine Grundlagenkrise für die Wissenschaft selbst. Einer solchen kategorialen Krise in einer Wissenschaft kann man wirksam nur begegnen auf der Ebene der Voraussetzungen, also durch eine kategoriale Neubesinnung. Mit dem jüdischen, griechischen oder gnostischen „Hintergrund" oder der entsprechenden „Umwelt" kann man nicht dadurch fertigwerden, daß man sie auf eine Ansammlung unverbundener Parallelen zum Neuen Testament reduziert; sie müssen neu begriffen werden, und zwar als Bewegungen, als „Entwicklungslinien" durch die Welt des Hellenismus.

Die statischen Kategorien „Hintergrund", „Umwelt" oder „zeitgeschichtlicher Zusammenhang" sind sowohl umfassend als auch spezifisch. Will man sie neu mit der Kategorie der „Entwicklungslinien" erfassen, dann muß das auf zwei Ebenen geschehen. Einmal auf der Ebene der weitesten und umfassendsten geschichtlichen Bewegungen, die die ganze Kultur betreffen, ja sogar auf der Ebene der Geschichte ihrer ontologischen Voraussetzungen (z. B. durch Herausarbeitung der Entwicklungslinie der abendländischen Kultur von der Wesensmetaphysik zur historischen Metaphysik), zum anderen auf der Ebene einzelner, spezieller Strömungen, z. B. der Wandlungen des religiösen Verständnisses oder der Entwicklung einer speziellen religiösen Tradition innerhalb des größeren Stroms der Bewegung. So wie man bisher bestimmte Tatsachen in einem Spektrum oder Gitternetz von festen Positionen „lokalisierte", so muß jetzt eine spezielle „Entwicklungslinie" als Variante oder als Wirbel innerhalb eines weiteren Stromes des religiösen oder kulturellen Geschehens erfaßt werden. In der Tat, nur wenn die Strömung, in die alles hineingerissen ist, in ihrem Fluß gesehen wird, kann der Verlauf einer einzelnen Entwicklungslinie in seiner Besonderheit gegenüber der allgemeinen Bewegung angemessen herausgearbeitet werden.

Der Begriff Entwicklungslinie könnte natürlich die Vorstellung einer Bewegung erwecken, deren Verlauf von vornherein festgelegt ist und in der die Kraft und Richtung der Bewegung von Anfang an klar bestimmt sind. Aber die

Zeiten sind vorbei, in denen das Verständnis der Geschichte und der menschlichen Existenz von der Voraussetzung der Prädestination oder eines göttlichen Plans, eines apokalyptischen Schemas, eines hegelianischen Rahmens, eines Mechanismus von Weissagung und Erfüllung oder eines unabänderlichen Willens einer unveränderlichen Gottheit ausgehen konnte. Die Zukunft ist offen. Nicht, weil wir in einem geschichtslosen Vakuum leben, das mit dem atmosphärelosen leeren Raum vergleichbar wäre, vielmehr könnte unsere Situation so betrachtet werden, als lebten wir zwischen einer Reihe von Spiralnebeln, deren sich überlagernde Gravitätsfelder uns beeinflussen. In diesem Sinne sind wir frei, unsere Entwicklungslinie zu verändern, gegen den Strom zu schwimmen, der Bewegung eine eigene Wende zu geben, auf eine Veränderung der Verlaufsrichtung hinzuarbeiten, so wie zusätzliche Steuerungssysteme oder Bremsraketen eine Flugbahn korrigieren, die vom Start her Fehlrichtungen aufweist oder durch klimatische Bedingungen bzw. durch Gravitationsfelder gestört worden ist. Obgleich man nicht die Freiheit hat, die Rakete (oder die Welt) zum Stehen zu bringen oder einfach auszusteigen, so ist doch dadurch Freiheit gegeben, daß man die Richtung der Flugbahn kennt, auf der man sich bewegt, daß man alternative Bewegungsrichtungen abschätzt und angemessene Schritte unternimmt, um die Bahn zu einem besseren Ziel hin zu lenken.

Das Ausmaß, in welchem die Zukunft geöffnet wird, wenn man die kulturelle Vergangenheit erhellt, durch die die Gegenwart ihre Richtung erhalten hat, läßt sich am besten durch einen Hinweis auf die Black-Power-Bewegung veranschaulichen, die in den USA in einer Universität nach der anderen die Forderung nach einem Black Studies Center stellte, in dem die Kultur*geschichte* der schwarzen Bevölkerung gelehrt werden soll. Menschliches Dasein ist geschichtlich, und deshalb geschieht Freiheit in der Veränderung der Richtung geschichtlicher Bewegung.

Hans Jonas, in „Gnosis und spätantiker Geist", vermutet, daß zur Zeit der Entstehung des Christentums eine allgemeine Neigung zu privater asketischer Religiosität und zu einer religiösen Weltabgewandtheit vorhanden war. Dann kann die Entstehung einer weltfeindlichen apokalyptischen Sekte, die wir das Urchristentum nennen, nicht als rein innerjüdisches Phänomen angesehen werden, noch kann ihre Entweltlichung als eine dieser Sekte spezifisch eigene Abkehr von der Welt betrachtet werden. Vielmehr war vielleicht gerade diese Weltabgewandtheit dasjenige Element, durch das sich diese Sekte am stärksten im Einklang mit mindestens einer der wesentlichen Strömungen ihrer Zeit befand. Auch kann die Entstehung der Gnosis nicht einfach in einem innerjüdischen oder innerchristlichen Bezugsrahmen erklärt werden, z. B. als Folge des Zusammenbruchs einer auf endgültige militärische Befreiung ausgerichteten Naherwartung in der jüdischen Apokalyptik oder als radikale Hellenisierung oder Orientalisierung des Christentums. Vielmehr haben wir es in der Gnosis mit dem „spätantiken Geist" zu tun, wie es Jonas ausdrückte.

Wenn man sie mit einer umfassenderen Strömung in Beziehung setzt, scheint zwischen der Gnosis und der Apokalyptik und anderen religiösen Bewegungen der damaligen Zeit doch ein fundamentalerer Zusammenhang zu bestehen als derjenige, der durch das Ausbleiben der erwarteten apokalyptischen Ereignisse in den jüdischen Aufständen oder etwa durch einen sich allgemein ausbreitenden Synkretismus angedeutet wird.

Wenn es in der Entwicklung vom ersten zum zweiten Jahrhundert n. Chr. eine breite Bewegung in Richtung auf Stabilisierung, Normalisierung, Erstarrung und Standardisierung gegeben hat, wie es die Neuordnung des Judentums in Jamnia Ende des ersten Jahrhunderts n. Chr. und neoklassizistische Strömungen in der heidnischen Kultur nahelegen, dann kann die Herausbildung einer stabilen christlichen Organisation nicht als isoliertes innerchristliches Phänomen betrachtet werden. Es kann nicht länger nur von der Parusieverzögerung her oder durch die Ablösung der ersten Generation durch eine zweite Generation von Leuten, die von Geburt auf Christen waren, interpretiert werden; noch läßt sich diese Entwicklung durch den Hinweis verteidigen, daß man nun doch letzten Endes der einmal gefundenen Wahrheit treu bleiben soll. Vielmehr war die Herausbildung eines an festen Normen orientierten Urchristentums eine Erscheinung der Anpassung an eine Strömung jener Zeit.

Das, was das Urchristentum auszeichnete, waren nicht die Züge, die es mit den allgemeinen kulturellen Strömungen gemein hatte, sondern die Modifizierung dieser Strömungen in einer dem Christentum eigentümlichen Weise. Die Beurteilung des Weges, den das Urchristentum einschlug, kann sich nicht daran orientieren, in welchem Ausmaß es seine einzigartige, urtümlich entweltlichte apokalyptische Existenz aufgab zugunsten einer gnostischen Weltflucht oder zugunsten einer fest organisierten kirchlichen Institution. Jede religiöse Bewegung ist unentrinnbar der Entwicklung jener Kultur verhaftet, in der sie stattfindet. Fragen wie die, ob sie eine kritische, schöpferische Spannung in ihrer Welt und gegenüber ihrer Welt bewahrt hat, können nur so untersucht werden, daß man ihre besondere Variante im Feld der kulturellen Entwicklungslinien aufzeigt, nicht aber so, daß man fragt, ob sie überhaupt an der Entwicklung teilgenommen hat, durch die die Bewegung der gesamten Kultur bestimmt wurde.

Spezielle Entwicklungslinien müssen in ihrer Wechselbeziehung zu den umgreifenden Entwicklungslinien verstanden und beurteilt werden. Ebenso werden einzelne Ereignisse, Persönlichkeiten, Urkunden und Verhaltensweisen nur im Zusammenhang der Entwicklungslinien, in die sie eingebettet sind, verständlich. Auf einer bestimmten Stufe einer Entwicklung kann eine Schrift eine ganz spezielle Funktion und Bedeutung haben; auf einer späteren Stufe der Entwicklung kann dieselbe Schrift, ohne daß sie verändert worden ist, in ganz anderer Weise wirken und kann eine ganz andere Bedeutung haben und die geschichtliche Bewegung in anderer Weise beeinflussen.

Walter Bauers epochemachendes Werk „Rechtgläubigkeit und Ketzerei im ältesten Christentum" hat auf eine sich in zwei Strömungen teilende Entwicklungslinie aufmerksam gemacht: Aus einem fließenden, amorphen Urchristentum ergab sich allmählich, teils auf Umwegen und Abwegen, eine antithetische Polarisierung, die wir Orthodoxie und Häresie nennen. Das geschah, als die anfängliche Pluralität der Vorherrschaft des römischen Standpunkts Platz machte. Die dialektische Theologie hat, von ganz anderen Wertorientierungen ausgehend, eine in mancher Hinsicht analoge Entwicklungslinie herausgearbeitet: Der Niedergang der eschatologischen Orientierung, der sich in Verbindung mit der Parusieverzögerung und mit dem Verlassen des jüdischen Kulturbereiches vollzog, hat allmählich zu einer positiven Einstellung gegenüber den Werten der antiken Kultur geführt. Auf dem Boden dieser Einstellung konnte sich das konstantinische Christentum entwickeln. Stärker konservativ orientierte Theologen haben das traditionelle Schema einer ununterbrochenen gradlinigen Entwicklung verteidigt und auf diese Weise eine apologetische Kirchengeschichte hervorgebracht, die gesäubert ist von den Zügen des Abfalls, wie sie in den kritischen Rekonstruktionen hervorgetreten waren. In der Tat kann viel von dem, was frühere Forschung entdeckt hat, einem Denken in Entwicklungslinien zugeordnet werden, wenn auch die Kategorien, mit denen das Material geordnet wurde, oft eher ein Prokrustesbett waren und trennten, was zusammengehörte. Dadurch wurde oft die Fülle des wissenschaftlich erarbeiteten Materials, das für einen Neubau der Kategorientafel bereits zur Verfügung stand, verdunkelt und in den Schatten gerückt.

Die in diesem Band vereinigten Aufsätze möchten, jeder in einer besonderen Weise, als Beispiele für ein wissenschaftliches Bemühen verstanden werden, das dem Verlauf bestimmter Entwicklungslinien nachgeht. Die Linien gehen dabei von einer Urkunde zur anderen, von einer Generation zur folgenden, und solche Zusammenhänge werden untersucht, die von einem Beziehungspunkt zum nächsten überleiten. Diese Zusammenhänge stehen nicht einfach im Sinne von Ursache und Wirkung miteinander in Beziehung, etwa so, daß ein Verfasser von einem vorhergehenden abhängig ist. Die Zusammenhänge werden vielmehr erforscht, um zu zeigen, wie die übergreifende Bewegung der Entwicklungslinien selbst, wenn man dem Ablauf vom Ausgangspunkt an nachgeht, nach und nach ihren vollen Ausdruck findet.

Das zweite Kapitel „Kerygma und Geschichte im Neuen Testament" untersucht die korrelativen Kategorien „Kerygma" und „historischer Jesus". Dabei stellt sich heraus, daß diese Kategorien nicht aufeinander abgestimmt sind, daß es sich nicht um klar festgelegte Begriffe handelt, die einander in bestimmter Weise zugeordnet werden können (wie immer man diese Zuordnung auch definiert). Vielmehr zeigt sich, daß sie als Begriffe angesehen werden müssen, die sich auf Bewegungen im Urchristentum beziehen, deren Entwicklungsverlauf sich nachzeichnen läßt. Denn in ihrer Wirkung erhielten sie immer wieder andere Bedeutungen, und ihre Beziehung zueinander nahm immer wieder andere Formen an, weil nämlich die übergreifende Entwicklung des Urchristentums insgesamt die Wirkung, die sie aufeinander ausübten, in den verschiedenen, aufeinander folgenden Situationen veränderte.

Kapitel 3, „LOGOI SOPHON. Zur Gattung der Spruchquelle Q", konzentriert sich auf eine spezielle Gattung, die der Spruchsammlung, der man Q zugeordnet hat und zu der, wie sich zeigt, das Thomasevangelium gehört. Dieser Aufsatz versucht, die Entwicklungslinie dieser Literaturgattung von der jüdischen Weisheitsliteratur bis zur Gnosis aufzuspüren. Dabei zeigt sich, wie die Eigenart der Entwicklungslinie, in der sich diese Gattung bewegt, den Sprüchen Jesu, die mittels der Gattung der Spruchsammlung überliefert wurden, eine besondere Färbung gegeben hat. Das Ergebnis ist, daß die ersten Sammlungen der Sprüche Jesu, die einem früheren Stadium dieser Entwicklungslinie zugehören, zu den Vorstellungen des Urchristentums gut paßten; spätere Sammlungen aber, ja sogar schon eine relativ so frühe Sammlung wie Q, erhielten, sobald sie zu einem späteren Zeitpunkt der Entwicklungslinie gelesen wurden, gnostische Obertöne, die für die Großkirche nicht mehr akzeptabel waren. Das könnte sehr gut die eigentliche Ursache dafür sein, daß Q „verloren" ging und daß das beste Exemplar dieser Gattung, das erhalten blieb, nicht im Kanon der rechtgläubigen Kirche, sondern in der gnostischen Bibliothek von Nag Hammadi zu finden ist.

Kapitel 4, „GNOMAI DIAPHOROI. Ursprung und Wesen der Mannigfaltigkeit in der Geschichte des frühen Christentums", verfolgt die Entwicklung des frühen Christentums durch das erste Jahrhundert seines Bestehens in jenen östlichen Regionen des römischen Reiches, in denen das Christentum zuerst sichtbare Gestalt annahm. An die Stelle der monolithischen Vorstellung *einer* Kirchengeschichte tritt eine Mehrzahl von Entwicklungslinien, die zum Teil durch den Verlauf der allgemeinen Geschichte in verschiedenen Gebieten, zum Teil durch innerchristliche Wirkungszusammenhänge ihr besonderes Gepräge erhielten. Die je besonderen Weisen, in denen „Jesus" als zugrunde liegende Kraft hinter solchen verschiedenartigen theologischen Entwicklungen in unterschiedlichen kulturellen Zusammenhängen sichtbar wird, macht uns auf die dialektische Struktur aufmerksam, durch die das Christentum sowohl seine eigene Tradition als auch seine jeweilige Umgebung sich aneignet. Die Schriften, die jetzt im „Kanon" des Neuen Testaments vereinigt sind, erweisen sich als miteinander im Widerstreit stehende Zeugen eines Prozesses, in dessen Verlauf sie sich oft gegenseitig widersprochen haben, oder als theologische Kompromisse von nur vorübergehender historischer Bedeutung.

Kapitel 5, „Ein Jesus und vier ursprüngliche Evangeliengattungen", verfolgt die Entwicklungslinien der Jesusüberlieferung und versucht Faktoren, die ihre Verlaufsrichtung bestimmen, in den ursprünglichen Formen der selbständigen Sprüche Jesu und der Erzählungen über ihn zu finden. Denn diese Faktoren haben die Art und Weise der Sammlung dieser Überlieferungen beeinflußt und bestimmten im voraus den literarischen Bereich, der eine schriftliche Fixierung schließlich ermöglichte. Die unterschiedlichen Formen der Evangelien werden als Ergebnis von Entwicklungslinien erkennbar, die auf frühe mündliche Formen der Überlieferung zurückgehen, in denen die Vielfalt bereits angelegt war.

Kapitel 6, „Grundtypen und Kriterien frühchristlicher Glaubensbekenntnisse", schlägt eine entsprechende Hypothese für die Analyse der verschiedenen Formen frühchristlicher Bekenntnisse und Symbole vor. Es zeigt sich, daß verschiedene kulturelle und religiöse Voraussetzungen am Werke waren bei der Herausbildung früher Christologien, die in so fundamentalen Formen wie Symbolen und Bekenntnissen ihren gebündelten Ausdruck fanden. Der Aufsatz versucht, diese Ausdrucksformen des Glaubens in Beziehung zu setzen, einerseits zu bestimmten Aspekten der Geschichte, des Wirkens und Lebens Jesu, andererseits zu ekklesiologischen Auswirkungen bei der Entstehung verschiedenartiger christlicher Gemeinschaften.

Kapitel 7, „Die johanneische Entwicklungslinie", will die johanneische Forschung dadurch neu ordnen, daß es die Aufmerksamkeit auf die Traditionsschichten im 4. Evangelium lenkt. Man kann die johanneische Entwicklungslinie von mündlichen Einheiten (in einem Fall handelt es sich vielleicht um einen mündlich überlieferten Zyklus) bis zu einer schriftlichen Zeichenquelle verfolgen, in der die theologischen Probleme der Wundergeschichte unkritisch an den Tag gebracht sind, und weiter zum Evangelisten, der diese Quelle als verläßlichen Bericht von relativem Wahrheitsgehalt übernimmt und auf ihr sein eigenes Werk aufbaut. Er benutzt die Quelle jedoch so, daß er durch ihre kritische Verarbeitung die höhere Stufe der Wahrheit und die tiefere Einsicht, die er selbst erreicht hat, zum Ausdruck bringt. Es könnte sein, daß ihm dabei eine gnostische Strömung innerhalb der kulturellen Entwicklungslinie seiner Umwelt hilft. Schließlich gibt es noch einen orthodoxen Redaktor, dessen Verdienst es ist, „Normal-material", das im Werk des Evangelisten fehlte, in ausreichendem Maße hinzugefügt zu haben. Er wollte auf diese Weise eine Bewegung zur Gnosis hin abbremsen, in die das Evangelium hineingeraten war. Offenbar hatte die Gnosis in ihrer eigenen Bewegungsrichtung eine Entwicklungslinie für die Auslegung des Johannesevangeliums eröffnet, durch die es einem gnostischen Gebrauch angepaßt werden konnte. Auf diese Weise hat der Redaktor, obwohl er im Hinblick auf seine veränderte Situation dem Evangelisten nicht mehr voll zustimmen konnte, das Evangelium für den Kanon und so für die Nachwelt gerettet.

Die einzelnen Aufsätze wurden freilich nicht verfaßt, um ein schon fertiges Programm zu illustrieren. Die grundsätzlichen Überlegungen, die mit dieser Einleitung vorgetragen werden, haben sich im Verlauf der Arbeit an den einzelnen Untersuchungen von selbst ergeben und sind erst im Rückblick, nicht schon im voraus, formuliert worden. Beobachtung und Besinnung, Praxis und Theorie, Forschung und Methode, einzelne Fakten und verallgemeinernde

Schlußfolgerungen, Erinnerung und Vorstellung, Genauigkeit und Vernunft sind Pole im umfassenden Geschehen der wissenschaftlichen Arbeit, die in Wechselwirkung zueinander stehen. Wenn man sich auf einem kaum erkennbaren Dschungelpfad vorwärtsbewegt, kann man dessen weiteren Verlauf nur dadurch herausfinden, daß man sich weiter auf den Weg macht und darauf vertraut, daß bei jedem Fortschritt ein neuer Abschnitt des Weges erkennbar wird. Der Schlußabschnitt versucht, ähnlich wie diese im Rückblick verfaßte Einleitung, für die nächsten Schritte auf dem Pfad die Richtung abzuschätzen, in welche diese Aufsätze weisen wollen.

Kapitel 2

KERYGMA UND GESCHICHTE IM NEUEN TESTAMENT*

JAMES M. ROBINSON

I. Demontage und Wiederaufbau des Themas

Ich bin eingeladen worden, über das Thema „Kerygma und Geschichte im Neuen Testament" zu sprechen. Zunächst müssen wir den Wortlaut des Themas auf das Gemeinte hin abhören. So beginne ich mit einer Demontage des Themas, um die Sache selbst freizulegen und so deren Strukturen zu gewinnen, nach denen sich die ins einzelne gehende Untersuchung zu richten hat.

Diese einführende Analyse soll die Grundlagenkrise beispielhaft darstellen, in der sich die biblische Wissenschaft heute hinsichtlich ihrer Grundbegriffe befindet. Allgemeinbegriffe wie etwa: „normatives Judentum", „hellenistisches Judentum", „apokalyptisch", „gnostisch", „kultisch", „existentiell", „Geschichte", „Kerygma" – Begriffe, auf die wir bisher notwendigerweise angewiesen waren, sind nun einmal die Behälter, in denen das Erbe wissenschaftlicher Leistung von Generation zu Generation weitergegeben wird. Sie sind aber auch die Vorhänge, die den Einfall neuen Lichtes verhindern und die Vorurteile und Verengungen der Vergangenheit am Leben erhalten. Wohl liefert die Gesamtheit des bisher Erreichten die Arbeitshypothesen, von denen aus unsere Forschung weiterarbeitet. Der Fortgang der Forschung fordert aber auch eine kritische Analyse der überkommenen Begriffe, ihre Demontage und ihren Wiederaufbau in erneuten synthetischen Bemühungen, die aus dem *gegenwärtigen* Verständnis der Sache selbst erwachsen.

Wie kommt es zur Nebeneinanderstellung jener beiden Ausdrücke „Kerygma" und „Geschichte" in dem mir aufgegebenen Thema? In der Literatur unseres Faches gibt es einen bedeutenden Problemkreis, der oft mit einer Wendung umschrieben wird, die gerade diese beiden Begriffe einander gegenüberstellt. 1960 erschien in Deutschland unter dem Titel „Der historische Jesus und der kerygmatische Christus" eine Aufsatzsammlung[1], die die er-

---

* Diese Untersuchung wurde zuerst auf Einladung der Society of Biblical Literature auf ihrer 100. Tagung in New York am 28. Dez. 1964 vorgetragen. Eine besonders in den Anmerkungen verkürzte Fassung erschien in: The Bible in Modern Scholarship (hrsg. von *J. Ph. Hyatt*, 1965, 114–150). Eine deutsche Übersetzung wurde in ZThK 62, 1965, 294–337, veröffentlicht. Die hier vorliegende Fassung ist eine gegenüber der früheren deutschen Veröffentlichung durchgehend von *H. Köster* neu gefaßte Übersetzung des unverkürzten und nur geringfügig veränderten ursprünglichen Vortrags.

[1] Der historische Jesus und der kerygmatische Christus. Beiträge zum Christus-

neuerte Frage nach dem historischen Jesus erörterte, und 1964 wurde in den Vereinigten Staaten ein Sammelband zur gleichen Frage und mit demselben Titel veröffentlicht[2]. Ein anerkanntes internationales bibliographisches Hilfsmittel auf dem Gebiet der Bibelwissenschaft führte für die Jahrgänge 1961/62 und 1962/63[3] eine neue Unterabteilung mit etwa dem gleichen Titel ein. Auch Rudolf Bultmanns Heidelberger Vortrag, in dem er die neue Frage nach dem historischen Jesus kritisierte, war ähnlich überschrieben: „Das Verhältnis der urchristlichen Christusbotschaft zum historischen Jesus"; noch deutlicher im Titel der englischen Übersetzung: „The Primitive Christian Kerygma and the Historical Jesus"[4]. Gerhard Ebeling beantwortete Bultmanns Kritik in einem längeren Kapitel mit der Überschrift „Kerygma und historischer Jesus"[5]. Vielleicht ging die Einladung zu diesem Vortrag über „Kerygma und Geschichte im Neuen Testament" auch deshalb an mich, weil die deutsche Ausgabe meines Buches „A New Quest of the Historical Jesus" im Jahre 1960 unter dem Titel „Kerygma und historischer Jesus" erschienen war[6].

Konzentriert sich daher die Wendung „Kerygma und Geschichte" für die neutestamentliche Wissenschaft vor allem in der Formel „Christus Jesus", so ist deutlich, daß die harmlos klingende Verbindung „und" ein Euphemismus ist, der, gelinde gesagt, ein Problem verdeckt. Denn „Christus Jesus" war ein urchristliches Bekenntnis, das nicht nur die Kopula „ist" einschloß – „Jesus ist der Christus" –, sondern auch die Leugnung dieses Bekenntnisses heraufbeschwor: „Jesus sei verflucht" (1Kor 12, 3). Es ist auch daran zu erinnern, daß der gegenwärtig erfragten positiven Beziehung zwischen Kerygma und historischem Jesus alternativ gefaßte Problemstellungen in unserem Jahr-

---

verständnis in Forschung und Verkündigung (hrsg. von *H. Ristow* und *K. Matthiae*, 1960).

[2] The Historical Jesus and the Kerygmatic Christ. Essays on the New Quest of the Historical Jesus (übers. und hrsg. von *C. E. Braaten* und *R. A. Harrisville*, 1964).

[3] IZBG 8, 1961/62, 14 f: „Kerygma und historischer Jesus"; 9, 1962/63, 18–22: „Historischer Jesus und kerygmatischer Christus".

[4] Das Verhältnis der urchristlichen Christusbotschaft zum historischen Jesus (SHA 1960, 3).

[5] Theologie und Verkündigung (HUTh 1), 1962, 19–82.

[6] Kerygma und historischer Jesus (1960, 1967[2]). Damit bin ich für die deutsche Ausgabe zu dem ursprünglichen Titel meines Vortrages auf dem Kongreß „The Four Gospels in 1957" in Christ Church, Oxford, im August 1957, zurückgekehrt: „The Kerygma and the Quest of the Historical Jesus". Dieser Vortrag wurde in Theology Today 15, 1958, 183–198, in Angleichung an den Titel jener Zeitschrift unter dem Titel „The Quest of the Historical Jesus Today" veröffentlicht. Die Ausarbeitung in Buchform, die der Verleger der Reihe „Studies in Biblical Theology" vorschlug, war anfänglich unter dem ursprünglichen Titel geplant; aber auf die Aufforderung des Verlegers hin wurde nach einem anderen Titel gesucht und nach Erwägung verschiedener Alternativen schließlich der Titel „A New Quest of the Historical Jesus" akzeptiert (SBT 25, 1959). Bereits 1956 hatte ich eine Vorlesung unter dem Titel „The Historical Jesus and the Church's Kerygma" in der Zeitschrift Religion in Life 26, 40–49 veröffentlicht.

hundert vorausgingen. Die dialektische Theologie zwischen den beiden Weltkriegen hat ihre Sicht der Dinge, kurz gefaßt, so ausgedrückt: „*Nicht* der
historische Jesus, *sondern* das Osterkerygma ist der Grund des Glaubens." Die
entsprechende Anschauung der Formgeschichte sagte: „Die Evangelien sind
Kerygma, *nicht* Geschichte." Derartige antithetische Formulierungen richteten
sich polemisch gegen Auffassungen um die Jahrhundertwende, in denen es
unter entgegengesetzten Vorzeichen und in etwas anderer Terminologie um
dasselbe ging: „Jesus verkündete das Reich Gottes, *aber* Paulus verkündete
den Christus." „Jesus *oder* Paulus." „*Zurück* (von Paulus) *zu* Jesus." In jüngster Zeit fragte man im Anschluß an die Problemstellung, die von Bultmann
ausging, auf welche Weise und mit welchem Recht der Verkündiger zum Verkündigten wurde.

Was heute mit „Kerygma und Geschichte" bezeichnet wird, ist also dasselbe
Thema, das man vor 50 Jahren in der systematischen Theologie durch die
Wendung „Glaube und Geschichte" umschrieb. Wie es Gründe gab, den scheinbar mehr subjektiven Begriff „Glaube" durch „Kerygma", also mit einem
Synonym für „Wort Gottes" zu ersetzen, so mag es ebenfalls Gründe geben,
die heute gängige Terminologie durchaus nicht als endgültig anzusehen.

„Kerygma" und „Geschichte" sind ja zunächst recht schillernde Begriffe.
„Kerygma" bezieht sich sowohl auf den Inhalt der Verkündigung – so wird
das Wort vor allem von Dodd gebraucht – als auch auf den Akt des Verkündigens, den Bultmann in erster Linie betont. In dem einen Fall ist Jesu
Auferstehung Bestandteil des Kerygmas und darum notwendiger christlicher
Glaubensinhalt, im anderen ist Jesus ins Kerygma hinein auferstanden, lebt
im Geschehen der Verkündigung und erhält das Zeugnis der Kirche in seiner
Lebendigkeit. Der Ausdruck „Geschichte" ist gleichfalls mehrdeutig, denn er
kann beides bedeuten: „historisch" feststellbare Tatsachen der Vergangenheit
und den durch Interpretation erhobenen „geschichtlichen" Bedeutungszusammenhang. Da also jeder Begriff des Beziehungspaares „Geschichte und Kerygma" mindestens zwei klar unterscheidbare Bedeutungsrichtungen aufweist,
erlaubt das scheinbar so einfache Begriffspaar bei näherem Zusehen die Aufstellung von mindestens vier verschiedenen Korrelativen und dazu eine Reihe
von Kombinationen dieser vier, von denen jede in dem zunächst so einfach
klingenden Satz unseres Themas enthalten sein kann.

Die Begriffe „Kerygma" und „Geschichte" sind nun außerdem für die beabsichtigte Unterscheidung Jesu vom Osterglauben nicht wirklich geeignet.
Denn „Kerygma" taucht nur an zwei Stellen in der urchristlichen Literatur
auf: 1Kor 1, 21; 2, 4 als Bezeichnung für das Wort des Paulus vom Kreuz,
das selbst schon eine Korrektur eines anderen Typs des Auferstehungsglaubens
darstellt, und in Q (Lk 11, 32; Mt 12, 41) als Bezeichnung der Predigt des
Jonas vor den Niniviten, verweist somit indirekt auf die Botschaft Jesu[7].

---

[7] Vgl. *G. Ebeling,* Theologie und Verkündigung, 37; *E. Käsemann,* EVB II (1964),
46 f. 49.

Ferner können Jesus und der Osterglaube sicherlich nicht so unterschieden werden, daß man den ersteren als „historisch" bezeichnet, also als Ergebnis einer Rekonstruktion durch den kritischen Historiker, dem letzteren aber dieses Prädikat nicht zuspricht. Alles, was uns vom urchristlichen Kerygma bekannt ist, wissen wir ja nur durch historische Rekonstruktion, ob wir nun kerygmatische Hymnen und Bekenntnisse aus ihrer Verflechtung in neutestamentlichen Texten herauslösen, ob wir die Auslegung des Kerygmas durch einen bestimmten neutestamentlichen Verfasser analysieren oder ob wir der fortschreitenden Kerygmatisierung der Tradition von Jesus in der älteren Überlieferung und in den Evangelien selbst mit Hilfe der Form- und Redaktionsgeschichte nachgehen. Beide, Jesu Botschaft und die apostolische Verkündigung, wurden „Kerygma" genannt und beide sind der Wissenschaft lediglich durch die historische Forschung bekannt, nämlich als historischer Jesus und als historische Rekonstruktion des urchristlichen Kerygmas. Die geläufigen modernen Begriffe „Kerygma und Geschichte" haben uns also zu einer Unterscheidung verleitet, die weder in der Sprache der Quellen noch in unserer Beziehung zu diesen Quellen begründet ist.

Die uns überkommenen Begriffe, ohnehin im besten Falle mehrdeutig, haben uns somit einen Gegensatz für unsere Arbeit aufgezwungen, der sich bei einer Betrachtung der Grundlagen dieser Kategorien schnell auflöst. Offensichtlich ist die dringendste Aufgabe jetzt nicht, neues Material für diese Kategorien zu sammeln, sondern vielmehr, die Kategorien selbst einer Revision zu unterziehen. Das ist gemeint, wenn wir von einer Grundlagenkrise reden, in die wir geraten sind. Sie besteht in der Erkenntnis, daß unsere Begriffe selbst problematisch geworden sind: sie sind weniger ein zu bewahrendes Erbe als ein „fatum". „Fatum" ist wörtlich „das Gesprochene", – nicht das, was wir sprechen, sondern das, was uns vorgesprochen ist und dann unsere Zukunft so bestimmen kann, daß es uns den vollen Zugang zur Wirklichkeit, mit der wir es zu tun haben, verstellt. Eine Unterscheidung, die kaum einen Anhalt an der Wirklichkeit hat – in diesem Falle die zwischen „Kerygma und Geschichte" –, ist unserer Sprache eingeprägt worden und ist in diesen Begriffen nach wie vor wirksam, obwohl sie der Nachprüfung nicht standhält. Gerade weil wir diesen Sachverhalt nicht beachtet haben, haben wir ihn nicht einer kritischen Kontrolle unterworfen; er hat sich vielmehr unserer bemächtigt: als etwas durch unsere Sprache uns Vorgesprochenes, das in starkem Maße die Bahnen vorschreibt, in denen sich unsere Forschung vollzieht und somit die Ergebnisse bestimmt. So sind unsere Kategorien tatsächlich unser Schicksal geworden. Als Ausweg aus solchem Schicksal kann eine Grundlagenkrise unserer Kategorien in der Tat eine befreiende Wirkung auf unsere Arbeit haben und so auch zu einem quantitativen Fortschritt unserer Erkenntnis beitragen.

Angesichts solcher unterschwelligen Einwirkung der Begriffe auf unsere Forschung ist eine nicht unbedeutende und vielleicht sogar beabsichtigte Modifikation in der Themaformulierung bemerkenswert. Nicht der Ausdruck

„historischer Jesus" ist zu „Kerygma" in Beziehung gesetzt, sondern nur das Wort „Geschichte", als ob die gewöhnlich auf Jesus ausgerichtete Frage exemplarisch für ein umfassenderes Problem sei. Darüber hinaus präzisiert die Überschrift noch weiter: „im Neuen Testament". Das könnte man nun freilich so verstehen, daß wir einfach an den historischen Jesus und an das ursprüngliche Osterkerygma verwiesen werden, insofern sie beide, auch wenn sie dem Neuen Testament um etwa eine Generation vorausliegen, doch an Hand des im Neuen Testament vorliegenden Materials rekonstruiert werden müssen und somit eine wesentliche Seite der neutestamentlichen Wissenschaft darstellen. Nun scheint aber das Thema doch eine Darstellung des Problems innerhalb der neutestamentlichen Texte selbst zu verlangen, und dieser Wink des Themas ist, wie ich meine, zu beachten. Das soll nicht heißen, daß wir uns von der gegenwärtigen Erörterung über das Verhältnis von Kerygma und historischem Jesus abwenden sollten. Aber vielleicht tritt jene Debatte eben deshalb so auf der Stelle, weil sie sich im Leerlauf dreht, ohne in angemessener Weise mit der Wirklichkeit in Einklang zu kommen. So könnte denn eine Untersuchung dessen, was „Kerygma" und „historischer Jesus" in einem bestimmten Zeitraum der Geschichte wirklich hießen und wie sie sich zueinander verhielten, eine Neufassung der Kategorien bewirken, wodurch auch die gegenwärtige Diskussion eine neue Blickrichtung erhielte. Denn diese Diskussion ist doch nichts anderes als die heutige Phase derselben hermeneutischen Bewegung, die wir hier in ihrem urchristlichen Stadium untersuchen sollen.

Es scheint kein Problem zu sein, den Begriff „Kerygma" auf das anzuwenden, was wir im Neuen Testament finden; denn die kerygmatische Theologie hat uns gelehrt, das Neue Testament selbst als eine Auslegung des Kerygmas zu verstehen, also als eine Hermeneutik für das Kerygma. Aber was ist dann die Geschichte, mit der es diese neutestamentliche Auslegung des Kerygmas zu tun hat? Doch nicht einfach der historische Jesus! Denn der historische Jesus war bereits seit einer Generation dem Prozeß der Kerygmatisierung unterworfen, als die Abfassung der neutestamentlichen Schriften begann. Die Geschichte, mit der es das Neue Testament als Erklärung des Kerygmas direkt zu tun hatte, war nicht der historische Jesus, sondern die „Geschichte der Weitergabe der Überlieferungen" [8] über Jesus [9]. Zugang zu dieser Geschichte gewinnen wir

---

[8] Man braucht im Englischen einen ganzen Satz, um den Begriff „Traditionsgeschichte" hermeneutisch verantwortlich zu übersetzen; vgl. die Diskussion in dem Vorwort zu Theology as History (New Frontiers in Theology 3, 1967). Dem englischen Text dieses Aufsatzes entsprechend und zur Erreichung größerer Deutlichkeit wird in der deutschen Übersetzung durchweg von der „Geschichte der Weitergabe der Überlieferungen (über Jesus)" geredet.

[9] *Käsemann* (EVB II, 33 f) macht eine ähnliche Unterscheidung in seiner Polemik gegen *J. Jeremias*: „Es wird weiter niemand leugnen, daß Jesus der Ursprung des Christentums gewesen sei, und niemand kann ernsthaft daran denken, ihn in eine anonyme Urgemeinde einzuebnen, eben weil er der unverwechselbare ‚Ursprung' ist und bleibt. Doch verschiebt die hier benutzte historisierende Redeweise das Sach-

über die Methode, die selbst Traditionsgeschichte heißt, nämlich das Zurückverfolgen der Traditionen samt deren wechselnder Anwendung, Gestalt und
Bedeutung.

Bei einer solchen Untersuchung stellt sich heraus, daß den Traditionen über
Jesus weit mehr widerfuhr, als es die im Begriff „Kerygmatisierung" nahe-
gelegte Annahme einer einfachen, gradlinigen Entwicklung vermuten läßt.
Das gilt nicht nur deshalb, weil außer dem Kerygma noch andere Einflüsse
auf die Tradition einwirkten, sondern auch, weil das Kerygma selbst die
Tradition in verschiedene Richtungen lenkte; d. h. das Kerygma selbst war
mannigfaltigen Verstehensweisen ausgesetzt [10].

Diese Abwandlung des Kerygmas selbst wurde dadurch verursacht, daß
sein Bezug auf die Geschichte sich nicht in seiner Beziehung zur Geschichte der
Weitergabe von Jesusüberlieferungen erschöpft. Denn das Kerygma war ja
auch auf eine Reihe von geschichtlichen Situationen bezogen, in denen es verkündigt und gehört wurde. Die Sprache selbst, in der das Kerygma sich ereignete, war geschichtlich bedingt – und zwar nicht bloß deshalb, weil das
Kerygma von geschichtlichen Ereignissen redete. Es sprach von ihnen mit
Hilfe geschichtlich bedingter Kategorien. Begriffe wie Präexistenz, Inkarnation, Auferstehung, Erhöhung, Himmelfahrt weisen nicht einfach auf historische Begebenheiten hin, sondern sind selbst geschichtlich bedingte Sprache.
Das Heilsereignis wurde nicht etwa so beschrieben, wie es sich ereignete, sondern es ereignete sich gewissermaßen, wie es beschrieben wurde. Denn alles
Geschehen ereignete sich unter Menschen, die in je ihrer Sprache lebten.
Das Sein des Menschen ist nicht logisch seiner Sprache vorgegeben; es konstituiert sich vielmehr in der Welt seiner Sprache. Was also auch immer sich
ereignete, in dem Maße, in dem es ein Ereignis im Leben von Menschen war,
geschah als Sprachereignis. Das Ereignis selbst schloß den Vorgang des Verstehens mit Hilfe der zur Verfügung stehenden Kategorien ein. Aus all dem
folgt, daß das Heilsereignis sich nicht als reine Tatsache aus der es bezeugen-
den Sprache herausschälen läßt. In dieser Hinsicht kann das Heilsereignis
– als ein Ereignis, das der menschlichen Erfahrung zugehört – nicht von der
Sprache, die es bezeugt, abgetrennt werden, so als handele es sich um ein
brutum factum, das hinter der Sprache auf der Lauer liegt. Als menschliche

---

problem. Es geht ja nicht darum, welche Rolle wir Jesus zugestehen oder nicht, sondern welches Gewicht dem historischen Bericht über Jesus innerhalb der neutestamentlichen Verkündigung beigemessen wird. Soll nicht unterschoben werden, daß die
kritischen Ausleger sich unerlaubter Übergriffe schuldig machen, darf beides doch
nicht einfach identifiziert oder ineinander verschachtelt werden. Es läßt sich doch
nicht gut bestreiten, daß das von den neutestamentlichen Briefen dargebotene Material über den historischen Jesus erstaunlich gering ist. Wichtiger noch ist, daß Jeremias selber zugesteht und in seinem Gleichnisbuch zeigt, der Bericht über Jesus liege
nicht anders als in dem Gemeindezeugnis eingebettet vor. Warum verhält sich das so?"
[10] Vgl. *Käsemann*, EVB II, 53: „Doch liegt das Kerygma, von dem Bultmann zu
sprechen nicht müde wird, seinerseits ja auch nicht ‚objektiv' vor, sondern in der
Gestalt sehr verschiedener Kerygmata, wie sich zur Eschatologie aufs schärfste zeigt."

Geschichte hat es ohne Sprache kein Sein. Die Möglichkeit, über das Heilsereignis in anderer Weise zu reden als in der Wiederholung der Sprache, in
der es ursprünglich geschah, ist nur durch die universelle Möglichkeit gegeben,
über die Sache der Sprache in immer neuer Sprache zu reden. Denn Sprache
ist nicht nur eine Reihe von Wörtern. Sie bringt einen Ertrag, der vernehmbar
wird, wenn man sorgfältig hinhört. Dieser Ertrag läßt sich dann in einer
anderen Sprache aufrechnen und von neuem bringen, und muß in der Tat in
anderer Sprache neu erbracht werden, wenn er in einer anderen geschichtlichen Lage wirksam sein soll, in der die ursprüngliche Sprache nur noch
schwer verständlich ist oder in der sich ihr Sinn zu wandeln beginnt.

Obwohl nun das Kerygma in verschiedenen Situationen eine jeweils verschiedene Sprache spricht, um gerade so einen entsprechenden Ertrag zu bringen, so wird doch solch hermeneutisches Übersetzen bis zu einem gewissen
Grade auch einen Wandel der Bedeutung zur Folge haben. Das gilt nicht nur
deshalb, weil ständig die Gefahr einer Fehlübersetzung besteht; wäre nur
dies das Problem, so könnte man es vermeiden, indem man eben nicht übersetzte und die alte Sprache beibehielte. Aber neue Situationen bringen es mit
sich, daß die alte Sprache nicht mehr dasselbe, sondern etwas anderes meint.
Daß es hier keine Identität des Sinnes geben kann, selbst dann nicht, wenn
der neue Ertrag der Sprache dem ursprünglichen Ertrag entspricht, liegt daran,
daß die echten Alternativen in einer neuen geschichtlichen Situation nicht mit
den Alternativen einer früheren Situation gleichgesetzt werden können. Das
gilt sowohl von den tatsächlich gegebenen Möglichkeiten des Handelns, als
auch von den Schattierungen, Obertönen und Verflechtungen, die dem Sinn-
gehalt einer Sprache jeweils zu eigen sind.

Die ungeheuren Wandlungen in der geschichtlichen Situation des Kerygmas,
von Palästina in die Diapora, von den Juden zu den Griechen, aus dem Zusammenhang der Naherwartung in den der Parusieverzögerung, aus einer
apokalyptischen in eine gnostische Umgebung, von der gesellschaftlichen und
politischen Rolle einer jüdischen Sekte zu der einer Weltreligion – alle diese
durch den geschichtlichen Zusammenhang bedingten Veränderungen haben eine
schnelle Folge von Übersetzungen des Kerygmas notwendig gemacht. Auf diese
Weise haben wir es mit einer zweiten Beziehung zur Geschichte zu tun, die dem
Kerygma als Kerygma eignet. Denn das Kerygma hat seinem Wesen entsprechend
nicht nur Jesus in sich aufgenommen, ihn also „kerygmatisiert". Es war nicht
nur selbst durch die geschichtlichen Situationen oder durch die Sprachzusammenhänge bedingt, in denen es sich ereignete. Es hat ebenso auch die Situation,
in die hinein es die Herrschaft Christi verkündigte, zum Bestandteil eben des
Kerygmas gemacht, sie also ebenfalls „kerygmatisiert". Verkündigte man
Jesus als den Herrn, so erhob man seinen Anspruch auf eine bestimmte, konkrete Situation; die Verkündigung in Wort und Tat war als solche das Geschehen des Heilsereignisses, war die dem Ereignis selbst zugehörende Zukunft.
So setzt sich das Heilsereignis als Sprachereignis fort, das Gott in unserer

Welt zur Sprache bringt. So wird Gott in dem ausgewiesen, was die Sprache leistet, die jeweils die Wirklichkeit in der Erscheinungsform der Schöpfung darstellt. Diese ständig stattfindende sprachliche Übertragung, durch die der Ertrag des Kerygmas immer wieder von neuem in ständig wechselnden geschichtlichen Zusammenhängen erbracht wird, beschreibt wesentlich den Umfang, in dem „Kerygma und Geschichte im Neuen Testament" aufeinander bezogen sind.

Wir haben somit in dem Thema „Kerygma und Geschichte im Neuen Testament" zwei verschiedene Problemkreise vor uns; einmal die *Hermeneutik,* d. h. die Übersetzung des Ertrags des Kerygmas, die darauf aus ist, diesen Ertrag in jeder neuen Situation wieder voll einzubringen, zum anderen die *Traditionsgeschichte,* d. h. die Geschichte der Weitergabe von überliefertem Gut. Wir haben deutlich gemacht, daß die Kategorie *Kerygma* „im Neuen Testament" sich in Wirklichkeit auf eine Reihe von Verstehensweisen, Übersetzungen, Neuformulierungen und Sprachereignissen bezieht; ebenso auch, daß die Kategorie *Geschichte* „im Neuen Testament" sich auf die Weitergabe von Überlieferungen über Jesus in sich wandelnden geschichtlichen Situationen bezieht, wobei Überlieferung und Situation sich gegenseitig beeinflußten.

Wir haben damit Bultmanns kerygmatische Kategorien, mit denen wir einsetzten, in die Kategorien der Hermeneutik und der Traditionsgeschichte verwandelt, in Kategorien also, die in den einander widerstreitenden neuen theologischen Entwürfen Ebelings einerseits und Pannenbergs andrerseits benutzt werden, oder, wenn man an Amerika denkt, in Kategorien einerseits einer Theologie, die sich auf die säkularisierte Bedeutung des Evangeliums in einer Kultur richtet, in der das Gottesbewußtsein abgestorben ist, und die andrerseits in der sog. „process"-Theologie Verwendung finden. Eine Neubestimmung der Grundbegriffe, wie sie hier in vorläufiger Weise angedeutet wurde, könnte daher meines Erachtens den Weg weisen zu einer Situation, in der die biblische Wissenschaft von neuem ihr Gewicht in der gegenwärtigen Theologie erhalten würde. Eine solche Situation hat es ja in den frühen Tagen unserer „Society of Biblical Literature" durchaus gegeben, als die Ausbreitung der historisch-kritischen Methode eine führende Rolle beim Abbruch des dogmatischen Systems durch den Liberalismus spielte; und sie bestand in jüngerer Zeit in der deutschen biblischen Wissenschaft, etwa in den von Bultmann und v. Rad vertretenen Zielsetzungen. Sie hat jedoch der amerikanischen biblischen Wissenschaft in letzter Zeit weithin gemangelt. Dies ist ein wesentlicher Grund dafür, daß in Amerika der schöpferischen wissenschaftlichen Arbeit am Neuen Testament seit dem Abtreten von Goodspeed und Cadbury die Stoßkraft gefehlt hat.

Eine Krise der Grundbegriffe einer Wissenschaft ist eine Krise ihrer Grundlagen überhaupt. Eine solche Krise kann durchaus neue, schöpferische Kräfte freisetzen und eine Zeit lebhafter Forschung einleiten, wenn sie zu neuen Strukturen führt, die der verhandelten Sache und den Kategorien, in denen unsere Zeit die Wirklichkeit zu erfassen sucht, besser entsprechen. Es steht zu hoffen, daß der Abbruch der Kategorien der kerygmatischen Theologie in solche der Hermeneutik und der Traditionsgeschichte zu einem Neubeginn beiträgt.

Die folgenden exegetischen Ausführungen sind kaum mehr als zwei grobe Skizzen, gleichsam Erkundungsgänge in eine noch nicht erschlossene Zukunft. Sie sollen nacheinander „Kerygma" und „historischer Jesus" im Neuen Testament im Sinne einer Neubestimmung der Kategorien der Hermeneutik und der Traditionsgeschichte untersuchen.

Die Untersuchung des Begriffes „Kerygma" im zweiten Abschnitt wird vor allem die hermeneutische Übersetzung in jeweils veränderte Situationen hinein verfolgen. Freilich könnte man sagen, daß hier lediglich der Akzent auf die Hermeneutik gesetzt wird, obwohl man dasselbe auch als Geschichte der Weitergabe von Überlieferungen darstellen könnte. Es gab ja doch nicht nur eine Weitergabe des Osterkerygmas als Tradition, sondern auch die Überlieferungsgeschichte von Traditionen über Jesus könnte in eine Untersuchung des „Kerygma" einbegriffen worden sein, insofern der Wandel im Verständnis des Kerygmas die Überlieferungen über Jesus in verschiedener Weise beeinflußt hat. Unser Beispiel wird im großen und ganzen auf die Auslegung der Auferstehung im Kerygma begrenzt sein; nur bei Gelegenheit werden wir anmerken, wie diese auf die kerygmatische Weitergabe der Worte Jesu gewirkt hat.

Die Untersuchung des „historischen Jesus" im dritten Abschnitt wird in erster Linie im Sinne einer Untersuchung der Weitergabe der Überlieferungen über Jesus vorgehen. Wiederum könnte man sagen, daß hier nun lediglich der Akzent diesmal auf die Traditionsgeschichte gesetzt wird, obwohl man dasselbe umgekehrt als Prozeß einer hermeneutischen Übersetzung fassen könnte. Denn nicht nur zeigen die verschiedenen Weisen, in denen die Geschichten über Jesus erzählt wurden, daß es sich um einen ständigen Prozeß einer hermeneutischen Übersetzung handelte; auch die Hermeneutik des Osterkerygmas könnte in eine Untersuchung der Überlieferungen über Jesus einbegriffen werden, insofern die verschiedenen Auffassungen dieser Überlieferungen das Verständnis von Jesu Tod und Auferstehung in verschiedener Weise beeinflußten; schließlich hatte das Kerygma als solches seine eigene Überlieferungsgeschichte. Unser Beispiel der „Geschichte" wird sich im ganzen auf die Geschichte der Weitergabe der Wundergeschichten beschränken; nur bei Gelegenheit werden wir anmerken, wie diese auf die Geschichte des Verstehens des Osterkerygmas gewirkt haben.

II. Kerygma als hermeneutisches Sprachereignis im Neuen Testament

Zunächst also zum „Kerygma". Gibt es für den Einsatz einen näherliegenden Text als 1Kor 15, 3–5? Paulus nennt diese Verse das Evangelium, das Wort, das er den Korinthern verkündigte. Darüber hinaus verraten die bün-

digen und genau parallel gebauten Sätze über Jesu Tod und Auferstehung
eine sorgfältige Kodifizierung, so daß dieser Abschnitt sich als alter Kristall
abhebt, der in eine spätere Komposition eingebettet ist. Paulus setzt die
Formel ja nicht nur in Anführungszeichen (ὅτι recitativum), sondern leitet sie
auch mit dem Zugeständnis ein, daß er hinsichtlich dieser Formel von der
Tradition abhängig ist. Für unsere Fragestellung ist auch die Beobachtung
wichtig, daß die Formel als etwas angeführt wird, was die Korinther von
Paulus schon empfangen haben. Sie ist also eine gemeinsame Basis, oder zumindest ein gemeinsamer Ausgangspunkt; denn die korinthischen Gegner
haben offenbar das Kerygma des Paulus angenommen, haben sich aber dann
sehr schnell von seinem Verständnis dieses Kerygmas entfernt.

Das Mißverständnis des paulinischen Kerygmas durch die Korinther könnte
durch die Tauflehre des Apostels selbst veranlaßt sein, wenn wir etwa Röm 6
als paulinischen locus classicus über die Taufe betrachten, wo die Taufe
kerygmatisch als ein Sterben und Auferstehen mit Christus beschrieben wird.
Ist das aber wirklich der Fall? Wir haben dies gewöhnlich angenommen: in
der Taufe sei die Erfahrung der Auferstehung Jesu der Erfahrung des Todes
Jesu ganz parallel, wie ja auch 1Kor 15, 3–5 Jesu eigener Tod mit seiner Auferstehung streng parallelisiert wird. Schaut man jedoch genauer hin, so bemerkt man, daß Paulus wohl im Perfekt davon spricht, daß wir durch die
Taufe den Tod Jesu erfahren haben, daß er aber im Futurum davon spricht,
daß wir seine Auferstehung erfahren *werden* (V. 5.8) und daß ewiges Leben
unser Ziel sein *wird* (V. 22). Ja, nach V. 12 sind wir noch im *sterblichen* Leibe,
so daß wir schwerlich unser Sterben schon hinter uns, geschweige denn die
Auferstehung bereits angefangen haben können, es sei denn, der Leib wäre
lediglich eine sterbliche Hülle, die man einfach abstreift, da sie an der Auferstehung nicht teilnimmt. So kann Paulus durchaus indikativisch davon
reden, daß wir mit Christus gestorben seien, um damit eine Basis zu haben
für den Imperativ, die Sünde in unserem Leben nun auch in den Tod zu geben;
aber er spricht nicht im Indikativ von unserem Auferstandensein mit Christus,
etwa als Basis für den Imperativ, nun auch in einem neuen Leben zu wandeln.

Diese Unterlassung hat man weithin übersehen oder für völlig belanglos
gehalten, bis Ernst Käsemann kürzlich die Aufmerksamkeit darauf gelenkt
hat, um das zu veranschaulichen, was er den „eschatologischen Vorbehalt" in
der Theologie des Paulus nennt, – die theologisch bedeutsame Rolle, die die
futurische Eschatologie für Paulus spielt. Das folgende Beispiel soll eine
moderne Außerachtlassung illustrieren, die der damals in Korinth üblichen
analog sein mag. Den eschatologischen Vorbehalt in Röm 6, den Käsemann
erst später hervorhob, übersah Erich Dinkler in einem Aufsatz von 1952 und
faßte die paulinische Einstellung zur Eschatologie folgendermaßen zusammen[11]: „Man darf also sagen, daß die mythologische Eschatologie bei Paulus

---

[11] Zum Problem der Ethik bei Paulus. Rechtsnahme und Rechtsverzicht (1Kor
6–11), ZThK 49, 1952, 167–200 (wiederabgedr. in: E. *Dinkler*, Signum Crucis, 1967,

nicht Basis, sondern Ausdrucksform des eschatologischen Existenzbewußtseins ist, daß sie nicht Motiv, sondern Folgerung ist. Das heißt aber nun nichts anderes, als daß in der kosmologischen Eschatologie eine existentiale Eschatologie sich ausspricht und die eigentliche Absicht des Paulus festgehalten wird, wenn wir interpretieren: die eschatologische Verheißung, welche in die Zukunft weist, hat schon (!) hier und jetzt die eschatologische Existenz des Christen geschaffen. Der Welt gegenüber *hat* der Christ bereits die ἐλευθερία (Gal 5, 13; 1Kor 10, 29; 2Kor 3, 17), innerhalb der ἄδικοι *ist* der Christ bereits eine καινὴ κτίσις (2Kor 5, 17)." Dies ist eine Illustration dafür, wie man bei der kerygmatischen Interpretation der Taufe durch Paulus einsetzen, den eschatologischen Vorbehalt übersehen und schließlich bei einer frohlockenden Hervorhebung der schon erfolgten Erlösung herauskommen kann. Der eschatologische Vorbehalt bleibt, selbst in entmythologisierter Form, kaum erhalten, da das „schon" fast ebenso undialektisch aufgefaßt wird, wie wir es für die damalige Situation in Korinth vermuten. Wenn das heute selbst einem hervorragenden Paulus-Exegeten passiert, so ist es wahrscheinlich, daß es auch damals geschehen konnte. In der Tat, 2Tim 2, 18 deutet darauf hin, daß es etwa eine Generation nach Paulus wirklich geschehen ist: Hymenäus und Philetus gehören zu den Leuten, „die von der Wahrheit abgeirrt sind, indem sie sagen, die Auferstehung sei schon (!) geschehen, und die den Glauben mancher Leute zerstören". Der deuteropaulinische Verfasser begegnet dem mit dem „zuverlässigen Wort" (2Tim 2, 11 f): „Wenn wir mitgestorben sind, werden (!) wir auch mitleben; wenn wir ausharren, werden (!) wir auch mitherrschen." So beginnen bereits zwei verschiedene Seiten der Streitfrage deutlich zu werden, ob der Christ die Auferstehung schon erlangt hat oder sie noch erwarten muß.

Neuere Forschung hat erkannt, daß die in den Pastoralbriefen bekämpfte schwärmerische oder mystische Form des Glaubens an die Auferstehung sich schon zur Zeit des Paulus in Korinth breitmachte. Die bei der Bezeichnung der korinthischen Parteien gebrauchte Ausdrucksweise „jemandem angehören" (1Kor 1, 12) benutzte man normalerweise zur Kennzeichnung eines Menschen

---

204–240), vgl. bes. 187 f. (= Signum Crucis, 225 f). Auf S. 194 (= Signum Crucis, 232) bemerkt *Dinkler* die „Spannung" in den Äußerungen von Röm 6, dem Sein in Christus einerseits und dem „Noch-nicht-Sein", „der mehrfach in Röm 6 betonten Zukünftigkeit des eigentlichen Anteilhabens an der Auferstehung Christi", andrerseits. Allerdings fügt er hinzu: „Hierbei wird freilich die Paradoxie der christlichen Existenz darin deutlich, daß das Zukünftige zugleich schon [!] Gegenwart ist: οὕτως καὶ ὑμεῖς λογίζεσθε ἑαυτοὺς εἶναι... ζῶντας (V. 11)." Da *Dinkler* jedoch die zwischen dem Präsens und dem Futur bestehende Spannung derjenigen zwischen Indikativ und Imperativ zuordnet, dürfte er sich dann nicht auf einen präsentischen Indikativ berufen, um das Präsens herauszustellen (das bei dieser Struktur einem präsentischen Indikativ entsprochen hätte). Ohne diese Unregelmäßigkeit zu beachten, bezieht sich *Dinkler* einige Zeilen später auf „Röm 6, wo sich der Imperativ auf dem Indikativ erhebt". An dieser Stelle scheint das *Bultmann*sche System die exegetische Sorgfalt zu ersetzen.

als Christ in der Taufe (vgl. Gal 3, 27–29). Paulus distanziert sich von der Paulus-Partei, indem er seine Rolle als Täufer für ganz nebensächlich erklärt. Er distanziert sich also von der Rolle eines Mystagogen oder Heilsmittlers in einer solchen Weise, daß er die Taufe nicht als das Ereignis der Erlösung für die Korinther gelten läßt (1Kor 1, 13–17) [12]. All das würde bedeuten, daß die Korinther in der Taufe nicht nur ihre Vereinigung mit Christus sahen, mit dessen Auferstehung die Macht der Sünde über alle Menschen zerbrochen war, so daß *seine* Auferstehung die Basis des christlichen Imperativs darstellte. Mehr noch, sie sahen, praktisch genommen, in der Taufe die endgültige Vollendung selbst. Sie hatten ihr eigenes Sterben schnell und schmerzlos durch eine symbolische Handlung bereits hinter sich gebracht und befanden sich schon jetzt (!) in der Ruhe der Seligen [13].

Dasselbe läßt sich von der paulinischen Korrektur 1Kor 15, 23 her schließen, die im wesentlichen besagt: Halt! Nicht so schnell! „Jeder aber in der ihm bestimmten Ordnung: als Erstling Christus, hernach die, welche zu Christus gehören (!) bei seiner Wiederkunft (und erst dann!).“ [14] Der Tod ist der

---

[12] In seiner Besprechung (Gnomon 33, 1961, 590–595) von *U. Wilckens,* Weisheit und Torheit. Eine exegetisch-religionsgeschichtliche Untersuchung zu 1Kor 1 und 2 (BHTh 26, 1959), hat *H. Köster* gezeigt (591), daß sich die Namen der Parteien nicht auf Täufer in Korinth beziehen können. Die in den Parteinamen anklingende Taufterminologie läßt jedoch auf eine besondere Art der Taufe schließen, wonach man, wenn nicht auf den Namen des Paulus, Apollos oder Kephas, dann doch durch jemanden getauft wurde, der in ihrer Sukzession stand und somit durch solch eine Taufe eine besonders wirksame Weise der Erlösung vermittelte. Vgl. meinen Aufsatz, The Sacraments in Corinth, Journal of the Interseminary Movement of the Southwest, 1962, bes. 23 und 31 f Anm. 4. Die besondere Wirksamkeit der Taufe auf Grund der rechten Sukzession wird in der Apg deutlich vertreten, wo die entscheidende Frage, ob man bei der Taufe den Heiligen Geist empfange, ganz analog zu der in Korinth gestellten Frage steht, ob man in der Taufe auferstanden sei. Die Rolle des geistlichen Vaters als Miterlösers kündigt sich auch Kol 1, 24 an. Das Ausmaß, in dem der Apostel an die Stelle Christi treten konnte – wobei die Vorstellung vorausgesetzt ist, daß der Glaubende die Auffahrt des Erlösers neu vollzieht –, wird in der Apokalypse des Paulus aus Nag Hammadi angedeutet. Dort wird der kerygmatische Abschnitt aus Eph 4, 8–10 über das Herabkommen des Erlösers und seine Auffahrt zur Befreiung der Gefangenen auf Paulus bezogen, der bei seiner Auffahrt in seiner Bekehrung sagt (23, 13–17): „Ich will hinabsteigen in die Welt der Toten, um die Gefangenen zu nehmen, die in der babylonischen Gefangenschaft gefangengenommen wurden.“ Koptisch-Gnostische Apokalypsen aus Codex V von Nag Hammadi im Koptischen Museum zu Alt-Kairo (Wissenschaftliche Zeitschrift der Martin-Luther Universität Halle-Wittenberg, Sonderband 1963), hrsg. v. *A. Böhlig* und *Pahor Labib.*

[13] Der für Korinth angenommene Vorstellungsbereich hätte denen der Therapeuten in Philo, De vita contemplativa 13, entsprochen: „Wegen ihrer Sehnsucht nach dem unsterblichen und seligen Leben meinen sie, daß ihr sterbliches Leben bereits zu Ende sei und überschreiben ihre Habe den Söhnen und Töchtern...“ Für den Hinweis auf diese Parallele bin ich meinem Kollegen *H.-D. Betz* verpflichtet.

[14] Zur Auslegung des Verses vgl. *W. G. Kümmel* im Anhang zu *Lietzmanns* Kommentar (HNT 9, 1949⁴), 192 f. – 1Clem 24, 1 interpretiert den paulinischen Ausdruck „erste Frucht“ als Bestätigung der „künftigen Auferstehung“. Zur Zeit des 1Clem

letzte der zu überwindenden Feinde (15, 26). Kritisiert Paulus daher „einige unter euch", weil sie sagen, „daß es keine Auferstehung der Toten gebe" (1Kor 15, 12), so spielt er damit, wie man heute annimmt[15], auf eine Einstellung an, die nicht als aufgeklärter Rationalismus des griechischen, philosophischen Geistes, sondern als die überstiegene Schwärmerei derer aufzufassen ist, die schon auferstanden sind und die Herrlichkeit des ewigen Lebens auskosten. Zwar fehlt in 1Kor 15, 12 das Wort „schon", aber es ist doch mit all seinen häretischen Nebentönen in der Beschreibung enthalten, die Paulus von seinen Gegnern 1Kor 4, 8 gibt: „Schon seid ihr satt, schon seid ihr reich geworden, ohne uns seid ihr zum Herrschen gekommen!"

Allem Anschein nach muß man diese häretische Interpretation des Kerygmas im Sinne eines für den Eingeweihten bereits vollendeten Eschaton hinter den verschiedenen korinthischen Exzessen suchen, gegen die sich Paulus im 1. Korintherbrief wendet. Die Korinther sind buchstäblich solchen ungeistlichen Fragen enthoben wie der, was denn ihre Leiber tun oder wie die Dinge ihres weltlichen Lebens zu regeln seien oder ob jeder Teilnehmer am heiligen Sakrament wirklich satt zu essen bekomme. Befinden sie sich doch in mystischer, seliger Gemeinschaft mit höheren Regionen, sprechen in der Gemeinde mit Engelsstimmen, wie 13, 1 das Zungenreden auszulegen scheint. Sie wissen „alle Geheimnisse und alle Erkenntnis" (13, 2), so daß Paulus auch auf der Ebene der Gnosis den eschatologischen Vorbehalt hervorheben muß: „*Jetzt* ist mein Erkennen (nur) Stückwerk, *dann* aber (und erst dann) werde ich völlig erkennen, wie ich auch völlig erkannt worden bin" (13, 12). Der Einstellung der Gegner ihren schwächeren Brüdern gegenüber in Fragen des Götzenopferfleisches, wie sie in ihrer doktrinären, unduldsamen Redensart „wir haben allesamt Erkenntnis" zum Ausdruck kommt, begegnet Paulus mit der Erwiderung: „Erkenntnis bläht auf, aber Liebe baut auf" (8, 1). Und doch gesteht Paulus diesen hartherzigen frühgnostischen Schwärmern zu, daß sie wirklich an das urchristliche Kerygma glaubten, das er in Korinth verkündet hatte (1Kor 15, 1 ff). Ihre Häresie muß deshalb als eine Interpretation des Kerygmas aufgefaßt werden[16].

---

scheint das korinthische Problem das der Parusieverzögerung zu sein, vgl. 23, 3–5. So hebt Clemens hervor, daß die Auferstehung „zur rechten Zeit" stattfinden wird. Die Verzögerung kommt in 1Kor jedoch nicht ausdrücklich vor, und so ist es ungewiß, ob die Lehre von der Auferstehung in der Taufe in der Gemeinde des Paulus gewissermaßen als Antwort auf die Parusieverzögerung entstand; jedenfalls wurde sie in der Zeit zwischen Paulus und Clemens entweder durch das Problem der Parusieverzögerung abgelöst oder mit diesem verschmolzen. W. *Bauers* einfache Identifizierung beider Situationen (Rechtgläubigkeit und Ketzerei im ältesten Christentum [BHTh 10], 1964², 104) muß deshalb modifiziert werden.

[15] Seit *J. Schniewinds* Aufsatz: Die Leugner der Auferstehung in Korinth (Nachgelassene Reden und Aufsätze, 1952), 110–139.

[16] Ähnlich *H. Conzelmann*, Zur Analyse der Bekenntnisformel I. Kor. 15, 3–5, EvTh 25, 1965, 1–11, bes. 10 f. Allerdings will er die Häretiker als „Geist-Enthusiasten" und nicht als „Gnostiker" verstehen, und zwar ohne Zweifel deshalb, weil

Für eine Darstellung einer Entwicklung fehlen uns zwar einige Glieder, weil Schriften der gegnerischen Seite nicht erhalten sind. Man kann sie aber bis zu einem gewissen Grade erschließen, indem man darauf achtet, wie solche Ansichten nach und nach in den Teil der paulinischen Schule Eingang fanden, der in den Kanon aufgenommen wurde. Schon die Interpretation der Taufe Kol 2, 12 f hat die Auferstehung des Glaubenden durch Auslassung des eschatologischen Vorbehalts seinem Sterben gleichgeordnet: „…indem ihr mit ihm begraben worden seid in der Taufe; und in ihm seid ihr auch mitauferweckt worden durch den Glauben an die Wirkungskraft Gottes, der ihn von den Toten auferweckt hat…; euch hat er mit ihm lebendig gemacht…" Daß dieser Ansatz sich in der paulinischen Schule kräftig fortentwickelte, zeigt Eph 2, 5 f, wo sogar unsere Inthronisation im Himmel bereits vollzogen ist: „Gott… hat uns… mit Christus lebendig gemacht – durch Gottes Gnade seid ihr gerettet – und mit ihm auferweckt und uns mit ihm Sitz gegeben in der Himmelswelt durch Christus Jesus." Angesichts der zunehmenden Wirkung dieser Paulus-Interpretation in der deuteropaulinischen Zeit ist es nicht allzu erstaunlich, daß derselbe Paulus, der die in der Taufe vollzogene Auferstehung in Korinth bekämpft hatte, gerade von solchen gnostischen Bewegungen in Anspruch genommen wurde, die eben dieser Häresie anhingen, wie etwa von den Valentinern; wurde doch Paulus tatsächlich von ihnen als „Apostel der Auferstehung" gefeiert [17]. Die koptisch-gnostische Bibliothek von Nag Hammadi hat uns eines der fehlenden Glieder geliefert, da dort eine gnostische Schrift „Über die Auferstehung" zutage kam, die ausdrücklich bestätigt: „Schon hast du die Auferstehung" [18]. Paulus wird hier zur Unterstützung desselben, sich auf jene Häresie hinbewegenden linken Flügels der deuteropaulinischen Entwicklung zitiert, den Paulus selbst einst angegriffen hatte: „Dann aber, wie der Apostel sagte, litten wir mit ihm, und wir erstanden auf mit ihm, und wir gingen in den Himmel mit ihm." [19] Wir haben somit schon recht früh

letzteres für ihn eine „gnostische Christologie" voraussetzt, deren Vorhandensein in der häretischen Position er im Unterschied zu *Wilckens* bestreiten möchte. Wie schlecht unsere exegetische Wissenschaft in dieser Hinsicht durch feststehende Kategorien für die Erforschung des NT gerüstet ist, zeigt die kritische Antwort *E. Käsemann*s, Konsequente Eschatologie?, ZThK 62, 1965, 137–152.

[17] Tertullian, De praescr. haer. 33, 7; Excerpta ex Theodoto 23, 2. Beide Stellen werden von den Herausgebern von De resurrectione (vgl. die nächste Anm.), XI und 27 zitiert.

[18] De resurrectione (Epistula ad Rheginum) aus dem Jung-Kodex, hrsg. von *M. Malinine, H. Ch. Puech, G. Quispel* u. *W. Till* (1963), 49, 15 f.

[19] De resurrectione 45, 24–28. Das Zitat setzt offensichtlich die oben zitierten Stellen voraus. Der in 45, 28–35 gegebene Kommentar ist auch für die Beziehung zum Kol und Eph bedeutsam. Er scheint denselben Sonnensymbolismus wiederzugeben, der auch in dem kleinen, Eph 5, 14 zitierten Taufhymnus (!) zur Auferstehung (!) zum Ausdruck kommt:

> „Wach auf, der du schläfst,
> und stehe auf von den Toten,
> und Christus wird auf dich scheinen."

im 2. Jahrhundert eine klare Spaltung im Paulus-Verständnis vor uns: Gnostiker berufen sich auf ihn zugunsten der in der Taufe geschehenden Auferstehung, während die Pastoralbriefe diese Ansicht als Häresie zurückweisen (2Tim 2, 18). Freilich konnte selbst die Rechtgläubigkeit jener Entwicklungs-

---

Der Kommentar sagt: „Wenn wir aber sichtbar sind in dieser Welt, wobei wir ihn tragen, sind wir Strahlen von jenem und werden von ihm umfaßt bis zu unserem Untergang, was unser Tod in diesem Leben ist." Nachdem sie Christus in der Auferstehung bei der Taufe angezogen haben, repräsentieren die Gnostiker selbst das himmlische Leben als Strahlen der himmlischen Sonne, die auf die Erde scheint. Dies ist ganz deutlich weiter von Paulus entfernt als der Kolosserbrief. Freilich hatte dieser den ersten Schritt getan, als er unser Auferstandensein mit Christus als einen Indikativ formulierte, auf dem der Imperativ gründet: „Wenn ihr nun mit Christus auferstanden seid, so sucht das, was droben ist" (3, 1). Und doch wird unser Verhältnis zu unserm auferstandenen Selbst im Kol immer noch paradox oder indirekt verstanden: „Unser Leben ist verborgen mit Christus in Gott; wenn Christus offenbar wird – (und er ist es, der) unser Leben (ist) –, dann (und erst dann) werdet auch ihr offenbar werden mit ihm in Herrlichkeit" (3, 3 f). Vgl. *G. Bornkamm*, Die Hoffnung im Kolosserbrief. Zugleich ein Beitrag zur Frage der Echtheit des Briefes (Studien zum Neuen Testament und zur Patristik [TU 77], 1961, 56–64), bes. 63 Anm. 1. – Die in De resurrectione vertretene Anschauung vom Dasein als Strahlen der Sonne läßt sich gut mit Seneca, Ad Lucilium Epistulae Morales 41, 4–5 veranschaulichen: „Wenn du einen Menschen siehst, der vor Gefahren nicht erschrickt, der unberührt ist von Begierden, der glücklich ist in Widrigkeiten, gelassen inmitten von Stürmen, der von einem höheren Ort auf die Menschen herabblickt und auf die Götter von einem Platz, der dem ihren gleicht, wird es dir dann nicht in den Sinn kommen, ihn zu verehren? Wirst du nicht sagen: ‚Hier ist etwas, das größer und erhabener ist, als daß man es dem Körperlein für gleich ansehen könnte, in dem es sich befindet; eine göttliche Kraft ist auf ihn herabgestiegen'? Eine Seele, die vor ihresgleichen ausgezeichnet ist, charakterfest, die alles übersteht, als seien es Geringfügigkeiten, die über unsere Ängste und Wünsche lächelt, – (eine solche Seele) ist von einer Kraft des Himmels bewegt. Eine solche Sache kann nicht ohne den Beistand des Göttlichen aufrecht stehen. Sie ist daher mit ihrem größeren Teil an dem Ort, von dem sie herabstieg. Ebenso wie die Strahlen der Sonne zwar die Erde treffen, aber doch an dem Ort bleiben, von dem sie ausgesandt werden, so ist es auch mit einer großen und den Göttern geweihten Seele, die hierher herabgesandt ist, damit wir die göttlichen Dinge zuverlässiger erkennen mögen; sie verkehrt zwar mit uns, aber sie hängt doch an ihrem Ursprung fest, von ihm ist sie abhängig, auf ihn schaut sie und zu ihm strebt sie; nur als etwas, das selbst gleichsam höher ist, nimmt sie (auch) an uns teil." De resurrectione 45, 36–46, 2 gibt uns ein Beispiel für die Art der geistigen Auferstehung im Tode, wie man sie in der Häresie sich vorgestellt haben mag. Denn nachdem „unser Untergang" genannt ist, „was unser Tod in diesem Leben ist", heißt es dort weiter: „Wir werden emporgezogen von ihm wie die Strahlen durch die Sonne, ohne daß wir gehalten werden von irgend etwas (oder: jemandem). Das ist die geistige Auferstehung verschlingend die seelische und ebenso auch die fleischliche." Es ist unklar, ob Paulus mit dem Hinweis auf die, „die da sagen, es gebe *keine* Auferstehung", eine derartige geistige Auffassung der Auferstehung beschreibt, oder ob erst im zweiten Jahrhundert die Gnostiker das Wort „Auferstehung" zu ihrer Darstellung der Himmelsreise der Seele beim Tode eingeführt hatten, um so der Rechtgläubigkeit ihre Anschauung zu empfehlen. Polykarp jedoch (vgl. unten Anm. 21) beschreibt die Häresie ebenso rundweg wie Paulus als eine solche, die die Lehre von der Auferstehung nicht gelten läßt, obwohl zu dieser Zeit der Begriff „Auferstehung"

linie nicht entgehen, auf der sich das christliche Verständnis der Taufe bewegte; so trug sie ein nicht ganz unähnliches Verständnis der Taufe in der weniger gefährlichen Rede von der Wiedergeburt[20] (Tit 3, 5) vor – weniger gefährlich, weil sie die zukünftige Auferstehung nicht zu gefährden scheint.

Bischof Polykarp von Smyrna bekämpft die gleiche Häresie von der in der Taufe vollzogenen Auferstehung am Anfang des 2. Jahrhunderts[21], und wir lernen an dieser Stelle ein anderes Element dieser Häresie kennen, das bisher noch nicht erwähnt wurde. Polykarp versichert (7, 1): „Wer die Worte des Herrn nach seinen eigenen Begierden verdreht und sagt, es gebe keine Auferstehung und kein Gericht, der ist der Erstgeborene des Satans."[22] Die

---

sehr wohl bei Häretikern in Gebrauch gewesen sein mag. So mag es denn auch Paulus lediglich darauf ankommen, der Anschauung von der Himmelsreise der Seele beim Tode die Bezeichnung „Auferstehung" abzusprechen.

[20] Vgl. meinen Aufsatz, Regeneration, The Interpreter's Dictionary of the Bible 4 (1962), 24–29.

[21] Es ist bemerkenswert, daß Polykarp an eine Gemeinde schreibt, die schon Paulus derselben Häresie beschuldigt hatte; denn Paulus distanziert sich Phil 3, 12 von den Philippern, indem er sagt: „nicht daß ich schon (!) ergriffen hätte oder schon (!) vollendet wäre". „Diejenigen, die schon vollkommen sind", ist PsClemHom III 29, 3 ein Synonym für den Getauften; vgl. *H. Schmithals,* Die Irrlehrer des Philipperbriefes, ZThK 54, 1957, 326 (wiederabgedruckt in *ders.,* Paulus und die Gnostiker [1965], 73). Polykarp schreibt von der Westküste Kleinasiens aus, wo die Auferstehung in der Taufe mit zur Häresie der Nikolaiten gehört haben mag, die Offb 2 angegriffen werden. Zitiert doch Hippolyt (Fragment 1 seiner Schrift De resurrectione, syrisch, S. 251, 10–17 *Achelis,* angeführt von den Herausgebern der Schrift De resurrectione aus Nag Hammadi S. IX) die angeführte Stelle 2 Tim 2, 18 und führt jene Häresie zurück auf Nikolaus, den Proselyten von Antiochien, einen der sieben hellenistischen Diakone, die Apg 6, 5 genannt werden. Wenn die Nikolaiten nach diesem Manne benannt wurden, wie *G. Kretschmar* (RGG[3] IV, 1486) annimmt, dann wäre die Nikolaitische Häresie die gleiche wie die von Hippolyt wegen der Lehre von der Auferstehung in der Taufe angeklagte. Denn selbst, wenn Hippolyt hinsichtlich des historischen Nikolaus irren sollte, so gibt er doch zweifellos das wieder, was der Name im 2. Jahrhundert bezeichnet.

[22] Über den Sinn dieser Bezeichnung der Häretiker, besonders über ihre Bedeutung bei dem Versuch, diese mit den Gegnern der johanneischen Literatur in Beziehung zu setzen, vgl. *N. A. Dahl,* Der Erstgeborene Satans und der Vater des Teufels (Polyk 7, 1 und Joh 8, 44), Apophoreta (Festschrift für E. Haenchen [BZNW 30], 1964), 70–84. Wie Herrenworte im 2. Jahrhundert an der Westküste Kleinasiens bei einer solchen Auseinandersetzung verwendet werden konnten, wird einerseits durch die Briefe an die sieben Gemeinden Offb 2–3 veranschaulicht, die nichts anderes sind als Reden des Herrn an die mit Nikolaiten durchsetzten Gemeinden, andrerseits aber auch durch die Herrenworte, die den Höhepunkt der Passa-Homilie des Melito von Sardes bilden (Abschnitt 101–103), vgl. z. B. 101:

> „Ich habe den Verurteilten befreit!
> Ich habe den Toten lebendig gemacht!
> Ich wecke den Begrabenen auf!"

(Übers. von *J. Blank,* Vom Passa [Sophia 3], 1963.) Hier ist der Herr selbst der Wortführer auf der Seite derer, die von der Auferstehung in der Taufe reden. Vgl. *M. Testuz* (Hrsg.), Papyrus Bodmer XIII: Méliton de Sardes, Homélie sur la Pâque,

Pastoralbriefe, dem Polykarp in mancher Hinsicht verwandt und unsere
wesentliche Belegstelle für das Bestehen der häretischen Anschauung von der
Auferstehung in der Taufe (2 Tim 2, 18), scheinen ebenfalls diese zweite häretische Ansicht der gleichen Ketzerei zu bekämpfen, nämlich den verzerrenden
Einfluß, den das Kerygma, verstanden als Erfahrung der Auferstehung in der
Taufe, auf die Überlieferung der Worte Jesu hatte. 1 Tim 6, 3 verdammt
jeden, der „anders lehrt und den gesunden Worten unseres Herrn Jesus
Christus nicht zustimmt"[23]. Es wäre in der Tat nicht allzu verwunderlich,
wenn Gnostiker, die sich selbst für bereits Auferstandene halten, auch einen
besseren Zugang zu dem verborgenen Sinn der Herrenworte für sich in Anspruch nehmen, als ihn das normale christliche Verständnis anzubieten vermag. Diese Ansicht steht dem gnostischen Anspruch recht nahe, neue („verborgene") Worte des auferstandenen Herrn zu besitzen, die höhere Autorität
haben als die von der Orthodoxie festgehaltenen Worte des irdischen Jesus.
So mag die Auseinandersetzung um die Bedeutung der im Kerygma ver-
kündeten Auferstehung Christi für das Leben der Glaubenden parallel ver-
laufen sein zu einer Auseinandersetzung in der Geschichte der Weitergabe der
Überlieferungen über Jesus, besonders der Herrenworte.

Untersucht man Herrenworte in einer gnostisierenden Umgebung, so scheint
sich diese Sicht der Dinge zu bestätigen. Obgleich das Thomasevangelium
(wie Q!) die Auferstehung selbst nicht erwähnt, spiegelt es doch sicherlich die
gnostische Überzeugung wider, das Ziel des höheren Lebens schon erreicht zu
haben, und es verbindet mit dieser Errungenschaft ein tieferes Verständnis

---

(1960). *Sh. E. Johnson*, Christianity in Sardes (Early Christian Origins. Willoughby-
Festschrift, 1961), 84, der auch IgnPhld 7, 1 zitiert: „Als ich unter euch war, rief ich
mit großer Stimme, mit der Stimme Gottes." Vgl. auch IgnEph 15, 2: „Wer das Wort
Gottes in Wahrheit besitzt, vermag auch sein Schweigen zu hören."
[23] *M. Dibelius – H. Conzelmann*, HNT 13, 1966[4], 21 f und 64 deuten den Satz
auf die Botschaft der Kirche, wie es bei „gesunde Lehre" 1 Tim 1, 10; 2 Tim 4, 3;
Tit 1, 9; 2, 1 und „gesunde Worte" 2 Tim 1, 13 der Fall ist; vgl. auch Tit 1, 13;
2, 2. 8. Aber dann hätte man es 1 Tim 6, 3, wo der fragliche Ausdruck mit „gesunde
Lehre der Frömmigkeit" parallel gesetzt wird, mit einer Tautologie zu tun – ein
Problem, das übrigens durch den Druckfehler im HNT (aaO 64) verdeckt wird,
durch den in der deutschen Übersetzung der erste der beiden Ausdrücke ausgelassen
worden ist! Natürlich würden die Pastoralbriefe wohl keinen inhaltlichen Unterschied zwischen Herrenworten und der Lehre der Kirche machen, und sie mögen sich
hier auf die beiden Formen beziehen, in denen die gleiche Botschaft weitergegeben
oder verdreht wird. In Polyk 7, 1 findet ebenfalls eine Kombination dieser zwei
Formen der Botschaft, da die Häretiker in ganz paralleler Weise als solche beschrieben werden, die einerseits die Botschaft der Kirche verdrehen (indem sie weder bekennen, „Jesus sei ins Fleisch gekommen", noch das Zeugnis des Kreuzes glauben),
und die andrerseits „die Worte des Herrn verdrehen". Angesichts der übrigen Verwandtschaft der Pastoralbriefe und des Polykarp hätte diese Parallele für die Auslegung von 1 Tim 6, 3 ebenso beachtet werden sollen wie Parallelen innerhalb der
Pastoralbriefe.

der Worte Jesu[24]. Spruch 51 lautet:„ Es sprachen zu ihm seine Jünger: wann wird die Ruhe der Toten sein, und wann wird die neue Welt kommen? Er sprach zu ihnen: Diese (Ruhe), auf die ihr wartet, ist gekommen, aber ihr erkennt sie nicht."[25] Hier wird der Leser deutlich aufgefordert, das Eschaton als bereits verwirklicht zu entdecken, und der erste Spruch des Thomasevangeliums bringt eine solche Entdeckung in Beziehung zur gnostischen Interpretation der Jesusworte: „Wer die Bedeutung dieser Worte findet, wird den Tod nicht schmecken." Das Philippusevangelium vertritt sehr deutlich die Auferstehung in der Taufe[26]: „Diejenigen, die sagen, ‚man wird zuerst sterben und (dann) auferstehen', irren. Wenn man nicht zuerst die Auferstehung erhält bei Lebzeiten, wird man, wenn man stirbt, nichts erhalten. So reden sie auch von der Taufe (und) sagen: Groß ist die Taufe, denn wenn man sie empfängt, wird man leben." Freilich ist diese Formulierung insofern vor dem Vorwurf der Häresie geschützt, als sie Raum für die Annahme einer zukünftigen Auferstehung neben der gegenwärtig im Sakrament erfahrenen Auferstehung läßt, wenn auch auf der letzteren der Nachdruck liegt (eine solche im Sakrament erfahrene Auferstehung wird auch in der „Exegese über die Seele" von Nag Hammadi erwähnt). Das Philippusevangelium, Spruch 21 (II, 56, 15–18), zeigt, daß sogar das Kerygma als solches mit der durch die gnostische Erfahrung des Kerygmas gegebenen Auslegung in Einklang gebracht werden kann: „Die sagen: ‚Der Herr ist zuerst gestorben und (dann) auferstanden', irren. Denn er ist zuerst auferstanden und (dann) gestorben."

Das Johannesevangelium teilt die Ansicht, daß es nach Jesu irdischem Leben ein tieferes Verstehen seiner Worte durch den Geist geben wird. Und unter den vier kanonischen Evangelien spricht gerade dieses Evangelium auch von der Auferstehung in diesem Leben (5, 25): „Wahrlich, wahrlich, ich sage

---

[24] Vgl. *Ph. Vielhauer*, ANAPAUSIS. Zum gnostischen Hintergrund des Thomas-Evangeliums, Apophoreta (s. Anm. 22), 281–299. Ebd. 283 zeigt er, daß die äthiopische Version der Epistula Apostolorum den Ausdruck „Ruhe", der sich in der koptischen Version findet, mit „Auferstehung" wiedergeben kann; das veranschaulicht die sachliche Identität der beiden Vorstellungen in der Gnosis. Did 4, 2 redet von der „Ruhe", die man in den Logoi der Heiligen findet.

[25] Wir bieten hier und an anderen Stellen die Übersetzung von *E. Haenchen* in *K. Aland* (Hrsg.), Synopsis quattuor evangeliorum (1964), 517 ff. – In Barn 4, 10 wird eine Häresie bekämpft, die behauptet, man sei „schon gerechtfertigt", und 15, 7 wird es als noch zukünftig angesehen, daß „wir uns der wahren Ruhe freuen". So scheinen auch in diesem Falle die Gegner behauptet zu haben, daß sie schon in diese Ruhe eingetreten seien.

[26] II, 73 (= Tafel 121), 1–7, zitiert nach *W. C. Till*, Das Evangelium nach Philippus (Patristische Texte und Studien 2, 1963); vgl. *H.-M. Schenke* in *J. Leipoldt – H.-M. Schenke*, Koptisch-gnostische Schriften aus den Papyrus-Codices von Nag-Hamadi (ThF 20), 1960, 55 (Spruch 90). Vgl. auch II, 56 (= Tafel 104), 15–21 (Spruch 21), ebd. 42. Vgl. *R. McL. Wilson*, The NT in the Nag Hammadi Gospel of Philip, NTS 9, 1962/63, 292. *Vielhauer*, aaO (s. Anm. 22) 290 f Anm. 52 zeigt, daß die Auferstehung bei der Taufe, der Eintritt in die Ruhe beim Tode erfolgt.

euch: Die Stunde kommt und ist jetzt da, wo die Toten die Stimme des Sohnes Gottes hören werden, und die, welche sie hören, werden leben." E. Haenchen sagt zu diesem Vers: „Vom Standpunkt des irdischen Jesus aus ist diese Stunde noch im Kommen – der Geist ist ja noch nicht ausgegossen! – vom Standpunkt der Gemeinde aus aber ist diese Stunde jetzt da."[27] Das nach der Erhöhung Jesu zu erwartende tiefere Verständnis könnte dann z. B. in der Auffassung bestehen, daß man selbst bereits auferstanden sei: „... jeder, der lebt und an mich glaubt, wird in Ewigkeit nicht sterben" (11, 26). Es mag freilich nicht ohne Bedeutung sein, daß Johannes den Begriff der in der Taufe geschehenden Auferstehung offenbar vermeidet, als sei er suspekt geworden, und statt dessen einen anderen Begriff einführt, nämlich den der Wiedergeburt in der Taufe: „Wenn jemand nicht von neuem (von oben) geboren wird, kann er das Reich Gottes nicht sehen" (3, 3; vgl. 3, 5). Wenn das neue Leben so als Wiedergeburt beschrieben wird, scheint es die Rolle der zukünftigen Auferstehung weniger zu gefährden. Dennoch wird es nötig gewesen sein, die Betonung der Gegenwart des Lebens in 5, 25 vor dem Verdacht der Häresie zu schützen, und die Hervorhebung der futuristischen Eschatologie in 5, 28 ist wohl das Werk eines kirchlichen Redaktors, der eben diese Kontrolle zu erreichen suchte. Wohl steht das Johannesevangelium in einiger Spannung zu seiner protognostischen Umgebung. Jedoch sowohl hinsichtlich der Anschauungen, die es mit dieser Umgebung teilt, als auch in den Ansichten, die es jener Umgebung durch seine kritischen Korrekturen zuschreibt, gibt es uns – wenn auch in gebrochener Weise – Auskunft über diese Umgebung. Jedenfalls scheint das Johannesevangelium das Bild zu bestätigen, das sich aus den gnostischen Quellen ergab, wonach die Entwicklungslinie, die sich auf die Anschauung von der Auferstehung in der Taufe zubewegte, in ihrer Spur auch eine tiefere (oder höhere) Auslegung der Worte Jesu zur Folge hatte[28].

Somit ist es wahrscheinlich geworden, daß die gnostisierende Interpretation des urchristlichen Auferstehungskerygmas zu einer gnostisierenden Auslegung auch der Herrenworte führte. Daher hatte ein Streit um die Übersetzung des Kerygmas auch einen Streit innerhalb der Geschichte der Weitergabe der Überlieferungen über Jesus zur Folge. Wenn nun im 1. Korintherbrief jene häretische Interpretation des Kerygmas bereits Gegenstand einer Auseinandersetzung ist, so könnte man fragen, ob nicht auch schon zu diesem frühen Zeitpunkt die entsprechende Auseinandersetzung um die Herrenworte im Gange war. Angesichts der Spärlichkeit des Materials ist es kaum möglich, hier zu einem schlüssigen Beweis zu kommen; aber es gibt einige Anzeichen, die

---

[27] ‚Der Vater, der mich gesandt hat', NTS 9, 1962/63, 214 (wiederabgedr. in *ders.*, Gott und Mensch [1965], 75).

[28] Vgl. die Diskussion über den Gnostizismus des vierten Evangeliums: *E. Käsemann*, Jesu letzter Wille nach Johannes 17 (1966); *G. Bornkamm*, Zur Interpretation des Johannes-Evangeliums, Geschichte und Glaube (Ges. Aufs. III, 1968), 104–121; ferner siehe darüber unten Kap. VII, S. 239 ff.

zumindest in diese Richtung deuten. Statt ihnen im einzelnen nachzugehen, mag es hier genügen, lediglich auf diese Möglichkeit aufmerksam zu machen und darauf hinzuweisen, daß es nicht so überraschend wäre, wie wir bisher angenommen haben, sollte dies tatsächlich der Fall sein. Denn der 1. Korintherbrief steht in gewissem Kontrast zum normalen Verfahren des Paulus, praktisch keinen Gebrauch von Herrenworten zu machen. Von den vier Stellen, an denen Paulus ausdrücklich ein Herrenwort zitiert, finden sich drei im 1. Korintherbrief: über die Ehescheidung (7, 10 f), über die Bezahlung des Predigers (9, 14) und über die Einsetzung des Herrenmahles (11, 23–25). Nun ist es bemerkenswert, daß Paulus, mit Ausnahme des letzten Beispiels, das aus der Liturgie des Herrenmahles stammt, das fragliche Herrenwort nicht eigentlich zitiert, sondern nur den Inhalt mit eigenen Worten angibt. Vgl. z. B. die Q-Fassung: „Der Arbeiter ist seines Lohnes (seiner Speise) wert" (Mt 10, 10; Lk 10, 7) mit Paulus: „So hat auch der Herr denen, die das Evangelium verkündigen, verordnet, vom Evangelium zu leben." In 1Kor 7, 10 f gebraucht Paulus sogar einen anderen Begriff für „Ehescheidung" als Mk und Q. Ebenso schwierig ist es, in dem einzigen weiteren Zitat bei Paulus, 1Thess 4, 15 f, irgendwelche besonderen Ausdrücke zu finden, die das Zitat mit synoptischen Texten gemeinsam hätte.

Gäbe Paulus in seiner Verwendung der Herrenworte immer nur deren wesentliche Aussage dem Inhalt nach wieder, so wäre es in den Fällen, in denen er keine Zitationsformel benutzt, schwierig zu entscheiden, ob er überhaupt auf ein Herrenwort anspielen wollte oder ob die Berührung zufällig ist. Eine solche Anspielung könnte 1Kor 13, 2 mit dem Hinweis auf den bergeversetzenden Glauben beabsichtigt sein; Parallelen für einen solchen Spruch gibt es in Q und bei Markus [29]. In diesem Falle wäre die Anspielung insofern bemerkenswert, als das Herrenwort hier nicht als endgültige, die Angelegenheit ein für allemal klärende Autorität gebraucht wird. Eher kritisiert Paulus das Wort, oder genauer, er kritisiert den Gebrauch, den man davon macht, ganz ähnlich wie beim Zungenreden, das er als göttliche Gabe anerkennt, deren Mißbrauch aber kritisiert. 1Kor 13, 2 scheint somit indirekt anzudeuten, daß die Korinther Herrenworte mißbrauchten [30].

[29] Mt 17, 20; Lk 17, 6; Mk 11, 22 f; Mt 21, 21. Vgl. *R. Bultmann*, RGG² IV, 1028: „Möglich ist es auch, daß in der Paränese des P. Herrenworte nachklingen (z. B. Röm 12, 4; 13, 9 f; 16, 19; 1Kor 13, 2); aber dabei handelt es sich eben um Paränese, die bei Jesus wie bei P. gleichermaßen jüdischer Tradition oder jüdischem Geiste entstammt." *Billerbeck* I, 759 gibt Parallelen für „Berge entwurzeln" oder „ausreißen" als idiomatische Wendung für das Tun des Unmöglichen; die Verbindung dieser Macht mit dem Glauben ist dort nicht belegt. – Vgl. ähnlich Lukian, Navigium 45; dazu auch *H.-D. Betz*, Lukian von Samosata und das NT (TU 76, 1961), 169 Anm. 6.

[30] Daß dieser Spruch gnostischer Interpretation zugänglich war, erweist sich aus seiner Verwendung im Thomasevangelium, Spruch 48 und 106. Dort ist Glaube durch den mehr gnostischen Begriff der Überwindung der Zweiheit und der Rückkehr zur uranfänglichen Einheit ersetzt worden. Über den gnostischen Sinn des Spruches vgl.

Ein Thema, bei dem in der Auseinandersetzung zwischen Paulus und den Korinthern die Herrenworte eine Rolle gespielt haben mögen, ist Paulus' Verteidigung seines „Kerygmas" gegen die „Weisheit", auf welche die Korinther so stolz sind. Die sog. johanneische Perikope in Q (Mt 11, 25; Lk 10, 21) verhält sich, trotz ihrer religionsgeschichtlichen Wurzeln in der Weisheitsliteratur, kritisch zur Weisheit: „Du hast dies vor den Weisen und Einsichtigen verborgen, aber den Unmündigen hast du es offenbart." Ganz ähnlich setzt Paulus mit seiner Kritik an der korinthischen Weisheit ein, wenn er behauptet, das Evangelium sei eine „Torheit", d. h. verborgen denen, die verlorengehen (1Kor 1, 18), die mit den „Weisen" und „Einsichtigen" (1, 19) identifiziert werden, aber es sei eine Kraft Gottes „denen, die gerettet werden", den „Unmündigen in Christus" (3, 1). U. Wilckens hat gezeigt, daß sich das meiste Material aus 1Kor 1, 18 ff auf Grund der Weisheitsliteratur deuten läßt[31]. Nur eins findet dort keine Erklärung: Warum weitet Paulus seinen Angriff so aus, daß er es mit zwei Gegnern zu tun bekommt, „die Juden fordern Zeichen, und die Griechen suchen Weisheit" (1, 22), wenn doch sein Interesse nur darauf gerichtet ist, die korinthische Weisheit zu bekämpfen? Vielleicht nur deshalb, weil die anfängliche Aufzählung der Schlagworte der verschiedenen Parteien (1, 12) noch im Gedächtnis ist. Es ist jedoch auffällig, daß diese Verbindung von „Zeichen", „Weisheit" und „Kerygma" in der Urchristenheit nur noch an einer anderen Stelle auftaucht, nämlich in Q (Mt 12, 38–42; Lk 11, 29–32): Dort wird die Forderung der jüdischen Oberen nach einem „Zeichen" mit dem Hinweis auf das „Kerygma" des Jona und die „Weisheit" Salomos verknüpft. Dies sind in der Tat die beiden einzigen Stellen in christlichen Schriften des 1. Jahrhunderts, an denen der Ausdruck Kerygma überhaupt vorkommt. Steht er aber an diesen beiden Stellen in genau der gleichen Verbindung, so liegt es nahe, an eine gemeinsame Tradition zu denken.

Hat somit die Kritik des Paulus an der Weisheit der Korinther ihre Parallelen in Q, so könnten die Korinther ihrerseits andere Abschnitte aus Q als ihrer eigenen Haltung durchaus geistesverwandt angesehen haben. Ja, die Gattung „Sprüche der Weisen" als solche, für die Q ein Beispiel ist, bewegt sich auf einer Entwicklungslinie, die von der Weisheitsliteratur zur Gnosis

---

B. Gärtner, The Theology of the Gospel of Thomas (1961), 246–248. Es ist weiterhin möglich, daß dieser Spruch von der korinthischen Partei benutzt wurde, auf die sich die Wanderapostel des 2Kor stützten, da in dieser Häresie gerade der wunderkräftige Glaube im Brennpunkt des Interesses stand. Obgleich es den Leuten jener Partei vor allem auf Wundergeschichten über Jesus ankam, konnten sie auch solche Sprüche verwendet haben. Auf Grund von 2Kor 13, 3 nimmt *G. Friedrich* an, daß die Häretiker des 2Kor meinten, Christus selbst rede in ihrer ekstatischen Sprache (Die Gegner des Paulus im 2. Korintherbrief [Abraham unser Vater. Festschrift für O. Michel, 1963, 181–215], 182 f).

[31] Weisheit und Torheit. Eine exegetisch-religionsgeschichtliche Untersuchung zu 1. Kor 1 und 2 (BHTh 26, 1959).

führt[32]. So ist es auch wiederum die Spruchquelle, die Jesus als den Wortführer der Weisheit vorstellt: Lk 11, 49 bringt ein Herrenwort, in dem die
Weisheit spricht, und ein anderer Spruch aus Q (Mt 11, 19; Lk 7, 35) faßt
Johannes und Jesus unter dem Begriff der Weisheit zusammen: „Die Weisheit
ist aus ihren Werken (oder: von ihren Kindern) gerechtfertigt worden." Wir
besitzen somit in Q eines der Bindeglieder zwischen der Hypostasierung der
Sophia in der jüdischen Weisheitsliteratur und dem gnostischen Erlösermythos, der in Systemen des 2. Jahrhunderts belegt ist. Der 1. Korintherbrief und Q haben das Problem „Jesus und die Weisheit" gemeinsam. Es
besteht darum die Möglichkeit, daß das Q-Material jedenfalls teilweise einen
Sitz im Leben hatte, der mit dem Streit in Korinth vergleichbar ist. Das aber
würde bedeuten: die vorherrschende, mit dem Namen R. Bultmanns verbundene Ansicht, die Herrenworte hätten in der paulinischen Christenheit
kaum eine Rolle gespielt, dürfte nicht mehr ganz so selbstverständlich sein,
wie es schien.

Es gibt eine Spruchgruppe, die in freier Variation in der frühchristlichen
Kirche häufig genug vorkommt[33], um an eine allgemein verbreitete katechis-
musartige Sammlung denken zu lassen. Sie findet sich im Zentrum der Bergpredigt bzw. der Feldrede in Q, kehrt in 1Clem 13, 2 und Polyk 2, 2–3 wieder und wurde auch in die Zwei-Wege-Lehre der Didache 1, 3–5 eingefügt[34].
Findet sich darum 1Kor 4, 5–13 ähnliches Material in vergleichbarem Zusammenhang[35], wenn auch ohne Zitationsformel und nicht als wörtliches
Zitat, so muß man zumindest fragen, ob nicht im Hintergrund eine Auseinandersetzung um eine solche Spruchsammlung steht. Die kritische Beschreibung, die Paulus 1Kor 4, 8 von seinen Gegnern gibt, läßt an die Weherufe
der Feldrede (Lk 6, 24 f) denken. Das könnte sehr wohl Paulus' Antwort auf
eine verzerrende Anwendung der Seligpreisungen sein. Zwar ist die Vorstellung des „Herrschens" oder des „Königseins" nicht das Ziel der Seligpreisungen in den kanonischen Evangelien; diese sprechen vielmehr vor allem
von der Herrschaft Gottes. Aber „herrschen" ist ein gnostisches Äquivalent
für dieses Ziel (vgl. Spruch 2 des Thomasevangeliums). Tatsächlich gipfeln
die Seligpreisungen am Schluß des Buches von Thomas dem Athleten von
Nag Hammadi in einem Preis dessen, der zusammen mit dem König zur
Herrschaft gekommen ist. Der Gnostiker braucht ja nur den eschatologischen

---

[32] Vgl. den folgenden Aufsatz: *Logoi Sophon*. Zur Gattung der Spruchquelle Q,
s. u. S. 67 ff.

[33] Vgl. die lange Reihe der Parallelen bei *Aland*, Synopsis quattuor evangeliorum,
106.

[34] Über das verwickelte Problem des Didache-Materials vgl. *H. Köster*, Synoptische
Überlieferung bei den Apostolischen Vätern (TU 65, 1957), 217–241; *B. Layton*,
The Source, Date and Transmission of Did. 1, 3 b–2, 1, HThR 61, 1968, 343–383.

[35] In 1Clem findet sich ein 1Kor 1–4 vergleichbarer Angriff auf den Weisen, der
sich mit seiner Weisheit brüstet; bei Polykarp ist der Abschnitt auf die künftige
Auferstehung bezogen, die seine – und des Paulus – Gegner ablehnen.

Vorbehalt zu eliminieren und zu erklären, daß der Eingeweihte das Ziel des Lebens schon erreicht hat, wie es z. B. das Thomasevangelium tut, Spruch 58:

> „Selig ist der Mensch, der gelitten hat.
> Er hat das Leben gefunden."

Spruch 69 verinnerlicht [36] das Leiden, behält aber die Betonung der „realisierten Eschatologie" bei:

> „Selig sind die, welche verfolgt wurden in ihrem Herzen!
> Jene sind es, die den Vater in Wahrheit erkannt haben."

Seligpreisungen, die in ihrem ersten Glied von der Gegenwart reden, konnte ein Gnostiker also sehr wohl in solche verwandeln, in denen die Vorwegnahme des Eschaton in der geistlichen Herrschaft über die Plagen der „Welt" gepriesen wird. Das paulinische Korrektiv scheint dann in der Betonung der diesseitigen Realität des Leidens zu liegen, wie in den Seligpreisungen der Spruchquelle, wobei der eschatologische Vorbehalt eine notwendige Parallel-Vorstellung zu dieser irdischen Sicht des Leidens ist (1Kor 4, 11–13).

Diese Verse sind nicht nur den Seligpreisungen der Feldrede ziemlich ähnlich. Auffallend sind auch drei parallele Sätze, die in diese Verse eingebettet sind:

> „Werden wir geschmäht, so segnen wir;
> werden wir verfolgt, so dulden wir es;
> werden wir gelästert, so begütigen wir."

Sie gleichen sehr stark dem, was unmittelbar auf die Seligpreisungen und Weherufe in der Feldrede folgt (Lk 6, 27; vgl. V. 35):

> „Liebet eure Feinde;
> tut Gutes denen, die euch hassen;
> bittet für die, welche euch beleidigen."

Und vielleicht in Analogie zu dem in der Feldrede dann folgenden Abschnitt gegen das Richten (Lk 6, 37 ff) bringt Paulus 1Kor 4, 5 seinen eschatologischen Vorbehalt gegen das Richten „vor der Zeit, bis der Herr kommt" zum Ausdruck. Keine dieser Parallelen ist zwingend, und auch ein ganzes Bündel ungenauer Parallelen ist keineswegs überzeugend. Bultmann pflegt in solchen Fällen zu sagen: „Alles höchstens Möglichkeiten!" [37] Sollten wir es also hier nur mit beachtlichen zufälligen Übereinstimmungen zu tun haben, so läßt sich zumindest sagen, daß jedenfalls zu Polykarps, wenn nicht schon zu Paulus' Zeiten eine Auseinandersetzung um das Kerygma auch eine solche um die Herrenworte mit sich brachte [38].

---

[36] Vgl. zu diesen Sprüchen *E. Haenchen*, Die Botschaft des Thomas-Evangeliums (1961), 41 f, bes. 42: „Die Menschen, von denen hier die Rede ist, litten nicht unter der Volkswut oder unter staatlichen Verfolgungen. Sondern sie fühlten sich in ihrem Innern bedrängt: die Welt selbst war es, die ihnen zusetzte."

[37] GuV I, 191.

Unser erster Versuch, (die hermeneutische Übersetzung des) „Kerygma"
und „Geschichte" (der Weitergabe der Überlieferungen über Jesus) „im Neuen
Testament" zueinander in Beziehung zu setzen, bestand darin, die Entwick-
lungslinie der Auseinandersetzung um die Bedeutung der Auferstehung für
das Leben des Christen zu verfolgen und zu beobachten, wie diese Linie der
Entwicklung auch einen Ausschnitt der Geschichte der Überlieferung der
Herrenworte in seine Bahn zog. Beide haben einander parallele Verzerrungen
und Korrekturen erfahren, sobald sie in einen zunehmend stärker auf die
Gnosis zusteuernden Kulturstrom geraten waren. Die so einfach scheinenden
Größen „Kerygma" und „historischer Jesus" haben sich als recht komplex
erwiesen, weil die infolge wechselnder geschichtlicher Situationen notwendige
Übersetzung des Kerygmas auch die Geschichte der Überlieferung der Herrenworte jeweils in die gleiche Richtung mit sich zog. Die Strömung ist aber nicht
gradlinig, noch sind die Einflüsse einseitig. Beide Größen, „Kerygma" und
„historischer Jesus", unterliegen gleichermaßen der Einwirkung der gleichen
geschichtlichen Situationen. So kann eine Entwicklung innerhalb der Geschichte der Überlieferung über Jesus genauso die Übersetzung des Kerygmas

---

[38] Vgl. Polyk 2, 2:

> „nicht Böses mit Bösem vergelten,
> oder Beschimpfung mit Beschimpfung,
> oder Schlag mit Schlag,
> oder Fluch mit Fluch."

Wie bei Paulus wird auch dies nicht durch eine Zitationsformel eingeleitet (wenn
auch in der Tat ein Hinweis auf „seine Gebote" vorausgeht); und doch denkt
Polykarp dabei offensichtlich an Herrenworte, denn er fährt unmittelbar darauf
fort (2, 3): „sondern erinnert euch dessen, was der Herr gesagt hat, als er lehrte:

> Richtet nicht, auf daß ihr nicht gerichtet werdet,
> vergebt, und es wird euch vergeben werden,
> seid barmherzig, auf daß ihr Barmherzigkeit empfangt,
> mit dem Maß, mit dem ihr meßt, wird euch wieder gemessen werden."

Das heißt, daß Polykarp an eine nicht näher bezeichnete Anführung von Material, das Lk 6, 27 f entspricht, mit ausdrücklich zitiertem Material fortfährt, das in
Lk 6, 37–38 (vgl. 1Kor 4, 5) seine Parallele hat. Vgl. auch 1Kor 6, 7–9:

> „Es ist überhaupt schon eine Niederlage für euch, daß ihr Gerichtsfälle
>   [miteinander habt.
> Weshalb laßt ihr euch nicht lieber Unrecht tun?
> Weshalb nicht lieber berauben?
> Aber ihr tut selbst Unrecht und beraubt, und das sogar an Brüdern!
> Wißt ihr nicht, daß die Ungerechten das Reich Gottes nicht erben
>   [werden?"

Ähnlich schließt auch Polykarp mit einer Zusammenfassung der Seligpreisungen:

> „Selig die Armen,
> und die um der Gerechtigkeit willen verfolgt werden,
> denn ihrer ist das Reich Gottes."

Der 1Kor 6, 9–10 unmittelbar folgende Lasterkatalog und die Beziehung zur
Taufe 6, 11 zeigen an, daß hier wohl auch katechetisches Material im Hintergrund
steht.

beeinflussen wie umgekehrt. So können wir uns nun einer zweiten Entwicklungslinie zuwenden, die durch die urchristlichen Schriften geht, bei der tatsächlich wohl Faktoren, die in der Weitergabe der Überlieferungen über Jesus liegen, als primäre bewegende Kräfte der aufbrechenden Auseinandersetzung gewirkt haben.

III. Geschichte als Weitergabe von Überlieferungen im Neuen Testament

Der zweite Versuchsgang beginnt nicht beim Kerygma, sondern mit dem historischen Jesus. Was als eine scheinbar so einfache und fest umrissene Größe wie „das Kerygma" in 1Kor 15, 3–5 erschien, erwies sich als komplex und mehrdeutig, sobald wir danach fragten, wie sie verstanden und übersetzt wurde. Entsprechend muß man damit rechnen, daß der „historische Jesus" nicht die „gemeinsame Grundlage", sondern nur der gemeinsame Ausgangspunkt für die Geschichte der Überlieferung über Jesus war.

In seiner Kritik an der erneuerten Frage nach dem historischen Jesus sagt Bultmann: „Wenn nach der sachlichen Kontinuität zwischen Jesus und dem Kerygma gefragt wird, so kann doch nicht nach Jesu persönlichem Glauben gefragt werden, sondern höchstens danach, ob das in Jesu Wirken als Möglichkeit und Forderung begegnende Existenzverständnis den Glauben *an* ihn einschließt..."[39] Setzte man aber einmal voraus, es ließe sich nachweisen, daß Jesus dazu aufgefordert hätte, man müßte an ihn glauben, so hätte man es doch immer noch mit einer historischen Tatsache zu tun, die für das Urchristentum recht vieldeutig gewesen sein müßte. Das wird an den Darstellungen jener Bultmann-Schüler deutlich, die in dieser Frage am positivsten urteilen. G. Bornkamm meint: „Bei aller gebotenen Bereitschaft zur Kritik der Überlieferung sahen wir keinen Grund zu bestreiten, daß Jesus tatsächlich durch sein Auftreten und Wirken messianische Erwartungen geweckt und den Glauben, er sei der verheißende Heilbringer, gefunden hat. Der Glaube, den die Emmausjünger aussprechen: ‚Wir aber hofften, er sei der, der Israel erlösen sollte' (Lk 24, 21), wird sehr genau die Überzeugung der Anhänger Jesu vor seiner Passion wiedergeben."[40] Und E. Dinkler hat die These vertreten, daß das Petrusbekenntnis zu Jesus als dem Christus als ein historisches Ereignis während des öffentlichen Auftretens Jesu anzusehen sei[41]. Doch selbst wenn dies schlüssig bewiesen wäre, gäbe es kaum eine eindeutige, gemeinsame Basis ab. Dinkler selbst meint ja weiter, daß Jesu Verweis an Petrus: „Weiche von mir, Satan!" ursprünglich nicht auf die erste Leidensankündigung folgte, son-

---

[39] Das Verhältnis der urchristlichen Christusbotschaft zum historischen Jesus, 19.
[40] Jesus von Nazareth (1956), 158.
[41] Petrusbekenntnis und Satanswort. Das Problem der Messianität Jesu (Zeit und Geschichte, Dankesgabe an R. Bultmann, hrsg. von *E. Dinkler*, 1964), 127–153 (wiederabgedruckt in *ders.*, Signum Crucis, 283–312).

dern unmittelbar an das Petrusbekenntnis anschloß. Das heißt, nach Dinklers Meinung lehnte Jesus den Messiastitel für sich rundweg ab. Auch Bornkamm spricht im folgenden von „einer Bewegung zerbrochener Messiaserwartungen und von einem als Messias Erhofften, der nicht erst im Augenblicke des Scheiterns, sondern mit seiner ganzen Verkündigung und seinem ganzen Wirken die Hoffnungen, die ihm entgegenschlugen, enttäuschte". Bornkamm meint das natürlich ganz positiv, indem er sich gegen falsch verstandene messianische Hoffnungen auf den historischen Jesus beruft. Er spricht zudem von einem Glauben, „der erst am Kreuze Jesu zerbrechen mußte, um in seinem Kreuz und seiner Auferstehung sich neu zu begründen". Mit anderen Worten, Bornkamm beruft sich schließlich doch auf das Kerygma, um die normative Interpretation Jesu sicherzustellen. Aber auf das Kerygma hatte sich ja schon Bultmann berufen, um die Zweideutigkeit eines möglichen vorösterlichen Glaubens an Jesus zu überwinden; denn er fügt seiner oben zitierten Feststellung unmittelbar hinzu: „...so daß man also fragen kann: Ist – oder wieweit ist – das verstehende Hören der Jünger schon vor Ostern als ein Glaube an Jesus Christus, den Gestorbenen und Auferstandenen, zu bezeichnen?"

Diese kurze Darstellung der Alternativen innerhalb der Bultmann-Schule sollte nur deutlich machen, daß das Urchristentum zwar einen gemeinsamen, aber keinen eindeutigen vorösterlichen Ausgangspunkt für die Christologie besaß. Denn entweder gab es vor Ostern eine bestenfalls in Jesu Selbstverständnis implizite Christologie, die danach auf verschiedene Weise im Selbstverständnis der Glaubenden expliziert werden konnte, oder aber es gab eine recht vieldeutige oder gar verkehrte messianische Jesusauffassung im Glauben der Jünger, die in potentieller Spannung zum Kerygma stand.

In unserem Zusammenhang darf man dieses Problem nicht im Sinne moderner Rekonstruktionen des historischen Jesus angehen, sondern im Sinne der neutestamentlichen Kirche, d. h. als Geschichte der Überlieferungen über Jesus. Zog unser erster, mit dem Kerygma beginnender Versuchsgang die Geschichte der Überlieferung der Herrenworte mit ins Blickfeld, so setzen wir diesmal bei den Erzählungen über Jesus, vor allem bei den Wundergeschichten ein. Wir werden dabei bemerken, daß diese Überlieferungen über Jesus ihrerseits auf das Verständnis des Kerygmas einwirkten.

Das Auftauchen der Evangelien als Literaturform hat M. Kähler aus der Sicht des Kerygmas dahingehend definiert, daß der kerygmatischen Passionsgeschichte eine lange Einleitung vorgeschaltet wurde. Wir wollen hier unsere Aufmerksamkeit auf diese lange Einleitung richten, die im Falle des Markusevangeliums im wesentlichen aus einer Sammlung von Wundergeschichten besteht, deren Bedeutung durch die Sammelberichte und durch die Hervorhebung der Wundertätigkeit der Zwölf bei ihrer Aussendung [42] nur noch ge-

---

[42] Vgl. *D. Georgi*, Die Gegner des Paulus im 2. Korintherbrief. Studien zur religiösen Propaganda in der Spätantike (WMzANT 11, 1964), 210 ff.

steigert wird. Dieser Zyklus von Wundergeschichten läßt Jesus so stark in der Rolle eines ruhmreichen „Göttlichen Menschen" erscheinen, daß sein Höhepunkt erst in einer Erzählung erreicht wird, die in anderem Zusammenhang nur als Auferstehungsgeschichte verständlich wäre [43]. Hier ist der Höhepunkt bei Markus jedoch lediglich noch der Abschluß eines Zyklus von Wundergeschichten: die Verklärung. Markus hat diesen Zyklus fast aufreizend eng mit der Passionsgeschichte verschränkt, indem er die erste Leidensankündigung mit dem Petrusbekenntnis verband, mit einer Messiasanschauung also, die in die Richtung weisen könnte, Jesus zum König zu machen [44] (vgl. Joh 6, 15). So erscheint das Messiasbekenntnis bei Markus als „tentation de Jésus par Pierre, instrument de Satan" [45], und die Verherrlichung Jesu bei der auf das Petrusbekenntnis folgenden Verklärung wird in dem Zusammenhang, in den sie Markus gesetzt hat, angesichts ihrer Nähe zum Passionsmotiv zum

---

[43] Vgl. zum Argument, daß die Verklärungsgeschichte ursprünglich eine Auferstehungsgeschichte war: *Ch. E. Carlston*, Transfiguration and Resurrection, JBL 80, 1961, 233–240. *F. W. Beare*, The Earliest Records of Jesus (1962), 142, besteht freilich darauf, daß „es an der Zeit ist, diese Theorie einem Museum für Altertumskunde zu überlassen". *C. H. Dodd*, The Appearances of the Risen Christ: An Essay in Form-Criticism of the Gospels, Studies in the Gospels (R. H. Lightfoot-Festschrift 1955), 9–35, hat bewiesen, daß die Verklärungsgeschichte nicht dem Aufriß solcher Auferstehungsgeschichten folgt, die in jenen Kreisen, in denen unsere Evangelien geschrieben wurden, als Auferstehungsgeschichten anerkannt waren. Doch das beweist noch nicht schlüssig, daß die Form der Verklärungsgeschichte sich von älteren Auffassungen der Auferstehungserscheinungen unterschied, wie sie z. B. in den Erscheinungen vor Stephanus und Paulus in der Apostelgeschichte vorliegen. Die Tatsache, daß sie von Lukas nicht in die offiziellen Erscheinungen der „Vierzig Tage" einbegriffen wurden, legt einen Grund für die Verschiedenheit der alten Liste von 1Kor 15, 3 ff und den späteren Erscheinungsgeschichten am Schluß der Evangelien nahe (*E. A. Allen*, The Lost Kerygma, NTS 3, 1957, 349–353, macht darauf aufmerksam): Die älteren Geschichten, die von Erscheinungen in Herrlichkeit redeten, eigneten sich nicht für die spätere Apologetik, in der die körperliche Auferstehung verteidigt wurde. *Dodd* (25) polemisiert zwar gegen die „kritischen Gelehrten einer bestimmten Schule", daß sie die Identifizierung der Verklärung mit einer Auferstehungsgeschichte für ein „Dogma" hielten; aber er versäumt es, ihre Argumente zu widerlegen. Vielmehr schließt er nur leichthin mit der Feststellung: „Ich kann keinen einzigen Punkt der Ähnlichkeit entdecken" – ein Schluß, der im Blick auf *Carlstons* Aufsatz in seiner Absolutheit zumindest verdächtig erscheinen muß. Das jüngste „Museum für Altertumskunde", in das die Sicht der Verklärung als Auferstehungsgeschichte aufgenommen wurde, ist die 3. Auflage von RGG (in *Käsemanns* Aufsatz: Wunder IV, Im NT, Bd. VI [1962], 1835).

[44] *O. Cullmann*, L'Apôtre Pierre instrument du Diable et instrument de Dieu. La Place de Matt. 16 : 16–19 dans la tradition primitive (NT Essays in Memory of T. W. Manson, 1959), 96 (deutsche Übersetzung in *ders.*, Vorträge und Aufsätze 1925–1962 [hrsg. von *K. Fröhlich*, 1966], 205): „Denn schon im Augenblick seines Bekenntnisses muß Petrus nach dem Markusbericht die *teuflische* Auffassung vom politischen Messias gehabt haben, die die meisten Juden mit dem Jünger teilten und die, weil sie nichts von seinem *Leiden* wissen wollte, eine so scharfe Zurückweisung erfahren mußte."

[45] *Cullmann*, aaO.

Paradox. Den Anschein einer alles umgreifenden Einheitlichkeit hat der Evangelist seinem Evangelium schließlich mit Hilfe des Messiasgeheimnisses gegeben, das die direkte Demonstration der Messianität Jesu verhindert, die die Wundergeschichten wohl ursprünglich beabsichtigen. So läßt sich im Markusevangelium eine gewisse Spannung zwischen den Überlieferungen über Jesus, in diesem Falle vor allem den Wundergeschichten in der ersten Hälfte des Evangeliums, und dem Kerygma feststellen, das hier durch die Passionsgeschichte vertreten wird, um die sich die zweite Hälfte des Evangeliums gruppiert.

Dieser Sachverhalt hat H. Riesenfeld dazu veranlaßt, die redaktionelle Hand des Markus in der zweiten Hälfte zu finden, dagegen in der ersten Hälfte, angesichts des Fehlens eines kirchlichen Kerygmas, Anzeichen für einen eher direkten Bericht über den historischen Jesus zu sehen [46]. Dibelius hat nun aber die „Predigt" – d. h. die verschiedensten Formen christlichen Zeugnisses im weitesten Sinne – als den Sitz im Leben auch der Wundergeschichten herausgestellt. Die Rolle der Exorzismen und Heilungen bei der Aussendung der Zwölf läßt in der Tat darauf schließen, daß Wundergeschichten hervorragender Bestandteil der urchristlichen Missionspropaganda waren. Daher muß man die Geschichte der Weitergabe solcher Überlieferungen über Jesus

---

[46] *H. Riesenfeld,* Tradition und Redaktion im Markusevangelium (Neutestamentliche Studien für R. Bultmann [BZNW 21], 1954, 157–164) stellt fest (162), daß der Redaktor „eine Zweiteilung etwa im Sinne von ‚Appell und Gefolgschaft' durchzuführen sucht. Die urkirchliche Entsprechung, die wahrscheinlich zu dieser Systematisierung beigetragen hat, begegnet uns in der Zweiheit von Missionspredigt und Gemeindeunterricht. Das Eigentümliche ist nun, daß der letztere augenscheinlich auf die Art, wie Markus die Unterweisung der Jünger durch Jesus darbietet, abgefärbt hat, während Krafttaten und Gleichnispredigt Jesu einerseits und die kerygmatische Verkündigung der Urkirche andrerseits sich in diesem Falle nur schematisch entsprechen." In einem Vortrag über „Das Selbstbewußtsein Jesu" (Uppsala, 24. Sept. 1963) stimmt *H. Conzelmann Riesenfeld* darin zu, „daß wir innerhalb des Markusevangeliums eine bestimmte Verschiebung im Stil und im Inhalt des Berichtes erkennen können. Bis Mk 8, 26 wird Jesus als Lehrer in Galiläa geschildert; aber es wird kein spezieller Inhalt dieser Lehre angegeben. Von Mk 8, 27 an wird der Inhalt der Lehre beschrieben: Messianität und Leiden. Hier ist die gestaltende Reflexion des Evangelisten am Werke. Es zeigt sich also eine Spannung zwischen Tradition und Redaktion." *Conzelmann* stimmt jedoch nicht der Folgerung *Riesenfelds* zu, daß der erste Teil des Markusevangeliums direkt auf Jesus zurückgehe: „Gegen seine Folgerungen sind jedoch Bedenken anzumelden. Die philologische Textanalyse zeigt, daß nicht nur *zwei* Schichten zu unterscheiden sind (Tradition und Reflexion des Evangelisten), sondern daß zwischen Jesus und dem Evangelisten eine Schicht liegt, in der bereits starke Elemente von Reflexion enthalten sind. Gerade die Bemerkungen über Jesus als Lehrer gehören nicht der ältesten Schicht an, sondern sind oft literarisch hart, also sekundär, in diese eingesprengt." Schon früher (Gegenwart und Zukunft in der synoptischen Tradition, ZThK 54, 1957, 293 f) hatte *Conzelmann* darauf aufmerksam gemacht, daß das Messiasgeheimnis nicht einem historischen, vormessianischen Material eingearbeitet wird, sondern einem Stoff, der schon allzu messianisch geprägt war.

so untersuchen, daß sie dabei selbst als eine Art Kerygma in den Blick kommen, um herauszufinden, was dieses Kerygma zu sagen hatte und wie es sich zum Kerygma von Kreuz und Auferstehung verhielt. J. Wellhausen schien im Blick auf das Markusevangelium recht zu haben, wenn er auf der einen Seite sagte: „Bei Markus erscheint also das Evangelium in dem Nest zwischen dem Petrusbekenntnis und der Passion eingebettet" [47], auf der anderen Seite aber über die erste Hälfte des Evangeliums feststellt: „Dem populären Geschmack entsprachen die Wunder und Teufelaustreibungen, die Recognitionen Jesu durch die Dämonen, und sie besaßen vielleicht auch als ‚Zeichen' der Messianität am meisten werbende Kraft bei der Missionspredigt des Evangeliums für die Kreise, aus denen sich das Christentum vorzugsweise rekrutierte." [48]

Auch Paulus scheint etwas ähnliches zuzugeben, wenn er es auch recht sarkastisch formuliert: „Somit sind die Zungenreden zum Zeichen nicht für die Gläubigen, sondern für die Ungläubigen" (1Kor 14, 22). Jedenfalls hat Paulus das Wundertun betont unter den geistlichen Gaben angeführt; vgl. 1Kor 12, 9 f von „Gnadengaben zu Heilungen", „wirkungskräftigen Machttaten" (d. h. Wundertaten) und beiden vorangestellt die seltsame Gabe des „Glaubens" – seltsam deshalb, weil sonst „Glaube" bei Paulus die Hinwendung des Christen zu Gott schlechthin ist und nicht eine besondere Gnadengabe Gottes, die wenigen Auserwählten vorbehalten bleibt. In diesem einen Falle scheint es sich jedoch um einen terminus technicus für die Gabe des Wundertuns zu handeln, nämlich um den Glauben, der Berge versetzt (13, 2). Die Wundertäter vollbrachten Heilungen mit Hilfe des Glaubens, und in den beiden synoptischen Evangelien, die am stärksten von ihnen abhängig sind, im Markus- und Lukasevangelium, haben diese Glaubensheiler ihr charakteristisches Schlagwort, eingebettet in die von ihnen weitergegebenen Wundergeschichten Jesu, überliefert: „Dein Glaube hat dich geheilt", Mk 5, 34 parrs; 10, 52 // Lk 18, 42; Lk 7, 50; 17, 19 [49].

Leider hat die jüngere Markusforschung keinen den Arbeiten über Matthäus und Lukas vergleichbaren grundlegenden Durchbruch zur Erkenntnis der eigentlichen Intentionen des Markus erzielt. Statt also die Frage nach der Weitergabe der Überlieferungen über Jesus anhand der Wundergeschich-

---

[47] Einleitung in die drei ersten Evangelien (1905), 82.   [48] AaO 53.

[49] *E. Käsemann*, RGG³ II (1958), 995. Mt 20, 34 läßt die Wendung aus, schreibt aber in der analogen Geschichte 9, 29: „Es geschehe euch nach eurem Glauben." 15, 28 steht der Satz: „Dein Glaube ist groß; es geschehe dir, wie du willst." In ihren Aufsätzen: Die Sturmstillung im Matthäusevangelium (Überlieferung und Auslegung im Matthäusevangelium WMzANT 1, 1961², 48–53), und: Matthäus als Interpret der Wundergeschichten (ebd. 155–287), zeigen *G. Bornkamm* und *H. J. Held*, daß die Wunderhaftigkeit als eigentliche Pointe einer Wundergeschichte bei Matthäus dem erbaulichen Zweck Platz gemacht hat; die Wundergeschichten dienen jetzt der Belehrung über die Jüngerschaft in der Kirche. Entsprechend ist auch das Problem des Glaubens bei Matthäus zu dem innerkirchlichen Problem geworden, wie der „Kleinglaube" wachsen könne. Vgl. Mt 6, 30; 8, 26; 14, 31; 16, 8; 17, 20.

ten in der ersten Hälfte des Markusevangeliums weiterzuverfolgen, möchte ich mich darum einer anderen ziemlich auffallenden Parallele zuwenden, die unserem Zweck dienen wird und vielleicht indirekt auch für die Markusforschung von Bedeutung sein kann. Ich meine die im vierten Evangelium benutzte „Zeichen-Quelle"[50]. Diese Quelle wurde zuerst von A. Faure[51] entdeckt und dann von R. Bultmann[52] aufgegriffen. Sie widersteht unter den von ihm für das Johannesevangelium angenommenen Quellen am besten der gegenwärtigen Neigung, Quellentheorien für das Johannesevangelium angesichts seiner durchgehenden stilistischen Einheit nur mit Vorsicht hinzunehmen. Sowohl E. Käsemann[53] als auch E. Haenchen[54] sind zwar hinsichtlich

---

[50] Schon *H. Köster* (Häretiker im Urchristentum, RGG³ III, 19) hat die Häresie des 2Kor mit der Zeichen-Quelle und ebenso auch mit Markus und mit Teilen der Apostelgeschichte in Verbindung gebracht. *Köster* formuliert auch das Problem zutreffend: „Die Frage war, ob es der Kirche gelang, diese Erzählungsüberlieferung theologisch für sich zu gewinnen und die Frage der Geschichtlichkeit der Offenbarung und der Göttlichkeit ihrer Erscheinung an der Tradition von dieser Geschichte aufzuarbeiten."

[51] Die alttestamentlichen Zitate im 4. Evangelium und die Quellenscheidungshypothese, ZNW 21, 1922, 99–121, bes. 107–112.

[52] Das Evangelium des Johannes (MeyerK II 1941¹⁰, 1962¹⁷), bes. 78.

[53] Besprechung des *Bultmann*schen Kommentars, VuF 1942/46, 1947, 186–89; RGG³ VI (1962), 1836. *Käsemann* lehnt die Reden-Quelle ab (ZThK 54, 1957, 16; wiederabgedr. in EVB II, 25).

[54] Aus der Literatur zum Johannesevangelium 1929–1956, ThR NF 23, 1955, 303; Johanneische Probleme, ZThK 56, 1959, 19–54; ‚Der Vater, der mich gesandt hat', NTS 9, 1962/63, 208–216 (die beiden letztgenannten Aufsätze sind wiederabgedruckt in *E. Haenchen*, Gott und Mensch [1965], 78–113 und 68–77). Die von *W. Wilkens*, Evangelist und Tradition im Johannesevangelium (ThZ 16, 1960, 81–90) geübte Kritik an der Arbeit *Haenchens* über die Zeichen-Quelle ist nur dann stichhaltig, wenn man *Wilkens'* eigene Theorie über das Johannesevangelium annimmt, die er in seiner Dissertation: Die Entstehung des vierten Evangeliums (1958) darlegt. Diese Theorie ist jedoch schwerlich haltbar. Denn wenn er, abgesehen von der mangelnden Schlüssigkeit seiner Rekonstruktionen (vgl. meine Besprechung: Recent Research in the Fourth Gospel, JBL 78, 1959, 242–252, bes. 242–246), ein ursprüngliches Buch der sieben Zeichen dem gleichen (apostolischen) Autor zuschreibt, der auch die weiteren Stadien des Evangeliums bearbeitete, so übersieht er einfach die grundlegende theologische Spannung zwischen der Zeichen-Quelle und dem vierten Evangelium. *D. M. Smith, Jr.*, The Composition and Order of the Fourth Gospel. Bultmann's Literary Theory (1965), 110, Anm. 181, erklärt: „Haenchen lehnt Bultmanns Hypothese der Semeia-Quelle ab", fügt aber hinzu: „Sein (Haenchens) eigenes Verständnis der Art, in der der Evangelist Erzählungsmaterial verarbeitet, unterscheidet sich schließlich kaum von Bultmanns Ansicht." Diese letztere Feststellung bezeichnet den Brennpunkt von *Haenchens* Arbeit. Er stellt sich eine schriftliche Quelle vor, die in der Heimatgemeinde des vierten Evangelisten gebraucht und daher frei zitiert wurde. Diese Quelle habe wohl über die Wundergeschichten hinaus noch anderes Material synoptischen Typs enthalten. Man gibt einen verkehrten Eindruck von *Haenchens* Urteil über die Bultmannsche Quellenanalyse, wenn man von „Ablehnung" redet. Ähnlich stellt *Smith* die Ansicht *Käsemanns* so dar, als mache sie Bultmanns Quellentheorie „überflüssig" (63), fügt dann aber die Bemerkung an, daß *Käsemann* in der

der Redenquelle recht skeptisch, nehmen aber doch an, daß der Evangelist die Zeichen-Quelle, wenn auch frei, benutzt hat; und W. G. Kümmel räumt ein, daß diejenigen Abschnitte, an denen typisch johanneische Stilelemente am wenigsten hervortreten, ziemlich genau mit den Abschnitten übereinstimmen, an denen der Verfasser des Evangeliums der Zeichen-Quelle am getreuesten zu folgen scheint[55]. So folgert denn der jüngste Forschungsbericht über das Problem der Quellen des Johannesevangeliums von D. M. Smith jr.: „The prima facie possibility of something approximating Bultmann's semeia-source is to be granted, although the characterization and delineation of that source remain doubtful."[56]

Tat damit rechnet, daß der Evangelist ein solches Dokument wie die Zeichen-Quelle benutzt hat. Und wiederum läßt *Smith* den Verlauf der Diskussion in einem für die Zeichen-Quelle ungünstigeren Licht erscheinen, als das tatsächlich der Fall war, wenn er als Hauptgrund für die Zweifel an der Zeichen-Quelle darauf hinweist, daß *Bultmann* „den Schlüssel, der für *Faure* entscheidend war", nicht annimmt, nämlich daß „das Alte Testament in den ersten 12 Kapiteln anders zitiert wird als im übrigen Evangelium" (111, Anm. 183). Das ist eine irreführende Feststellung. Denn *Faure* (ZNW 21, 1922, 112, Anm. 3) erkannte, daß alttestamentliche Zitate in der Zeichen-Quelle überhaupt fehlen. So könnte zwar höchstens die Zeichen-Quelle als Argument für *Faures* Trennung des Evangeliums in zwei Teile dienen, insofern (abgesehen von 20, 30 f) der erste Teil die Zeichen-Quelle, so wie *Faure* sie verstand, benutzte. Aber der besondere Gebrauch des Alten Testaments in der ersten Hälfte des Evangeliums diente *Faure* nicht auch umgekehrt als Argument für die Zeichen-Quelle, schon gar nicht als „entscheidendes" Argument. Schließlich ist noch gegen *Smith* anzumerken, daß Gründe, die „nur nahelegen, daß (der vierte Evangelist) ein ‚Buch der Zeichen' in der Abfassung seines Evangeliums benutzte, ohne daß sie dazu helfen, auch sein Ausmaß zu bestimmen", nicht in eine solche Anmerkung gehören, die „Gründe für einiges Mißtrauen der Zeichen-Quelle gegenüber" anführen (111, Anm. 183). Die Frage des Vorhandenseins der Quelle sollte deutlich von unserer Fähigkeit, sie zu rekonstruieren, unterschieden werden! *K. Aland*, Glosse, Interpolation, Redaktion und Komposition (Apophoreta [s. Anm. 22]), 7, hat sehr richtig auf das häufige non-sequitur in der Johannesforschung aufmerksam gemacht, – was *Smith* ja selbst auch getan hat (71 f). Also stellt sein „Mißtrauen" logischerweise nicht das Vorhandensein der Quelle in Frage, sondern lediglich ihr Ausmaß und ihren Charakter.

[55] Einleitung in das NT, 14. Aufl. von „*Feine-Behm*" (1965), 146 f: „Andrerseits hat sich auch gezeigt, daß in einzelnen Perikopen so deutlich die für Joh. bezeichnenden Charakteristika fehlen, daß man annehmen muß, daß hier Überlieferungen aufgenommen sind (... vor allem 2, 1–10. 13–19; 4, 46–53; 12, 1–8. 12–15)." *E. Schweizer*, Die Heilung des Königlichen: Joh 4, 46–54, EvTh 11, 1951/52, 64–71, bes. 65 Anm. 5 (wiederabgedruckt in: Neotestamentica [1963], 407–415, bes. 407 f Anm. 5), gibt die Einzelheiten für 4, 46–54 an. *Kümmel* selbst zieht allerdings die positive Schlußfolgerung nicht, sondern fügt hinzu: „Aber auf eine dem Evangelisten vorliegende schriftliche ‚Zeichenquelle' führt das keineswegs."

[56] *Smith*, aaO 113; vgl. auch *ders.*, The Sources of the Gospel of John. An Assessment of the Present State of the Problem, NTS 10, 1963/64, 345. Es erscheint also als etwas vorschnell, wenn *P. Riga* (Signs of Glory. The Use of ‚Semeion' in John's Gospel, Interpretation 17, 1963, 402–424) in einer Anmerkung Bultmanns Zeichen-Quelle einfach fallen läßt als etwas, das „zur Genüge als eine Erdichtung der lite-

Die Zeichen-Quelle tritt nun im Johannesevangelium gerade durch solche Merkmale hervor, die sie als eine Sammlung von Wundergeschichten ausweisen, die etwa ein Glaubensheiler für Missionszwecke zusammengestellt hatte. Mindestens in den ersten Kapiteln ist sie außerdem durch Nahtstellen im Text erkennbar; ihren hölzernen redaktionellen Stil würde man eher in den synoptischen Evangelien erwarten. Das zweite Wunder, die Heilung des Sohnes des königlichen Beamten (4, 46–54), erscheint in der gleichen Rahmung der Wanderung „von Judäa nach Galiläa" (4, 43. 45. 47. 54), in der bereits das erste Zeichen, die Hochzeit zu Kana (2, 1–11), berichtet worden war; ja, der Evangelist holt Jesus für das zweite Zeichen zurück nach Kana (4, 46 a), ohne daß Jesus dafür einen anderen Beweggrund gehabt hätte, als eben den, Kana wieder zu verlassen, um nach Kapernaum zu gehen. Das läßt sich kaum historisch erklären, sondern nur als Ergebnis der redaktionellen Arbeit eines Herausgebers. Es spiegelt den Versuch des Evangelisten wider, die unterbrochene Verbindung zur Hochzeit zu Kana wiederherzustellen (wie ja auch 2, 12, das Jesus nach Kapernaum bringt, ohne daß er dort etwas zu tun hätte, nur die ursprüngliche Verbindung zur Kapernaum-Geschichte widerspiegelt, die 4, 46 b beginnt)[57].

Außerdem fällt nicht nur literarkritisch, sondern nun auch sachkritisch auf, daß die ersten beiden Zeichen numeriert sind: Die Hochzeit zu Kana wird 2, 11 als „Anfang der Zeichen" aufgeführt, und 4, 54 gilt die Heilung des Sohnes des königlichen Beamten als „zweites Zeichen". Diese Zählung wird nicht nur nicht fortgeführt und scheint auch in der Darstellung des Johannesevangeliums keine Funktion zu haben, sondern es wird ihr auch durch das

---

rarischen Phantasie des Verfassers erwiesen ist" (402, Anm. 4). Quellen werden ja meist von denen als unnötig verworfen, die apostolische Verfasserschaft für Evangelien annehmen (416; *Riga* nimmt außerdem noch an, daß St. Petrus den 2. Petrusbrief schrieb, vgl. 414). Immerhin kommt auch von seiten *Rigas* wenigstens eine gewisse Anerkennung des Problems, wenn er *van den Busche* (La structure de Jean, Recherches Bibliques 3, 1958, 61–109) darin folgt, Kap. 2–4 (d. h. de facto das „erste" und das „zweite" Zeichen, 2, 1–11 und 4, 46–54) als „den Abschnitt der Zeichen im engeren Sinne" anzusehen, wo „sie noch nicht erweitert sind", und Kap. 5–12 als den Abschnitt, in dem „eine tiefe Analyse der Bedeutung der Zeichen als Werke und ihrer Beziehung zu den Werken des Vaters" zu finden ist (417). Aber diese „zwei Ebenen der Offenbarung" fallen nicht einfach mit der Kapiteleinteilung als Stadien eines einheitlichen Schriftstücks zusammen. 4, 48 enthält bereits die Kritik des Evangelisten an der mehr oberflächlichen Ebene der Zeichen-Quelle; und Kap. 5–12 enthalten ebenso diese oberflächliche Sicht des Glaubens als Gläubigkeit an den Wundertäter, die so charakteristisch für die Zeichen-Quelle ist (z. B. 12, 37), wie auch die tiefere Einsicht des Evangelisten. Bei *Riga* ist also die Ablehnung der Zeichen-Quelle mit einem Entwurf verbunden, der die Probleme des Textes nur verdunkelt.

[57] *E. Schweizer* (aaO 65 Anm. 7 = Neotestamentica 407) zeigt, daß die Erwähnung der Brüder Jesu und Kapernaums in 2, 12, die ja dort gar keine Funktion hat, sich am besten durch die Annahme erklären läßt, daß sie in der Quelle als Übergang zu 4, 46 ff diente und daß 4, 46 a auf den Zusammenhang des ersten Zeichens in der Quelle zurückwies.

dazwischen gesetzte johanneische Material in gewisser Weise widersprochen, das 2, 23; 3, 2 (vgl. 4, 45) von einer Mehrzahl von Zeichen redet, die geschehen seien. Quelle und Redaktion klaffen hier auseinander. Das wird nur notdürftig dadurch verdeckt, daß es sich tatsächlich um das zweite Zeichen bei Jesu Wanderung(en) von Judäa nach Galiläa handelt (4, 54) [58].

Nimmt man die Quelle für sich allein, so paßt die Zählung der Zeichen freilich gut zu der apologetischen Hervorhebung der Vielzahl von Zeichen, oder besser: von *Wundern*, wie man im Falle der Quelle sachgemäßer übersetzen muß. „Wird der Christus, wenn er kommt, etwa mehr *Wunder* tun, als dieser getan hat?" (7, 31) [59] „Was sollen wir tun? Denn dieser Mensch tut *viele Wunder*" (11, 47). „Wiewohl er aber so *viele Wunder* vor ihnen getan hatte, glaubten sie nicht an ihn" (12, 37). Dieser Vers führte nach Ansicht von Faure und Bultmann unmittelbar zum Abschluß der Zeichen-Quelle, der aber abgetrennt und nach 20, 30–31 verschoben wurde: „Noch *viele andere Wunder* tat Jesus vor seinen Jüngern, die in diesem Buche nicht aufgeschrieben sind." Und nun folgt der apologetische, missionarische Sitz im Leben dieser Sammlung von Wundergeschichten: „Diese aber sind aufgeschrieben, damit ihr glaubt, daß Jesus der Christus sei, der Sohn Gottes." Gerade die Menge solcher Wundergeschichten ist es, die den Glauben schafft, und der Erzähler hat dem Leser versichert, daß er endlos weitererzählen könnte.

So besteht hier eine direkte, eindeutige und nicht paradoxe Kausalverbindung zwischen den Wundern, die Jesus als „göttlichen Menschen" darstellen, und dem daraus folgenden Glauben (oder der „Wundergläubigkeit") an ihn als einen Wundertäter. Es ist die gleiche Begründung, die Nikodemus gebraucht: „Rabbi, wir wissen, daß du als Lehrer von Gott gekommen bist; denn niemand kann diese Wunder tun, die du tust, es sei denn Gott mit ihm" (3, 2). Das ist aber auch die Argumentation gewisser urchristlicher Missionare; Lukas stellt sich eben dies vor, wenn er seinen Petrus den Juden die Empfehlung für Jesus vortragen läßt: „Jesus, den Nazoräer, einen Mann, der von Gott vor euch beglaubigt worden ist durch machtvolle Taten und

---

[58] *Schweizer* (ebd. Anm. 4) zeigt, daß diese Zählung nur unter der Annahme sinnvoll ist, daß die beiden Wunder zusammenhängen, indem sie bei derselben Reise von Judäa nach Galiläa aufeinanderfolgen. Denn wenn die in 4, 54 erwähnte Reise nach Galiläa dieselbe ist wie die in 4, 43 genannte, dann könnte das einzige dazwischenliegende Wunder nicht in 4, 54 als das zweite gezählt werden; also muß die in 4, 54 erwähnte Reise diejenige sein, die in 2, 1 vorausgesetzt ist. Damit ist ein Hinweis gegeben, daß die zwei numerierten Wunder (2, 1–11; 4, 46–54) ursprünglich zusammen gestanden haben müssen.

[59] *Faure* (ZNW 21, 1922, 109 Anm. 1) scheint diesen Vers der Zeichen-Quelle zuzurechnen; *Bultmann* (231) hält ihn für einen Übergang zwischen 7, 37–44 und 7, 31–36 (sic!), der eine Anschauung wiedergibt, auf die der Evangelist herabsieht. *Haenchen* (NTS 9, 1962/63, 208 = Gott und Mensch, 68) ordnet ihn der Quelle zu. Unter den Befürwortern der Zeichen-Quelle scheint allgemeine Übereinstimmung darin zu herrschen, daß die weiteren oben angeführten Stellen sämtlich der Quelle zugehören; erst *R. Fortna* (s. u. Kap. VII, S. 234) macht hier eine gewisse Ausnahme.

Wunder und Zeichen, die Gott durch ihn in eurer Mitte getan hat, ..." (Apg 2, 22) [60].

Der vierte Evangelist selbst hält daran fest, daß die wahre Form des Glaubens der Glaube an Jesu Wort sei [61]: „Wer mein Wort hört und dem glaubt, der mich gesandt hat, der hat ewiges Leben, und er kommt nicht ins Gericht, sondern ist aus dem Tod ins Leben hinübergegangen" (5, 24) – genau der Passus, der oben (s. S. 37 f) als diejenige johanneische Stelle zitiert wurde, die der Häresie von der Auferstehung in der Taufe am nächsten kommt. Es sieht so aus, als geriete der Evangelist, während er der falschen Interpretation des irdischen Jesus durch die Zeichen-Quelle ausweicht, in eine gefährliche Nähe zu dem entgegengesetzten Irrtum. Die rechtgläubige Einstellung erscheint als so etwas wie ein mathematischer Punkt, oder bestenfalls als dialektische Haltung, – ja, vielleicht gar nicht einmal als eine bestimmte Einstellung, sondern eher als ein kritisches Gefälle: „rechten Glaubens" war nicht eine bestimmte Einstellung oder eine besondere Begrifflichkeit, sondern die Richtung, in der man sich bewegte, um den Ertrag der theologischen Denkbewegung einzubringen. Überlieferungen und Begriffsbildungen, ob sie es nun wollen oder nicht, geraten auf den Weg einer Entwicklungslinie, die kulturgeschichtlich bestimmt ist. Sache des rechten Glaubens ist es, ein kritisches Gespür dafür auszubilden und, wenn nötig, die Richtung der bereits angelegten weiteren Entwicklung so zu beeinflussen, daß die Entfaltung des Gefälles des christlichen Glaubens erhalten bleibt.

Indem wir auf die allgemeine Richtung der Zeichen-Quelle achteten, haben wir auch den Ertrag in den Blick bekommen, den sie einbringen will, indem sie Überlieferungen über Jesus, insbesondere Wundergeschichten, weitergibt; und wir haben angenommen, daß dieser Ertrag bei der mündlichen Überlieferung solcher Geschichten allgemein vernehmbar war. Gerade die Tatsache freilich, daß der Evangelist diese Absicht z. T. kritisiert, obwohl er doch selbst die Geschichten weitergibt, läßt vermuten, daß die missionarische Abzweckung, das Ziel solcher Weitergabe von Traditionen, wechseln konnte, wie denn auch das Verständnis des Glaubens beim vierten Evangelisten sich von dem der ihm überlieferten Traditionen unterscheidet. Haben wir diesen Vorgang im Falle des Kerygmas als hermeneutische Übersetzung begriffen, so wollen wir jetzt die Auseinandersetzung als ein Stück der Geschichte der Weitergabe von Überlieferungen über Jesus darzulegen versuchen. Wenn wir sehen, wie die Tradition geformt und verändert wird, wenn wir also zuhören, wie die Geschichten erzählt werden, so sollten wir dadurch den Ertrag abschätzen können, um den es in diesen Geschichten geht; mit anderen Worten: die Entwicklungslinie des Glaubens, die sie bezeugen und auf die sie aus sind.

---

[60] *Haenchen* (NTS 9, 1962/63, 208 f = Gott und Mensch 68 f) zieht diese Parallele, um eben diesen Punkt herauszustellen.

[61] Schon *Faure* (aaO 111 f) bildet diesen Kontrast.

Das kann an der Geschichte von der Heilung des Sohnes des königlichen Beamten gezeigt werden, die sowohl in Q (Mt 8, 5–13; Lk 7, 1–10) als auch in der Zeichen-Quelle (Joh 4, 46–54) vorkommt. Im Q-Zusammenhang war diese Geschichte schon immer problematisch, weil Q normalerweise keine Erzählungen enthält und diese Geschichte die auffälligste Ausnahme von jener Regel ist. Tatsächlich widerspricht sie aber dem allgemeinen Verständnis von Q als einer auf Jesu Wort ausgerichteten Quelle nicht wirklich. Denn einmal ist nur sehr wenig von dem in der Geschichte enthaltenen erzählenden Material Matthäus und Lukas gemeinsam. Der eindeutig Q zuzuschreibende Teil besteht somit vorwiegend aus Dialog; er enthält in der Tat nicht mehr erzählendes Gut, als unbedingt notwendig ist, um den Dialog verständlich zu machen. Ganz ähnlich liegt der Fall auch an einigen Stellen anderer Spruchsammlungen, wie im Thomasevangelium (vgl. Spruch 22, 60, 99, 100). Noch bedeutungsvoller hinsichtlich der Orientierung von Q am Wort Jesu ist die Tatsache, daß ausgerechnet diese Geschichte über Jesus ihr Ziel in dem Glauben an sein Wort hat. Der Hauptmann sagt, Jesus brauche nicht einmal mit ihm in sein Haus zu kommen: „Sprich nur ein Wort, so wird mein Knecht geheilt werden" (Mt 8, 8 par). Er erklärt weiter, daß er als Offizier die Autorität von Befehlen genau kenne, die das bewirken, was sie anordnen. Und eben dieser Glaube an Jesu Wort wird zum Ziel der ganzen Geschichte erhoben: „Bei keinem in Israel habe ich so großen Glauben gefunden" (Mt 8, 10 par). Könnte es eine passendere Geschichte als diese geben, um den Gedanken fortzuführen, den jenes Jesuswort umreißt, das von dem Gegensatz des festen Gegründetseins desjenigen redet, „der diese meine Worte hört und sie tut" (Mt 7, 24), und von der schwankenden Grundlage dessen, der sie nicht tut? Es ist nicht einmal sicher, ob Q sich der Mühe unterzog, auch zu erzählen, daß das Wunder wirklich geschah. In der Tat müßte eine solche Fortsetzung wie eine Antiklimax wirken, nachdem das wirkungskräftige Wort bereits ausgesprochen war.

Gerade umgekehrt ist es in der Zeichen-Quelle! Denn an der Stelle, an der die Geschichte in Q endet, hat sie in der Zeichen-Quelle kaum erst begonnen. Wir folgen dem Vater auf seinem Wege nach Hause, auf dem seine Diener ihm begegnen und von der wunderbaren Heilung erzählen, die genau zu der Stunde stattfand, in der Jesus gesprochen hatte. Darauf glaubt der Vater mit seinem ganzen Haus – nämlich jetzt erst, nachdem sie den Beweis festgestellt haben, das Wunder selbst. Wo bleibt dabei der Glaube, den der Vater hatte, als Jesus sein Wort gab? Er scheint ebenso vergessen, wie Jesu Wort selbst. Statt dessen wird erzählt, daß diese Geschichte das zweite *Wunder* sei, das Jesus tat (4, 54). Die Geschichte, die Q auf den Glauben an Jesu Wort ausrichtete, ist also in der Zeichen-Quelle an dem Glauben an Jesus als Wundertäter orientiert. Das ist dem vierten Evangelisten nun wirklich zu viel – er fügt die Bemerkung ein: „Wenn ihr nicht Zeichen und Wunder seht, wollt ihr nicht glauben" (4, 48) [62]. Auch die Spruchquelle kritisiert implizit die Richtung, die in der Zeichen-Quelle eingeschlagen wird; sie verwirft eine Deutung der Gottesherrschaft, die in Jesus einen Wundertäter sieht, indem sie die drei Versuchungen Jesu berichtet – eine Erzählung, die bezeichnenderweise in der Zeichen-Quelle und im Markusevangelium (vgl. aber Mk 1, 11 f) fehlt, während sie in Q betont ziemlich am Anfang steht.

Johannes wendet sich von einer einfältigeren Form urchristlichen Glaubens ab, die in Überlieferungen über Jesus als Wundertäter eingebettet ist. Das steht unter dem Vorzeichen eines tieferen und geistigeren Christentums und bringt den Verfasser des vierten Evangeliums beinahe ins Lager der Spiritualisten. Etwas ganz ähnliches widerfuhr auch Paulus, als entsprechende Überlieferungen Korinth erreichten. Man darf vermuten, daß das Eintreffen des 1. Korintherbriefes in Korinth den radikalen, gnostisierenden linken Flügel der Gemeinde wieder auf eine Linie mit Paulus gebracht hatte. Dieser Sieg des Paulus schloß die Gemeinde nicht nur enger zusammen, sondern stärkte bis zu einem gewissen Grade auch den anderen Flügel der Gemeinde, die schwächeren Brüder, die zum Judentum hinneigten. Sie stimmten gern zu, daß man noch nicht vollständig im Eschaton sei, denn sie waren von ihrer ungebrochenen Kontinuität mit der Vergangenheit so überzeugt, daß sie sich von ihren vormals geltenden Tabus nicht lösen konnten. Dieser Flügel war von den Angriffen des 1. Korintherbriefes ziemlich verschont geblieben (obgleich kritische Anspielungen auf ihn in der Aufzählung der Schlagworte der Parteien am Anfang, 1, 12. 22, und in der allgemeinen Liste der Geistesgaben gegen Ende des Briefes, 12, 9–10; 13, 2, wohl enthalten sind), und Paulus hatte sie im zentralen Abschnitt über das Götzenopferfleisch sogar ausdrücklich verschont.

---

[62] Für den Vergleich der verschiedenen Formen dieser Geschichte vgl. bes. *Haenchen*, ZThK 56, 1959, 23–31 (wiederabgedruckt in *ders.*, Gott und Mensch, 82–90). Für diese typisch johanneische Kritik an den Zeichen vgl. *E. Schweizer*, aaO (s. Anm. 55) 68 (= Neotestamentica, 411) Anm. 15. Jedoch schreibt *Schweizer* die über die Q-Form hinausgehenden Veränderungen und Erweiterungen (mit Ausnahme von 4, 48) nicht der Quelle zu, sondern dem Evangelisten. Aber das führt zu einem Verhältnis des Glaubens zum Sehen, durch das die johanneische Korrektur in 20, 29 wieder aufgehoben wird. Denn *Schweizer* schreibt dem Evangelisten ein Glaubensverständnis zu, das auf dem Sehen des Wunders beruht, und das durch 4, 53 „jenem ersten Glauben ohne Sehen übergeordnet" wird (Neotestamentica 413). Ähnlich: „die Geschichte (enthält) für den Evangelisten die Schilderung des von Stufe zu Stufe wachsenden Glaubens" (ebd. 411 f.) Es wäre sicher folgerichtiger, diese Sicht des Glaubens in 4, 50 und 53, und damit den letzten Teil der Erzählung, der Quelle zuzuschreiben; oder man müßte 4, 48 so verstehen, daß es der Zeichenforderung gegenüber nicht kritisch eingestellt ist. Aber *Schweizer* sagt über 4, 48: „Daraufhin geißelt Jesus eine Wundersucht, die das Wunder als Legitimation Jesu fordert, um erst daraufhin zu glauben" (ebd. 409). *Haenchens* Zuweisung der johanneischen Erweiterungen zur Zeichenquelle ist also konsequenter.

So kam es, daß die Gemeinde reif für Wanderapostel war, die inzwischen in der Stadt angekommen waren (2Kor 11, 4), die ihre Kontinuität mit der ruhmvollen Vergangenheit Israels betonten (2Kor 11, 22). Offensichtlich verstanden sie diese Vergangenheit im Sinne der Machtbegabung „göttlicher Menschen", vermittelt durch die göttliche Tradition, die von den Zeichen des Mose am Hof des Pharao bis zu den gleichfalls zahlreichen Wundern Jesu reichte und auch die nicht weniger eindrucksvollen Glaubensheilungen der Missionare selbst umfaßte, die wie Mose und Jesus „von Herrlichkeit zu Herrlichkeit verwandelt" (2Kor 3, 18) waren. Die Wanderapostel kamen nämlich ausgerüstet mit Empfehlungsbriefen (2Kor 3, 1), die wohl ihre glorreichen Taten aufgeführt haben, ähnlich den späteren Apostelgeschichten, welche die Taten ihrer Helden in grellen Farben schilderten. Diese Wanderapostel rühmten sich außerdem, daß sie zu ihrer Beglaubigung die „wunderbaren Zeichen eines Apostels" trügen, nämlich die Fähigkeit, „Zeichen und Wunder und machtvolle Taten" tun zu können (2Kor 12, 12). Es ist daher kein Wunder, daß die Korinther nun auch von Paulus „eine Selbstbezeugung Christi" verlangten, „daß er in ihm redet" (2Kor 13, 3). Das Wort Christi – als Herrenwort oder wie auch immer sonst – ist nicht schon selbst überzeugende Offenbarung, sondern muß erst durch ein bestätigendes Wunder ergänzt werden; diese Forderung erinnert noch einmal daran, wie in der Geschichte vom Hauptmann zu Kapernaum sich die Blickrichtung veränderte: in der Q-Fassung war die Erzählung auf den Glauben an die Autorität des Wortes Jesu ausgerichtet; in der Zeichen-Quelle hingegen ereignete sich der wahre Glaube erst im Feststellen des Wunders selbst.

Paulus macht die Selbsteinschätzung dieser wandernden Wundertäter lächerlich, indem er sie als „Superapostel" apostrophiert (2Kor 11, 5; 12, 11). Er ironisiert ihre Selbstempfehlung durch die Art, in der er 11, 23–33 seine Autobiographie darstellt. A. Fridrichsen hat in diesem Abschnitt die stilistischen Züge eines sog. Peristasen-Katalogs entdeckt: „die Erzählung der Ruhmestaten und Leiden..., wie sie in orientalischen Königsinschriften, in den res gestae römischer Kaiser und in griechischen Romanen begegnen; aus dieser stilistischen Überlieferung erklären sich die Asyndeta, die Zahlworte, die Mischung von Aufzählung und Schilderung, die chronikhafte Anfügung 11, 32 f usw. Daß der Ruhm des Apostels freilich nur in Leiden besteht, macht die Anwendung dieser Stilform zu einer wohl beabsichtigten Paradoxie." [63]

---

[63] So *W. G. Kümmel*, HNT 9 (1949⁴) 211, in seiner Zusammenfassung von *Fridrichsens* Arbeit, die erstmals vorgetragen wurde in: Zum Stil des paulinischen Peristasen-Katalogs 2. Kor. 11, 23 ff, Symbolae Osloenses 7 (1928), 26–29. Vgl. auch *H.-D. Betz*, Eine Christus-Aretalogie bei Paulus (2Kor 12, 7–10), ZThK 66, 1969, 288–305, wo noch einmal gezeigt wird, daß des Paulus autobiographische Verwendung einer von seinen Gegnern wohl geschätzten Form dem gleichen ironischen Zwecke dient.

Diese Auseinandersetzung zwischen Paulus und den „Superaposteln" um die Frage, welche Lebensart den Apostel legitimiert[64], das Leben eines schmachvollen Leidens oder das Leben eines ruhmreichen Triumphs über alle Widrigkeiten, setzt sich auch im Streit um die Jesusüberlieferung fort. Es mag kein Zufall sein, daß der Name „Jesus" im 2. Korintherbrief so häufig ohne einen schmückenden Titel wie „Herr" oder „Christus" vorkommt[65]. Paulus wirft seinen Gegnern vor, daß sie „einen anderen Jesus" (2Kor 11, 4) predigen, und alle Anzeichen deuten darauf hin, daß dieser „andere Jesus" – etwa wie in der Zeichen-Quelle – ein machtbegabter, mit Herrlichkeit ausgestatteter Wundertäter ist. Seine Herrlichkeit läßt sich durchaus im Vergleich mit der Herrlichkeit des Moses in ihrem wesentlichen Inhalt darstellen, wie es 2Kor 3[66] geschieht – oder auch in jenem Zyklus von Wundergeschichten, der die erste Hälfte des Markusevangeliums bestimmt und in der Verklärung Jesu mit Moses und Elias seinen Höhepunkt erreicht; die Vorstellung der „Herrlichkeit" tritt auch hier deutlich hervor (Lk 9, 31 f; 2Pt 1, 17; vgl. Mk 8, 38). So kann D. Georgi erklären:

> „Es ist also nicht so, daß Paulus seine Christologie in völliger Unkenntnis des Materials und der Tendenzen der werdenden Jesusüberlieferung entwickelt hat, sondern in ihrer Kenntnis und deshalb in deutlicher Ablehnung einer sich hier mindestens zeitweilig deutlich nach vorne drängenden Begründung und Abzweckung: wo nämlich mit Hilfe einer bestimmten Darstellungsweise das Leben Jesu zu einer eindeutigen Manifestation des Göttlichen gemacht, das Ärgernis des Kreuzes und der Menschlichkeit Jesu überhaupt vertuscht und die eschatologische Offenbarung Gottes durch geschichtlich greifbare ‚Gottesbeweise' ersetzt wurden."[67]

Daß der historische Jesus – in der Form eines bestimmten Teils der Weitergabe der Überlieferungen über Jesus – von den Gegnern des 2. Korintherbriefes in Anspruch genommen wurde, bestätigt wohl auf die dramatischste Weise 2Kor 5, 16: Paulus betont hier ausdrücklich, daß es ganz ohne Belang sei, ob man Christus nach dem Fleisch kenne. Dies erinnert auffallend an den

---

[64] Dies ist der Gesichtspunkt, den *E. Käsemann* mit Recht in die Mitte der Diskussion gestellt hat: Die Legitimität des Apostels. Eine Untersuchung zu II Korinther 10–13, ZNW 41, 1942, 33–37; wiederabgedruckt in: Das Paulusbild in der neueren deutschen Forschung (Wege der Forschung 24, hrsg. von *K. H. Rengstorf*, 1964), 475–521; sowie als Sonderdruck (1956).

[65] *Georgi*, aaO (s. Anm. 42) 282 ff. Aber vgl. die recht kritische Besprechung von *E. Güttgemanns*, ZKG 77, 1966, 126–131, bes. 131.

[66] *Georgi*, aaO 265–282. Joh 2, 11 „offenbaren" die Zeichen „seine Herrlichkeit".

[67] AaO 289 Anm. 3. Dies steht im Gegensatz zu *Bultmann*, z. B. RGG² IV (1930), 1028: „Denn mag Paulus viel oder wenig von jener Überlieferung (scil. über Jesus) gekannt haben: für seine Heilspredigt spielt der Inhalt des Lebens Jesu als des Lehrers, des Propheten, des Wundertäters, des Dorngekrönten schlechterdings keine Rolle."

Ruf der gnostisierenden Partei des 1. Korintherbriefes: „Jesus sei verflucht“, den Paulus 1Kor 12, 3 ablehnt, der aber durchaus gegen dasselbe Jesusbild gerichtet gewesen sein kann, das Paulus jetzt auch seinerseits verwirft. Wir sehen also, wie Paulus im Kampf gegen die eine Häresie Formulierungen gebraucht, die sich so schwer von den Thesen einer anderen Häresie unterscheiden lassen, daß W. Schmithals recht einleuchtende Gründe für seine ohne Zweifel irrtümliche Annahme beibringen konnte, 2Kor 5, 16 sei eine gnostische Glosse [68]. Ebenso auffallend ist es, daß Paulus nun, da er die Betonung der Kontinuität mit der Vergangenheit bekämpft, die realisierte Eschatologie so hervorhebt (2Kor 5, 16 f; 6, 2), daß seine Redeweise an die Häresie der Auferstehung in der Taufe erinnert, die er selbst im 1. Korintherbrief angegriffen hatte [69].

Hier wird erneut deutlich, daß man urchristliche Äußerungen nicht als Lehrsätze betrachten darf; noch viel weniger ist ein Verstehen ihres Gehaltes möglich, wenn sie von der Situation losgelöst werden, in die hinein sie reden,

---

[68] Zwei gnostische Glossen im II Korintherbrief, EvTh 18, 1958, 552–573, bes. 552–564. Eine Position dieser Art wird notwendig, wenn man die Häresie des 2Kor wie *Schmithals* für die gleiche hält, die auch in 1Kor bekämpft wird; denn dann steht 2Kor 5, 16 der gnostisierenden Anschauung des mutmaßlichen Gegner so nahe, daß es kaum sinnvoll wäre, wenn Paulus es als ein Argument gegen sie verwendete. So meint denn auch *Dinkler*, der ebenfalls die gleiche Häresie für beide Korintherbriefe voraussetzt (RGG³ IV [1960], 18), daß 2Kor 5, 16 nicht gegen diese Häresie gerichtet sei (wie er mir mündlich mitgeteilt hat). *Bultmann*, der ebenfalls die Einheit der Häresie von 1 und 2Kor behauptet (Exegetische Probleme des Zweiten Korintherbriefes [Symbolae Biblicae Upsaliensis 9, 1947]; wiederabgedruckt in *ders.*, Exegetica [hrsg. von *E. Dinkler* 1967], 298–322, und als Sonderdruck [1963]), meint, „Christus nach dem Fleisch“ beziehe sich auf den Wundertäter, eine Anschauung von Jesus, die bei den Gnostikern beliebt gewesen sei. Hier wird der Begriff „gnostisch“ derart umfassend gebraucht, daß er ungenau wird; denn eine solche Christologie ist keineswegs bezeichnend oder typisch für die Gnosis, noch nicht einmal dann, wenn die Gnosis, wie andere antike Religionen, Wunderkraft als der Gottheit zugehörig betrachtete (darum z. B. in Nag Hammadi gelegentlich positiv gewertet). So schlösse die Haltung, die 2Kor 5, 16 angegriffen wird, nicht notwendigerweise alle diejenigen ein, die im engeren Sinne Gnostiker genannt werden, und vielleicht nicht einmal die gnostisierende Häresie von 1Kor (vgl. *Georgi*, aaO 293 f Anm. 3). Also ist es methodisch richtig, wenn *Georgi* die Schattierungen des Unterschieds zwischen dem Zentrum der Opposition im 1Kor („Spiritualisten“) und derjenigen im 2Kor („Apologeten“) zu klären sucht, ohne dabei die vielen Elemente der Kontinuität beider leugnen zu wollen.

[69] Im Gegensatz zu *Dinklers* oben erwähnter Berufung auf 2Kor 5, 17 (ZThK 49, 1952, 188), womit er Paulus im 1Kor etwas zuschreibt, was wohl als eine Analogie, nicht aber als ein Korrektiv der Position seiner dortigen Gegner aufzufassen wäre. Seine Berufung auf den Galaterbrief ist ebenfalls kaum stichhaltig, da Paulus es dort wie im 2Kor mit einer gegenüber dem 1Kor umgekehrten oder wenigstens veränderten Front zu tun hat. Daher lassen sich weder 2Kor noch Gal als hermeneutisches Prinzip zur Interpretation der Einstellung des Paulus gegenüber der Häresie im 1Kor verwenden.

und damit außerhalb des Weges stehen, den sie verfolgen. Orthodoxie und Häresie haben sich noch nicht in verschiedene kirchliche Organisationen gespalten, ja, sie haben noch nicht einmal ihre theologischen Begrifflichkeiten voneinander geschieden. Vielmehr liegen die Dinge so, daß zunächst ein gemeinsamer Bestand an Überlieferungen vorhanden war; im konkreten Falle sind solche Überlieferungen durchaus mehrdeutig. Jede Seite gibt diese Überlieferungen interpretierend innerhalb ihres eigenen Verstehensbereiches weiter. Erst allmählich objektiviert sich dieses Verstehen zu festen Standpunkten von Lehren, also in Lehrsätzen, die dann als solche für richtig oder falsch gehalten werden konnten. Zu einem derartigen Zeitpunkt war aber das nun festgelegte theologische Vokabular bereits tot oder im Sterben begriffen, so daß die wirklichen Probleme, aus denen Häresie und Orthodoxie der folgenden Periode von neuem hervorgehen sollten, bereits in dogmatisch noch unbestimmten Bereichen diskutiert wurden, in denen noch Freiheit und Mehrdeutigkeit vorherrschten.

Im 1. Korintherbrief hatte es Paulus vor allem mit einer Fehlübersetzung des Kerygmas im Sinne der Auferstehung in der Taufe zu tun. Er antwortete mit einer richtigstellenden Auslegung des Kerygmas. Dabei betonte er den eschatologischen Vorbehalt, die Liebe und die Erbauung der Gemeinde als Ziel des Tuns, zu dem der Christ ermächtigt ist, und die Kraft der Auferstehung als Kraft des Erleidens; damit wird das Kerygma zum Blick auf den gekreuzigten Christus eingeschränkt. Sobald und insofern diese Auseinandersetzung um die gültige Übersetzung des Kerygmas auch mit der Überlieferung der Sprüche in Berührung kam, bestimmte sie auch deren Weitergabe. Im 2. Korintherbrief stand Paulus aber vor allem einer verzerrenden Weitergabe von Überlieferungen über den Wundertäter Jesus gegenüber. Um zu beweisen, daß ein solcher Geltungsbereich der Überlieferungen nicht in Frage kommt, antwortet Paulus innerhalb der Fortführung eben dieser Überlieferungen mit einer ironischen Selbstdarstellung und mit einer Verwerfung der entsprechenden Kenntnis Jesu. Man sollte jedoch erwarten, daß Paulus seine Sache im 2. Korintherbrief nicht nur in Auseinandersetzung mit solchen Überlieferungen vertritt, sondern auch auf der Grundlage des Kerygmas von Kreuz und Auferstehung. Man kann in der Tat fragen, ob nicht dieses Kerygma, das für Paulus deutlich den Jesusüberlieferungen vorgeordnet war, seine Sicht dieser Überlieferungen beeinflussen mußte. Es gibt einige Anzeichen, die in diese Richtung weisen.

Die Gestalt des Kerygmas, auf das sich Paulus beruft, gibt 2Kor 13, 4 an: „Denn er wurde gekreuzigt in Schwachheit, aber er lebt vermöge der Macht Gottes." Göttliche Macht wird hier gerade nicht dem irdischen Jesus zugeschrieben, sondern dem Auferstandenen. Das heißt, wir haben hier eine Parallele zu frühen kerygmatischen Texten wie Röm 1, 3–4 und Phil 2, 6–11, die Jesus erst bei seiner Erhöhung Ehrentitel zusprechen. Erst hier wird er in sein neues Amt eingesetzt, ausgestattet „mit aller Gewalt im Himmel und

auf Erden" (Mt 28, 18)[70]. Daher bezieht sich das Amt des Apostels nicht so
auf Jesus, daß er die Macht fortsetzt, die Jesus auf Erden hatte, sondern vielmehr so, daß er den Dienst unter der Herrschaft, die Jesus im Himmel erhalten hat, übernimmt. „Denn wir predigen nicht uns selbst, sondern Christus
Jesus als den Herrn, uns selbst aber als eure Diener um Jesu willen" (2Kor
4, 5). Das Verhältnis des Apostels zum Herrn ist das der Erde zum Himmel,
des Knechtes zum Herrn, und dieser Dienst äußert sich darin, daß er der
Kirche dient.

Wenn Paulus hinzufügt, daß dieser Dienst nicht nur Unterwerfung unter
den im Himmel regierenden Herrn ist, sondern auch um Jesu willen stattfindet, so schließt D. Georgi daraus[71], daß der irdische Dienst des Apostels
insofern die wahre Parallele zum irdischen Jesus darstellt, als Paulus ihn im
Lichte des Satzes „gekreuzigt in Schwachheit" zu verstehen sucht[72]. Das
heißt, Paulus mußte das irdische Leben Jesu als eine lange Einleitung zur
Passionsgeschichte und von daher als sachlich mit ihr im Einklang auffassen.
Diese durch das Kreuz bestimmte Einstellung zu Jesu Leben und zum Leben
des Glaubenden wird 2Kor 4, 10–11 explizit: „Allezeit tragen wir das Sterben Jesu am Leibe herum, damit auch das Leben Jesu an unserem Leibe offenbar werde. Denn immerfort werden wir bei Leibes Leben dem Tode überliefert um Jesu willen." Von Jesus bestimmte christliche Existenz („um Jesu
willen") meint hier, in der Annahme des Todes leben, oder, wie das Kerygma
von Jesus selbst sagt, „gehorsam bis zum Tode" (Phil 2,8). Das Leben des
Christen wird also nicht als Leben in der Auferstehung verstanden, das das
Sterben hinter sich gebracht und nur noch am Ende des Lebens zur Sonne
zurückzukehren hat, von der es ausging; auch nicht als ein Stehen in der
ruhmreichen Tradition des wundertätigen irdischen Jesus, dessen Macht man
weiterhin ausübt; sondern als ein Leben, das vom dämonischen Bann der
Todesfurcht befreit ist, so daß der Apostel gehorsam in seinem Dienst bestehen kann.

Diese Freiheit vom Zugriff des Bösen, von der Macht des Todes, zu einem
Leben des Leidens und des Dienens ist die paradoxe Gegenwart der Auf-

---

[70] Vgl. *G. Bornkamm*, Der Auferstandene und der Irdische. Mt 28, 16–20 (Zeit
und Geschichte, 1964), 171–191. Man mag dazu „der von Gott, dem Vater, Ehre und
Herrlichkeit empfing" 2Pt 1, 17 vergleichen. Dort ist das auf die Verklärung bezogen.
Aber bei Paulus und in seiner Generation (und auch noch im 2Pt?) hätte man diese
Übertragung von Ehre und Herrlichkeit wahrscheinlich bei der Auferstehung stattfinden lassen. Sie wäre also von dort sekundär in das öffentliche Auftreten Jesu
zurückverlegt worden.

[71] Zu dieser Stelle vgl. aaO 285 f. Zum Ganzen vgl. *H.-D. Betz*, Nachfolge und
Nachahmung Jesu Christi im NT (BhTh 37, 1967).

[72] *Käsemann* (EVB II, 53) versteht die paulinische Kreuzespredigt in derselben
Weise: „Darin ruft er jedoch in den Schatten des irdischen Jesus. Gewiß ist das Kreuz
für ihn Heilsereignis und insofern mythologisch ausgestattet, verklärt, übermalt.
Doch meint er ja nicht das Lichtkreuz der Gnostiker, sondern jene Torheit und
Schande, in welcher der historische Jesus gelitten hat."

erstehung in diesem Leben; denn Paulus nimmt den Ausdruck „Leben Jesu" (von dem Georgi vermutet, daß Paulus ihn von seinen Gegnern übernahm, die damit den wundertätigen, irdischen Jesus meinten) und faßt ihn so auf, daß er nun von dem im Kerygma bezeichneten Leben des auferstandenen Jesus redet[73]. So wird das Leben im Sinne eines höheren oder göttlichen Lebens, ebenso wie die Begriffe Macht und Herrlichkeit, vom irdischen Jesus auf den Auferstandenen übertragen und kann darum nur im paradoxen Sinne auch auf das Leben der Glaubenden angewandt werden.

Unsere Analyse der Position des Paulus im 2. Korintherbrief begann mit der Feststellung, daß sich die Situation in Korinth zwischen dem 1. und 2. Korintherbrief weitgehend umgekehrt hatte und daß Paulus dementsprechend die von ihm verwendeten Kategorien und insofern auch seine Position verändert hat. Es war ja nicht nur so, daß es im ersten Fall vor allem um die richtige Übersetzung des Kerygmas und nur indirekt auch um die rechte Weitergabe der Überlieferungen über Jesus gegangen wäre, während im andern Fall der Ton umgekehrt auf diesen Überlieferungen lag. Paulus hatte ja außerdem mit der von ihm in der ersten Auseinandersetzung vertretenen Position den Boden für die Häresie bereitet, die zwischen dem 1. und 2. Korintherbrief aufblühte; und die Position, die er im 2. Korintherbrief einnahm, war in gewisser Weise der seiner Gegner im 1. Korintherbrief parallel. So ließ sich beobachten, daß die verwendeten Begriffe und Überlieferungen im Fluß waren. Das theologische Reden des Paulus erwies sich nicht einfach als Anführung von verschiedenen Lehren aus einem abstrakten und schon feststehenden theologischen System, sondern als der Versuch, das gemeinsame urchristliche Material jeweils theologisch so zu pointieren, daß es heute in dieser und morgen in jener Situation sachgemäß treffen konnte. Man kann jedoch spüren, daß in den beiden verschiedenen Vorstellungsbereichen, die den zwei unterschiedlichen Situationen zugehören, jeweils ein ganz ähnlicher Ertrag eingebracht wird. Paulus war eben keineswegs ein Relativist oder Opportunist, sondern ein verantwortlicher Theologe, der die Linie seines theologischen Denkens so entwickelte, daß sie sachgemäß auf die Entwicklungslinie seiner geschichtlichen Erfahrung bezogen war.

---

[73] *Georgi* (aaO 287) räumt ein, daß „Leben" (ζωή) Röm 5, 10 und allgemein auf den Auferstandenen bezogen ist. Und er räumt auch ein (294), daß dies die Bedeutung des Wortes in 2Kor 13, 4 sei. Aber 2Kor 4, 10 ff scheint er als Ausnahme anzusehen (297 f): 1. Der Name „Jesus" lasse an den irdischen Jesus denken. Abgesehen jedoch von der allgemeinen Frage, bis zu welchem Grade man bei Paulus bei der Verwendung (oder Nicht-Verwendung) christologischer Titel in dieser Hinsicht eine strenge Folgerichtigkeit annehmen darf, so scheint mir doch, daß 2Kor 4, 14 mit „Jesus" ohne weitere Titel in dem dazugehörigen Kontext der Auferstandene gemeint ist. 2. Das „Leben Jesu" hat seinen Ort im *gegenwärtigen* Leben des Christen. Wenn sich *Georgi* hier auch mit Recht gegen die umgekehrte Auffassung einiger Exegeten wendet, so ist doch seine stillschweigende Folgerung, daß sich also „das Leben Jesu" auf das irdische Leben Jesu beziehe, nicht ausreichend begründet, zumal wenn man beachtet, daß der Ausdruck hier auf die Erwähnung von Jesu Tod folgt.

In beiden Fällen konnten die Gegner des Paulus in einer paulinischen Gemeinde mit dem Anspruch auftreten, das Kerygma in der rechten Weise zu übersetzen und die Überlieferungen über Jesus in der rechten Weise weiterzugeben. Zum Teil konnten sie sich für den von Paulus abweichenden Ertrag ihres Denkens auf paulinische Vorstellungen berufen. Setzte man solche Vorstellungen mit der paulinischen Theologie gleich, so mußte es leicht sein, eine paulinische Gemeinde von einem Ertrag fort auf einen anderen zu lenken, solange die theologische Vorstellungswelt sich nur geringfügig veränderte. So konnten sich Paulusschüler leicht dadurch hervortun, daß sie die eine oder andere Einzelheit des „paulinischen Systems" vervollständigten, wobei der Ertrag des paulinischen Denkens oft ins Schweben geriet. Vielleicht sind diese Erweiterungen auch bisweilen mehr oder weniger geistlos und richtungslos gewesen, zu schwach, um gegen unbeabsichtigte, aber in der Sprache selbst verborgen liegende Strömungen anzukommen. Daher wurde die deutero-paulinische Entwicklungslinie zuweilen eine unkritische Fortsetzung einer Entwicklung, die bereits in der allgemeinen Kulturströmung vorgezeichnet war.

Aus dieser Analyse muß man schließen, daß für uns eine Betrachtung der paulinischen Theologie nur dann sinnvoll sein kann, wenn wir über den Bestand an Begriffen und Überlieferungen, den Paulus mit anderen Christen seiner Zeit teilt, hinaus fragen. Unser Fragen muß auch über die bestimmten Vorstellungen hinausgehen, die Paulus in konkreten Situationen, denen er sich gegenüber fand, auf Grund solcher überlieferten Materialien entwickelte. Es geht darum, auf den Ertrag zu achten, der jeweils – und zwar keineswegs außerhalb der verschiedenen Sprachzusammenhänge – eingebracht wird. In der Kontinuität des Ertrages wird die Richtung und die Bewegung der paulinischen Entwicklungslinie sichtbar. Auf diese Weise wird man sich an den Versuch wagen dürfen, ein besser abgetöntes und zugleich umfassenderes Verständnis jener geschichtlichen Erscheinung „paulinische Theologie" zu gewinnen – klarer als es der deuteropaulinischen Zeit oder auch der gegenwärtigen Paulusforschung bisher gelungen ist.

IV. Folgerungen aus zwei „Erkundungsgängen"

Zwei „Erkundungsgänge" haben Entwicklungslinien durch das Urchristentum verfolgt, die als solche schon ihre Bedeutung haben. Sie sollten aber vor allem dazu dienen, umfassendere Sachverhalte zu veranschaulichen, die hier noch kurz zu umreißen sind.

1. Die Verwendung geläufiger Kategorien für das zu behandelnde Thema bot eine Gelegenheit, auf die Krise der Kategorien aufmerksam zu machen, in der sich unser Fach zur Zeit befindet. Zu dieser Krise ist es zum Teil dadurch gekommen, daß sorgfältige Einzelforschungen trotz unzureichender Kategorien Tatsachen herausgestellt haben, die eine Revision der überkomme-

nen Kategorien verlangen. Dennoch behaupten sich die unzureichenden Kategorien und dienen der Forschung in vielen Fällen als Wegweiser auf einem Pfad, der in die Irre führt. Daher sind die Ergebnisse selbst sorgfältiger Einzelforschung oft weit weniger förderlich, als dies der Fall sein könnte, wären nur Ansatz, Alternativen und Probleme sachgemäßer in den Blick gekommen.

Das ließe sich auf verschiedenen Gebieten veranschaulichen. Während z. B. das Studium der frühen Gnosis immer mehr auf die wichtige Rolle aufmerksam werden läßt, die die Interpretation des Alten Testaments innerhalb des heterodoxen Judentums bei dieser Entwicklung gespielt hat, kann man noch immer Fälle finden, in denen gesagt wird, ein Text habe mit gnostischen Einflüssen nichts zu tun, da man seine Verbindung mit dem Alten Testament oder mit dem Judentum aufzeigen könne. Die überkommene Begriffsbildung, die auf der von der Forschung früher vertretenen Antithese von rechtgläubigem Judentum und fortgeschrittener Gnosis aufbaut und so auf eine ausschließliche Gegensätzlichkeit beider Bereiche hinausläuft, ist in eine Zeit übertragen worden, in der die Entwicklung vom heterodoxen Judentum bis zur frühen Gnosis, von Qumran bis Nag Hammadi, sichtbar geworden ist. Daher ist eine neue Begrifflichkeit erforderlich, die mit einer kontinuierlichen Weiterbildung innerhalb zusammenhängender Jahrhunderte und Kulturen rechnet. Das Auftauchen offenbar nichtchristlicher, jüdischer Gnosis in Nag Hammadi, mit einer Mythologie, die vom Buche der Genesis abhängig ist (in der Apokalypse des Adam, der Paraphrase Sems usw.) – etwa von der ausführlichen Paraphrase von Gen 3 im Codex IX, 45–47 gar nicht erst zu reden –, läßt das fehlende Glied hervortreten für den Nachweis, daß die Begriffsbildung unzureichend ist, wenn sie sich auf die ausschließliche Gegensätzlichkeit von Judentum und Altem Testament auf der einen Seite und Gnosis auf der andern Seite beruft [74].

Die hier vorliegende Untersuchung beabsichtigte, einen Neuaufbau der Kategorien für das überkommene Begriffspaar „Kerygma und Geschichte" darzulegen. Daraus ergaben sich angemessenere Begriffsbildungen, die darin bestehen, daß man den hermeneutisch verstandenen Prozeß, durch den der Ertrag des Kerygmas neu eingebracht wird, sowie die Geschichte der Weitergabe von Überlieferungen begrifflich neu zu fassen sucht. Illustrationen der Grundlagenkrise sollen unseren Blick schärfen für die Tatsache, daß wir zu den Quellen nur vermittels der überkommenen wissenschaftlichen Sprache Zugang haben. Das ist natürlich nicht als Einladung zur Rückkehr in die Primitivität gemeint, als ob Außenseiter ohne den Ballast der Wissenschaft besser sehen könnten, was Wissenschaftlern verborgen geblieben war. Weiterer Fortschritt ist im Gegenteil von denen zu erwarten, die sich durch die Geschichte der Wissenschaft bis zum gegenwärtigen Stand und seiner Problema-

---

[74] Vgl. meinen Aufsatz: The Coptic Gnostic Library Today, NTS 14, 1967/68, 356–401, bes. Abschnitt 3: The Question of Non-Christian Gnosticism (372–380).

tik vorgearbeitet haben. An sie richtete sich ursprünglich dieser Vortrag in der Hoffnung, daß sie ermutigt werden könnten, die grundlegenden Konsequenzen auszuarbeiten, die sich für das Gefüge der Forschung aus ihrer gegenwärtigen Einsicht in die Lage der Dinge in den Quellen ergeben.

2. „Das Kerygma" und der „historische Jesus" haben sich als Abstraktionen erwiesen, sobald sie der Wirklichkeit der Kirche der neutestamentlichen Zeit gegenübergestellt wurden. Statt dessen stießen wir auf einen Prozeß des Verstehens und des Übersetzens des Kerygmas; dabei fand sich keine einzige Belegstelle des Kerygmas – und sei es noch so sorgfältig formuliert –, die nicht selbst wieder ein Beispiel für diesen hermeneutisch-sprachlichen Prozeß wäre. Und anstelle von Beispielen dafür, daß der historische Jesus durch auswendig gelernte Sprüche oder durch unverändert aufbewahrte Erinnerung im Leben der Kirche eine Rolle gespielt hätte, ergab sich ein Prozeß des Wachsens, des Vergehens und der Umschichtung in einer in sich bedeutsamen Weitergabe von Überlieferungen. Die „Kerygmatisierung" des „historischen Jesus" erwies sich bei näherer Prüfung als ein geschichtlicher Wandel, in dem eine Reihe widersprüchlicher Einflüsse auf die Weitergabe der Überlieferungen über Jesus eingewirkt hat, je nachdem, wie man die kerygmatische Bedeutung Jesu verstand. Andrerseits stellte sich heraus, daß auch jene Traditionen als solche „kerygmatisch" gewirkt haben, so daß es für die paulinische Entwicklung zunehmend schwieriger wurde, sie zu ignorieren oder sie in bezug auf die Frage des Kerygma-Verständnisses in unverändertem Zustand zu belassen. In einigen Fällen haben sich die in solchen Überlieferungen hörbaren kerygmatischen Obertöne wohl selbst dem Kerygma von Jesu Tod und Auferstehung aufgedrängt, so daß die Beeinflussung von „Kerygma" und „historischem Jesus" wechselseitig war, also ein Vorgang der gegenseitigen Durchdringung. In der Tat, solche Wechselwirkung reicht anscheinend bis in den Anfang zurück, insofern als Jesu Wort kerygmatische Bedeutung hatte und insofern als das Osterkerygma die in Jesu Wort implizit vorgegebene Christologie in die neue Situation hinein übersetzte, die durch Jesu Tod entstanden war. Die für die traditionellen wissenschaftlichen Begriffe „Kerygma" und „Geschichte" geläufige scharfe Unterscheidung, um nicht zu sagen ihr antithetisches Verhältnis, geht tatsächlich auf die Ausschläge des Pendels im letzten Jahrhundert der Forschung zurück, als der historische Jesus die dogmatische Christologie ersetzte und dann seinerseits wieder vom Kerygma abgelöst wurde. Es ist also gar nicht der Fall, daß diese Unterscheidung aus dem Zustand der Quellen selbst stammt, in denen eine viel stärker abgetönte und verwickeltere Reihe von Beziehungen beobachtet sein will.

Das Verhältnis von Häresie und Orthodoxie in der frühchristlichen Kirche bedarf weiterer Untersuchung; denn offenbar hat es am Anfang weder eine ursprüngliche Reinheit des Glaubens gegeben, so daß Spannungen als rein persönlicher Art abgetan oder etwa dem historischen Urteil damit entzogen werden könnten, daß man sie als Versuche zur Irreführung der Frommen dem

Satan zuschreibt; noch war die anfängliche Situation derjenigen einer späteren
Zeit vergleichbar, in der es eine klare Trennung mindestens in der Lehre und
allmählich in der Organisation gab. Wenn die spätere Orthodoxie eine derartige Unterscheidung schon in die Anfänge zurückprojiziert, so stimmt das
genausowenig wie die in Hollywood-Filmen oder im Kalten Krieg beliebte
reinliche Trennung von „Guten" und „Bösen". Wir haben beobachtet, wie
Paulus gegen die einen Gegner Begrifflichkeiten verwendet, die denen anderer
Gegner analog waren, und wie er dann in der Wendung gegen diese anderen
Gegner wieder solche Begrifflichkeiten gebrauchte, die an die früheren Gegner
erinnern. Es gibt offensichtlich noch nicht die feste Größe einer orthodoxen
Lehre, die sich von häretischer Lehre zur Rechten und zur Linken unterscheiden ließe. Vielmehr teilt man einen gemeinsamen Bestand von Glaubensvor-
stellungen, die auf verschiedenste Weise verstanden, übersetzt und weiter-
geben wurden. In einer derart unverfestigten Lage kann man nicht einfach
fragen, *was* da gesagt wurde, sondern man muß fragen, wohin das Gesagte
zielte, was in der Verwendung der Sprache geschah und welche Bewegungsrichtung oder Strömung vorhanden war. So betrachtet sind die Begriffe
„Häresie" und „Orthodoxie" Anachronismen. Diese Erkenntnis führt nun
freilich nicht zu jenem völligen Relativismus, der sich angeblich aus der Betonung einer Vielzahl von Theologien im Neuen Testament ergibt; denn mit
dieser weitverbreiteten Behauptung gibt man nur allzu leicht die historische
Wirklichkeit, d. h. eine deutlich erkennbare Kontinuität innerhalb der frühen
Christenheit, preis, um an ihre Stelle ein Spiegelbild der modernen pluralisti-
schen Gesellschaft mit ihrer denominationell aufgegliederten Christenheit setzen zu können. In gleicher Weise hat ja früher die Annahme eines einzigen
Lehrsystems im Neuen Testament ganz ungeschichtlich das monolithische
Selbstverständnis des vorökumenischen Zeitalters widergespiegelt. Trotz der
verschiedenen Positionen, die Paulus in wechselnden Situationen einnahm,
haben wir doch spüren können, wie die verschiedenen Linien auf ein und denselben Zielpunkt hinwiesen. Ebenso konnte man eine zugrunde liegende Kontinuität bei den verschiedenen Häresien vermuten, die es den im 2. Korintherbrief bekämpften wandernden „Superaposteln" leicht machte, nicht nur die
Partei unter ihre Kontrolle zu bringen, die ihnen am nächsten stand, sondern
auch die „Gegenpartei", die Paulus zeitweise durch den 1. Korintherbrief auf
seine Linie hatte zurückführen können. Unter dem Gesichtspunkt der Bewegungsrichtung haben wir Verbindungen zu anderen Teilen der frühchristlichen Literatur aufgespürt, so daß sich so etwas wie durchgehende Ströme des
gleichen Gefälles entdecken ließen. Diese Entwicklungslinien sind die Wirklichkeit des historischen Geschehens. Sie sollten nicht zugunsten einer hölzernen Aufreihung des Vorkommens von Begrifflichkeiten und Überlieferungen
übersehen werden, zumal dann nicht, wenn in der Tat sich widerstreitende
Bewegungsrichtungen innerhalb der gleichen Begrifflichkeit oder Überlieferung beobachtet worden sind.

4. Die Demontage und der neue Aufbau der Kategorien „Kerygma" und „Geschichte" im Sinne einer Hermeneutik des Kerygmas und einer Geschichte der Weitergabe von Jesusüberlieferungen macht es als selbstverständliche Folgerung notwendig, sowohl die Teildisziplinen der neutestamentlichen Wissenschaft, wie Neutestamentliche Theologie und Geschichte des Urchristentums, als auch das Verhältnis der theologischen Disziplinen zueinander neu zu ordnen. Man muß also von neuem fragen, auf welche Weise die biblische Wissenschaft auf Grund ihrer religionsgeschichtlichen Orientierung über die Dogmen- und Kirchengeschichte zur gegenwärtigen Theologie führt und weiter zur Ethik, zu den verschiedenen Zweigen der Praktischen Theologie, sowie zu ökumenischen Fragestellungen und zu Problemen der Beziehungen zwischen verschiedenen Kulturen.

Es hat in letzter Zeit manchem Mühe gemacht, der historischen Forschung einen theologisch bedeutsamen Ort anzuweisen, nachdem die grundlegende Revision des traditionellen Bildes im wesentlichen mit so großem Erfolg zum Ende geführt worden ist, daß diese Arbeit als weit weniger wichtige Herausforderung erscheint, als das etwa noch vor ein oder zwei Generationen der Fall war. Dies ist ohne Zweifel der Grund dafür, daß vorschnelle Verallgemeinerungen sowie die Neigung, von der wissenschaftlichen Arbeit nur den Rahm abzuschöpfen und harmonisierend von der Einheitlichkeit der Bibel zu reden, aus der „Biblischen Theologie" eine Angelegenheit gemacht haben, die akademisch kaum Achtung erwarten kann.

Die vorliegende Untersuchung hat die These vertreten, daß nur eine wirklich eindringende Analyse der besonderen historischen Situation, aus der ein Text stammt, in der Lage ist, durch die Begrifflichkeit und die verwendeten Traditionen hindurch zu dem eigentlichen Ertrag vorzudringen, um den es im Text geht und der in Wahrheit die Theologie eines solchen Textes genannt zu werden verdient. Der Ruf v. Dobschütz' nach „eine(r) individuelle(n) Hermeneutik für jede neutestamentliche Schrift"[75], der vor über vierzig Jahren unbeachtet blieb, könnte tatsächlich das Mittel sein, die Disziplin der neutestamentlichen Einleitung in ihrem Verhältnis zur Religionsgeschichte, sowie in einer philosophischen Neufassung ihrer Kategorien, auf eine bedeutungsvollere Weise dem weiter sich entwickelnden Unternehmen der Theologie einzufügen. So könnte verantwortungsvolle historische Forschung wieder die Bedeutung erlangen, die sie verdient hat, und eine kritisch orientierte Theologie des Neuen Testaments würde sich die akademische Achtung erwerben, die ihr zukommt.

---

[75] Vom Auslegen des Neuen Testaments (1927), 16.

Kapitel 3

LOGOI SOPHON:
ZUR GATTUNG DER SPRUCHQUELLE Q[*]

JAMES M. ROBINSON

Dieser Aufsatz wurde ursprünglich zu Ehren Rudolf Bultmanns veröffentlicht. Er nimmt frühere Anregungen desselben auf und verfolgt dabei die Absicht, eine systematische Erforschung der literarischen „Gattung", zu der die Spruchquelle gehört, in Gang zu bringen. Die Entwicklungsgeschichte dieser „Gattung" von „Sprüchen der Weisen" reicht von der jüdischen Weisheitsliteratur bis zur Gnosis, wo der esoterische Charakter solcher Sammlungen dazu führt, daß sie auch als „Geheime Sprüche" bezeichnet werden können. Dieser Aufsatz veranschaulicht, in welchem Maße die koptisch-gnostische Bibliothek von Nag Hammadi es erleichtert, solch eine Entwicklungslinie zu verfolgen, denn sie füllt Lücken im Quellenmaterial, durch die bislang bestimmte Stadien der Entwicklung unzugänglich geblieben waren.

In seiner „Geschichte der synoptischen Tradition" hat R. Bultmann die Verwandtschaft zwischen Herrenworten und Weisheitsliteratur klar herausgestellt. Die „Logien im engeren Sinn" wurden „Weisheitssprüche" genannt[1], und eine über W. Baumgartners Untersuchung der Formen der Spruchweisheit des Siraziden[2] hinausgehende Darstellung der Grundformen der Weisheitsliteratur leitete die Analyse dieser Gruppe von Herrenworten ein. So wurden die „Logien" Jesu in Analogie zu „Meschalim" verstanden.

In dem Bestreben der formgeschichtlichen Methode, im Unterschied zu der voraufgehenden Generation unsere Aufmerksamkeit auf die kleinsten Einheiten der Überlieferung zu lenken, wurde die gattungsgeschichtliche[3] Frage

---

[*] Ein englischer Entwurf dieses Aufsatzes wurde bei einem Treffen der Western Section der Society of Biblical Literature in Berkeley, California, am 15. 2. 1964 vorgetragen. Er wurde in deutscher Sprache zum erstenmal in Zeit und Geschichte (Dankesgabe an Rudolf Bultmann zum 80. Geburtstag, hrsg. von *E. Dinkler,* 1964 S. 77–96) veröffentlicht. Die vorliegende Fassung ist gegenüber der Erstveröffentlichung beträchtlich erweitert.

[1] Die Geschichte der synoptischen Tradition (1964[6]), 73.

[2] ZAW 34, 1914, 165–169.

[3] Hier verwende ich die von *H. Conzelmann* (EKL I, 1956, 1310) vorgeschlagene Unterscheidung zwischen Formgeschichte, die mit den kleinsten Einheiten zu tun hat, und Gattungsgeschichte, die das Stadium der Sammlung in größeren, meistens literarischen Einheiten untersucht. Diese begriffliche Unterscheidung ist in den klassischen formgeschichtlichen Abhandlungen noch nicht durchgeführt. Sie bedeutet keine inhaltliche Abweichung von diesen Abhandlungen, sondern stellt nur einen Versuch dar, eine genauere Terminologie zu verwenden.

nach der Form der Sammlung der Weisheitssprüche nicht eigens untersucht, obwohl Bultmann nebenbei auch vermerkt hat, „daß das Buch des Siraziden in gewisser Weise eine Analogie zur Sammlung und Redaktion des Redenstoffs der Synoptiker bildet"[4].

Vielmehr wurde die Erkenntnis der Verbindung zwischen Herrenworten und Weisheitssprüchen in einer anderen Richtung über die Formgeschichte hinaus fruchtbar gemacht. Schon bei der Titulatur der Gruppen von Herrenworten fällt auf, daß die ursprüngliche Bezeichnung „Logien im engeren Sinn, Weisheitssprüche" – die formal den Bezeichnungen der anderen Gruppen, „prophetische und apokalyptische Worte" und „Gesetzesworte und Gemeinderegeln", in etwa entspricht – zu der Überschrift „Logien (Jesus als Weisheitslehrer)" modifiziert wurde[5]. Diese persönliche anstelle der sachlichen Formulierung wird nicht weiter diskutiert, findet aber unter den „prophetischen und apokalyptischen Worten" in Mt 23, 34–39 ihre Entsprechung, wenn hier die Spruchquelle einen jüdischen Spruch der personifizierten σοφία zitiert, wie Lk 11, 49 noch bezeugt. „Denn das Subjekt dieser Geschichtsreflexion muß ein übergeschichtliches Subjekt sein, nämlich die Weisheit."[6] Diese Stelle ist also, so schließt Bultmann, ein Beleg für den „Mythos von der göttlichen Weisheit", der eine Parallele zum „Mythos vom Urmenschen" sei[7]. Die Fortsetzung dieses Ansatzes erfolgt dann zwei Jahre später in der Gunkel-Festschrift in einem Aufsatz über „Den religionsgeschichtlichen Hintergrund des Prologs zum Johannes-Evangelium"[8]. Die Untersuchung dessen, was in der Folgezeit

---

[4] *Bultmann*, aaO 104. Nicht nur die formgeschichtlichen Abhandlungen von *Bultmann* und *Dibelius*, sondern vor allem der Aufsatz von *K. L. Schmidt*, Die Stellung der Evangelien in der allgemeinen Literaturgeschichte, Eucharisterion II (FRLANT 19, 1923), 50–134, haben ebenfalls diese gattungsgeschichtliche Forschung – wenn auch im Hinblick auf die Spruchquelle nur nebenbei – in Angriff genommen. Zur Gattung des P Oxy 1 = Thomasevangelium vgl. schon *J. Weiss*, ThR 1, 1898, 228.

[5] AaO 73.

[6] Ebd. 120. *J. Weiss* hatte ThR 1, 1898, 230 f im Hinblick auf die „neuen Logia" eine ähnliche Vermutung geäußert: „Die Worte passen nur in den Mund des Erhöhten, der in wehmütiger Klage auf sein Erdenwallen und seinen Eintritt in die Welt zurückblickt... Vielleicht entstammt das Wort einer Quelle, in welcher die Identifikation Jesu mit der σοφία bereits vollzogen war. Vgl. Lk 7, 35; 11, 49; Mt 23, 34 ff". Wenn man bedenkt, daß es sich um P Oxy 1, 3 = Thomasevangelium Spruch 28 handelt, so spürt man nicht nur den durch *Bultmanns* Lehrer gelieferten Ansatz, sondern auch die *Bultmanns* eigenen Schülern nunmehr gestellte Aufgabe, die damals schon ins Auge gefaßte Verhältnisbestimmung zwischen der Spruchquelle Q und den „neuen Logia" an Hand des nun entdeckten Thomasevangeliums durchzuführen.   [7] AaO 120 f.

[8] *R. Bultmann*, Der religionsgeschichtliche Hintergrund des Prologs zum Johannesevangelium, Eucharisterion II (FRLANT 19, 1923), 3–26, bes. 6 (nachgedruckt in *ders.*, Exegetica, 1967, 10–35, bes. 11 f). Dieser erste Schritt in der Neuorientierung der religionsgeschichtlichen Untersuchung des Johannesevangeliums wurde dann in dem Aufsatz „Die Bedeutung der neuerschlossenen mandäischen und manichäischen Quellen für das Verständnis des Johannesevangeliums", ZNW 24, 1925, 100–146 (= Exegetica, 55–104), von *Bultmann* weitergeführt.

als „gnostischer Erlösermythos" allgemein bekannt wurde, nimmt hier ihren
Ausgang, und zwar bezeichnenderweise so, daß zunächst eine Verbindung
zwischen dem der Weisheit zugeschriebenen Spruch aus Q und dem Siraziden
hergestellt wird. Aber im weiteren Verlauf der Untersuchung sind es nicht die
Synoptiker oder die Spruchquelle mit ihrer engen Beziehung zur Spruchüberlieferung, sondern das Johannesevangelium, das Bultmann die, wie man
sagen könnte, christologische Erklärung jener Verbindung von Herrenworten
und Weisheitsliteratur geliefert hat. Ebenso wie die Anwendung der formkritischen Methode sich von den Synoptikern auf die in den Briefen des
Neuen Testaments enthaltenen kerygmatischen Bekenntnisse und Hymnen
verlagerte und wie Bultmann vom Jesusbuch herkommend sich der Theologie
des Neuen Testaments zuwandte, so ist entsprechend das, was zuerst in Q
gesehen und mit dem Begriff des „Weisheitslehrers" ausgedrückt wurde, nicht
weiter im Zusammenhang der Herrenworte untersucht worden.

Solche gelegentlichen Einsichten, die Bultmann selbst nicht weiter ausgeführt
hat, müssen von unserer Generation aufgenommen und aufgearbeitet werden.
Nur dadurch, daß wir solche Hinweise in ihrem Wert erkennen und als For-
schungsthemen aufgreifen, können wir einen so selbstlos der Sache hingege-
nen Gelehrten wie Bultmann ehren. So ist die Frage nach der Gattung der
Evangelien als literarischer Einheiten ebenso neu zu stellen, wie die Frage nach
dem historischen Jesus neu gestellt werden mußte. Dieser Aufsatz nun will die
von Bultmann unter dem Begriff des „Weisheitslehrers" vollzogene Verbindung von „Logia" und „Meschalim" untermauern, klären und weiter-
führen. Das soll so geschehen, daß λόγοι σοφῶν „Sprüche der Weisen"[9] als

---

[9] Es ist kaum möglich, „Logos" und den Plural „Logoi" immer mit demselben
deutschen Wort zu übersetzen, denn der Bedeutungsbereich von „Logos" ist sehr
groß. Der Ausdruck „Wort" hätte eine vergleichbare Weite, denn er bezeichnet nicht
nur das einzelne Wort im Sinne des Plurals „Wörter", er kann sich auch im Sinne des
Plurals „Worte" auf eine ganze Aussage beziehen, z. B. „das Wort eines Dichters"
oder „ein Wort ist dem Weisen genug". Dieser Gebrauch liegt auch dort vor, wo ein
Selbstverpflichtung zum Ausdruck gebracht werden soll, z. B. „Ich gebe dir mein
Wort", „Man kann sich auf sein Wort verlassen" (vgl. im Französischen parole im
Unterschied zu mot). Es ist Zeichen des oberflächlichen Umgangs mit der Sprache in
unserer Zeit, daß dieser Gebrauch zurückgeht und überwiegend nur noch in geprägten
Wendungen vorkommt. Darum wird als Übersetzung des Plurals häufig „Sprüche"
vorzuziehen sein, zumal die beiden Pluralformen „Worte" und „Wörter" in der
Umgangssprache nachlässig gehandhabt werden. Allerdings fehlen dem Ausdruck
„Sprüche" bestimmte tiefere Bedeutungsnuancen, die dem griechischen „Logoi" an-
haften. Andere Gründe sprechen auch dafür, an einigen Stellen den Singular mit
„Spruch" zu übersetzen. Es erweist sich nämlich zuweilen als nötig, deutlich zu
machen, daß „Wort" keine vom konkreten Ausdruck ablösbare Idee, sondern grundsätzlich eine sprachliche Realität ist. Eine konsequent mit einer Vokabel arbeitende
Übersetzung könnte zuweilen zu einer unnatürlichen oder ungenauen Ausdrucksweise führen. Der Leser sollte sich deshalb darüber im klaren sein, daß es immer der
eine griechische Begriff „Logoi" ist, der (soweit nicht ausdrücklich anders vermerkt)
sowohl mit „Worte" als auch mit „Sprüche" übersetzt wird. Um der Deutlichkeit
willen wird oft der griechische Begriff unübersetzt wiedergegeben.

Bezeichnung der Gattung der Spruchquelle entfaltet wird, und zwar als eine
in den Quellen selbst enthaltene Tendenz, die für die Gattung von Q konstitutiv ist. Der Aufsatz nimmt sich nicht der weiterführenden Aufgabe an,
die Strukturen dieser Gattung durch die jüdische, die christliche und die
gnostische Literatur zu verfolgen. Auch wäre es erforderlich, die griechische
Literatur hinsichtlich dieser Gattung gründlich zu untersuchen.

I. Logia, Logoi und Evangelium in der koptisch-gnostischen Bibliothek

Die Bezeichnung der Herrenworte als „Logien" entstammt den Papias-
fragmenten. Einmal hatte seine Abhandlung ja den Titel „Auslegung der λόγια
des Herrn" (Eusebius, hist. eccl. III 39, 1). Weiter erwähnt er im Hinblick
auf das Markusevangelium Petrus, der „nicht die Absicht gehabt habe, eine
Art Sammlung der Logia des Herrn zu machen" (III 39, 15). Vor allem ist
seine bekannte Feststellung über Matthäus zu nennen: „Matthäus zwar sam-
melte in hebräischer Sprache die Logia, aber jeder legte sie so aus, wie es ihm
gegeben war" (III 39, 16)[10]. Diese Feststellung ist wiederholt, aber nie schlüssig, mit Q in Verbindung gebracht worden. Da hier der Begriff Logia stark
hervortritt, wurde der bei Papias unbetonte Begriff λόγοι, dessen genaue Bedeutung wohl noch weniger geklärt ist, nicht gebührend beachtet. Er findet
sich in Wendungen wie den folgenden: „Die Vorrede seiner (scil. des Papias)
Logoi [Sprüche? – Lake: treatises]" (Irenäus bei Eusebius, hist. eccl. III 39, 2);
„Ich untersuchte die Logoi der Presbyter" (Papias bei Eusebius, ebd. III 39, 4);
„Papias versichert, daß er die Logoi der Apostel von deren Nachfolgern übernommen hat" (Eusebius III 39, 7): „Auslegungen der Logoi des Herrn" (durch
Aristion, nach Eusebius, ebd. III 39, 14, von Papias erwähnt).

Wenn es schon schwer ist, gattungsgeschichtlich Klarheit über die „Logia"
zu bekommen, die Papias erwähnt, so erst recht, die beiläufigen Anspielungen
auf „Logoi" des Papias, der Presbyter, der Apostel und des Herrn gattungsgeschichtlich einzuordnen[11]. Es ist daher nicht verwunderlich, daß das erste

---

[10] Ein Beispiel für solche Übersetzungsvarianten bietet hier die auch sonst, und
zwar besonders im Hinblick auf semitische Formelsprache nicht sehr geglückte griechische Übersetzung der syrischen Thomasakten. Vgl. meinen Aufsatz Die Hadajot-
Formel in Gebet und Hymnus des Frühchristentums, in Apophoreta (Haenchen-
Festschrift, BZNW 30, 1964), 194–235, bes. 199 f. 233 f. In Kap. 39 heißt es (Lipsius-
Bonnet II, 2, 156, 12–15): „Zwillingsbruder des Christus, Apostel des Höchsten, Mit-
eingeweihter in den verborgenen Logos des Christus, der du seine verborgenen Logia
empfängst." Das ist wahrscheinlich eine Anspielung auf das Incipit des Thomasevangeliums, das den Ausdruck Logoi verwendet. Logia in den Thomasakten ist
offensichtlich eine Übersetzungsvariante. Vielleicht hat die Verwendung des Logos-
begriffs als christologischer Titel im gleichen Satz dazu geführt, daß zur Bezeichnung
der Sprüche Jesu die stilistische Variante Logia eingeführt wurde. Vgl. dieselben
Varianten in TestBen 9, 1 und Justin Apol I 14, 5 im Vergleich zu Dial 18, 1.
[11] Zur Ungenauigkeit des Begriffs Logia bei Papias als Bezeichnung einer Gattung

Fragment einer Spruchquelle, das in Oxyrhynchus entdeckt worden war, unter dem Titel „Logia Jesu" veröffentlicht wurde[12] und daß man die wissenschaftliche Diskussion unter dem Lehnwort „Logia" führte[13].

Dieser Gebrauch hatte sich so fest eingebürgert, daß die Veröffentlichung von P Oxy 654 (dem Anfang des Thomasevangeliums) im Jahre 1904, dessen erste Zeile von Logoi sprach, keinen Einfluß auf die Begrifflichkeit ausübte[14]. Erst in letzter Zeit, nachdem die Entdeckung des Thomasevangeliums eine Identifizierung der Oxyrhynchus-Fragmente mit den von Papias erwähnten Sammlungen von Logia unmöglich gemacht hat, kann man in der neuen Welle von Veröffentlichungen, die durch die Entdeckung des koptischen Thomasevangeliums hervorgerufen worden ist, die allmähliche Übernahme des Begriffs Logoi als Bezeichnung der Oxyrhynchus-Fragmente feststellen[15].

Dieser Gebrauch scheint auf den ersten Blick kaum anwendbar für den koptischen Text der Oxyrhynchus-Sprüche zu sein, da der koptische Text in der Unterschrift mit dem Titel „Peuaggelion pkata Thomas" versehen ist. Die griechische Grammatik, die in diesem Titel durchschimmert, legt nahe, daß die

---

vgl. etwa *K. L. Leimbach*, RE 14, 1904[3], 644; weiter *E. Bammel*, RGG V[3], 48: „Das Buch (sc. des Papias) enthielt kommentierte Nachrichten über Worte und Taten Jesu." *E. Haenchen*, Der Weg Jesu (1966), 8, übersetzt in Papias' Hinweis auf Matthäus den Begriff Logia mit „Jesusgeschichten". Das Wort „Logos" ist sehr geläufig und vieldeutig und oft sehr unbestimmt. Ganz abgesehen von seiner Verwendung im christologischen Sinne im Incipit des Johannesevangeliums oder in der Bedeutung „Band" (Apg. 1, 1) bzw. „Abhandlung" (vgl. z. B. den Titel am Schluß der Schrift De resurrectione aus dem Codex Jung: „Der Logos über die Auferstehung"), kann die Bezeichnung Logoi auf Taten ebenso wie auf Worte verweisen. Vgl. *H. J. Cadbury*, The Beginnings of Christianity, II (1922), 509, zu Lk 1, 4: „Perhaps here περὶ ... λόγων is used for variety much as περὶ ... πραγμάτων in verse 1, but of course λόγοι are events reported rather than events fulfilled." Also kann man z. B. nicht klar unterscheiden zwischen Aristons „Darlegungen der Logoi des Herrn" und Lk 1, 1: „Darlegungen über die Taten (πράγματα), die sich in unserer Mitte erfüllt haben." Der Begriff ῥήματα kann gelegentlich als Synonym von λόγοι dienen, wie in Jd 17 von den „Sprüchen der Apostel". Zu dem vergleichbaren hebräischen Terminus in den Titeln von Geschichtswerken im AT s. unten.

[12] Logia Iesou. Sayings of Our Lord from an Early Greek Papyrus, hrsg. v. *B. P. Grenfell* und *A. S. Hunt* (1897). Es handelt sich um POxy 1.

[13] Vgl. die Bibliographie bei *J. A. Fitzmyer*, S. J., ThSt 20, 1959, 556–560.

[14] New Sayings of Jesus and Fragment of a Lost Gospel from Oxyrhynchus, hrsg. v. *B. P. Grenfell* und *A. S. Hunt* (1904). Obwohl sie ganz richtig vermuteten (S. 10), „that the present text (scil. P. Oxy 654) represents the beginning of a collection which later on included the original ,*Logia*", haben sie die begriffliche Konsequenz nicht gezogen, daß man P Oxy 1 als „Logoi" und nicht als „Logia" bezeichnen sollte.

[15] *J. A. Fitzmyer*, S. J., „The Oxyrhynchus Logoi of Jesus and the Coptic Gospel according to Thomas", ThSt 20, 1959; 505–560; *G. Garitte*, „Les ,Logoi' d'Oxyrhynque et l'apocryphe copte dit ,Évangile de Thomas'", Le Muséon 73, 1960, 151–172. *Fitzmyer*, ThSt 20, 1959, 513 legt dar, daß sich „Logion" normalerweise auf den Spruch einer Gottheit bezieht und daß „in *A. Resch's* collection of Agrapha (TU 30, 1906) we find the word used only twice, and in each case it refers to the Old Testament."

griechische Vorlage, deren Übersetzung der koptische Text nach allgemeiner Überzeugung ist, bereits diesen Titel trug[16]. Man hat also gewissermaßen zwei Titel für die Schrift, einmal den freien Gebrauch der Bezeichnung „Logoi" in der Eingangsklausel des Textes (dem „Incipit"), zum anderen am Schluß, vom Text abgerückt, den mehr formalen Titel „Das Evangelium nach Thomas".

Man kann allerdings vermuten, daß die Bezeichnung „Evangelium" polemisch bzw. apologetisch als Aushängeschild für allerlei Schriften in einer Zeit beliebt war, in der sich die kanonischen Evangelien und damit der Titel „Evangelium" in der Großkirche weitgehend durchgesetzt hatten. So hat Irenäus (III 11, 9) das Incipit des gattungsgeschichtlich nicht als Evangelium zu bezeichnenden Traktats CG I 2[17]: „Das Evangelium der Wahrheit ist Freude für diejenigen, welche die Gnade empfangen haben vom Vater der Wahrheit", als polemischen Titel[18] verstanden: „In der Tat sind sie einer solchen Frechheit fähig, daß sie das, was von ihnen erst kürzlich verfaßt wurde, als ‚Evangelium der Wahrheit' bezeichnen, obwohl es in nichts mit den Evangelien der Apostel übereinstimmt, so daß bei ihnen noch nicht einmal das Evangelium ungelästert bleibt. Denn wenn das, was sie als ‚Wahrheit' hervorbringen, das ‚Evangelium' ist, dies aber ganz verschieden ist von denen, die uns von den Aposteln überliefert sind, so können alle, die es wollen, lernen

---

[16] Vgl. Hippolytus, Ref. V 7, 20 (GCS 26, hrsg. von *P. Wendland*, 1916, 83): „in dem Thomas zugeschriebenen Evangelium". Zum Verhältnis dieser Schrift zum Thomasevangelium aus Nag Hammadi siehe *Puech* bei *Hennecke-Schneemelcher* I, 203 f.

[17] Die von *M. Krause* und *Pahor Labib* (Die drei Versionen des Apokryphon des Johannes im koptischen Museum zu Alt-Kairo, ADAIK, Kopt. Reihe Bd. I, 1962) vorgeschlagene Zählung, die sowohl derjenigen des koptischen Museums als auch derjenigen der UNESCO entspricht, hat sich jetzt gegenüber denjenigen von *Doresse* und *Puech* durchgesetzt. Eine Liste der Nag Hammadi Schriften und eine Vergleichstafel der verschiedenen Zählungen findet sich in meinen Aufsätzen: The Coptic Gnostic Library Today, NTS 14, 1968, 356–401; und: The Institute for Antiquity and Christianity, NTS 16, 1970, 188–190. Die Bezeichnung der Schriftfunde von Nag Hammadi als CG (Cairensis gnosticus) geht auf *W. Till* (Die gnostischen Schriften des koptischen Papyrus Berolinensis 8502 [TU 60, 1955]) zurück und wurde von *W. C. van Unnik* (Evangelien aus dem Nilsand [1960], 23) aufgenommen.

[18] *H. M. Schenke*, Die Herkunft des sogenannten Evangelium Veritatis (1959), bezweifelt, daß das Incipit als Titel anzusehen ist, da das Werk eine Homilie darstellt. Doch die Gnostiker hatten keinen Grund, die Bezeichnung „Evangelium" auf Schriften zu beschränken, die zu einer Gattung gehörten, wie orthodoxes Empfinden sie bestimmte. *J. Munck*, Evangelium Veritatis and Greek Usage as to Book Titles (StTh 17, 1963), 133–138, verweist in diesem Zusammenhang auf *E. Nachmanson*, Der griechische Buchtitel: Einige Beobachtungen (Göteborgs Högskolas Årsskrift 47, 1941, Nr. 19). *Krause*, Apocryphon des Johannes, 28 f, hält das Incipit hier (und auch sonst) für einen Titel, und zwar für den ursprünglichen Titel, zu dem dann (allerdings noch vor Abfassung der in den Nag Hammadi Codices enthaltenen Abschrift) kürzere, mit Verzierungen versehene Titel als Über- oder Unterschrift hinzugefügt wurden.

(insofern es ja durch die Schriften selbst gezeigt wird), daß das, was die Apostel überlieferten, nicht das Evangelium der Wahrheit war."

Man kann auch CG III 2 heranziehen, allgemein das „Evangelium der Ägypter" genannt[19]. Nachdem der Text 69, 5 mit Amen geendet hat, was durch dekorative Markierungen unterstrichen wird, ist der Rest der Seite mit zwei verschiedenen Titeln, dann mit dem „geistlichen" und dem „fleischlichen" Namen des Verfassers, mit dem christlichen Fisch-Kryptogramm und wiederum mit Titeln ausgefüllt. Zeile 6 lautet: „Das ägyptische Evangelium". Die Zeilen 7 und 8 enthalten einen weiteren Titel: „Das heilige, verborgene Buch, das von Gott geschrieben ist..." Die Zeilen 15–17 bringen eine Variante dieses Titels: „Das heilige, Gott-geschriebene Buch des großen, unsichtbaren Geistes." Wieder findet man „Amen", und wieder Linien, die das Ende des Textes markieren. In den Zeilen 18–20 taucht dann der endgültig letzte Titel auf: „Das heilige Buch des großen unsichtbaren Geistes. Amen." Diese Quelle, die „überhaupt nichts mit einem Evangelium zu tun" hat[20], erhielt trotzdem als einen der am Schluß angehängten Titel die Bezeichnung: „Das Evangelium". Obwohl das Incipit fragmentarisch ist, beginnt es eindeutig mit „Das heilige *Buch*..." Der Begriff Evangelium ist wohl sekundär.

Man bedenke weiterhin die Möglichkeit, daß der Titel des Philippusevangeliums in Codex II ursprünglich nicht enthalten war, denn er ist nicht in der üblichen Weise hervorgehoben[21].

Im allgemeinen sollte man meinen, daß die Titel, die am Ende eines Traktats als Unterschrift erscheinen, logischerweise sekundär sind gegenüber Titeln, die in der Eingangsklausel impliziert sind, auch dann, wenn beide schon vorhanden waren, als die Nag Hammadi Codices geschrieben wurden. M. Krause schließt seine Untersuchung über die Titel der Codices I–VI mit folgender Verallgemeinerung: „Nach literargeschichtlicher Methode betrachtet, müssen

---

[19] *J. Doresse*, „„Le livre sacré du grand esprit invisible' ou ,L'Evangile des Egyptiens'", Journal asiatique 254, 1966, 317–435.

[20] *Puech* in *Hennecke-Schneemelcher* I, 270 f.

[21] *J. Leipoldt* und *H. M. Schenke*, Koptisch-gnostische Schriften aus den PapyrusCodices von Nag-Hammadi (ThF 20, 1960), 82; *Leipoldt* meint, daß die Schrift keinen Titel hatte, als die Nag Hammadi Abschrift angefertigt wurde. Im Unterschied zum sonstigen Stil von Codex II ist der leere Teil der letzten Textzeile nicht mit Verzierungen ausgefüllt, sondern mit dem Titelanfang („Evangelium"). Der Rest des Titels („nach Philippus") steht in der nächsten Zeile, aber nicht in der Mitte, während sonst der Titel in zwei Zeilen auf der Mitte der Seite steht. Bei dieser Schrift ist nicht so viel Zwischenraum zur folgenden Schrift gelassen wie gewöhnlich. Das legt die Vermutung nahe, daß der ursprünglich freie Raum durch Hinzufügung der zweiten Titelhälfte ausgefüllt worden ist. Aber *Schenke* bemerkt, daß die Handschrift, in der der Titel geschrieben wurde, die gleiche zu sein scheint wie die Handschrift des übriges Textes. Die Handschrift von Codex II ist allerdings der von Codex XIII so ähnlich, daß *Krause* beide dem gleichen Schreiber zuschrieb (Apokryphon des Johannes, 297), später aber doch wieder zwei verschiedene Schreiber zu finden meinte (Zum koptischen Handschriftenfund bei Nag Hammadi, Mitteilungen des Deutschen Archäologischen Instituts, Abteilung Kairo 19, 1963, 111 Anm. 2).

wir etwa annehmen, daß auf eine Periode, in der die Traktate ohne Titel
überliefert wurden, eine solche folgte, in der die Schriften einen Titel erhielten,
den wir den ursprünglichen nennen möchten und der zuweilen als Einleitung
bezeichnet wird. Noch später wurde dieser ausführliche Titel verkürzt und
erhielt die vorliegende verzierte Form."[22] Puech, auf den sich Krause bezieht,
nimmt an, daß die Einleitung des Thomasevangeliums (einschließlich Spruch 1)
nachträglich hinzugefügt wurde[23]. Da sie aber in der griechischen und in der
koptischen Fassung, die uns erreichbar sind, enthalten ist, muß es als bloße
Mutmaßung angesehen werden, daß diese bestimmte Spruchsammlung schriftlich ohne die vorliegende Einleitung existiert haben soll. Man könnte vielleicht
eher annehmen, daß meist Sammlungen dieser Art in Umlauf gewesen sein
mögen, ohne daß eine solche ausführliche Einleitung sie als Spruchsammlungen
identifizierte, obschon die Tendenz vorhanden ist, sie in Zitationsformeln oder
anderen Erwähnungen als „Spruch"Sammlungen zu bezeichnen. Jedenfalls
läuft die Analyse von Krause auf die Anregung hinaus, daß die Einleitung
des Thomasevangeliums, die das Werk als Sammlung von Sprüchen bezeichnet, ursprünglicher ist als die Unterschrift, die es zu einem Evangelium erklärt.

Im Thomasevangelium, wie übrigens auch in der Spruchquelle, fehlt der
Begriff „Evangelium" völlig, abgesehen natürlich von der Unterschrift. Aber
in der Spruchüberlieferung, die das Thomasevangelium verwendet, ist der
Begriff „Logoi" zu Hause und ist also aus der Tradition in die Einleitung
übernommen worden[24]. Deshalb wird man den Begriff Logoi als die ur-

---

[22] Apokryphen des Johannes, 29 Anm. 6. Ob die Schriften jemals ohne ihr Incipit
bestanden, muß in bestimmten Fällen bezweifelt werden; besser sollte man von
Quellen der vorliegenden Abhandlungen reden, die dann durch verschiedene Zusätze
erweitert wurden; dazu gehörte zuweilen, wo eine solche redaktionelle Tätigkeit vor-
zuliegen scheint, ein Incipit.

[23] *Hennecke-Schneemelcher* I, 205.

[24] Vgl. bes. Spruch 13, der „Sprüche" Jesu erwähnt, die nur Thomas kennt und die
auszuplaudern er von den anderen Jüngern gedrängt wird, was er jedoch nicht
wagt. Die vierte Zeile des P Oxy 654 lautet: ἂν τῶν λόγων τούτ [...]. Dadurch wird
das Vorkommen des Begriffs Logoi in der griechischen Vorlage des ersten Spruchs
des Thomasevangeliums belegt: „Wer die Deutung dieser Sprüche findet, wird den
Tod nicht schmecken." Schon inhaltlich bietet sich dieser Spruch als Einleitung der
Sammlung an. Seine Zugehörigkeit zur Einleitung wird auch durch das vorangehende
„er sagte" (Aorist) nahegelegt. Denn im griechischen Text sind der Name Jesu und
das Präsens (als historisches Präsens gebraucht) so stark, wenn auch nicht völlig
vorherrschend, daß man fragen muß, ob das Subjekt von Spruch 1 nicht in dem kurz
davor genannten Thomas zu suchen ist. Allerdings fangen auch die Reden in den
Testamenten der zwölf Patriarchen mit dem Aorist an, und doch ist das Subjekt nicht
in den unmittelbar vorher erwähnten Söhnen oder Eltern des betreffenden Patriarchen
zu suchen, sondern offensichtlich spricht der Patriarch selbst, der zu Anfang genannt
wurde. Aber dieser Aorist hebt sich nicht wie der im Thomasevangelium von einer
relativ fest gefügten Formel als Ausnahme ab. Nichtsdestoweniger mahnen die Tatsache, daß andere Varianten dieses Spruchs (z. B. Joh 8, 52) Jesus zugeschrieben werden, sowie der vorherrschende Eindruck, daß wir es mit einer Sammlung von Sprüchen
Jesu zu tun haben (vgl. das Incipit: „... Jesus sprach ... Thomas schrieb"), zur Vor-

sprüngliche Bezeichnung auch der Gattung vermuten dürfen. Nicht nur redet
Spruch 38 (näheres darüber s. u.) von dem Verlangen, „diese Worte zu hören,
die ich euch sage", sondern auch Spruch 19 handelt von den Worten Jesu:
„Selig, wer war, ehe ich kam. *Wenn ihr* meine Jünger werdet und *meine
Worte (Logoi) hört,* werden diese Steine euch dienen. Ihr habt ja fünf Bäume
im Paradies, die sich im Sommer und Winter nicht bewegen und deren Blätter
nicht abfallen. Wer sie erkennen wird, *wird den Tod nicht schmecken.*" Hier
wird die Idee, daß die Erkenntnis der Worte Heil bringt, durch Elemente
unabhängigen Gedankenguts sekundär erweitert[25]. Die ursprüngliche Vorstellung klingt verschiedentlich im Johannesevangelium an, besonders deutlich
Joh 8, 52: „Wenn jemand meinen Logos hält, wird er den Tod nicht schmek-
ken." Diese ursprüngliche Vorstellung wird offensichtlich in Spruch 1 vorausgesetzt, der die Einleitung des Thomasevangeliums abschließt: „Wer die
Deutung dieser Sprüche finden wird, der wird den Tod nicht schmecken."[26]

Wenn der Ausdruck Logoi in der Spruchüberlieferung zu Hause ist und
ein Spruch, der sich auf Logoi Jesu bezieht, in die Einleitung des Thomasevangeliums aufgenommen wurde, so scheint es das logische Ergebnis einer
solchen Entwicklung zu sein, daß der Begriff in das Incipit selbst hinein-
kommt: „Dieses sind die geheimen Sprüche..."

Damit soll aber nicht gesagt werden, daß diese Bezeichnung erstmals im
Evangelium des Thomas in ein Incipit aufgenommen und nur dadurch zur
Gattungsbezeichnung erhoben wurde[27]. Die Beziehungen zwischen der Selbst-

---

sicht gegenüber der Annahme, der Verfasser habe den ersten Spruch Thomas zugeschrieben. Es ist nicht ratsam, aus einer solchen ungesicherten Möglichkeit die
Folgerung zu ziehen, daß eine Abweichung von der normalen Zählung erforderlich
ist, wie *J. Leipoldt* sie durchführt (Das Evangelium nach Thomas, TU 101, 1967, 21).

[25] *P. E. Kahle,* Bala'izah: Coptic Texts from Deir el Bala'izah in Upper Egypt I
(1954), 476. Vgl. *W. E. Crum,* JThS 44, 1943, 176–9, „Lo, I have explained ... unto
thee, O Johannes, concerning Adam and Paradise ... and the Five Trees, in an
intelligible allegory." Vgl. auch *C. Schmidt* und *W. Till,* Die Pistis Sophia (GCS,
Koptische-Gnostische Schriften, Bd. I, 1959³), s. unter „Bäume" im Register.

[26] Das Johannesevangelium zeigt, daß das in der ersten Hälfte des Spruchs 1
hermeneutisch gefaßte Verhältnis zu den Herrenworten auf verschiedene Weise
gefaßt werden kann. Neben dem „Glauben" an das Wort begegnet im vierten
Evangelium das „Hören" des Logos (5, 24; 8, 43; 14, 24) oder der Logoi (7, 40; vgl.
8, 47) und das „Jünger Werden" (8, 32). Die zweite Hälfte von Spruch 1 benutzt
eine Formel, die auch sonst erscheint, z. B. am Schluß von Spruch 18 unmittelbar vor
der Anspielung auf Jesu Worte in Spruch 19. Eine Variante zu Joh 8, 52 findet sich
Joh 8, 51: „Wenn jemand meine Worte hält, wird er den Tod niemals sehen."

[27] Allerdings kann sich eine besondere Beziehung des Thomas zu den Herrenworten durch die Szene in Spruch 13 nahelegen, die das Petrusbekenntnis zugunsten
des Thomas verändert: „Da nahm er (sc. Jesus) ihn (sc. Thomas), zog sich zurück
und sagte ihm drei Worte." Hippolyt versteht das so, daß es sich um drei einzelne
Wörter, nicht um drei Sprüche handele (Ref. V 8, 4, hrsg. von *P. Wendland,* S. 89,
zitiert bei *W. Völker,* Quellen zur Geschichte der christlichen Gnosis, SQS, N. F. 5,
1932, 17): „Dies sind die drei gewichtigen Logoi: Kaulakau, Saulasau, Zeesar;

bezeichnung einzelner Sprüche und der Verwendung dieses Begriffs für Spruchsammlungen haben ohne Zweifel eine längere Geschichte. Deshalb müssen wir uns einem erweiterten Kreis von Schriften zuwenden, um den gesamten Zusammenhang dieser Entwicklung nachzeichnen zu können.

Die Schrift CG II, 7, die normalerweise mit ihrer Unterschrift angeführt wird, nämlich als „Buch von Thomas dem Athleten, das er für die Vollkommenen geschrieben hat" (145, 17–19), hat folgendes Incipit: „Die geheimen Worte, welche der Erlöser zu Judas Thomas gesprochen hat, die ich aufgeschrieben habe, ich Mathaias. Ich war auf dem Wege, als ich sie miteinander reden hörte." [28] Dies ist ein weiterer Beleg für die Bezeichnung „geheime Worte"; der koptische Text hier entspricht genau dem koptischen Text des Thomasevangeliums [29]. Wenn „Thomas der Athlet" mit der dem Matthias zugeschriebenen basilidianischen Quelle gleichgesetzt werden könnte, die Hippolyt, Ref. VII 20, 1 erwähnt [30], dann hätten wir ein Beispiel dafür, daß

Kaulakau ist (die Physis) des Oberen, des Adamas, Saulasau die des Unteren, Sterblichen, Zeesar ist der Jordan, der nach oben fließt."

[28] Die Wortfolge im Incipit ist jeweils verschieden. Thomas der Athlet beginnt: „Die geheimen Sprüche sind diese"; im Thomasevangelium heißt es „Dieses sind die geheimen Sprüche." P Oxy 654 (*Fitzmyer*) gibt die griechische Vorlage für das Incipit des Thomasevangeliums wieder: οὗτοι οἱ λόγοι οἱ [ἀπόκρυφοι οὓς ἐλά]λησεν Ἰη(σοῦ)ς ὁ ζῶν κ[αὶ ἔγραψεν Ἰούδας ὁ] καὶ Θωμᾶ⟨ς⟩ καὶ εἶπεν... Die engste Parallele findet sich Lk 24, 44: „Dieses sind die Worte, die ich zu euch gesagt habe, solange ich bei euch war." Andere Parallelen beziehen sich weniger auf Spruchsammlungen. *Fitzmyer* (ThSt 20, 513) zieht auch Bar 1 zum Vergleich heran: „Dieses sind die Worte des Buches, das Baruch geschrieben hat." Ungefähr das gleiche Incipit findet sich in einem Martyrium des Jakobus, in das eine Rede des auferstandenen Christus eingefügt ist, nämlich CG V, 4, die (zweite) Apokalypse des Jakobus. Das Incipit lautet: „Dieses ist das Wort, das Jakobus der Gerechte in Jerusalem gesprochen hat, das Marim, einer der Priester, aufgeschrieben hat. Er hat das Theuda erzählt, dem Vater dieses Gerechten, da er ein Verwandter desselben war, nämlich..." Der rekonstruierte Schluß des Textes lautet: „Dann wurden [seine] Wort[e niedergeschrieben? in einem] Logos" (Koptisch-gnostische Apokalypsen aus Codex V von Nag Hammadi im Koptischen Museum zu Alt-Kairo, hrsg. von *A. Böhlig* und *Pahor Labib*, Sonderheft der Wissenschaftlichen Zeitschrift der Martin-Luther-Universität Halle-Wittenberg, 1963, 56–85). Vgl. auch Dt. 1, 1: „Dieses sind die Worte, die Moses zu ganz Israel jenseits des Jordan sagte." Das sonst im Judentum kaum angeführte Incipit des Deuteronomiums kann die Häufigkeit dieser Formel schwerlich erklären. Das Incipit des Deuteronomiums findet sich nicht einmal in einer Qumran-Schrift, die so abhängig vom Deuteronomium ist, daß *J. T. Milik* vorschlug, sie „Kleines Deuteronomium" zu nennen (Discoveries in the Judean Desert 1, 1955, 92). Folgt man der Rekonstruktion *Miliks* (91–97), dann kommt der Begriff „Worte" verschiedentlich vor: „die Worte des Gesetzes" (1, 4); „diese Worte aus seinem Munde" (2, 6); „alle Worte des Gesetzes" (2, 9); „alle diese Worte des Bundes" (3, 3). Das Incipit lautet jedoch: „Und Gott [wandte sich] Moses [zu] ... und sagte." Der moderne Titel, der dieser Schrift schließlich gegeben wurde, „Worte des Moses" („Dires de Moise" abgekürzt 1QDM), kommt in der Schrift selbst nicht vor.

[29] Vgl. *Puech* bei *Hennecke-Schneemelcher* I, 233.

[30] Diese Gleichsetzung, die *J. Doresse* befürwortet (Les livres secrets des gnostiques

dieses Incipit die Funktion eines Titels übernimmt. Bei Hippolyt heißt es: „So sagen Basilides und Isidor, der leibliche Sohn und Schüler des Basilides, daß Matthias ihnen geheime Logoi sagte, die er vom Erlöser hörte, als er im Geheimen von ihm unterrichtet wurde" (vgl. auch VII 20, 5: „eines der geheimen Logoi des Matthias"). Auf jeden Fall wird der Titel am Ende, der Thomas den Athleten als Verfasser nennt, durch das Incipit – „... die ich aufgeschrieben habe, ich, Mathaias,..." – in Frage gestellt und muß als sekundär angesehen werden. Er ist also schwerlich ein Ausdruck für die Gattung, unter deren Einfluß diese Schrift ursprünglich abgefaßt wurde.

Die Tatsache, daß das Incipit von „Thomas dem Athleten" in der Form fast identisch ist mit dem des Thomasevangeliums, bedeutet nicht, daß „Thomas der Athlet" ein weiteres Beispiel für die gleiche Gattung ist. Es gleitet eher in die Gattung „Dialoge des auferstandenen Christus mit seinen Jüngern" über. Auch diese Gattung macht Gebrauch von Jesus zugeschriebenen Sprüchen und kann auf „Sprüche" Bezug nehmen, aber das ist für diese Gattung von Offenbarungsschriften [31] viel weniger ein konstitutives Element,

---

d'Égypte: Introduction aux écrits gnostiques coptes découverts à Khénoboskion, 1958, 244) wird von *Puech* bei *Hennecke-Schneemelcher* I, 227, aufgegeben, da er im Incipit von CG II, 7 im Gegensatz zu *Doresse* die Lesart „Matthäus" gegenüber „Matthias" bevorzugt. *S. Schulz* (ThR, N. F. 26, 1960, 247 f) hält die Gleichsetzung für „sehr wahrscheinlich". Vom koptischen Text her läßt sich – gegen *Puech* – keine Entscheidung fällen, denn er lautet „Mathaias", also weder eindeutig Matthäus (Maththaios) noch Matthias (Maththias). *Puech*, Les nouveaux écrits gnostiques découverts en Haute-Égypte (Coptic Studies in Honor of W. E. Crum, 1950, 120 und in *Hennecke-Schneemelcher* I, 224–228), bespricht das Verhältnis zum „Evangelium" und zu den „Überlieferungen" des Matthias, die in patristischen Quellen erwähnt werden.

[31] Das „Apokryphon des Johannes" (CG II, 1; III, 1; IV, 1; BG 8501, 2) beginnt in seiner längeren Fassung (II, 1, 1–4) mit dem folgenden rekonstruierten Text: „Die Lehre [und die Worte des Erlösers. Und er offenb]arte die[se Geheimnisse], die in einem Schweigen verborgen sind, [nämlich Jesus Christus und] er lehrte sie Johann[es, der zu]hörte." Nach einem kurzen erzählenden Rahmen folgt ein Dialog, der sehr schnell zu einer Rede wird. Diese endet: „Ich aber habe dir alle Dinge gesagt, damit du sie aufschreibst und sie deinen Mitgeistern im Verborgenen gibst; denn das ist das Geheimnis eines Geschlechts, das nicht wankt" (31, 28–31). Der abschließende Rahmen stellt fest: „Und der Erlöser gab ihm diese (Mysterien), damit er sie aufschrieb und sicher hinterlege... Und er ging zu den Mitjüngern (und) verkündigte ihnen die (Worte), die der Erlöser ihm gesagt hatte." (31, 32–34; 32, 4–5). Der Titel, der dem Schluß des Textes folgt, lautet „Apokryphon des Johannes". Es ist also nicht sicher, ob dieses Schriftstück zur Selbstbezeichnung den Begriff „Worte" verwendet hat. Er ist als Konjektur von den Herausgebern hinzugefügt. Aber der Schluß der kürzeren Fassung (III, 40, 6–9) benutzt den Ausdruck: „[Er t]rat zu seinen Mitjünge[rn] (hin und) begann, mit ihnen [über die] Worte zu sprechen, die [ihm] der Erlöser gesagt hatte." Vgl. BG 76, 18–77, 5: „Und er kam zu seinen Mitjüngern und fing an zu ihnen zu reden, was ihm vom Erlöser gesagt worden war." Jedenfalls ist der Ausdruck „geheime Sprüche" aus dem Thomasevangelium im Apokryphon des Johannes weitgehend durch Offenbarungsterminologie wie „Mysterium" und „was geheim ist" („Apokryphon") ersetzt worden. Zu diesem Text vgl. *M. Krause* und *Pahor Labib*,

als es bei Spruchsammlungen der Fall ist. Die Anspielung auf „Sprüche" im
Incipit des Buches von „Thomas dem Athleten", wenn sie nicht einfach
zufällig ist oder eine Abhängigkeit vom Thomasevangelium zeigt, könnte
durch den langen Abschnitt am Ende des Traktats veranlaßt worden sein,
wo an die Stelle des Dialogs mit Thomas etwas tritt, was einer Spruchsammlung näherkommt, nämlich eine Reihe von Weherufen (vgl. Mt 23) und
Seligpreisungen, sowie weiteres Material, das in Inhalt und Form der Bergpredigt verwandt ist. Auf eine ursprüngliche Beziehung zwischen dem Incipit
und diesem Schlußabschnitt des Traktats könnte hinweisen, daß die letzte

---

Die drei Versionen des Apokryphon des Johannes im koptischen Museum zu Alt-
Kairo (ADAIK, Kopt. Reihe 1, 1962), und *W. C. Till*, Die gnostischen Schriften des
koptischen Papyrus Berolinensis 8502 (TU 60, 1955; hiervon findet sich ein revi-
dierter Abdruck in *W. C. van Unnik*, Evangelien aus dem Nilsand, 1960, 185–213).
Eine andere gnostische „Apokalypse", die auch mit „Worte" betitelt ist, kann wegen
eines Versehens von *J. Doresse* leicht übersehen werden. *Doresse* hat mit Erfolg das
Kryptogramm am Ende von CG VIII, 1, 132, 7–9 dechiffriert und es mit Anspielungen auf von Plotins Gegnern benutzte Schriften bei Porphyrius identifiziert. Diese
Gegner beziehen sich auf „Apokalypsen des Zoroaster, des Zostrianos, des Nicotheos,
des Allogenes, des Mesos und dergleichen". ,Les Apocalypses de Zoroastre, de
Zostrien, de Nicothée, ...' (Porphyre, Vie de Plotin, 16, Coptic Studies in Honor
of W. E. Crum, 1950, 255–263). Er bekommt auf Grund des Kryptogramms aus dem
Schluß, daß diese übliche Übersetzung von Porphyrius ungenau sei; die erste Apokalypse müsse den Titel „Apokalypse des Zoroaster und Zostrianos" gehabt haben;
denn seiner Dechiffrierung zufolge lautete das Kryptogramm: „Rede der Wahrheit
des Zostrianos, Gott der Wahrheit; Rede des Zoroaster." Aber schon *Puech* hat darauf
hingewiesen, daß es zwei verschiedene Schriften, nicht eine, wie *Doresse* meint, gegeben haben muß. Denn Porphyrius und Amelius teilten sich in die Aufgabe, die
gnostischen Schriften zu kritisieren, wobei der eine sich der Schrift des Zostrianos, der
andere der des Zoroaster zuwandte (Les Nouveaux écrits gnostiques découverts en
Haute-Égypte, Premier inventaire et essai d'identification, Crum-Festschrift, 91–154,
bes. 107 f, 131 ff). Jedoch bemerkte selbst *Puech* nicht, daß *Doresse* das Kryptogramm
ungenau dechiffriert hatte; er wiederholte nämlich das Versehen, das *Doresse* unter-
laufen war. Denn der Begriff Logos, den *Doresse* mit „Rede" übersetzt, steht beide
Male im Plural. Der Titel lautet also „Logoi der Wahrheit des Zostrianos; Gott
der Wahrheit; Logoi des Zoroastros". *M. Krause*, Der koptische Handschriftenfund
bei Nag Hammadi, Umfang und Inhalt (Mitteilungen des Deutschen Archäologischen
Instituts, Abteilung Kairo, 18, 1962, 121–132, bes. 128), ist der Ansicht, daß dieser
Traktat in VIII, 1, 1 beginnt und nicht irgendwo später (wie *Doresse* und *Puech*
annehmen). In diesem Fall findet dieser Titel im fragmentarischen Incipit einige Bestätigung, denn 1, 1 enthält den Ausdruck „diese Worte", 1, 2 das Personalpronomen
in der ersten Person Sing. und 1, 3 den Namen Zos[trianos]. Von daher würde sich
ein Incipit vermuten lassen, in dem Zostrianos sich selbst in Verbindung mit den
Logoi nennt, ähnlich wie bei Thomas dem Athleten, von dem oben die Rede war.
Ob Zoroaster auch im Incipit Erwähnung fand, ist wegen des fragmentarischen Charakters ungewiß. Sonst aber fehlt er im Traktat völlig. Die Bedeutung von „Gott der
Wahrheit", der im Kryptogramm nicht eindeutig, wie *Doresse* vermuten läßt, als
Apposition zu Zostrianos genannt wird, bleibt dunkel. Die Schrift scheint in erster
Linie mit Zostrianos in Verbindung zu stehen, da in der Zeile vor dem Kryptogramm
(132, 6) sein Name allein erscheint, und zwar in der Mitte der Zeile und mit Ver-
zierungen versehen, d. h. als Titel behandelt.

Frage des Thomas, mit der dieser Schlußabschnitt beginnt, sich mit „diesen Sprüchen", die Jesus sagt, beschäftigt. Da „Thomas der Athlet" eine sekundäre Kompilation von Überlieferungen oder Quellenschriften ist, ist eine solche Mutmaßung erlaubt. Aber Klarheit kann erst eine gründliche Untersuchung dieses noch nicht veröffentlichten Traktats bringen [32].

In seiner vorliegenden Fassung bestätigt „Thomas der Athlet", daß im Gnostizismus die Gattung „Dialoge des auferstandenen Christus mit seinen Jüngern" den Sieg über die Gattung der Spruchsammlungen davongetragen hat. Dieser Sieg war unvermeidlich, da die mündliche Überlieferung ausstarb und die Gnosis in ihrer Spekulation zunehmend den Interessenbereich verließ, den traditionelle Spruchsammlungen zu befriedigen in der Lage waren.

Die Pistis Sophia macht das Endstadium in verschiedener Hinsicht deutlich. Hier findet sich die endgültige Festlegung derjenigen, die die Worte des Herrn aufschrieben: Philippus, Thomas und Matthäus, – eine Angabe, die sich weniger aus der Pistis Sophia selbst herleiten läßt, wo nur Philippus als Schreiber tätig ist, als aus einem Rückblick auf die damals vorhandene Literatur, wofür man in GG II eine Art Beleg findet [33]. Weiter werden in der Pistis Sophia unumwunden Vorlage und auslegende Wiedergabe nebeneinandergestellt, so daß man den Auflösungsprozeß vor Augen hat. Der Dialog besteht wesentlich in einer Rede des Herrn, worauf die „Auflösung" oder „Erläute-

---

[32] *M. Krause,* Der Stand der Veröffentlichung der Nag Hammadi Texte (Le origini dello Gnosticismo, Studies in the History of Religion 12, Supplements to Numen, 76), führt Thomas den Athleten unter den Schriften auf, die durch Überarbeitung verchristlicht wurden. Dabei beruft er sich auf Widersprüche im Text selbst und verweist auf seine angekündigte Veröffentlichung des Textes (Gnostische und hermetische Schriften aus den Codices II und VI, ADAIK, Koptische Reihe 2).

[33] CG II enthält an „apostolischen" Schriften außer dem Apokryphon des Johannes Sprüche des Herrn, die von Thomas, Philippus und Mathaias aufgeschrieben sein sollen: „Das sind die geheimen Worte, die Jesus der Lebendige sprach und die Didymus Judas Thomas aufgeschrieben hat", d. h. „Das Evangelium nach Thomas" (CG II, 2); „Das Evangelium nach Philippus"; ein teilweise als Dialog abgefaßter gnostischer Traktat, vgl. *R. McL. Wilson,* The Gospel of Philip (1962), 7–11 (CG II,3); „Dieses sind die geheimen Worte, welche der Erlöser zu Judas Thomas gesprochen hat, die ich aufgeschrieben habe, ich Mathaias" d. i. „Das Buch von Thomas dem Athleten" (CG II, 7). *Puech,* Crum-Festschrift, 117 f, weist auf Deut 19, 15 und Mt 18, 16. Vgl. auch *Doresse,* Livres secrets, 239. *H. Köster,* GNOMAI DIAPHOROI, s. u. Kap. 4, S. 127, weist darauf hin, daß die Berufung auf zwei Autoritäten, Matthäus (?) und Judas Thomas, in CG II, 7 eine Verknüpfung dieser beiden mit zwei parallelen Strängen der Spruchtradition in West- bzw. Ostsyrien widerspiegeln könnte. Es ist vielleicht beachtenswert, daß die dialogische Form, die nachträglich in den Brief des seligen Eugnostos (CG III, 3; V, 1) eingearbeitet wurde, als man diesen zur Sophia Jesu Christi verchristlichte (BG 8502, 3; CG III, 4), nur drei Jünger nennt, die zusammen mit Maria Fragen stellen: Matthäus (BG 82, 17–83, 4; 93, 12–15), Thomas (87, 8–11; 106, 10–13) und Philippus (86, 13–16). Vgl. *M. Krause,* Das literarische Verhältnis des Eugnostosbriefes zur Sophia Jesu Christi, Zur Auseinandersetzung der Gnosis mit dem Christentum (Mullus, Klauser-Festschrift, Jahrbuch für Antike und Christentum, Ergänzungsband 1, 1964), 218, Anm. 36.

rung" durch einen Jünger (oder durch eine der Frauen) folgt. Und gerade
hier, zwischen der Rede des Herrn und der erklärenden Rede des Jüngers,
taucht eine bezeichnende Formel auf: „Es geschah aber, als Jesus diese Worte
seinen Jüngern zu sagen beendet hatte", woraufhin sich ein Jünger mit einer
„Auflösung der Worte" meldet. So werden wir Schritt für Schritt zur letzten
Stufe des Prozesses hingeführt. Die Einleitung des Thomasevangeliums läßt
lediglich erahnen, daß dieser Prozeß schon dort bei einigen Sprüchen begann.
Im Thomasevangelium haben die „Geheimen Sprüche" Jesu, die der Gnostiker „deuten" soll, in einigen Fällen bereits eine interpretierende gnostische
Neuformulierung erhalten. Das wird ein Stück weiter vorangetrieben, wenn
der gnostisierte Spruch wiederum eine Deutung erfährt, die noch größeren
Tiefsinn zum Ausdruck bringt. Jedoch werden der Spruch und seine Deutung
nicht deutlich getrennt, wie dies in der Pistis Sophia der Fall ist, sondern vielmehr zu einer Aussage miteinander verschmolzen. In der Pistis Sophia ist die
Rede Jesu, deren „Auflösung" der Jünger betreibt, bereits selbst gnostisiert.
Immerhin illustriert die deutlich getrennte Wiedergabe von Rede Jesu und
Auflösung, die in der Pistis Sophia zwei unterschiedlichen Stadien des Prozesses zugehören, was sich in früheren Stadien genauso, nur weniger deutlich
erkennbar, zugetragen hat. In der Einleitung des Thomasevangeliums deutet
sich also das Endergebnis, wie es Pistis Sophia erkennen läßt, schon an. Die
formelhafte Sprache und die unumwundene Ausführung bringen nur zu un-
mißverständlicher Klarheit, was man im Thomasevangelium schon spüren kann.

Wir sind bei der Pistis Sophia angelangt als dem Punkt in der Entwicklungsgeschichte der Spruchsammlungen, wo diese Gattung absorbiert und
endgültig ersetzt wird durch jene andere Gattung, die ohne Zweifel schon
immer typisch war für die christliche Gnosis, nämlich den Dialog des Auferstandenen Christus mit seinen Jüngern. Die Entwicklung dieser Gattung ist
in jüngster Zeit durch *K. Rudolph* verfolgt worden [34].

II. Sammlungen von Sprüchen Jesu im Urchristentum

Nun hat aber diese Entwicklung, die in der Gnosis endet, auch ihre Vorgeschichte, die bis in die Urkirche zurückgeht. Die Erweiterung, die die „beiden

---

[34] Der gnostische „Dialog" als literarisches Genus, Probleme der koptischen Literatur (Wissenschaftliche Beiträge 1968/1, H. 2, Martin-Luther-Universität Halle-
Wittenberg). Vgl. *Hennecke-Schneemelcher* I, bes. Abschn. VI: Wechselgespräche Jesu
mit seinen Jüngern nach der Auferstehung, S. 125–157. Bezüglich der Verbindung
dieser Gattungen mit der des Testaments vgl. den Titel einer syrischen Schrift apokalyptischen Inhalts, die durch *Lagarde* ins Griechische zurückübersetzt wurde: „Das
erste Buch des Clemens, das Testament unseres Herrn Jesus Christus genannt wird.
Die Sprüche, die er nach der Auferstehung vom Tode zu seinen heiligen Aposteln
gesagt hat." *A. v. Harnack,* ThLZ 9, 1884, 340, nimmt darauf Bezug und zitiert
Lagarde, Reliquiae iuris ecclesiastici antiquissimae (1856), 80–89. Vgl. *W. Wrede,*
Das Messiasgeheimnis in den Evangelien (1901, 1963³), 246–251.

Wege" in der Didache über die im Barnabasbrief vorliegende Form hinaus erfahren haben, steht z. T. unter dem Einfluß dieser Entwicklung. Im Unterschied zu Barn 19, 1 a besteht die Einleitung zum „Weg des Lebens" in Did 1, 2 aus dem Herrenwort über das größte Gebot (Mt 22, 37–39). Dann wird die weitere Entfaltung in Did 1, 3 im Unterschied zu Barn 19, 1 b mit der Wendung eingeleitet: „Und die Lehre dieser Sprüche ist folgende."[35] Es schließt sich eine Reihe von Herrenworten an, die in Barn 19 fehlen. Die vorgegebene Form der „beiden Wege" wird so in eine Richtung gelenkt, die in den gnostischen Dialogen bereits sichtbar geworden ist, wo eine solche Formel dazu diente, die Sprüche des Herrn und ihre in der Form zusätzlichen Materials gegebene Auslegung miteinander zu verknüpfen[36]. Ein solcher Vergleich zeigt natürlich, daß die Didache bei der Anführung interpretierender Sprüche, die sie vom Matthäusevangelium übernommen haben könnte[37], von einem konservativen Verhältnis zur Tradition bestimmt wird. Der andere Abschnitt der „beiden Wege", der im Barnabasbrief keine Parallele hat, ist durch eine Form der Anrede charakterisiert, die in Barn 18–20 fehlt, nämlich „mein Sohn" (Did 3, 1. 3. 4. 5. 6; 4, 1; Plural 5, 2). In der Weisheitsliteratur ist diese Anrede jedoch gebräuchlich[38]. In diesem Zusammenhang tritt eine Frömmigkeit in Erscheinung, die an Papias erinnert, einmal in der Mahnung, „die Logoi, die ihr gehört habt, mit Ehrfurcht zu behandeln" (3, 8; vgl. Barn 19, 4), dann in dem Wunsch, bei „den Heiligen zu sein, um Ruhe in ihren Worten zu finden" (4, 2).

Von hier aus ergibt sich der Übergang zu dem der Didache am nächsten verwandten neutestamentlichen Buch, dem Matthäusevangelium. Mehr als in den anderen Evangelien wird im Matthäusevangelium der Begriff „Logoi" mit

---

[35] Bezüglich der ähnlichen hermeneutischen Formel von Qumran: „Die Auslegung des Spruches ist, daß..." (oder „ist über..."), von der die Pescharim ihren Namen erhalten haben (nämlich 1QpHab, normalerweise als Hebakkuk-Kommentar bekannt; 4QpIsa, JBL 77, 1958, 215–219), vgl. schon *J. P. Audet*, La Didachè: Instructions des Apôtres (Études bibliques, 1958), 261 f.

[36] Vgl. noch Mk 10, 24: „Die Jünger entsetzten sich aber über seine Worte", worauf eine durch einen Vergleich erweiterte und auf diese Weise selbst interpretierende Wiederholung des voraufgehenden Spruchs folgt. Diese Wiederholung des vorausgehenden Spruchs fehlt bei Mt und Lk; vgl. auch Lk 9, 44–50, das unten erörtert wird.

[37] Vgl. *B. Layton*, The Sources, Date, and Transmission of Didache 1, 3 b–2, 1, HThR 61, 1968, 343–383.

[38] *Bultmann*, Eucharisterion II, 11, Anm. 3 (= Exegetica 19, Anm. 17), spricht unter Hinweis auf Prov 8, 32 („Sohn") und Sir 4, 11 („Die Weisheit erhöht ihre Kinder") von einer „Anrede der katechetischen Terminologie". Neben υἱέ und παιδίον (z. B. Tob 4, 12) begegnet als ungefähr synonyme Anrede τέκνον (Prov 31, 2; Sir 2, 1; 3, 12. 17; 4, 1; 6, 18. 23. 32; 10, 28; 11, 10; 14, 11; 16, 24; 18, 15; 21, 1; 31, 22; 37, 27; 38, 9. 16; 40, 28; bzw. τέκνα Sir 3, 1; 23, 7; 41, 14). Besonders bezeichnend ist Sir 31, 22: „Höre auf mich (mein) Sohn, und verachte mich nicht, und schließlich wirst du meine Logoi (als wahr) erkennen."

Spruchsammlungen in Verbindung gebracht, was dafür spricht, daß Logoi als
Bezeichnung für die Gattung solcher Sammlungen anzusehen ist[39]. Denn eine
Eigentümlichkeit des Matthäus liegt in der Komposition von fünf Reden, die
in Wirklichkeit Spruchsammlungen sind und jeweils mit fast derselben Formel
enden. Diese Formel bezeichnet solche Sammlungen als Logoi. Wenn auch bei
der Aussendungsrede die Variante „Unterweisung" (11, 1) erscheint und bei
der Gleichnissammlung die Variante „Gleichnisse" (13, 53) gebraucht wird,
so begegnet uns doch an den anderen Stellen (7, 28; 19, 1; 26, 1), die die
Formel in ihrer Grundform darbieten, der Begriff Logoi: „Und es begab sich,
als Jesus (alle 26, 1) diese Logoi vollendet hatte."

Was hier im Matthäusevangelium am deutlichsten zutage tritt, hat einige
Spuren auch in den anderen Evangelien hinterlassen. Man vergleiche Luk 9, 28:
„und es begab sich nach diesen Logoi"; Lukas hat diese Klausel am Ende einer
kleinen Sammlung aus Markus hinzugefügt, die selbst schon eine Anspielung
auf Jesu Logoi enthielt (Mk 8, 38; Lk 9, 26). Das Gespür, mit dem Lukas auch
kleine Sammlungen von Logoi in seinem Evangelium erkennt, muß im größeren Rahmen seines (von Matthäus geteilten) Vorgehens gesehen werden: Er
verankert die Gattung der Spruchsammlungen dadurch in der Zeit des irdischen Wirkens Jesu, daß er die Spruchquelle in den Markusrahmen einfügt. Eine ähnliche Tendenz ist vielleicht in Lukas' Umgang mit Zitationsformeln erkennbar, die sich auf Jesu Logoi beziehen. Solche Formeln kommen
nur nach der Auferstehung vor. Doch die in Frage kommenden Abschnitte
verraten den Wunsch des Lukas, die vorösterliche Wirksamkeit Jesu als den
ursprünglichen Ort solcher Sprüche erscheinen zu lassen, die als nachösterliche
Sprüche in Umlauf waren. Sicher, in Apg 20, 35 ist offen, ob ein Spruch des
irdischen Jesus oder einer des Auferstandenen gemeint ist. Der Spruch fehlt
im Evangelium des Lukas. Aber der Hinweis in Apg 11, 16 auf Apg 1, 5 weist
nicht nur bis zum Auferstandenen zurück, Apg 1, 4 führt ihn weiter bis auf
den irdischen Jesus. Nicht nur benutzt Lk 24, 44 eine Zitationsformel in der
Art des Incipits des Thomasevangeliums, womit Lukas vermuten läßt, daß
ihm Sammlungen von Sprüchen des auferstandenen Herrn bekannt waren.
Vielmehr stellt Lukas durch die sorgfältige Formulierung von 24, 44 auch

---

[39] Bezeichnend für das Interesse des Matthäus an den Logoi ist auch 10, 14, wo der
Ausdruck Logoi von Mt redaktionell in Mk 6, 11 „... noch auch hört" eingefügt ist,
so daß es jetzt „... noch eure Sprüche hört" heißt. Matthäus läßt allerdings Spuren
der Tendenz erkennen, solche Spruch-Sammlungen als Evangelium zu bezeichnen. Es
ist die gleiche terminologische Verwischung, die für den Titel des Thomasevangeliums
charakteristisch ist. So fügt Matthäus 4, 23 und 9, 35 in Summarien, die weitgehend
von Markus übernommen sind und von Matthäus zur Einleitung der Bergpredigt
und der Aussendungsrede verwendet werden, den Begriff „Evangelium" ein. Vgl.
W. *Marxsen*, Der Evangelist Markus, Studien zur Redaktionsgeschichte des Evangeliums (1956, 1959²), 81. Diese Terminologie entspricht dem redaktionellen Vorgehen
des Matthäus, der die Spruchsammlung Q in den Rahmen des Markusevangeliums
einfügt.

sicher, daß es sich um keine neuen Sprüche handelt, sondern daß Sprüche aus der Zeit des irdischen Jesus aufgenommen werden: „Dieses sind meine Worte, die ich sprach, als ich noch unter euch war." Gnostische Texte wie der Brief des Petrus an Philippus (CG VIII, 2) enthalten gleiche Verweise, die besagen sollen, daß Jesu (gnostische) Lehre mit dem, was er selbst zuvor gelehrt hatte, übereinstimmt. In beiden Fällen hat man es mit einem apologetischen Anliegen zu tun: die Lehre soll vor dem Verdacht geschützt werden, daß sie nicht auf der Autorität Jesu fußt. Wenn das bei den Gnostikern auf eine Verteidigung ihrer Gattung von „Reden des Auferstandenen" hinausläuft, so bei Lukas auf die Lokalisierung von Sprüchen in der Biographie des irdischen Jesus.

Die Geschichte vom leeren Grab, mit der Lk 24 beginnt, läßt den Auferstandenen überhaupt nicht in Erscheinung treten. Er wird jedoch vertreten durch die „beiden Männer" (angeli interpretes), deren Aufgabe es ist, die Auferstehung zu melden und aus der irdischen Wirksamkeit Jesu die Leidensweissagungen zu zitieren. Die Zitationsformel (24, 6) ist beinahe identisch mit 24, 44: „Erinnert euch, was er sagte, als er noch in Galiläa war." Der Zitation folgt die Versicherung: „Und sie erinnerten sich seiner Worte" (24, 8, wobei „Rhemata" stilisierte Variante von „Logoi" ist). Auf diese Weise wird die Auferstehungsbotschaft auf eine Ebene mit der irdischen Wirksamkeit gestellt. Lk 9, 44 beginnt die zweite Leidensweissagung mit der Wendung: „Laßt diese Logoi in eure Ohren eingehen." Diese Wendung scheint als Überschrift zu einer kleinen Spruchsammlung zu fungieren, die Lukas aus ursprünglich unabhängigen Dialogen zusammenstellte; denn er befreite das zugrunde liegende Material aus Markus vom szenischen Wechsel (Mk 9, 33–35) und formte es auf diese Weise um zu einem fortlaufenden Dialog, der die Leidensankündigung interpretiert. Die Leidensankündigung wird dadurch ein „geheimer Spruch", der ausgelegt werden muß. Das wird nahegelegt sowohl durch die Mahnung zu hören (s. u.) als auch durch die Tatsache, daß Lukas zur Markusvorlage „verborgenes ... Wort" hinzufügt. Die „Auflösung" des geheimen Spruchs wird in einer Diskussion vollzogen, die eigentlich die lukanische Vorbereitung für den 9, 51 beginnenden Weg zum Kreuz bildet. Wrede meint[40], daß Lk 24, 24 ff. 44 ff das Schema des Messiasgeheimnisses von Markus widerspiegele, daß also das *Geheimnis* der sogenannten „öffentlichen Predigt" erst nach Ostern durch öffentliche oder entschlüsselte Verkündigung ersetzt würde. Aber wenn solche Anleihen bei den Gepflogenheiten von Spruchsammlungen für die Gnosis Mittel waren, höhere Autorität für ihre Lehren, nämlich die Autorität von Offenbarungen des auferstandenen Christus, zu sichern, so hatten sie doch für Lukas lediglich die Bedeutung, daß sie Gelegenheit zu einer Legitimierung der Lehren der irdischen Predigt Jesu gaben.

Obgleich Lukas an diesem Punkt über Markus hinausging, so scheint dieser selbst in seiner Hinführung auf die dritte Leidensankündigung das gleiche

---

[40] Messiasgeheimnis, 164 ff.

Kompositionsverfahren angewendet zu haben. Die Perikope Mk 10, 17–22 endete mit der Bemerkung, daß der reiche Mann durch Jesu Logos, er solle seinen Reichtum den Armen geben, ziemlich mißmutig wurde. Markus fügt einen anderen Spruch hinzu, der davon handelt, wie schwer der Eingang in das Reich Gottes ist. Daraufhin sind die Jünger sprachlos angesichts der Logoi Jesu (10, 24). Nach dieser Feststellung wird der Spruch in fast derselben Form wiedergebracht und dann ausgesponnen, wobei erneutes Staunen der Jünger wiederholt zur Anregung dient. Mk 7, 14 ff findet sich ein weiteres Beispiel für einen solchen Spruch (7, 17 „Parabel", d. h. „Rätselwort", genannt), der den Hörern ein Rätsel aufgibt, so daß er mit Kommentar wiederholt werden muß.

Die Sammlung von Parabeln und Sprüchen Mk 4, 1–34 bringt ebenfalls das hermeneutische Problem zum Ausdruck, wie das überlieferte Material in zutreffender Weise verstanden werden muß. Der ersten Parabel folgt eine thematische Feststellung ihres rätselhaften Charakters, die sich der Sprache von Jes 6, 9 – sehen und doch nicht einsehen, hören und doch nicht verstehen – bedient. Dieser alttestamentliche Text, der in Mk 4, 12 zitiert wird, ist eigentlich zur ganzen Sammlung von Mk 4 in Beziehung gesetzt, einmal dadurch, daß er der Auslegung des Säemannsgleichnisses eine bestimmte Note gibt (vgl. den Gegensatz zwischen unzureichendem Hören 4, 15. 16. 18 und dem „Hören und Aufnehmen" in 4, 20), zum anderen durch seine Nähe zu anderen Mahnungen zum Hören. Tatsächlich beginnt die Sammlung ja, was in gewisser Weise an den ersten Spruch des Thomasevangeliums erinnert, mit Jesu Mahnung „Hört!", und Mk 4, 24 mahnt: „Sehet zu, was ihr hört!" Das ist offensichtlich ein Echo alttestamentlicher Redeweise vom Sehen und Verstehen.

Es gibt bei Mk noch weitere Beispiele für die Verflechtung des Leitmotivs von Jes 6, 9 mit Mahnungen zum Hören. Davon ist eines Mk 4 besonders ähnlich. Mk 7, 14 leitet einen schwierigen Spruch mit der Mahnung ein: „Hört alle zu und versteht." Dieser Spruch wird 7, 17 „Parabel" oder „Rätselwort" genannt, wobei die folgenden Sprüche die Funktion der Klärung haben sollen. Der Aufbau ist also derselbe wie in Kap. 4 oder bei anderen Beispielen von geheimen Sprüchen, die der Auslegung durch weitere Sprüche bedürfen, wie man sie in der Didache, in der Postis Sophia, in den Pescharim, in Lk 9, 44 ff und sonst findet.

Mk 8, 18 verwendet denselben alttestamentlichen Abschnitt, wandelt aber den alttestamentlichen Sprachgebrauch ab: „ . . . und obwohl ihr Ohren habt, hört ihr nicht?" (vgl. Lk 9, 44: „Laßt diese Worte in euere Ohren eingehen."). Diese Abwandlung von Jes 6, 9 in Mk 8, 18 legt die Vermutung nahe, daß der alttestamentliche Abschnitt mit dem Spruch „Wer Ohren hat zu hören, der höre!" in Verbindung gebracht wurde. Der letztere folgt unmittelbar dem Gleichnis vom Säemann in Mk 4, 9 und hat die Funktion, zur hermeneutischen Diskussion überzuleiten, in der dann Jes 6, 9 zitiert wird (4, 12). In 4, 23 steht er unmittelbar vor der Mahnung: „Sehet zu, was ihr hört!" (4, 24)

und folgt auf die Bemerkung, daß das Verborgene an den Tag kommen soll
(4, 22), die in diesem Zusammenhang analog zu 4, 11. 33 f hermeneutisch gemeint sein könnte.

Der gleiche Spruch (Wer Ohren hat zu hören, der höre!) ist, leicht verändert, Mt 11, 15 und Lk 14, 35 an schwierige Sprüche angehängt, schließlich
auch Mt 13, 43 an eine Gleichnisauslegung. Es ist ein Wanderspruch, der sich
gerne als hermeneutische Mahnung an andere Sprüche anhängt. In der Hand-
schriftenüberlieferung wird er häufig hinzugefügt, besonders zu Gleichnissen,
vgl. Mt 25, 29 f; Mk 7, 16; Lk 12, 21; 13, 9; 21, 4. Und er wird regelmäßig
gegen Ende jedes der sieben Gemeindeschreiben in der Offenbarung des
Johannes benutzt (2, 7. 11. 17. 29; 3, 6. 13. 22). Wahllos verwendet ihn das
Thomasevangelium bei den Sprüchen 8, 21, 24, 63, 65, 96. Als der Brief des
seligen Eugnostos (CG III, 3; V, 1) christianisiert wurde und die Form eines
Dialogs zwischen Jesus und seinen Jüngern erhielt mit dem Titel „Sophia
Jesu Christi" (CG III, 4; BG 8502, 3; P. Oxy. 1081), war einer der christlichen Einschübe dieser Spruch (BG 89, 4–6; 90, 13–15; 100, 10–12; 107, 13–
108, 1; P. Oxy. 1081, 6–8. 35–36) [41]. In Mk 4 offenbart die Verbindung des
Spruchs mit anderem Material, bei dem es um das Hören geht, dessen hermeneutisches Gewicht in einer Sammlung dunkler Sprüche. Daß er sich auch in
anderen derartigen Sammlungen finden läßt, ist dazu geeignet, unsere Ansicht
zu bestätigen, daß Mk 4 in der Tat als Sammlung dieser Art beurteilt werden
muß.

Auch auf andere Weise verrät Mk 4, 1–34 den Charakter einer Spruchsammlung. Es benutzt, mit nur geringen Abweichungen, eine ziemlich starre
Zitationsformel (sie erinnert an den durchgehenden Gebrauch des historischen
Präsens „Jesus sagt" im Thomasevangelium). Die grundlegende Form steht
im Imperfekt: „und er sagte" (4, 9. 26. 30), sie kann auch in Verbindung mit
„zu ihnen" (4, 2. 11. 21. 24; cf. 4, 34) oder im historischen Präsens „und er
sagt ihnen" (4, 13) vorkommen [42]. Man vergleiche Offb 2–3 „so sagt" (2, 1. 8.
12. 18; 3, 1. 7. 14); Pirke Aboth „(Schammai) sagt" oder „er pflegte zu sagen"

---

[41] M. *Krause*, Das literarische Verhältnis des Eugnostosbriefes zur Sophia Jesu
Christi. Zur Auseinandersetzung der Gnosis mit dem Christentum, Mullus (Klauser-
Festschrift; Jahrbuch für Antike und Christentum, Ergänzungsband 1, 1964), 219.
Vgl. The Oxyrhynchus Papyri VIII, hrsg. von A. S. *Hunt*, 1911, 16–19.

[42] J. *Jeremias*, Die Gleichnisse Jesu (1962⁶), 10, bes. Anm. 5, wertet diese Varianten für eine Rekonstruktion der Entwicklungsstufen der Sammlung aus. Denn „und
er sagte (Imperfekt) zu ihnen" ist typisch für Markus (2, 27; 6, 10; 7, 9; 8, 21; 9, 1)
im Gegensatz zu „und er sagte" (Imperfekt), das in eine frühere Phase gehört.
Jeremias geht nicht auf das historische Präsens „und er sagt zu ihnen" (4, 13) ein,
das er auch der früheren Phase zuweist (S. 9 f, 14 Anm. 6). Doch der Gebrauch des
historischen Präsens ist ausgesprochen typisch für Markus wie auch der Zusatz „zu
ihnen". Das läßt sich an der Häufigkeit, mit der er bei Markus vorkommt, ablesen
und auch an der Tendenz bei Matthäus und Lukas, ein Tempus der Vergangenheit
dafür einzusetzen. Natürlich kann Markus seine Quelle auch im Sinne seines eigenen
Sprachgebrauches überarbeitet haben.

(vgl. 6, 7 f „und es heißt" in einer Folge von Schriftabschnitten); Lucian, Demonax, „er sagte"[43] (in postpositiver Stellung im Zitat selbst). Auch das Konzept von „auflösenden" Sprüchen, das in der Pistis Sophia (vgl. auch Dt 1, 5) begegnete, kommt in Mk 4, 34 vor, wobei ein Begriff gebraucht wird, der anderswo für allegorische Auslegungen von Gleichnissen Verwendung findet, z. B. in den Gleichnissen des Hermashirten, Sim 5, 3, 1 f; 5, 4, 2 f; 5, 5, 1; 9, 10, 5; 9, 11, 9; vgl. auch das Substantiv „Auflösung" in Sim 5, 5, 1; 5, 6, 8; 5, 7, 1; 8, 11, 1; 9, 13, 9; 9, 16, 7. Mk 4 wird bei der Auslegung eine Formel verwendet, mit der die Identifikation der Personen, die von der Allegorie gemeint sind, durchgeführt wird, nämlich: „das sind die, welche…" oder ähnlich (4, 15. 16. 18. 20). Diese Formel wird Judas 19 bei der Auslegung eines apostolischen Spruches, 2Pt 2, 17 bei der Auslegung der Schrift benutzt. Ein sehr ähnlicher Stil wird von Matthäus bei der Auslegung des Gleichnisses vom Unkraut unter dem Weizen gebraucht (Mt 13, 37–39).

Die Sammlung Mk 4 gibt sich selbst die Bezeichnung „Parabeln" (4, 2. 10. 11. 13. 30. 33. 34; vgl. 3, 23). Natürlich ist es strenggenommen nicht ganz korrekt, παραβολαί hier mit „Parabeln" zu übersetzen. Denn Jülicher hat uns gelehrt, daß der Ausdruck „Parabel" beschränkt werden sollte auf Geschichten, die eindeutig und unmißverständlich auf *eine* Pointe hinauslaufen, auf Geschichten also, die wir heute Predigtillustrationen nennen würden[44]. Diese Unterscheidung war den Evangelisten fremd, die ohne Bedenken eine Allegorie wie die von den bösen Weingärtnern „Parabel" nannten (Mk 12, 1. 12). Das liegt nicht nur an dem Fehlen eines formgeschichtlichen Interesses und an der mangelnden Bestimmtheit des griechischen Begriffs und seines hebräischen Äquivalents[45], sondern auch daran, daß die Evangelisten die Parabel in ihrem spezifischen Anliegen aus den Augen verloren hatten und sie als Allegorie mißverstanden. In Mk 4 sind παραβολαί allegorische „Rätselworte", die die Pointe für Außenstehende verschleiern sollen (4, 11 f. 33 f). Mk 7, 17 kommt der Begriff im Zusammenhang mit der Forderung der Jünger nach einer Er-

---

[43] ἔφη, nicht λέγει, ἔλεγεν oder εἶπεν, die Formeln des christlichen Sprachgebrauchs, wie er oben angegeben wurde.

[44] Zur Diskussion um das Verständnis des Wesens der Parabeln seit *Jülicher* vgl. meinen Aufsatz, Jesus' Parables as God Happening, Jesus and the Historian (Written in Honor of E. C. Colwell, hrsg. v. *F. T. Trotter*, 1968), 134–150.

[45] *J. Jeremias*, Gleichnisse, 16 f, zeigt, wie groß der Bedeutungsbereich des hebräischen Maschal (griech. παραβολή, „Parabel") war. S. 12 Anm. 4 führt er das Material für die Bedeutung „Rätselwort, dunkles Wort" an, die der ursprünglichen Bedeutung von „Zauberspruch" oder „Rätselwort" nahezukommen scheint (so O. *Eißfeldt*, Einleitung in das Alte Testament, [1956²], 94. 98). *Jeremias*, Gleichnisse, 96 f, setzt das Schema des Markus, die tiefere Bedeutung dem Kreis der Vertrauten darzulegen, in Beziehung zur zeitgenössischen rabbinischen Praxis, auf die D. *Daube* aufmerksam gemacht hat (Public Pronouncement and Private Explanation in the Gospels, The New Testament and Rabbinic Judaism, 1956, 141–150). Der locus classicus für dieses Thema ist W. *Wrede*, Messiasgeheimnis, 51–65, bes. 51–54, 65 über „privat und öffentlich", 54–65 über die Geheimnistheorie in den Gleichnissen des Markus.

klärung vor, d. h. er neigt der Bedeutung „Rätselwort" zu, wie das auch bei
παϱοιμία Joh 10, 6; 16, 25. 29 der Fall ist.

Das heißt also, daß „Parabeln" für Markus (möglicherweise mit Ausnahme
von 3, 23) dem nahe kommen, was das Thomasevangelium „Geheime Sprüche"
nennt, d. h. Aussprüche, deren eigentlicher Sinn nicht evident ist, sondern
durch besondere Interpretation erst festgestellt werden muß (Mk 13, 28 scheint
sich der Begriff „Parabel" auf diese tiefere, in der Interpretation erschlossene
Bedeutung zu beziehen). In einem solchen Zusammenhang ist die allegorische
Auslegung, die das Gleichnis vom Säemann erfährt (4, 13–20), durchaus angemessen (vgl. als Entsprechung bei Matthäus die Auslegung des Gleichnisses
vom Unkraut unter dem Weizen 13, 36–43). Für Markus ist Kap. 4 also keine
Sammlung von Parabeln, sondern eher eine von Rätselworten, Allegorien,
geheimen Sprüchen. Zwischen das Gleichnis vom Säemann und die beiden
abschließenden Gleichnisse von der selbstwachsenden Saat und vom Senfkorn
(4, 26–29. 30–32) fügt Markus eine Reihe von Sprüchen ein (4, 21–25). In
Anbetracht des Rahmenmaterials in 4, 21 a. 23–24 a kann es durchaus der Fall
sein, daß Markus diese Sprüche zu Texten gestaltete, die in seinen Augen ein
weiteres Paar von „Parabeln" darstellten (4, 21–22. 24–25); aber es ist nicht
zulässig, daraus die Folgerung zu ziehen: „und nicht als eine Spruchsammlung" [46]. Denn für Markus gehören eine Sammlung von „Geheimen Sprüchen"
und eine Sammlung von „Parabeln", die er als „Rätselworte" oder „dunkle
Sprüche" ansieht, eher zusammen, als daß sie sich gegenseitig ausschließen. Das
Thomasevangelium würde dieser Sicht zustimmen. Nicht nur, weil es auch
Parabeln enthält (die *weniger* allegorisiert sind als bei Markus), sondern auch
weil es dieselben Sprüche bietet, die wir bei Mk 4, 21–25 gefunden haben
(Spruch 33, 5, 41). Mk 4 ist also nicht einfach eine Sammlung von Parabeln
in unserem Verständnis des Wortes, sondern eher eine von dunklen Sprüchen,
die der Interpretation bedürftig sind, d. h. von „Parabeln" im Sinne des
Markus, und wir können dieses Kapitel durchaus vergleichen mit einer Sammlung von „Geheimen Sprüchen", wie das Thomasevangelium sie darstellt.

Mk 4 vermeidet jedoch den Begriff Logoi. Das dürfte nicht einfach an der
Art liegen, wie er den Begriff „Parabel" für seine Theorie von „Rätselwor-
ten" heranzieht – dazu wäre auch der Ausdruck „Geheime Sprüche" brauch-
bar gewesen –, sondern muß auch von der Tatsache her gesehen werden, daß
Markus den Singular „Logos" als Synonym für „Evangelium" benutzt
(Mk 1, 1. 14 f; 8, 35; 10, 29; 13, 10; 14, 9). In diesem Sinne wird Logos
Mk 4, 14. 15 (bis). 16. 17. 18. 19. 20 gebraucht, um auszudrücken, wovon das

---

[46] *Jeremias,* Gleichnisse, 38 Anm. 2, meint, daß diese Logia bei Markus an dieser
Stelle erscheinen, weil er sie als Gleichnispaar ansah, aber *Jeremias* fügt hinzu:
„...und nicht als eine Spruchsammlung" (90). Wenn sich *Jeremias* auf die häufigen
Ermahnungen zum Hören in Mk 4 beruft als Beweis dafür, daß Mk 4 keine Spruchsammlung ist, so hat er übersehen, daß solche Ermahnungen, wie oben nachgewiesen,
charakteristisch für Sammlungen geheimer Sprüche von der Art des Thomasevangeliums sind.

Gleichnis vom Säemann spricht. Das Gleichnis selbst wird zu einer hermeneutischen Erörterung der richtigen und der falschen Weisen, das „Wort" zu
„hören". Dieses hermeneutische Problem wird dann mit Hilfe der Methode
des Markus für die „Auflösung" von „Rätselworten" vorbildlich gelöst, wobei
das „Wort" zur Klarheit erhoben wird: „Und durch viele solcher Rätselworte
sagte er ihnen das Wort, ... aber vertraulich legte er seinen Jüngern alles aus"
(4, 33 f). Die gleiche kerygmatisierende Tendenz also, die Markus zu dem
(paulinischen) Begriff „Evangelium" brachte, führte ihn auch zu dem Begriff
„Wort" als Synonym dafür. Es war für ihn dann passender, Sprüche, die in
seinen Augen noch verschlüsselt waren, als „Rätselworte" zu bezeichnen und
nicht als „Logoi", denn Jesus „sagte das Wort öffentlich" (8, 32) – nämlich in
der Ankündigung von Leiden und Auferstehung.

Nichtsdestoweniger dürfte Markus die Tendenz, solche Sammlungen als
Logoi zu bezeichnen, nicht entgangen sein. Das wird nahegelegt durch den
Spruch, der in der Sammlung apokalyptischer Sprüche und Parabeln Mk 13
bezeichnenderweise gegen Ende untergebracht worden ist (13, 31): „Himmel
und Erde werden vergehen, aber meine Logoi werden nicht vergehen."

Wenn man in Mk 4 Spuren einer früheren Sammlung erkennen kann, dann
ist es möglich, daß aus einer anderen frühen Anhäufung von Sprüchen und
Parabeln das entstanden ist, was wir in erweiterter Form als Bergpredigt
(bzw. Feldrede) vor uns haben[47]. Diese Sammlung verwendet als Abschluß
ein Doppelgleichnis, das Jesu Logoi in ungefähr der gleichen Weise hervor-

---

[47] Die Geschlossenheit der Sammlung legt nahe, daß die Bergpredigt und die
Feldrede auf eine besondere mündliche oder schriftliche Sammlung zurückgehen und
nicht auf verstreutes Material, das erst in Q zusammengestellt wurde. Vgl. *W. D.
Davies*, The Setting of the Sermon on the Mount (1964). Der Schluß wird nicht nur
wegen der Gattungsbezeichnung Logoi als Abschluß einer Sammlung empfunden.
Vielmehr liegt schon in der Tatsache, daß es sich um einen eschatologischen Ausblick
handelt, dasselbe Schlußmotiv vor, das man einerseits in der Didache (Kap. 16),
andererseits in den Evangelien (Mark 13 parr) und sogar in der Spruchquelle (Lk 17,
20–37) findet. Daraus erwächst das „formgeschichtliche Gesetz", auf das *G. Bornkamm*
(Die Vorgeschichte des sogenannten Zweiten Korintherbriefes, SAH, Phil.-hist.
Klasse, 2. Abt., 1961, 23 ff) hingewiesen hat, wonach ein bestimmtes Signum der
Endzeit, das Erscheinen der Irrlehrer, das entscheidende Anzeichen dafür sein kann,
daß ein literarischer Schlußabschnitt vorliegt. In dieser Hinsicht wie auch sonst geht
die Bergpredigt weiter als die Feldrede. Matthäus scheint die in Q vorgegebene Einheit als solche erkannt zu haben, denn er stellte seine Bergpredigt nicht wie die
anderen Sammlungen einfach anhand eines Durchgangs durch die ganze Spruchquelle
zusammen, wie es nach *V. Taylor* (The Order of Q, JThS N. S. 4, 1953, 27–31, und
The Original Order of Q, T. W. Manson-Festschrift, 1959, 246–269) bei den anderen
Spruchsammlungen (Reden) des Matthäus der Fall ist. Vielmehr hat er – wie die
lukanische Feldrede zeigt – den Rahmen einer vorgegebenen Sammlung als Rahmen
der Bergpredigt anerkannt und lediglich durch weiteres Material, z. T. aus der
Spruchquelle, ausgefüllt (vgl. die Tabelle bei *Taylor*, Manson-Festschrift 249, und in
JThS, N. S. 4, 29 f). Natürlich könnte man behaupten, daß Mt 3–12 im wesentlichen
der ursprünglichen (lukanischen) Anordnung von Q folge (vgl. bes. Mt 3, 4, 5, 7, 8,
11, 12) und daß dieses der Grund dafür ist, daß Mt 5 und 7 nicht nach der „Sammler-

hebt, wie Mk 13, 31 es tut. Denn das Doppelgleichnis Lk 6, 47 // Mt 7, 24 (vgl. 26) beginnt: „Jeder, der zu mir kommt und meine Logoi hört und sie tut, ..." Der Begriff Logoi kann also als Benennung dieser frühen Sammlung fungiert haben. In diesem Fall würde der Trend, gegen Ende einer solchen Sammlung den Begriff Logoi als Selbstbezeichnung zu bringen, der Spruchquelle das Stichwort für die Verbindung mit der Fortsetzung dieser Sammlung gegeben haben. Denn hier folgt jene Perikope, die von der Q-Regel, nur Spruchmaterial aufzunehmen, die bedeutsamste Ausnahme darstellt: denn die Spruchquelle bringt im Anschluß die Erzählung vom Hauptmann zu Kapernaum, die von dem Vertrauen des Hauptmanns in die Autorität des Wortes Jesu beherrscht wird (Lk 7, 7 / Mt 8, 8)[48]. Es wäre also die gleiche Tendenz, die bei Matthäus zu der festen Formel geführt hat, mit der er die fünf Spruchsammlungen abschließt und die zum ersten Male direkt im Anschluß an das Doppelgleichnis erscheint (Mt 7, 28). Es scheint also, daß wir die Anfänge einer Benennung für die Gattung der Spruchsammlungen bis zu den frühesten Sammlungen dieser Art in der Urkirche zurückverfolgen können[49]. Es sieht so aus, etwa wie im Falle des Thomasevangeliums, daß der Begriff ursprünglich nur in den Sprüchen selbst erschienen war, um dann mehr und mehr zum Titel zu werden, zuerst durch hervorgehobene Plazierung von Sprüchen, die ihn enthielten, schließlich durch Übernahme in redaktionelle Unterschriften.

III. Von der Zitationsformel zu Spruchsammlungen

Eine genauere Untersuchung der Art und Weise, in der ein einzelner Spruch in der Urkirche eingeführt wurde, wird ein ganz ähnliches Gespür für die Bedeutung der gleichen Terminologie zeigen, die oben dargestellt wurde.

methode" entstanden sind, die die vier späteren Reden bei Matthäus erkennen lassen; mit anderen Worten, daß Matthäus überhaupt (abgesehen von den späteren Reden) der Anordnung von Q folge. Doch auch die beiden kleinen Sammlungen aus derselben Zeit, die wir in 1Clem 13, 2 und Did 1, 3–6 finden, lassen eine entsprechende Einheitlichkeit spüren. Die Untersuchungen von *H. Köster*, Synoptische Überlieferung bei den apostolischen Vätern (TU 65, 1957), 12 ff, 217 ff, führen zu dem Ergebnis, daß wir es in beiden Fällen mit vorgegebenen kleineren Einheiten zu tun haben, die inhaltlich mit der Bergpredigt bzw. Feldrede stark verwandt sind. Bei der Didache kann das an der Abhängigkeit von Mt und Lk liegen, wie *B. Layton*, The Sources, Date and Transmission of Didache 1, 3 b–2, 1, HThR 61, 1958, 343–383, vermutet. Aber auch in diesem Fall kann ein noch lebendiges Wissen von der Zusammengehörigkeit des Materials in der Überlieferung dazu geführt haben, daß es en bloc aus Matthäus und Lukas in die „Zwei Wege" und damit in die Didache übernommen wurde. Vgl. auch Justin, Apol I 14, 5; Athenagoras, Suppl. 11, 1. 3.

[48] Vgl. *E. Haenchen*, ZThK 56, 1959, 23–31 (wiederabgedr. in: Gott und Mensch, 82–90), und meine Erwägungen in Kap. 2 und 7 dieses Bandes; s. o. S. 54 f, und s. u. S. 226 ff.

[49] Weiteres zu solchen Sammlungen bei *H. Köster*, GNOMAI DIAPHOROI, s. u. Kap. 4, S. 121 ff.

Denn Zitationsformeln können ebenso für Spruchsammlungen wie auch für einzelne Sprüche verwendet werden.

Auf einen Spruch, der gerade angeführt wurde, kann mit dem Begriff Logos hingewiesen werden (Mk 9, 10; 10, 22 // Mt 19, 22; Mk 14, 39 // Mt 24, 44; Mt 15, 12; 19, 11; Joh 2, 22; 4, 50; 6, 60). Sogar ein weiter vorausliegender Spruch kann durch eine solche Zitationsformel in Erinnerung gerufen und wiederholt werden, die diesen Begriff verwendet: „Und Petrus erinnerte sich an den Logos (Rhema?) des Herrn, wie er zu ihm gesagt hatte" (Lk 22, 61)[50]; „Erinnert euch an den Logos, den ich euch gesagt habe" (Joh 15, 20); oder, wobei „Erinnerung" durch „Erfüllung" ersetzt wird: „Das geschah, damit der Logos erfüllt würde, den er gesagt hatte" (Joh 18, 9)[51]. Vgl. auch die Zitationsformel des Paulus 1Thess 4, 15: „Denn dieses sagen wir euch mit einem Logos des Herrn." Diese Zitationsformel ist offensichtlich der Ursprung von Bultmanns berühmter Bezeichnung „Herrenwort".

Wenn wir dem Gespür der Quellen für eine angemessene Bezeichnung von Spruchsammlungen nachgehen, bekommt eine merkwürdige Erscheinung besondere Bedeutung: Der Plural Logoi ist in einer bestimmten Zitationsformel so stark festgelegt, daß er sogar dann verwendet wird, wenn es sich um einen einzelnen Spruch, nicht um eine Mehrzahl von Sprüchen handelt. Eine der letzten Dissertationen bei Bultmann, die von H. Köster[52], hat auf diese Formel aufmerksam gemacht. Sie verbindet das Verb μνημονεύειν, das uns schon in Lk 22, 61 und Joh 15, 20 begegnete, mit dem Plural Logoi. Es handelt sich um folgende Stellen: „und sich der Logoi des Herrn Jesus zu erinnern, denn er sagte..." (Apg 20, 35); „Erinnert euch der Logoi Jesu, des Herrn, denn er sagte" (1Clem 46, 7f); „vor allem erinnert euch der Logoi des Herrn Jesus, die er redete, als er Nachsicht und Langmut lehrte" (1Clem 13, 1 f)[53]. Diese

---

[50] Die abweichende Lesart ῥῆμα wird gewöhnlich nicht als ursprünglich angesehen, weil man meint, sie sei aus der Parallele Mt 26, 75 (Mk 14, 72) übernommen; entscheidend für sie könnte allerdings sprechen, daß sie in P 69 und P 75 vorkommt (sie ist in das Griechische Neue Testament der Bible Societies aufgenommen worden). Lukas benutzt das gleiche Wort 24, 8: „und sie erinnerten sich seiner Worte", und Apg 11, 16: „und ich dachte an das Wort des Herrn, als er sagte...".

[51] Dieselbe Variante erscheint Joh 18, 32: „damit der Logos erfüllt würde, den Jesus gesagt hatte." Dabei wird offensichtlich auf 12, 32 verwiesen, auf das 12, 33 mit dem einfachen Ausdruck „das sagte er" Bezug nimmt.

[52] Synoptische Überlieferung, 4–6.

[53] Eine Variante dieser Formel, ebenfalls in Verbindung mit einem einzelnen Spruch, erscheint Judas 17: „Erinnert euch an die Worte (Rhemata), die zuvor von den Aposteln unseres Herrn Jesus Christus gesprochen wurden, als sie zu euch sagten..." Die Parallele 2Pt 3, 2 fügt einen Verweis auf die Propheten hinzu und begründet die Autorität der Apostel im Gebot des Herrn; allerdings ist der Spruch in dieser sekundären Fassung weniger deutlich hervorgehoben. Bezüglich der Gleichsetzung von Judas und Thomas vgl. *H. Köster*, GNOMAI DIAPHOROI, s. u. Kap. 4, S. 125 f. Die Verwandtschaft zwischen dem Judasbriefe und dem Traktat über Thomas den Athleten erfordert eine eigene Untersuchung.

Stellen scheinen darzutun, daß Spruchsammlungen ebenso wie Einzelsprüche als „Logoi des Herrn Jesus" angeführt wurden. Die Zitationsformel erschließt in der Tat die Möglichkeit, Spruchsammlungen bis zum schließlichen Ende ihrer Entwicklung zu verfolgen, das in der Großkirche eintrat, als die kanonischen Evangelien ihnen den Rang abliefen und an ihre Stelle traten.

Apg 20, 35 folgt auf diese Zitationsformel nur ein einzelner Spruch: „Geben ist seliger als Nehmen." Diese in der griechischen Überlieferung dem persischen Hof zugeschriebene Regel [54] begegnet auch 1 Clem 2, 1 „Lieber gabt ihr, als daß ihr nahmt." Wahrscheinlich wird diese Regel auch 1 Clem 2, 1 als Spruch Jesu verstanden. Das legt die im gleichen Satz enthaltene Bemerkung nahe: „Ihr habt mit Sorgfalt die Worte (sc. des Christus) tief in eurem Herzen eingeschlossen." Eine Zitationsformel fehlt hier allerdings [55]. Die Mahnung zum Geben findet sich schon in der Sammlung von Sprüchen Jesu 1 Clem 13, 2 [56]. Da beide, Apg und 1 Clem, Spruchsammlungen von der Art der Quelle Q kannten, kann man folgern, daß diese Zitationsformel, die den Plural Logoi benutzt, von einer Formel abgeleitet ist, die auf solche Sammlungen anspielt [57].

Auf die Zitationsformel in 1 Clem 46, 7 folgen in Vers 8 ein Weheruf und zwei Drohungen. Der Vergleich mit einer doppelten Überlieferung in den Synoptikern führt Köster zu dem Ergebnis: „Es bleibt nur die Annahme, daß 1 Clem 46, 8 mit einer Vorstufe der Synoptiker, und zwar wäre an Q zu denken, verwandt ist. In der Tat können alle Wörter, in denen sich 1 Clem 46, 8 mit den Synoptikern berührt, bereits in Q gestanden haben." [58] So wird der Schluß nahegelegt, daß einmal solche Sammlungen dem 1 Clem geläufig waren, aber zum andern auch, daß Exzerpte daraus mit dieser Zitationsformel unter Verwendung der Mehrzahl Logoi eingeleitet werden konnten.

Auf die Zitationsformel folgt in 1 Clem 13, 2 eine Kette von sieben Sprüchen, die teilweise in den Evangelien (meistens in der „Bergpredigt"), teilweise an anderer Stelle bezeugt sind, die aber wohl von keiner uns bekannten Quelle hergeleitet werden können, so daß Köster sagt: „Vielleicht schöpft der Verfasser aus irgendeiner schriftlichen Herrenwortsammlung, die wir nicht

---

[54] *E. Haenchen*, Die Apostelgeschichte (Meyer K III[13], 1961), 526 f.
[55] Gegen *Haenchen*, aaO 2.   [56] *Köster*, Synoptische Überlieferung, 13.
[57] Dieser Übergang von der Einzahl zur Mehrzahl könnte in 1 Thess 4, 15–18 seine Entsprechung haben. Hier steht zu Anfang, in der Zitationsformel, der Singular „Logos des Herrn", in der abschließenden Mahnung der Plural: „So tröstet euch untereinander mit diesen Logoi." Denn Paulus verwendet den Singular von Logos sonst meistens in der Bedeutung „Evangelium", den Plural aber sonst nur in Verbindung mit der Weisheitslehre der korinthischen Häretiker (1 Kor 2, 13): „Nicht mit Logoi, wie menschliche Weisheit sie lehrt, sondern in solchen, die der Geist lehrt." 1 Kor 2, 4 lautet eine Lesart: „in überzeugenden Logoi der Weisheit", vergleichbar mit Corpus Hermeticum 1, 29: „Ich säte in sie hinein die Logoi der Weisheit..." 1 Kor 12, 8 findet sich der Singular: „*Logos* der Weisheit".
[58] *Köster*, Synoptische Überlieferung, 18.

mehr kennen, die aber älter sein mag als unsere Evangelien (vgl. Satz 3). Vielleicht handelt es sich auch um die Wiedergabe eines mündlichen, aber fest formulierten lokalen Katechismus." [59]

Nun findet sich eine ganz ähnliche Sammlung, im einzelnen variiert und durch den ersten Spruch der „Bergpredigt" erweitert, in Polykarp Phil 2, 3. Auch hier wird die Sammlung eingeführt mit der ganz ähnlichen Zitationsformel, obwohl der Begriff Logoi fehlt: „dessen eingedenk, was der Herr sagte, als er lehrte" (Die gleiche Zitationsformel, ebenfalls ohne den Begriff Logoi, findet sich auch 2Clem 17, 3: „Laßt uns der Gebote des Herrn eingedenk sein."). Auch wenn Polykarp hier von 1Clem und von den Evangelien abhängig ist [60], bezeugt die Freiheit, mit der er seine Sammlung bearbeitet, daß er noch in Verbindung mit der freien Entwicklung solcher Spruchsammlungen steht, obwohl seine Tendenz, 1Clem 13, 2 an die Evangelien anzugleichen, wohl das Ende dieser Freiheit in der Großkirche ankündigt.

Am Beispiel Polykarps kann man zeigen, was ohne Zweifel ganz allgemein zur Einschränkung dieser Freiheit geführt hat, nämlich der Mißbrauch der Spruchtradition durch gnostisierende Häretiker. Denn die andere Stelle, an der er sich auf Herrenworte beruft, steht bei ihm in genau diesem Zusammenhang. Er warnt 7, 1 vor „jedem, der die Logia des Herrn auf seine eigenen Begierden hin verdreht und sagt, daß es weder Auferstehung noch Gericht gibt". Gegen diese Häresie stellt Polykarp eine Mahnung, die den rechten Gebrauch solcher Sprüche beispielhaft darstellt. Die Mahnung zum Gebet mündet ein in eine Wendung, die aus Mt 26, 41 a // Mk 14, 38 a stammt, aber im sprachlichen Ausdruck dem Gebet des Herrn (Mt 6, 13) angeglichen ist; darauf folgt abschließend, durch eine Zitationsformel eingeleitet, ein genaues Zitat von Mt 26, 41 b // Mk 14, 38 b: „Darum wollen wir von der Torheit der Menge und von den falschen Lehren lassen und zu dem Logos zurückkehren, der uns seit Anfang überliefert ist; laßt uns nüchtern sein im Gebet und ausdauernd im Fasten und mit Bitten den alles sehenden Gott anflehen, daß er uns nicht in Versuchung führe; demgemäß daß der Herr gesagt hat: ,Der Geist zwar ist willig, aber das Fleisch ist schwach!'" [61]

Ein etwas späteres, aber sehr deutliches Beispiel für den Gebrauch der Logoi Jesu durch die Gnostiker in ihrer Werbung um die Orthodoxen und Zurückweisung Marcions findet sich im Brief des Ptolemäus an Flora. Denn hier wird die valentinianische Dreiteilung des alttestamentlichen Gesetzes „aus den Worten des Erlösers" bewiesen (Epiphanius, Panarion 33, 3, 7), indem Mt 19, 8. 6; 15, 4–9 zitiert werden (33, 4, 4 und 33, 4, 11) [62].

---

[59] *Köster,* aaO 16.   [60] *Köster,* aaO 115–118.

[61] Bzgl. einer weitergehenden Untersuchung dieser Häresie, die Polykarp bekämpft, und ihres Verhältnisses zur Spruchüberlieferung und zu der von Paulus im 1Kor bekämpften Häresie vgl. Kap. 2, s. o. S. 41 ff.

[62] Vgl. *W. Völker,* Quellen zur Geschichte der christlichen Gnosis (SQS, N. F. 5, 1932), 87–93.

Justin bezeugt, daß Spruchsammlungen weiterhin ein Schattendasein führten, obwohl die Evangelien sie ersetzt hatten und die Gattung als solche in der orthodoxen Kirche kaum noch lebendig war. Der Begriff Logoi bedeutet für ihn im allgemeinen etwas ganz anderes, nämlich die Schrift als Ganzes (die prophetisch verstanden und deshalb oft durch „prophetische Sprüche" bezeichnet wird) oder ein einzelner Belegtext. So lautet eine häufige Zitationsformel für alttestamentliche Zitate: „Und dieses sind die Worte" (Dial 31, 2; 39, 4; 62, 3; 79, 3) oder ähnlich. Allerdings war die Übertragung einer solchen Zitationsformel für Schriftworte auf Sprüche Jesu naheliegend, denn Christus redete ja schon im Alten Testament (Apol I 49, 1; 63, 14; Dial 113 f). Die Offenbarung wird also vermittelt durch beides, „durch den prophetischen Geist und durch Christus selbst" (Apol I 63, 14); Wahrheit ist entsprechend „in seinen Logoi und in denen seiner Propheten" zu finden (Dial 139, 5). In einer Kette von Schriftworten wird zur Überleitung gewöhnlich die Wendung benutzt: „in anderen Logoi" (Apol I 35, 5; Dial 12, 1; 56, 14; 58, 6; 97, 3; 126, 6; [133, 4]). Sie findet aber auch Gebrauch in einer Folge von Sprüchen Jesu (Dial 76, 5; vgl. 76, 6). Weiter werden Dial 17, 3–4 (vgl. auch 18, 3) Sprüche Jesu in einer Kette von Schriftabschnitten zitiert, und zwar mit folgender Bemerkung: „kurze Logia von ihm, zusammen mit den prophetischen (Logia), in Erinnerung zu bringen" (18, 1); es werden also Jesu Sprüche, obschon Logia und nicht Logoi genannt, mit einem Begriff bezeichnet, der gewöhnlich für Schriftstellen Verwendung findet [63]. Wir finden uns damit in dem Stadium der entwicklungsgeschichtlichen Linie der Sprüche Jesu, in dem diese nicht nur den Evangelien entnommen, sondern auch wie Schriftstellen behandelt werden.

Jedoch bezieht sich Justin auch auf seine zweite Apologie (also den Appendix zur Apologie) als Logoi (12, 6), sogar den Dialog mit Tryphon bezeichnet er als Logoi (11, 5; 39, 8; 45, 1; 47, 1). Man vergleiche vor allem Dial 80, 3: „...so werde ich eine Abhandlung aller jener Logoi verfassen, die zwischen uns ausgetauscht worden sind", mit Apol II 1, 1: „...eine Abhandlung dieser Logoi zu verfassen", und 15, 2: „nur aus diesem Grunde habe ich diese Logoi abgefaßt." Auch Tryphon bezeichnet seine Reden als Logoi (38, 1). Beide, Justin und Tryphon, „tauschen Logoi aus" (38, 1; 64, 2; 112, 4; vgl. Apol II 3, 5), d. h. sie verstehen sich als Philosophen gleich denen, deren Logoi Dial 2, 2 erwähnt werden.

Natürlich war es auch der Logos, d. h. Christus, der durch Sokrates redete (Apol I 5, 3 f; 46, 3; Apol II 10, 8). Wenn jedoch ein sokratischer Einzelspruch zitiert wird (Apol II 3, 6), findet sich nur die Einleitung τὸ Σωκρατικόν, aber keine Zitationsformel, die den Begriff Logoi verwendet. Das wäre ein negatives Argument dafür, daß es dem Sprachgebrauch Justins zufolge falsch

---

[63] In Dial 65, 3; 109, 1 bezeichnet Justin Schriftstellen von der Länge einiger Verse als „kurze Logoi". Die Bezeichnung scheint mit dem Begriff „Perikope" (65, 3; 110, 1) fast identisch zu sein.

gewesen wäre, in diesem Zusammenhang den Begriff Logoi zu verwenden. Denn ein „Logos Sokratikos"[64] war genaugenommen eine Rede oder ein Dialog, wie der Philosoph Justin selbst sie hielt und wie er sie in der schriftstellerischen Tätigkeit Platos zu finden meinte. Der Ausdruck wäre also für einen einzelnen Spruch nicht geeignet gewesen[65]. In bezug auf Jesus aber benutzt er den Begriff Logoi (Dial 8, 2 = 35, 8 = 100, 3; 113, 7 = 113, 5). Und an einer Stelle kann er noch eine Sammlung lose verbundener Sprüche Jesu bringen, nämlich Apol I 15–17 (vgl. auch 14, 3 f). Aber wenn er diese Sammlung Logoi nennt, so geschieht das mit dem apologetisch formulierten Zugeständnis: „Aber kurze und bündige Worte stammen von ihm. Denn er war kein Sophist, sondern sein Logos war Kraft Gottes" (14, 5). Damit wird die Gattung der Spruchsammlungen in ihrem Unterschied zu Reden, Dialogen und Traktaten treffend charakterisiert. Jedoch zeigt gerade die Tatsache, daß eine Absicherung nötig war, daß die für die Gattung wesentlichen Züge als

---

[64] Zuerst belegt bei Aristoteles, vgl. Poetica 1447 a, 11. Aus den Untersuchungen von *K. Joel*, Der LOGOS SOKRATIKOS, Archiv für (Geschichte der) Philosophie 8, 1895, 467 ff, geht hervor, „daß das ‚sokratische Gespräch' zu Aristoteles' Zeit ein längst feststehendes literarisches Genus war, sodann, daß diese λόγοι von Aristoteles – in Übereinstimmung mit der allgemeinen Auffassung – als μιμήσεις betrachtet wurden." (So *H. Maier*, Sokrates, Sein Werk und seine geschichtliche Stellung, 1913, 27).

[65] Diognet 8, 2 „Logoi ... der Philosophen" hat vielleicht die Bedeutung „Sprüche ... der Philosophen", da der Kontext aus einer Diskussion widersprüchlicher Gotteslehren besteht, die in geraffter Form wiedergegeben werden, z. B. „einige sagen, das Feuer sei Gott, andere das Wasser". Im Thomasevangelium Spruch 13 vergleicht Matthäus Jesus mit einem „Philosophen"; das Wort erscheint im koptischen Text als Lehnwort. Eine Verbindung von „Sprüchen" und „Philosophen" ist also nicht ausgeschlossen. Etymologisch besteht ja tatsächlich eine Beziehung zwischen dem Wort „Philosoph" und auch dem Wort „Sophist" einerseits und dem Wort „Sophos" = „Weiser" andrerseits. Zu den platonischen λόγοι περὶ τἀγαθοῦ vgl. *H. J. Krämer*, Arete bei Platon und Aristoteles (1959), 408 Anm. 53; zu den Sprüchen der griechischen Weisen vgl. *U. Wilckens*, ThWNT VII (1964), 469. Zum Verhältnis der griechischen Sinnsprüche zur Jesusüberlieferung vgl. *A. Ehrhardt*, Greek Proverbs in the Gospel, The Framework of New Testament Stories (1964), 44–63; *H. Hommel*, Herrenworte im Licht sokratischer Überlieferung, ZNW 57, 1966, 1–23. Eine detaillierte Untersuchung anhand eines einzelnen Spruches liegt vor in *A. Dihle*, Die goldene Regel. Eine Einführung in die Geschichte der antiken und frühchristlichen Vulgärethik (Studienhefte zur Altertumswissenschaft 7, 1962); vgl. meine Besprechung im Journal of the History of Philosophy 4, 1966, 84–87. Die Überlieferung der griechischen Spruchsammlungen wurde in den Sentenzen des Sextus christianisiert, deren koptische Fassung in Nag Hammadi gefunden worden ist (CG XII, 1). In Ausgaben der Sentenzen des Sextus findet sich weitere Literatur: *J. Kroll* in *E. Hennecke*, Neutestamentliche Apokryphen (1924²), 625 ff; *H. Chadwick*, The Sentences of Sextus (Texts and Studies 5, 1959); *G. Delling*, Zur Hellenisierung des Christentums in den „Sprüchen des Sextus" (Studien zum Neuen Testament und zur Patristik, Klostermann-Festschrift, TU 77, 1961), 218–241. Zu Aesops Fabeln vgl. Babrius and Phaedrus (Loeb Classical Library, 1965), hrsg. und übersetzt von *B. E. Perry*. *J. Leipoldt*, Das Evangelium nach Thomas (TU 101, 1967), 4–5, führt weitere griechische Literatur auf, die Beachtung finden sollte.

Mängel bewußt geworden waren[66]. Sie konnte nur noch so gerechtfertigt werden, daß man sie von den verpönten Logoi der Sophisten deutlich abhob[67].

Das Thomasevangelium gehört in ungefähr die gleiche Übergangssituation wie 2 Clemens[68], Polykarp und Justin: Die Spruchsammlungen, die aus der mündlichen Überlieferung entstanden waren, wurden abhängig von den schriftlichen Evangelien, waren aber noch nicht vollständig durch Evangelien, Reden, Dialoge und Abhandlungen ersetzt worden. Selbst wenn das Thomasevangelium seine Sprüche überwiegend aus den kanonischen Evangelien geschöpft hätte, was keineswegs erwiesen ist[69], so hat es doch in jedem Fall die

---

[66] Ein in manchem vergleichbares Gespür für den Unterschied zwischen Logoi und Abhandlungen spricht aus dem fingierten Begleitbrief, den Arrian zu Epiktets „Reden" schrieb. Der Brief nennt sie an keiner Stelle mit ihrem üblichen Titel (Diatriben); sie werden vielmehr als Logoi bezeichnet. Das Hauptanliegen Arrians besteht darin, daß die Schrift als Sammlung, nicht als Produkt schriftstellerischer Betätigung anzusehen ist (nicht „so, wie man von jemandem sagt, daß er Bücher dieser Art ,verfaßt'"). Sie sind nicht zum Zweck der Veröffentlichung abgefaßt. „Jedoch was ich auch immer von ihm hörte, pflegte ich niederzuschreiben, Wort für Wort, in der Absicht, es für meinen eigenen Gebrauch zur Erinnerung an seine Gedanken und an seine wirkungsvolle Sprache aufzuheben. Es sind dementsprechend, wie ihr euch denken könnt, Bemerkungen, die jemand ex tempore einem anderen gegenüber macht, nicht so etwas, wie er es für die Nachwelt ,verfaßt' hätte." Obwohl die Schrift also zwar nicht eine Spruchsammlung, sondern eher eine fast zufällige Sammlung kurzer, formloser Reden darstellt, werden Epiktets Logoi durch Arrian von förmlichen philosophischen Abhandlungen deutlich unterschieden. Arrian liegt jedoch an der Feststellung, daß sie den gleichen Zweck erfüllen wie die „Logoi der Philosophen", nämlich „das Gemüt der Hörer für die edelsten Güter zu begeistern".

[67] Aristoteles, Sophistici Elenchi, 165 a, 34. Vgl. Justin, Dial 129, 2: „Die Sophisten sind auch weder fähig die Wahrheit zu sagen noch sie zu denken." Zum Vergleich zwischen den Logoi der Propheten und denjenigen der Philosophen s. Dial 7, 2.

[68] *H. Köster*, Synoptische Überlieferung, 12–16, 220–237, und GNOMAI DIAPHOROI, s. u. S. 126 Anm. 56, vermutet, daß der Übergang zwischen 1 Clemens und der Didache liegt.

[69] *E. Haenchen*, Die Botschaft des Thomasevangeliums (1961), 11, vertritt eine Theorie, die die Abhängigkeit von den Evangelien trotz des Fehlens des Erzählungsstoffes der Evangelien denkbar erscheinen läßt: „Für die Gnosis kam es ... nur auf die erlösende Botschaft an, nicht auf irgendwelche Wunder des Erlösers oder sein Sterben zu unserem Heil. Die Gnosis war eine Frömmigkeit, die – wenigstens in ihrer reinen Gestalt – alles Heil in dem *Wort* enthalten sah, das dem Erwählten seine Verbundenheit mit dem Göttlichen und damit seine Rettung zusagte; wenn ein solcher Gnostiker die Evangelien las, dann wirkte jene gnostische Voraussetzung wie ein Sieb: die Wundergeschichten, die bei Mk, Mt und Lk einen breiten Raum einnahmen und auch bei Joh wichtig sind, fielen sozusagen von selbst aus. Sie waren ebenso wie die Passionsgeschichte unwichtig. Man braucht also gar keine Spruchsammlung als Quelle des ThEv vorauszusetzen, um seinen Charakter als einer reinen Sammlung von Jesussprüchen zu erklären." Doch andere Schriften aus Nag Hammadi zeigen, daß die Gnosis eine Eliminierung nicht konsequent durchgeführt hat, sondern eher so vorging, daß die vorgegebenen Traditionen interpretiert wurden. So ist z. B. die Passionsgeschichte in gnostischer Umdeutung in den Zweiten Traktat des großen Seth (CG VII, 2) aufgenommen worden. In seiner Besprechung des Buches von *Haenchen* (ThLZ 87, 1962, 755) und in seiner Ausgabe des Thomasevangeliums (Das

Gattung der Spruchsammlungen beibehalten [70]. Mit dem endgültigen Abbruch der mündlichen Überlieferung der Worte Jesu hatte die Gattung ihren Sitz im Leben verloren. Darum begnügte sich die Großkirche mit den Evangelien, während die Gnosis sich immer stärker imaginären Dialogen des Auferstandenen mit seinen Jüngern widmete.

Die Gattung der Spruchsammlungen ist faßbar geworden durch die Bezeichnung Logoi, die erhellt wird durch Zitationsformeln, welche von „Logoi des Herrn Jesus" oder ähnlichem reden. Diese Bezeichnung wurde im Laufe der Entwicklung in den Beschluß oder das Incipit schriftlicher Sammlungen aufgenommen und bekam eben dadurch die Funktion einer Gattungsbezeichnung. Das Incipit des Thomasevangeliums durfte also nicht einfach nur von dieser Schrift her erklärt werden. Vielmehr war für sein Verständnis der Gebrauch von „Logoi" im Urchristentum als Teil der Gattungsgeschichte zu berücksichtigen. In gleicher Weise muß die urchristliche Entwicklung im Zusammenhang einer die Umwelt stärker einbeziehenden Entwicklungsgeschichte gesehen werden, wenn man den Weg dieser Gattung, ihren kulturellen Sitz im Leben und damit auch ihre Geschichte verstehen will.

Evangelium nach Thomas, TU 101, 1967, 16) rechnet *J. Leipoldt* mit einer Abhängigkeit von den synoptischen Evangelien, zählt aber mit Recht das Thomasevangelium doch zu der Gattung der Spruchsammlungen. *W. Schrage,* Das Verhältnis des Thomasevangeliums zur synoptischen Tradition und zu den koptischen Evangelienübersetzungen (BZNW 29, 1964) ist der erste, der eine ausführliche Begründung der Abhängigkeit des Thomasevangeliums von den kanonischen Evangelien zu geben versucht. Jedoch ist seine Beweisführung nicht ganz schlüssig wie die unveröffentlichte Dissertation von *J. Sieber* (A Redactional Analysis of the Synoptic Gospels with Regard to the Question of the Sources of the Gospel of Thomas, Claremont Graduate School, 1965) gezeigt hat. Denn *Schrage* betrachtet den Nachweis, daß der koptische Übersetzer vom koptischen Neuen Testament abhängig war (wenn das chronologisch gesehen möglich ist) als Beweis für eine analoge Abhängigkeit des griechischen Originals vom griechischen Neuen Testament. Die andere Möglichkeit, daß nämlich der Grund für die Parallelen zum Neuen Testament zwar in irgendeiner Beziehung zwischen der koptischen Übersetzung des Thomasevangeliums und dem koptischen Neuen Testament, aber nicht in dem Gebrauch des griechischen Neuen Testaments durch den griechischen Autor zu suchen ist, wurde nicht gebührend in Erwägung gezogen. *Schrages* eigene Untersuchung der griechischen Fragmente, Evangelienzitate im koptischen Thomasevangelium, Apophoreta (Haenchen-Festschrift, BZNW 31, 1964), S. 251–268, zeigt entgegen seiner Absicht, daß der griechische Text dem Neuen Testament nicht so nahe steht wie der koptische. Vgl. auch die Kritik bei *H. Köster,* GNOMAI DIAPHOROI, s. u. Kap. 4, S. 123.

[70] Gerade von hier aus gesehen scheint mir die zuletzt von *W. G. Kümmel* vertretene Position irreführend: „Die Schrift (sc. das Thomasevangelium) als solche ist zweifellos keine Spätform derselben literarischen Gattung wie Q, sondern eine andersartige, spätere Stufe der Entwicklung in der Überlieferung der Jesusworte." Einleitung in das Neue Testament (12. Aufl. von Feine-Behm), 1963, 41; vgl. dort auch weitere Literatur. *Köster,* GNOMAI DIAPHOROI, s. u. Kap. 4, S. 127, teilt die oben vertretene Ansicht und vermutet, daß „(Thomas) den ,östlichen' Zweig dieser Gattung vertritt, während der westliche Zweig der Gattung Logoi, nämlich Q, von Matthäus und später von Lukas im westlichen Syrien benutzt wurde."

IV. Jüdische Weisheitsliteratur und die Gattung LOGOI SOPHON

Die Geschichte der frühchristlichen Bezeichnung für die Gattung der „Sprüche" kam zunächst in ihrer gnostischen Variante der „Geheimen Sprüche" in Sicht. Daraus ergibt sich die Frage, ob der Gattung selbst eine Tendenz innewohnt, die zu diesem Ergebnis der Entwicklung mit beigetragen hat. Bultmann hat dazu eine wertvolle Anregung gegeben. Er spricht die Vermutung aus, daß Mt 23, 34–39 (// Lk 11, 49–51; 13, 34–35) eine Rede der Sophia aus irgendeiner verlorengegangenen Weisheitsschrift zitiert wird, deren Schluß „ihr werdet mich nicht mehr sehen bis..." er folgendermaßen erklärt: „Der ganze Vers ist doch wohl aus dem Zusammenhang des Mythos von der göttlichen Weisheit zu verstehen, die, nachdem sie vergebens auf Erden geweilt und die Menschen zu sich gerufen hat, von der Erde Abschied nimmt, so daß man jetzt vergebens nach ihr ausschaut."[71] Dieser Mythos scheint im Thomasevangelium vorausgesetzt zu sein, wie sich aus Spruch 38 ergibt: „Viele Male habt ihr gewünscht, diese Sprüche, die ich euch sage, zu hören, und ihr habt keinen anderen, von ihm sie zu hören. Es werden Tage kommen, da ihr mich suchen und nicht finden werdet" (vgl. Q in Lk 10, 24; 13, 34 f par). Bultmanns Vermutung also, daß schon früh in der christlichen Überlieferung eine Beziehung zwischen der in der jüdischen Weisheitsliteratur personifizierten Sophia und Jesus hergestellt wurde und daß eine Sammlung von Weisheitssprüchen teilweise in eine Sammlung von Sprüchen Jesu aufgenommen wurde, kann auf ihre Weise als Hinweis auf die Vorgeschichte einer Gattung angesehen werden, die, obgleich in ihrem Ursprung nicht gnostisch, doch offen war für eine Entwicklung in dieser Richtung, nachdem eine allgemeine Bewegung zur Gnosis hin eingesetzt hatte.

Wenn das Thomasevangelium zeigt, wie die Sophia-Tradition, die in der Spruchquelle Aufnahme fand, in der Gnosis endet, so erweist ein frühkatholischer Theologe ebenso deutlich ihren Ursprung in der jüdischen Weisheitsliteratur: „Denn so spricht die vortreffliche Weisheit: ‚Siehe, ich werde unter euch den Ausspruch meines Atems hervorbringen, ich werde euch meinen Logos lehren; denn ich rief, und ihr habt nicht gehorcht, und ich habe meine Logoi ausgebreitet, und ihr habt euch nicht darum gekümmert... Denn es soll geschehen, daß ich euch nicht erhören werde, wenn ihr mich anruft. Die Frevler werden mich suchen und nicht finden; denn sie haben Weisheit gehaßt...'" (1Clem 57, 3 ff). Hier begegnet man fast den gleichen Inhalten wie im Thomasevangelium Spruch 38 und in der Spruchquelle (Mt 23, 34–39 // Lk 11, 49–51; 13, 34–35). Dabei wird eine Zitationsformel gebraucht, die an diejenige erinnert, die in der Spruchquelle verwendet worden ist: „Deshalb sagte die Weisheit Gottes" (Lk 11, 49). Doch wir haben es in Wirklichkeit einfach mit einem wörtlichen Zitat der Septuagintafassung von Prov 1, 23–33

---

[71] Geschichte der synoptischen Tradition (1964[6]), 120 f.

zu tun, und die Zitationsformel benutzt lediglich die urchristliche Bezeichnung
für das Buch der Sprüche. Der alttestamentliche Ursprung des Abschnittes
zerreißt jedoch weder den Zusammenhang mit Jesus, „der auch Sophia genannt wird … in den Logoi der Propheten" (Justin, Dial 100, 4), noch den
mit dem gnostischen Thomasevangelium. Bultmann hat sich ja, als er zum
ersten Male den gnostischen Erlösermythos herausarbeitete, auf Prov 1, 23–33
als „die wichtigste Stelle…, in der sich der ganze Mythos widerspiegelt"[72],
berufen. In der Entwicklung von der personifizierten Weisheit der alttestamentlichen Weisheitsliteratur zum gnostischen Erlösermythos hin spielte es eine
besondere Rolle, daß Jesus mit dem Erlöser identifiziert und als Bringer der
geheimen, erlösenden Gnosis oder Logoi verstanden wurde.

Daß eine solche Entwicklung besonders in der Spruchüberlieferung zutage
tritt, ist leichter zu verstehen, wenn man die enge Verbindung zwischen den
Spruchsammlungen und den Weisen, den „Sophoi", erkennt. Daß die Gattung
leicht in die christologische Entwicklung hineingezogen werden konnte, die
sich von der personifizierten Weisheit zum gnostischen Erlöser hin bewegte,
liegt z. T. daran, daß die Gattung selbst mit dem „Weisen" verbunden war.
Diese Beziehung zu „den Weisen" gewinnt an Deutlichkeit, wenn man die
vorausgegangene Geschichte der Gattung im Judentum verfolgt, wo sie als
λόγοι σοφῶν, „Sprüche der Weisen" verstanden wird.

Schon bei den Pirke Aboth hat man es mit einer Spruchsammlung zu tun,
die – besonders in ihren ersten Abschnitten – formal dieser Gattung entspricht.
Denn hier findet man eine Kette lose aneinandergereihter Sprüche. Anders
als bei fast allem bisher untersuchten Material werden die Sprüche den verschiedenen Rabbinen, nicht nur einem einzelnen Weisen zugeschrieben. Nichtsdestoweniger ist die geläufige Bezeichnung Pirke Aboth (Kapitel der Väter)
irreführend. Denn sofern diese sechs „Perakim" oder „Kapitel" aus der
Mischna auf sich selbst Bezug nehmen, benutzen sie lediglich den Begriff
„Debarim", Sprüche. Die kritische Textausgabe von *Taylor*[73] wird mit dem
Titel „Divre Aboth Haolam" („Sprüche der alten Väter") eingeführt und
endet mit der Titelunterschrift zum 6. Kapitel, die „Divre (Sprüche) Meir"
lautet, nicht „Pirke (Abschnitte) R. Meir", was oft als Titel genannt wird.
Auch der älteste[74] rabbinische Verweis auf die Pirke Aboth (er findet sich in
der Gemara, B Kam 30ᵃ) spricht von Rabbi Jehudas († 299 n. Chr.) Hinweis

---

[72] *Bultmann*, EUCHARISTERION II, 9. Daß *R. Marcus*, On Biblical Hypostases
of Wisdom, HUCA 23 : 1, 1950–51, 157–171, in seiner Kritik an *H. Ringgren* (Word
and Wisdom, Studies in the Hypostatization of Divine Qualities and Functions in the
Ancient Near East, 1957) nicht bereit ist, eine Entwicklung im Judentum anzuerkennen, bei der aus der „poetischen Personifizierung" der Sophia eine „Hypostasierung"
wurde, scheint an seinem idealisierten Bild des frühen Judentums zu liegen (vgl.
169–171).

[73] *Ch. Taylor*, Sayings of the Jewish Fathers (1897²).

[74] *R. Travers Herford*, Pirke Aboth: The Ethics of the Talmud: Sayings of the
Fathers (1962⁴), 4.

auf „die Sprüche der ‚Nezekin'" und von Rabas († 352 n. Chr.) Hinweis
auf „die Sprüche der Väter". Der aramäische Begriff (מילי), der hier durch
„Sprüche" übersetzt wurde, gibt das hebräische Wort (דברי) wieder, das sich
in der Quelle selbst findet; denn die Pirke Aboth sprechen nicht nur von den
„Worten des Gesetzes" (2, 5. 8; 3, 3 f; 4, 7), sondern auch von den „Sprüchen" eines bestimmten Rabbinen, z. B. „die Sprüche des Elieser ben Arach"
(2, 13 f; vgl. auch 5, 10; 6, 6).

In den Zitationsformeln werden die Rabbinen nicht selbst als Väter bezeichnet, und erst bei Gamaliel I. (Mitte des ersten christlichen Jahrhunderts)
kommt die Bezeichnung Rabban (1, 16) vor; erst bei Jehudah (c. 200 n. Chr.)
findet sich die Bezeichnung Rabbi. In den Sprüchen selbst wird der Titel Rab
beiläufig erwähnt (1, 6. 16; 6, 3); „Väter" erwähnt 2, 2. Aber die Träger der
Spruchüberlieferung heißen „Weise": „Laß sein dein Haus ein Treffpunkt
für die Weisen und bedecke dich mit dem Staub ihrer Füße und trinke mit
Durst ihre Sprüche" (1, 4). An die „Weisen" wird die Mahnung gerichtet, sie
sollten ihre „Worte" in acht nehmen (1, 11), und der Bestreiter dieses Lebens-
ideals klagt, er habe sein ganzes Leben unter den „Weisen" zugebracht und
ziehe jetzt das Schweigen den vielen „Worten" vor, die nur Sünde veranlas-
sen (1, 17). So können die Träger dieser Überlieferung in einer Zitationsformel (1, 5) und am Anfang des später hinzugefügten 6. Kapitels „Weise"
genannt werden. Aus einem solchen Sprachgebrauch kann man nur folgern,
daß die in Pirke Aboth niedergeschriebene Spruchüberlieferung sich als „Worte
der Weisen" oder „Sprüche der Weisen" verstand, obwohl diese Formulierung so nicht vorkommt.

Auch sonst in jüdischen Quellen dieser Zeit scheint eine solche Assoziation
von „Sprüchen" mit den „Weisen" durchzuschimmern. Die Testamente der
12 Patriarchen werden wohl als Testamente verstanden, wie das Incipit
„Abschrift des Testaments Naphthalis, das er zur Zeit seines Abscheidens ver-
fügte", (oder ähnlich) zum Ausdruck bringt. Aber in sieben von zwölf Fällen
wird das Incipit so variiert, daß es von „Logoi" spricht; z. B. „Abschrift der
Logoi Dans, die er in seinen letzten Tagen zu seinen Söhnen sprach". Darauf
folgt die Mahnung, auf die Logoi zu hören (Dan 1, 2; Naphth 1, 5; Gad 3, 1
v. l.; Rub 3, 9; Jud 13, 1). Wenn „Logoi" schon im Incipit verwendet wurde,
wird das Synonym „Rhemata" in der Ermahnung verwendet (Iss 1. 1 b;
Seb 1, 2; Jos 1, 2). Dann wird in Analogie zur Weisheitsliteratur die Er-
fahrungsweisheit des Patriarchen wiedergegeben. Man vergleiche die geläufige
Anredeform „Meine Söhne", die Lobrede auf die „Weisheit der Weisen"
(Lev 13, 7), die Ermahnung „Werdet nun Weise in Gott, meine Söhne"
(Naphth 8, 10) und die Parallelen zu Achikar [75]. Die Gattungen „Testamente"

---

[75] R. H. *Charles*, The Apocrypha and Pseudepigrapha of the Old Testament II
(1913), 291. Die Anredeform „mein Sohn" („meine Söhne") paßt natürlich zu der
fiktiven Situation eines Testaments, in dem ein Vater seinen Sohn (seine Söhne)
anredet. Diese Situation ist jedoch für die Weisheitsliteratur charakteristisch (Achikar;

und „Sprüche der Weisen" scheinen sich also zu überschneiden. Ebenso wie die Gattung der „Spruchsammlungen" durch einen gründlicheren Vergleich mit der Entwicklungsgeschichte der Gattung „Offenbarungsreden des Auferstandenen mit seinen Jüngern" klare Konturen erhalten kann, so würden beide an Profil gewinnen, wenn die Entwicklung der Gattung der „Testamente" in diesem Zeitraum vollständig verfolgt werden könnte.

Eine ganz ähnliche Lage bietet die Apokalypse des Adam. Diese Schrift stammt allerdings aus der gnostischen Bibliothek von Nag Hammadi (CG V, 5) und hätte deshalb schon im ersten Abschnitt behandelt werden können. Aber von dem Herausgeber A. Böhlig[76] und ebenso von K. Rudolph[77] wird sie als Produkt syrisch-palästinensischer Täufersekten angesehen und damit als Beweisstück für vor- oder außerchristliche Gnosis[78]. Obgleich das Schriftstück als „Die Apokalypse des Adam" bezeichnet wird, und zwar sowohl in der Überschrift (64, 1) als auch in der Unterschrift (85, 32), und obgleich im Incipit (64, 2–4) das Lehnwort „Apokalypse" benutzt wird („Die Offenbarung, die Adam seinem Sohn Seth im 700. Jahr lehrte"), so ist es doch von seiner Form her den Testamenten der zwölf Patriarchen ziemlich verwandt. Denn der Text wird unmittelbar fortgeführt: „Und er sagte: ,Höre meine Worte, mein Sohn Seth!'" (64, 4 f). Adam sagt (64, 12 f), daß Eva ihn „ein Wort der Erkenntnis Gottes" gelehrt und daß er Worte von drei großen Männern gehört habe (66, 9 f), nämlich die Offenbarung, die er an Seth **weitergibt** (67, 14–21). Sobald Adams Darstellung der Zukunft bei Noah anlangt, wird das Testament des letztgenannten in gleicher Weise eingeführt: „Er (Noah) wird zu ihnen sagen: ,Meine Söhne, hört meine Worte'" (72, 18 f). Und am Schluß der Schrift endet Adams Rede: „Die Worte des Gottes der Äonen, die sie (die mit Erkenntnis Versehenen) bewahrt haben, sind nicht (durch sie selbst) in das Buch hineingekommen, noch sind sie (überhaupt) niedergeschrieben. Engelgleiche Wesen werden sie bringen, die kein menschliches Geschlecht erkennen kann. Denn sie werden kommen auf einem hohen Berg, auf einem Felsen der Wahrheit. Darum werden sie genannt werden ,Die Worte der Unverweslichkeit und der Wahrheit', durch die, welche den ewigen Gott durch Weisheit, Gnosis und Engellehre in Ewigkeit kennen. Denn er weiß alles" (85, 3–18). Im abschließenden Rahmenwerk taucht der Begriff „Apokalypse" wieder auf: „Dieses sind die Offenbarungen, die Adam Seth,

---

Prov 31). Der Begriff der Sohnschaft kann ohne weiteres spiritualisiert werden, so daß die Anrede allgemeine Geltung erlangt (Corp. Herm. 13). Natürlich sind die Testamente weniger Sammlungen überlieferter Sprüche als erfundene Reden. Diese Logoi sind in ihrer Form also eher den gnostischen und apologetischen Logoi vergleichbar, bei denen an die Stelle des Sammlers der Autor, an die Stelle der Spruchsammlung der Dialog, die Rede oder der Traktat getreten sind.

[76] *Böhlig* und *Labib*, Apokalypsen, 95.

[77] In seiner Buchbesprechung ThLZ 90, 1965, 361 f.

[78] Vgl. meinen Bericht in: The Coptic Gnostic Library Today, NTS 14, 1967/68, 377–378.

seinem Sohn, eröffnete, und die die sein Sohn seinem Samen lehrte. Dieses ist die verborgene Gnosis Adams, die er Seth übergab, die heilige Taufe derer, die die ewige Gnosis kennen durch die, die aus dem Logos geboren sind, (und) die unvergänglichen Lichter, die aus dem heiligen Samen hervorgingen" (85, 19–29). Hier könnten die „mit Weisheit", die „Leuchten"[79] genannt werden, durchaus eine gnostisierte und mythologisierte Weiterentwicklung der Vorstellung von den Weisen als Träger der rettenden „Worte" sein.

Wiederum ganz ähnlich liegen die Dinge in einer anderen „Apokalypse", dem äthiopischen Henochbuch, das nach den ältesten Belegen „Worte Henochs, des Gerechten" genannt wurde (TestBen 9, 1), vgl. Jub 21, 10 „in den Worten Henochs und in den Worten Noahs". Das Incipit lautet: „Worte der Segnung Henochs", und eine Überschrift in 14, 1 lautet: „Das Buch der Worte der Gerechtigkeit" (vgl. 14, 3: „Worte der Erkenntnis"), wie am Ende des paränetischen Buches Kap. 91–105 die Begriffe „Worte" und „Weisheit" wieder auftauchen. Besonders deutlich ist dieses Verhältnis bei den Bildreden, Kap. 37–71, deren Ursprung als ein selbständiges Buch durch die Überschrift 37, 1 f erkennbar ist[80]. Denn hier wird das Werk als „Worte der Weisheit" eingeführt, und zwar mit der Mahnung, die „Worte des Heiligen" (v. l. „heilige Worte") zu hören, denn solche „Weisheit" hat der Herr der Geister nie vorher geschenkt. So ist es nicht überraschend, wenn in Kap. 42 die klassische Belegstelle für den Weisheitsmythos zu finden ist, in der die sonst „vermutete Anschauung, daß die Verborgenheit der Weisheit die Folge ihrer Ablehnung durch die Menschen ist", bezeugt ist[81]. So werden wir einen Schritt weiter zurück auf die Weisheitsliteratur im engeren Sinn verwiesen.

Der Ausdruck „Weisheitsliteratur" selbst ist die Reminiszenz eines frühchristlichen Titels für das Buch der Sprüche, denn Euseb sagt in einer Ausführung über Hegesipp: „Nicht nur er, sondern auch Irenäus und die ganze Schar der Alten nannte die Sprüche Salomos, Vortreffliche Weisheit'" (IV 22, 9). Der Gebrauch des Titels 1Clem 57, 3 ist schon erwähnt worden.

---

[79] Der gnostische Erlöser wird „Leuchte" (Phoster) genannt (76, 9 f. 28; 77, 15; 82, 28); ebenso seine Eltern (82, 7), die nach *Böhlig* (Apokalypsen, 93) als Sonne und Mond gelten (vgl. Gen 1, 16 und Offbg 12, 1), sowie die Gnostiker selbst (75, 14 f; 85, 28). Vgl. auch die vier „Leuchten" im Apokryphon des Johannes, CG II, 7, 33 ff (*Krause* und *Labib*, Apokryphon, 129 ff). Dieser Ausdruck „Leuchten" (Gen 1, 14–16 LXX) erscheint im Titel eines Fragments aus Qumran, „Worte der Leuchten" (4QDibHam). Sowohl die Bedeutung des Titels als auch seine Beziehung zum liturgischen Inhalt des Fragments sind ungeklärt. *M. Baillet*, Un Recueil Liturgique de Qumrân, Grotte 4: ‚Les Paroles des Luminaires', RB 68, 1961, 195–250, bes. 249, mutmaßt, daß der Titel sich weniger auf den Inhalt bezieht als auf die Gelegenheit, bei der das Schriftstück Verwendung fand. Seiner Vermutung zufolge kommt er zu der Übersetzung „Liturgie d'après les luminaires", d. h. „office selon les jours de la semaine." Diese Übersetzung erscheint jedoch als ein wenig an den Haaren herbeigezogen.

[80] O. *Eißfeldt*, Einleitung in das Alte Testament (1956²), 764.

[81] *Bultmann*, EUCHARISTERION II, 9.

Das Buch der „Sprüche Salomos" „trägt deutlicher als andere Bücher die Spuren seiner Entstehung an der Stirn. Seine einzelnen Teile haben nämlich besondere Überschriften, und diese zeigen, daß das jeweils auf sie folgende Stück einmal eine besondere Sammlung gebildet hat."[82] Die erste Sammlung, sowie die zweite und fünfte (1, 1–9, 18; 10, 1–22, 16; 25, 1–29, 27) tragen als Überschrift die Bezeichnung משלי שלמה Zwar sind im Deutschen diese Überschrift meist mit „Sprüche Salomonis" übersetzt, aber die z. B. im Englischen übliche Übersetzung „proverbs" entspricht genauer dem hebräischen Begriff (משלים = παροιμίαι = proverbia). Dadurch daß diese Überschrift der ersten Sammlung sich als Titel für das ganze Buch durchgesetzt hat, ist der Begriff „Proverbien" (d. h. „Sprichworte") zum Leitbegriff in der Diskussion der Sprüche der Weisheitsliteratur geworden. Wichtiger als diese Bezeichnung משלים = Proverbien ist aber die weniger beachtete Bezeichnung דברים = „Worte", „Sprüche", die in den weniger auffallenden Überschriften anderer Sammlungen des Buches erscheint: Kap. 30 trägt die Überschrift „Die Sprüche Agurs, des Sohnes Jakes, des Massaiten", und Kap. 31 „Die Sprüche Lemuels, des Königs von Massa, mit denen seine Mutter ihn ermahnt hat". Beide Überschriften sind in der LXX weniger deutlich als im hebräischen Text als Überschriften abgehoben, was dazu geführt haben mag, daß die in ihnen enthaltene Bezeichnung „Sprüche" weniger beachtet wurde als die Bezeichnung „Proverbien" in der Überschrift der ersten Sammlung.

Schon im hebräischen Text ist die Überschrift der Sammlung in 22, 17–24, 22 „in den ersten Vers (22, 17) der durch sie eröffneten Sammlung aufgenommen; aber, wie die LXX zeigt, gehört sie vor diesen Vers."[83] Diese Überschrift lautet: „Die Sprüche der Weisen"[84] (vgl. das Incipit in der LXX: „Den Logoi der Weisen neigt euer Ohr zu und hört meinen Logos"). Hier ist die Überschrift „Sprüche (eines bestimmten Weisen)", die für Prov 30 und 31 benutzt ist, verallgemeinert worden zu „Sprüche der Weisen" (LXX: λόγοι σοφῶν). So bietet sie sich als brauchbare Bezeichnung der Gattung an, die durch das bisher untersuchte Quellenmaterial Gestalt gewonnen hat.

Die Bezeichnung „Sprüche" begegnet als Überschrift auch Koheleth 1, 1: „Die Sprüche des Predigers, des Sohnes Davids, König von Jerusalem", wobei die LXX allerdings statt „Logoi" die Übersetzungsvariante „Rhemata" verwendet. Gegen Ende (12, 10) spricht das Buch wiederum von den „Sprüchen der Wahrheit". Dann werden 12, 11 die „Sprüche der Weisen" gepriesen, wobei der gleiche Ausdruck wie Prov 22, 17 erscheint. Auch wenn man 12, 11

---

[82] *Eißfeldt*, aaO 579.   [83] AaO 580.

[84] Unklar bleibt, ob die Überschrift zu 24, 23–34, „auch diese stammen von den Weisen", durch „Meschalim" oder, wie es die vorausgehende Überschrift (22, 17 bzw. LXX 30, 1) nahelegt, durch „Debarim" zu ergänzen ist.

nicht leicht übersetzen kann[85], so scheint es doch, daß wir es mit der Bezeichnung einer Gattung zu tun haben, die als solche erkennbar ist[86].

Wenn man hinter die jüdische Weisheitsliteratur zurückfragt, findet man ähnliche Sammlungen in Ägypten und im Zweistromland. In Ägypten ist das geläufige Incipit solcher Sammlungen „Anfang der Unterweisung", so daß „Sprüche der Weisen" am Anfang der Spruchsammlung Prov 22, 17–24, 22 nicht aus der ägyptischen Vorlage erklärt werden kann, obwohl nachgewiesen worden ist, daß diese Sammlung auf das Weisheitenbuch des Amen-em-Opet zurückgeht[87]. Vielleicht kann man im Zweistromland eher einen Vorläufer des Titels finden. Denn die Achikar-Sammlung, aus der Prov 23, 13–14 entlehnt zu sein scheint[88], könnte als „Sprüche" bezeichnet worden sein. Allerdings spiegeln die äthiopischen Fragmente, die im „Buch der weisen Philosophen" erhalten sind, in der Überschrift „Unterweisung Achikars des Weisen" einen ägyptischen Sprachgebrauch wider[89]. Aber die Spruchsammlung Achikars in der syrischen Fassung A fängt mit der Forderung an den Sohn

---

[85] Die fraglichen Worte könnten „(Spruch)-sammlung" bedeuten (*Zimmerli*, Der Prediger Salomo, ATD, z. St.) und wären dann als Gattungsbezeichnung anzusehen. Die LXX enthält jedoch eine abweichende Lesart und die Ausleger haben den Text auf verschiedenartigste Weise verbessert. Es ist außerdem ungewiß, ob der eine Hirte, dem die Sprüche der Weisen zugeschrieben werden, Gott ist oder Salomon (*Eißfeldt*, Einleitung, 608, sieht in den Worten eine Anspielung auf das Buch der Sprüche Salomos). Im zweiten Fall wäre die Verwendung des Plurals („die Weisen") zur Bezeichnung der Sprüche eines einzelnen Weisen am besten so zu erklären, daß eine gängige Gattungsbezeichnung übernommen, aber nicht der speziellen Situation angepaßt wurde.

[86] Allerdings scheint der Begriff „Debarim" im Incipit von unterschiedlichen hebräischen Schriften vorzukommen, wie Dt 1, 1; 28, 69; Amos 1, 1; Neh 1, 1; Baruch 1, 1. Er erscheint in der Überschrift zu den zehn Geboten (Ex 20, 1; 34, 28; vgl. 24, 3. 4. 8). In den Titeln der Quellen der Königsbücher taucht der Ausdruck „Debarim der Tage" auf, wobei Debarim etwas ganz anderes bedeutet als Worte. Der Ausdruck als ganzer meint „Geschichte" oder „Chronik". „Das Buch der Geschichte Salomos" (1Kg 11, 41) ist eine Überschrift, zu der der Inhalt, wie ihn *M. Noth* festgestellt hat (Überlieferungsgeschichtliche Studien [1957²], 66 f) gut passen würde. Doch an dieser Stelle ist „der Tage" ausgelassen worden, entweder mit Rücksicht auf den Gebrauch von „Debarim" am Anfang des Verses, der beides, Taten und Weisheit, einschließt, oder durch einen Schreibfehler. Das beziehungslose „Debarim des ..." könnte nun in der Bedeutung „Das Buch der *Taten* Salomos" verstanden werden – analog zu anderen historischen Schriften dieser Art. Aber es könnte auch in Analogie zur sonstigen Salomoliteratur, also zur Weisheitsliteratur, mißverstanden werden. Dann würde der abgekürzte Titel die Bedeutung „Buch der *Sprüche* Salomos" haben. Ein solches Mißverständnis würde wiederum zeigen, wie stark „Sprüche" und „Weise" assoziiert worden sind.

[87] Vgl. den Abschnitt: Egyptian Instructions, in: Ancient Near Eastern Texts related to the Old Testament, hrsg. durch *J. B. Pritchard* (1955²), 412–425, bes. „The Instruction of Amen-em-Opet", 421–424.

[88] Vgl. *Eißfeldt*, Einleitung, 584.

[89] Vgl. The Story of Ahikar, hrsg. von *F. C. Conybeare, J. Rendel Harris* und *A. S. Lewis* (1913²), XXIV–XXV, 128 f.

Nadan an, er solle die „Sprüche" Achikars wie Gottes Worte achten[90]. Und die aramäische Fassung aus dem 5. Jahrhundert v. Chr. spricht gelegentlich von „Rat und Sprüchen" Achikars[91]. Die Achikar-Sammlung ist auch inhaltlich von Relevanz, da Parallelen zu verschiedenen anderen Sammlungen, einschließlich Q, vorkommen (Mt 24, 48–51 // Lk 12, 45–56); die syrische Fassung berührt sich im Stil mit den „Sprüchen Agurs" (Prov 30)[92].

Bekanntlich sind Gattungsbezeichnungen als termini technici in den Quellen selbst längst nicht so präzis und konsequent verwendet wie in der modernen Wissenschaft. Außerdem sind wir nicht verpflichtet, unsere Gattungsbezeichnungen aus den Quellen zu schöpfen. Es genügt, daß die Gattungen selbst in den Quellen festgestellt worden sind. Immerhin wird uns die Tendenz oder das Gefälle einer Gattung eher bewußt, wenn eine Sprachbewegung in den Quellen selbst aufgewiesen wird, die angibt, was wesentlich für eine Gattung ist und dadurch das Gefälle zum Ausdruck bringt. Daß die Spruchsammlung als solche dazu neigt, denjenigen, der die Weisheitssprüche lehrt, dem Weisen zur Seite zu stellen, ist in der Verbindung von „Logoi" und „Sophon" hörbar geworden. Dies leitet zu der Gattungsbezeichnung „Sprüche der Weisen", „Logoi Sophon".

Wie Sprüche Jesu zu Spruchsammlungen zusammengewachsen sind, ist schon erörtert worden. Es bleibt aber noch eine weitere Frage: Solche Sammlungen von Sprüchen standen unter dem Einfluß der Weisheitsliteratur; welche Wirkungen, als mittelbare Folge dieser Verbindung, sind davon auf die Sammlungen selbst ausgegangen? Es kann vorausgesetzt werden, daß einige Weisheitssprüche von Anfang an zu den Worten Jesu gehörten, was natürlich die Sammlung seiner Worte nach den Gesetzen dieser Gattung erleichtert haben wird. Die Anreicherung durch weitere Weisheitssprüche hätte sich aus der gattungseigenen Gesetzmäßigkeit ergeben, denn sie hat die Tendenz, sich eher um den Wert oder die „Wahrheit" der Sprüche zu kümmern, die in solche Sammlungen Aufnahme fanden, als um den Autor oder ihre Authentizität. U. Luck[93] hat die Entwicklung von einem apokalyptischen Kontext, wie er in den Worten Jesu vorherrschend gewesen sei, zu einem von der Weisheit bestimmten Kontext, wie er bei den Sprüchen in Matthäus vorherrsche, skizziert. Von den kanonischen Evangelien bewahrt Matthäus die engste Verwandtschaft zur Gattung der Spruchsammlungen, obwohl er Q der in Markus

---

[90] The Story of Ahikar, 103.

[91] Allerdings scheint *K. L. Schmidt*, EUCHARISTERION II, 63, zu weit zu gehen mit seiner Behauptung, der aramäische Titel laute: „Sprüche eines weisen und unterrichteten Schreibers mit Namen Achikar, die er seinem Sohn lehrte." Denn das entscheidende erste Wort fehlt in dem lückenhaften Text und wird in der englischen Übersetzung (The Story of Ahikar, 168) nicht vorausgesetzt.

[92] Z. B. Sprüche 30, 21: „dreierlei ... und das vierte"; 30, 24: „Vier sind ...". Vgl. The Story of Ahikar, S. LVII; *Eißfeldt*, Einleitung, 98.

[93] Die Vollkommenheitsforderung der Bergpredigt (Theologische Existenz heute, 150, 1968).

vorliegenden Gattung des Evangeliums einfügte. Die Bewegung von der Apokalyptik zur Weisheit wird mehr und mehr verständlich infolge der unter den Gelehrten zunehmenden Erkenntnis, daß Apokalyptik und Weisheit nicht Extreme innerhalb eines Spektrums jüdischer Alternativen sind, die sich beinahe gegenseitig ausschließen, sondern daß es vielmehr gewisse verwandte Züge und Übereinstimmungen gibt, die den Übergang von einem zum anderen fördern.

In den synoptischen Evangelien gibt es gelegentliche Anzeichen dafür, daß Jesus mit der Weisheit in Verbindung gebracht wird. In der Spruchquelle (Mt 11, 19 // Lk 7, 35) erscheinen Jesus und auch Johannes der Täufer als Träger oder Sprecher der Weisheit. Lk 11, 49 wird ein Wort aus der Spruchquelle als Wort der Weisheit bezeichnet. Das gleiche Wort erscheint Mt 23, 34 als Wort Jesu. M. J. Suggs[94] hat diese christologische Entwicklung von der Spruchquelle, die Jesus lediglich als Gesandten der Weisheit betrachtet, zu Matthäus, der Jesus direkt mit der Weisheit identifiziert, herausgearbeitet. So kann man noch vor der endgültigen Abstoßung der Gattung der Spruchsammlungen durch die sich formierende Rechtgläubigkeit eine Entwicklung spüren, deren radikale Entsprechung und deren schließliches Ergebnis wir nur noch in der Gnosis vor uns haben[95].

Die Verbindung von Jesus und Weisheit in der Spruchquelle, zusammen mit ihrer Kritik an den Weisen (Mt 11, 25 // Lk 10, 21), gibt einen Vorgeschmack von den späteren Auseinandersetzungen. Das Thomasevangelium weist eine gnostische Verzerrung der Sprüche auf, die sich ohne weiteres im Rahmen der Gattung vollziehen konnte. Von daher gesehen lehrt uns die fortwährende orthodoxe Kritik dieser Verzerrung den Prozeß verstehen,

---

[94] Wisdom, Christology, and Law in Matthew's Gospel (1970); vgl. *Köster,* Ein Jesus und vier ursprüngliche Evangeliengattungen, s. u. Kap. 6, S. 128 ff.

[95] Es ist zu hoffen, daß diese erweiterte Fassung die mangelnde Klarheit der ersten überwunden hat, die zu der kritischen Frage von *W. Wüllner* (JBL 84, 1965, 302) geführt hatte: „Ich möchte die Ansicht in Frage stellen, daß die Gattung ‚als solche‘ die spätere Assoziation von Jesus mit der Sophos/Hacham-Tradition hervorgerufen hat, und könnte mir denken, daß es gerade umgekehrt war." Der vorliegende Aufsatz setzt nicht voraus, daß eine solche Verbindung in der Zeit vor der Sammlung der Sprüche Jesu gefehlt habe. Weisheitssprüche können sehr gut als einzelne Sprüche Jesu überliefert worden sein, ehe sie in Sammlungen aufgenommen wurden (so könnte Mt 11, 19 parr älter sein als Q). Und es gab frühe christologische Entwicklungen, die sich auf die Weisheit bezogen – unabhängig von der Spruchüberlieferung (vgl. meine Bemerkungen in: A Formal Analysis of Col 1, 15–20, JBL 76, 1957, 270–287). Die Absicht des vorliegenden Aufsatzes ist es, besonders auf die Gattung und auf die ihr innewohnenden Tendenzen aufmerksam zu machen. Auf diese Weise sollten einige Erkenntnisse über die Einflüsse gewonnen werden, die dazu geführt haben, die Spruchtradition in dieser Gattung zu überliefern. Das sollte helfen, den Weg von der Spruchquelle zum Thomasevangelium als Teil der allgemeinen Entwicklung von der jüdischen Weisheit zur hellenistischen Gnosis, von der Weisheit Gottes zum gnostischen Erlöser, zu verstehen. Diese Tragweite ist von *H. Köster* (GNOMAI DIAPHOROI, s. u. Kap. 4, S. 155–173) erkannt worden.

durch den Q von Matthäus und Lukas in den Markusrahmen eingefügt und nur im Zusammenhang dieser anderen Gattung „Evangelium" für die Groß- kirche annehmbar wurde[96].

Die Tendenz, die in der Gattung der Logoi Sophon zur Auswirkung kam, wurde in Beziehung gesetzt zu jener Entwicklungslinie, die von der hyposta- sierten Sophia zum gnostischen Erlöser verläuft. In Gestalt der „geheimen Sprüche" erhielt die Gattung in der Gnosis einen Platz. Aber mit dem Aus- sterben der mündlichen Überlieferung der Worte Jesu kam sie auch dort außer Gebrauch. Denn die Gattung der Dialoge des Auferstandenen Herrn mit seinen Jüngern bot einen weniger festgelegten Rahmen dafür, frei er- fundene gnostische Spekulationen Jesus zuzuschreiben.

---

[96] Vgl. bezüglich Q besonders meine Aufsätze: Basic Shifts in German Theology, Interpretation 16, 1962, 76–97, bes. 82–86; A Critical Inquiry into the Scriptural Bases of Confessional Hermeneutics, Journal of Ecumenical Studies 3, 1966, 48–49 (nachgedruckt in Encounter 28, 1967, 28–29).

Kapitel 4

GNOMAI DIAPHOROI:
URSPRUNG UND WESEN DER MANNIGFALTIGKEIT
IN DER GESCHICHTE DES FRÜHEN CHRISTENTUMS[*]

HELMUT KÖSTER

I. Die Krise der historischen und theologischen Maßstäbe

W. Bauer, weithin bekannt durch das Wörterbuch zum Neuen Testament, aber weit weniger bekannt als Historiker der Alten Kirche, hat bereits 1934 in einer genialen Monographie[1] überzeugend nachgewiesen, daß christliche Gruppen, die später als häretisch galten, in Wirklichkeit die vorherrschende Form des frühen Christentums waren, sowohl geographisch als auch theologisch. Die jüngsten Textfunde, besonders von Nag-Hammadi in Oberägypten, bestätigen, daß Bauer recht hatte, und verlangen eine grundsätzliche und tiefgreifende Neuorientierung in unserer Sicht der Entwicklung des frühen Christentums.

Bei dieser Aufgabe kann es sich also keineswegs einfach darum handeln, die altbekannten Quellen nochmals zu lesen und die neuen Texte gründlich zu studieren, um sie dann möglichst bequem und glatt dem nur leicht retouchierten konventionellen Bilde des frühen Christentums einzufügen. Denn es ist gerade dieses konventionelle Bild selbst, das schon durch Bauer in Frage gestellt worden war. Die altehrwürdigen und gängigen Maßstäbe zur Unterscheidung von Rechtgläubigkeit und Ketzerei drohen den Blick des Historikers zu verstellen und das Urteil des Theologen zu verfälschen. Der Begriff „kanonisch" verliert seine normative Kraft, wenn es sich ergibt, daß der Kanon des Neuen Testamentes eine in bestimmter Absicht vorgenommene

---

* Dieser Aufsatz wurde erstmals in englischer Sprache veröffentlicht in HThR 58, 1965, 279–318; deutsch in ZThK 65, 1968, 160–203. Der Titel nimmt die Bezeichnung γνῶμαι διάφοροι auf, die Hegesipp für die sieben jüdischen Irrlehren verwendet: Essener, Galiläer, Hemerobaptisten, Masbothäer, Samaritaner, Sadduzäer und Pharisäer (bei Eusebius hist. eccl. IV 22, 7). Offenbar will Hegesipp die sieben christlichen Häresien von diesen jüdischen Sekten herleiten (ebenda IV 22, 5). Das Wort γνώμη, obgleich nicht als terminus technicus gebraucht, dient zur Bezeichnung christlicher Häresien bei Ignatius von Antiochien (Phld 3, 3) und Justin (Dial 35, 4. 6).

1 *W. Bauer*, Rechtgläubigkeit und Ketzerei im ältesten Christentum (1934). Eine 2. Aufl. mit Nachtrag wurde 1964 von *G. Strecker* herausgegeben; vgl. *ders.*, A Report on the New Edition of Walter Bauer's Rechtgläubigkeit und Ketzerei im ältesten Christentum, JBR 31, 1965, 53–56. Eine kritische Besprechung dieser Neuausgabe veröffentlichte *H.-D. Betz*, Orthodoxy and Heresy in Primitive Christianity, Interpretation 19, 1965, 299–311.

Sammlung von Schriften ist, deren voneinander abweichende theologische Überzeugungen sich nicht ohne weiteres miteinander versöhnen lassen. Der Maßstab „apostolisch" läßt sich nicht gebrauchen, wenn christliche Gruppen, die später als häretisch verdammt wurden, für sich einen echt apostolischen Ursprung in Anspruch nehmen können. Denn es ist sicherlich eine unhaltbare Behauptung, daß die rechtgläubige Kirche, und nur sie allein, die unmittelbare Frucht der Lehren und Institutionen der apostolischen Zeit war, und daß nur diese Kirche imstande war, das apostolische Erbe lauter und unverfälscht durch fremde Einflüsse zu bewahren.

Auf der anderen Seite sind auch Maßstäbe wie „judenchristlich" oder „gnostisch" zur Charakterisierung von Häresien recht fragwürdig. Das darin beschlossene Postulat, Häresien seien immer das Ergebnis ungebührlicher Fremdeinflüsse, ist irreführend; denn das Christentum als ganzes, ob „häretisch" oder „rechtgläubig", hat eine unglaublich große Menge von fremden Einflüssen aufgenommen und verarbeitet. Das Christentum in all seinen mannigfaltigen Erscheinungen ist eine durchaus synkretistische Religion, einschließlich der zur „Rechtgläubigkeit" führenden Entwicklungen. Zudem führt eine Bezeichnung wie „judenchristlich"[2] schon deswegen irre, weil das Christentum in der ersten Generation sowieso ganz judenchristlich bestimmt war und auch weiterhin jüdische Überlieferungen und jüdische Vorstellungen (vom Alten Testament gar nicht zu sprechen) einen nachhaltigen Einfluß auf fast alle Phasen der Entwicklung der frühchristlichen Theologie ausübten.

Der Begriff „gnostisch", als bequemes Etikett für christliche Häresien oft verwendet, ist freilich ebenso unscharf und vieldeutig. Man mag unterschiedliche Ansichten über den Ursprung der Gnosis haben, und man mag darüber streiten, ob die Gnosis älter ist als das Christentum und ob sie dem Judentum, der hellenistischen Philosophie oder dem orientalischen Synkretismus entstammt, oder ob es sich bei der Gnosis um eine innerchristliche Entwicklung des 2. Jahrhunderts n. Chr. handelt. Diese Fragen stehen nicht an erster Stelle. Wichtiger ist zu erkennen, in welchem Ausmaß das Christentum in seiner Gesamtheit bestimmten theologischen Entwicklungen und Einsichten verpflichtet ist, die in verschiedener Hinsicht gnostische Züge tragen und mit dem späteren christlichen Gnostizismus eng verwandt sind. Die Frage, wo man hier die Linie zwischen häretisch und rechtgläubig ziehen soll, kann man nicht dadurch entscheiden, daß man bestimmten äußerlichen Erscheinungen dieser theologischen Entwicklung das Etikett „gnostisch" zuerkennt oder abstreitet.

---

[2] Dieser Begriff ist erst kürzlich wieder in der „Geschichte der Kirche I: Von der Gründung der Kirche bis zu Gregor dem Großen" (1963) von *J. Daniélou* und *H. I. Marrou* freigebig verwendet worden. Bestimmte urchristliche Entwicklungen und Gruppierungen werden somit als Fortbildungen jüdischer Häresien oder als judaisierende Tendenzen verstanden; vgl. auch *J. Daniélou*, Théologie du Judéo-Christianisme. Histoire des doctrines chrétiennes avant Nicée, I (1958).

Die Frage nach fruchtbaren theologischen Maßstäben ist vordringlich. Wird sie nicht ernst genommen, so werden auch die neuen Texte „dem furchtbaren Prozeß der Erzeugung von nutzlosen Hypothesen"[3] weiter Vorschub leisten, – Hypothesen, deren Anspruch auf Objektivität meist nur noch von ihrer historischen Wertlosigkeit und theologischen Sorglosigkeit überboten wird. Auf der anderen Seite darf man der Frage nach theologischen Maßstäben auch nicht durch den Rückzug auf dogmatische und religiöse Lehrsätze ausweichen. Von solchen Voraussetzungen aus wird gelegentlich versucht, im Bilde der geschichtlichen Entwicklung der Rechtgläubigkeit die Lükken auszufüllen und die inneren Widersprüche zu überbrücken, indem man eine ursprüngliche rechtgläubige Kirche postuliert, die offenbar darum bemüht war, ihre Rechtgläubigkeit in bestimmten religiösen Bräuchen und Institutionen zu verstecken, sowie in ihrer – theologisch stummen – „lex orandi"[4]. Solche Konstruktionen machen weitere Fragen überflüssig; denn das, was den eigentlichen Inhalt der theologischen Aufgabe ausmacht, wird als Postulat vorausgesetzt.

In der Frage nach den Maßstäben ist die Aufgabe des Historikers mit derjenigen des Theologen identisch. Man kann hier nicht unterscheiden zwischen der nicht gebundenen Forschung des Historikers und der dogmatischen Sicherheit des Theologen. Die Suche nach den entscheidenden Kriterien zur Unterscheidung von wahrem und falschem Glauben ist identisch mit der historischen Frage nach dem, was die frühe Christenheit in ihrem eigentlichen Wesen kennzeichnet. Es geht dabei um das Verstehen einer Religion, die von Anfang an in ihrer Erscheinung synkretistisch ist und die sich bereits in ihren ersten Anfängen in auffallender Weise zu mannigfaltigen Ausprägungen entwickelt hat. Worin ihr eigentliches Wesen besteht, kann nicht als Selbstverständlichkeit vorausgesetzt werden.

Die Frage nach den Maßstaben, die ein Verstehen der Eigenart des fruhen Christentums ermöglichen sollen, führt notwendigerweise zu einer Wieder-

---

[3] Vgl. die entsprechende Warnung von *E. Käsemann*, Neutestamentliche Fragen von heute (EVB II, 1964, 11–31), 11.

[4] So die Position von *H. E. W. Turner*, The Pattern of Christian Truth. A Study in the Relations between Orthodoxy and Heresy in the Early Church (Bampton Lectures, 1954), x; vgl. 474 f. In dieser einzigen systematischen Behandlung der Frage der Ketzerei, die seit *Bauers* Buch erschienen ist, hält *Turner* an der Ansicht fest, daß Häresien immer bestimmte Arten von Abweichungen von einem zunächst noch unentwickelten Kern reiner Lehren darstellen; so erscheint die Gnosis als „Verwässerung", Marcions Lehren als „Verstümmelung", der Montanismus als „Verdrehung", der Arianismus als „Ausleerung" dieses ursprünglichen Kernes. Zur Kritik dieser sonst lehrreichen Studie von *Turner* vgl. *G. Strecker* im Anhang der Neuauflage von *W. Bauer*, Rechtgläubigkeit und Ketzerei, 1964², 293–300; *W. Schneemelcher*, Walter Bauer als Kirchenhistoriker, NTS 9, 1962/63, 21; ferner die Würdigung von *Bauer* durch *A. Ehrhardt*, Christianity before the Apostles' Creed, HThR 55, 1962, 73–119 (wiederabgedr. in *ders.*, The Framework of the New Testament Stories, 1964, 151–199).

aufnahme der Frage nach dem historischen Jesus. Es steht außer Zweifel, daß der historische Ursprung des Christentums in Jesus von Nazareth zu suchen ist, und zwar in seinem Leben und Schicksal ebenso wie in seiner Botschaft. Daher also schließt die Frage nach der Eigenart des Christentums die Frage nach dem historischen Jesus ein. Während die Frage nach dem historischen Jesus in ihrer früheren Form hier scheitern mußte, orientiert sich gerade die neue Frage nach dem historischen Jesus[5] so, daß die Frage nach der Eigenart der urchristlichen Theologie miteinbegriffen wird. Ernst Käsemann hat in einer kürzlich veröffentlichten Arbeit das Problem der Kriterien für die Legitimität der urchristlichen Verkündigung behandelt und dabei unsere Frage folgendermaßen formuliert: „Der Kern unserer Problemstellung läßt sich nun schlicht dahin zusammenfassen: Rechnet das Kerygma des Neuen Testamentes den irdischen Jesus zu den Kriterien seiner selbst?"[6] Es geht daher nicht um ein neues Jesusbild, das als Maß für den rechten Glauben zu benutzen wäre, sondern darum, ob das historische Geschehen des irdischen Jesus von Nazareth jeweils als Kriterium − nicht notwendigerweise als der Inhalt − der christlichen Verkündigung und Theologie wirkt. Nur wenn man so fragt, kann man zu einem Urteil über das gelangen, was in jeder neuen geschichtlichen Situation rechtgläubig und häretisch ist[7]. Natürlich verbindet sich damit nicht die Absicht, ein Ketzergericht über die urchristliche Literatur abzuhalten. Vielmehr liegt unser Ziel darin zu erkennen, in welcher Weise dieses Kriterium für den rechten Glauben bewußt oder unbewußt in der Neuinterpretation der religiösen Überlieferungen und Voraussetzungen des Urchristentums wirkte, ganz gleich ob solch religiöses Erbe jüdischer, heidnischer oder − was im Laufe der Geschichte in zunehmendem Maße der Fall sein mußte − christlicher Herkunft ist.

Die vielfältigen Schwierigkeiten dieser Aufgabe darf man nicht unterschätzen, obgleich es sich freilich um ein Problem handelt, das dieselben Strukturen aufweist wie die Aufgabe der systematischen Theologie heute. Da keine Generation christlicher Theologen unmittelbaren Zugang zu den Maßstäben der Legitimität ihrer eigenen Theologie hat, darf auch das Ergebnis der historischen Arbeit nicht als unveränderliche und überzeitliche Richtschnur erscheinen. Die Maßstäbe, um die es hier geht, lassen sich eben nicht, sei es im voraus, sei es im Rückblick, als objektiver Besitz isolieren. Das geschichtliche Kriterium Jesus von Nazareth bleibt an das geschichtliche Zeugnis von ihm gebunden und kann nicht davon abgetrennt werden. Zudem ist es auch nicht möglich, davon auszugehen, daß das Neue Testament selbst in besonderer

---

[5] Siehe dazu vor allem *J. M. Robinson*, Kerygma und historischer Jesus (1967²).

[6] *E. Käsemann*, Sackgassen im Streit um den historischen Jesus (EVB II, 1964, 31–68), 53.

[7] Zum Problem des Zusammenhanges der Frage nach dem historischen Jesus mit der Frage der Häresie vgl. auch meinen Aufsatz: Häretiker im Urchristentum als theologisches Problem (Zeit und Geschichte. Dankesgabe an R. Bultmann zum 80. Geburtstag, 1964, 61–76).

Weise für sich beanspruchen kann, den Maßstab für den wahren Glauben auf
rechte und rechtgläubige Art gebraucht zu haben. Im Gegenteil, die kanonischen Schriften des Neuen Testamentes sind gerade ein wesentlicher Teil des
Gegenstandes unserer kritischen Fragestellung. Glücklicherweise ist es hier
möglich, sich auf eine Anzahl von Einzelstudien zu stützen, die zum großen
Teil durch Bauers Buch beeinflußt sind und sich speziell mit der Frage der
theologischen Gegner in verschiedenen Schriften des Neuen Testaments befassen [8]. Diese Einbeziehung des Neuen Testaments sichert keineswegs, daß die
kanonischen Schriften stets als die Vorläufer der späteren Orthodoxie und
ihre Gegner als die Urheber der Häresien späterer Jahrhunderte erscheinen
werden. Jedoch haben wahrscheinlich die ältesten theologischen Kontroversen, wie sie im Neuen Testament bezeugt sind, irgendwelche Beziehungen
zu den großen häretischen Auseinandersetzungen der folgenden Jahrhunderte. Neue Quellen, die den neuesten Handschriftenfunden entstammen, vor
allem das (koptische) Thomasevangelium, stehen in ihrem historischen Quel-
lenwert dem Neuen Testament gleich und dürfen nicht deshalb als gering-
wertig angesehen werden, weil sie nicht kanonisch sind.

   Der folgende Entwurf muß notwendigerweise hypothetisch und bruchstückhaft bleiben, da es in einem solchen programmatischen Aufsatz nicht
möglich ist, alles Quellenmaterial heranzuziehen und zu analysieren. Daher
habe ich meine Untersuchung zunächst begrenzt auf Syrien (West- und Ostsyrien, d. h. Antiochien und Edessa) und Kleinasien einschließlich der Län-
der um das ägäische Meer (d. h. also die Landschaften der paulinischen Mission). Ein wesentliches Ziel dieser Untersuchung ist es, die Entwicklungslinien vom „Apostolischen Zeitalter" und vom ersten Jahrhundert in die Geschichte der Alten Kirche hinein deutlich zu machen.

   Die Struktur der theologischen Fragestellung kann nur in bestimmten Zusammenhängen der folgenden historischen Skizze dargelegt werden, ohne

---

[8] Die Literatur bis 1958 findet sich in meinem Artikel: Häretiker im Urchristen-
tum, RGG³ III (1959), 17–21. An Veröffentlichungen seit 1958 sind noch zu nennen:
Über die korinthische Korrespondenz: *G. Bornkamm*, Herrenmahl und Kirche bei
Paulus, Ges. Aufs. II, 138–176; *U. Wilckens*, Weisheit und Torheit (BHTh 26, 1959);
D. Georgi, Die Gegner des Paulus im 2. Korintherbrief (WMzNT 11, 1964); zu anderen
Briefen des Corpus Paulinum: *H. Köster*, The Purpose of the Polemic of a Pauline
Fragment (Phil. III), NTS 8, 1961/62, 317–332; *W. Schmithals*, Die Irrlehrer von
Rm 16, 17–20, StTh 13, 1959, 51–69 (wiederabgedruckt in *ders.*, Paulus und die Gno-
stiker, 1965, 159–173); über Polycarp von Smyrna und die Pastoralbriefe: *H. v. Campenhausen*, Polycarp von Smyrna und die Pastoralbriefe, SHA, phil.-hist. Kl. 1951,
5–51 (wiederabgedruckt in *ders.*, Aus der Frühzeit des Christentums, 1963, 197–252);
zum Ganzen vgl. ferner: *G. Strecker*, Anhang zu *W. Bauer*, Rechtgläubigkeit und
Ketzerei im ältesten Christentum (1964²), 243–306; *W. Schmithals*, Zur Abfassung und
ältesten Sammlung der paulinischen Hauptbriefe, ZNW 51, 1960, 225–245 (wiederabgedruckt in *ders.*, Paulus und die Gnostiker, 175–200); siehe auch meinen in
Anm. 7 zitierten Aufsatz. – Eine vollständige Sammlung des bislang bekannten
Quellenmaterials zur Frage der Häretiker in der frühen Christenheit bietet *A. Hilgenfeld*, Die Ketzergeschichte des Urchristentums (1884, Neudruck 1963).

daß ich dabei einen Anspruch auf die Darbietung einer endgültigen Lösung mit vollständiger Dokumentation erheben kann. Es ist also ein Arbeitsplan (ein „blueprint", wie mein Kollege Krister Stendahl ganz treffend bemerkte) für weitere Untersuchungen in der Theologiegeschichte des frühen Christentums. Daß ich mich mit dem Thomasevangelium ausführlicher befassen werde, versteht sich aus der Tragweite der Konsequenzen, die sich aus der Lösung mancher Probleme dieses wichtigen neu entdeckten Textes ergeben. Vor allem aber geht es mir um diejenigen Bewegungen, die in der frühsten Zeit der Kirche ihren Anfang nahmen; die apostolische Zeit hat Bauer nur unzureichend behandelt[9].

II. Palästina und West-Syrien

Das Quellenmaterial für die Anfänge des Christentums in Palästina und Syrien ist nur bruchstückhaft. Allerdings finden sich genügend Hinweise auf eine schnelle Ausbreitung der christlichen Botschaft in diesem Gebiet. Außerdem scheint es hier von Anfang an keine einheitlichen Glaubenssätze und Institutionen gegeben zu haben, was schon sehr früh zu Diskussionen und Auseinandersetzungen geführt haben muß. Da sich allerdings diese frühen christlichen Gemeinden zunächst noch als der religiösen Gemeinschaft des Judentums zugehörig verstanden, waren solche Auseinandersetzungen keine rein innerchristliche Angelegenheit, sondern Diskussionen, an denen das Judentum explizit oder implizit beteiligt war. Diese Beteiligung des jüdischen Gesprächspartners ist ein auffallendes Element der ersten theologischen Kontroversen auf syropalästinischem Gebiet[10].

Drei Ereignisse der ersten beiden Jahrzehnte verdeutlichen derartige Auseinandersetzungen: 1. Die näheren Umstände des Stephanus-Martyriums. 2. Das Apostelkonzil in Jerusalem. 3. Der Zwischenfall in Antiochien.

Der ursprüngliche Quellenbericht, den Lukas in Apg 6, 1–8, 5 für seine Darstellung des Stephanus-Martyriums benutzt hat, läßt sich noch mit hinreichender Klarheit isolieren, um erkennen zu können, daß nur die Gruppe der christlichen „Hellenisten" (d. h. griechisch sprechende Juden aus der Diaspora) verfolgt und gezwungen wurde, Jerusalem zu verlassen, während der Kreis von Christen, der sich zu Petrus und Jakobus hielt, unbehelligt blieb. Der Grund für diese unterschiedliche Haltung der Juden diesen beiden christlichen Gruppen gegenüber wird darin zu suchen sein, daß die Christen um Petrus und Jakobus innerhalb des Raumes der jüdischen Gesetzesbefolgung und des Tempelkultes geblieben waren, nicht aber die „Hellenisten".

---

[9] Natürlich bin ich *Bauers* Arbeit auf Schritt und Tritt verpflichtet. Der Leser wird ohne Schwierigkeiten die entsprechenden Abschnitte in *Bauers* Buch finden können.

[10] Ein großer Teil der synoptischen Streitgespräche verdankt diesen Auseinandersetzungen seine Entstehung; s. aber auch unten zum Matthäusevangelium, S. 115 ff.

Stephanus erlitt also nicht deshalb das Martyrium, weil er ein Christ war, sondern weil er sich als Christ gegen das Gesetz und das kultische Ritual seiner jüdischen Vergangenheit gestellt hatte[11].

Das Apostelkonzil setzt nicht nur voraus, daß die Gruppe der christlichen Hellenisten inzwischen eine sehr erfolgreiche Missionstätigkeit entwickelt hatte, sondern auch, daß eine Reihe von so entstandenen christlichen Gemeinden eine größere Zahl von unbeschnittenen Heiden zu ihren Mitgliedern zählte. Dadurch entstand insofern eine schwierige Lage, als die Beachtung des Gesetzes, die nach Ansicht der Jerusalemer Christen und anderer christlicher Gruppen weiterhin erforderlich war, nicht mehr als kennzeichnend für das Christentum in seiner Gesamtheit gelten konnte. Dieses Problem wurde auf dem Jerusalemer Konzil nicht gelöst, aber ein Kompromiß für die Missionspraxis wurde wenigstens erreicht, und Paulus und Barnabas übernahmen als Teil ihrer besonderen Aufgabe die Verpflichtung, durch eine Geldsammlung für Jerusalem unter den Heidenchristen die Einheit der Christenheit zu dokumentieren (Gal 2, 7–10).

Unsere Quellen lassen keinen Zweifel, daß der Kompromiß der beiden führenden Gruppen der christlichen Missionstätigkeit keineswegs alle Konfliktmöglichkeiten beseitigen konnte, weder in der Theorie, noch in der Praxis. Ein dritte Gruppe, ebenfalls anwesend auf dem Jerusalemer Konzil (Gal 2, 4), hatte der Übereinkunft ohnehin nicht zugestimmt, offenbar in der Überzeugung, daß besonders das Ritualgesetz des Alten Testament auch für die Heidenchristen bindend sein müsse. Paulus sollte bald danach dadurch, daß seine Gegner auf der Verbindlichkeit des Ritualgesetzes bestanden, in ernsthafte Widrigkeiten geraten.

Aber auch in der Praxis ergaben sich Probleme, und zwar gerade unter denen, die an der Jerusalemer Übereinkunft teilgenommen hatten und der Heidenmission grundsätzlich positiv gegenüberstanden. Das trifft ja sicher auf Petrus zu. Als er die Christen in Antiochien besuchte, aß er zusammen mit den Heidenchristen, – sicherlich eine echte Geste seiner liberalen Haltung (Gal 2, 12)[12]. Nachdem aber einige Leute von Jakobus aus Jerusalem nach Antiochien gekommen waren, die offenbar auf die Einhaltung der jüdischen Speisegesetze großen Wert legten, zogen sich Petrus und mit ihm Barnabas und alle anderen Juden von der Tischgemeinschaft mit den Heiden zurück. Petrus und seine Freunde zeigten darin offenbar wiederum ihre Liberalität und Aufgeschlossenheit, diesmal konsequent in der Rücksichtnahme auf die

---

[11] Zur weiteren Diskussion des Stephanus-Problems vgl. vor allem die Kommentare von *E. Haenchen*, Die Apostelgeschichte (MeyerK 1965[15]), z. St., und *H. Conzelmann*, Die Apostelgeschichte (HNT 1963), 43 ff, 50 ff.

[12] Für das Verständnis von Gal 2, 11 ff bin ich vor allem meinem Kollegen *D. Georgi*, der Gastprofessor in Harvard war, als diese Untersuchung abgefaßt wurde, zu großem Dank verpflichtet; vgl. jetzt noch seine inzwischen erschienene Arbeit: Die Geschichte der Kollekte des Paulus für Jerusalem (ThF 38, 1965), 13–30.

Gäste aus Jerusalem. Im Urteil des Paulus freilich mußte dieses Verhalten als Heuchelei erscheinen, die der Furcht entsprang (Gal 2, 12 f.).

Man ist versucht, diesen Zwischenfall als einen Konflikt zu beurteilen, der lediglich die Frage des praktischen Verhaltens betrifft. Doch macht die Argumentation des Paulus in Gal 2, 15 ff. das zugrundeliegende theologische Problem deutlich, das sich aus seiner Gesetzesauffassung ergibt: Die Straße, die vom Gesetzesgehorsam zum Sein „in Christus" führt, kann man nur in einer Richtung gehen. Paulus hält sich daher auch gar nicht darüber auf, daß des Petrus Rückzug von der bisherigen Tischgemeinschaft die Einheit der Kirche aus Juden und Heiden bedroht. Wäre er darum besorgt, dann hätte er verlangen müssen, daß auch die Leute von Jakobus an den gemeinsamen (sakramentalen?) Mahlzeiten mit den Heidenchristen teilnähmen. Aber so argumentiert Paulus ja gar nicht. Eher wird man wohl Petrus und seinen Freunden zugestehen müssen, daß ihnen in der Tat an einer solchen Demonstration der Einheit gelegen war, die sich in der liberalen Geste der Unterwerfung unter die jüdischen Speisegesetze bezeugte, solange die Leute des Jakobus anwesend waren, um diesen die Tischgemeinschaft mit den Christen in Antiochien zu ermöglichen[13]. Paulus ist zwar bereit, Juden, die Christen geworden sind, die Fortsetzung ihrer Gesetzestreue zuzugestehen. Aber er erhebt Einspruch gegen die Auffassung von Gesetz und christlicher Existenz, die in Petrus' und Barnabas' Verhalten zum Ausdruck kommt. Denn in dieser Auffassung wird das Gesetz durch eine aufgeklärte (jüdisch-hellenistische) Haltung zur Belanglosigkeit, und man kann daher das Gesetz aus Gründen der Opportunität auch wieder befolgen, wenn höhere Zwecke (die Einheit der Kirche) dies erfordern.

Die Grundlage für Paulus' Argument ist sein Verständnis des Todes Jesu und der Teilhabe des Christen an diesem Ereignis (Gal 2, 18 ff.). Einzelheiten der Struktur dieses Argumentes werden uns noch später in diesem Aufsatz beschäftigen (s. u. S. 135 ff). Es genügt hier zu sagen, daß Paulus den Kreuzestod Jesu als geschichtliches Ereignis mit den Kategorien eines traditionellen jüdischen Bundesgedankens als das Ende der Zeit des Gesetzes versteht (Gal 3). Daraus folgt, daß die Rückkehr in den Gesetzesgehorsam die Richtung der Heilstat Gottes verkehrt und die Rechtfertigung ungültig macht. Wer so handelt, verurteilt sich selbst (Gal 2, 11). Das rigorose Festhalten an diesem theologischen Urteil, das keinerlei Raum zu einem liberalen Verhalten läßt, war wohl der Grund dafür, daß Paulus Antiochien verlassen mußte. Denn ohne Zweifel war Paulus in dieser entscheidenden Auseinandersetzung mit Petrus und Barnabas der Verlierer. Vorerst schien damit die Auseinandersetzung beendet zu sein, ohne daß es zu einem radikalen Bruch gekommen wäre. Aber Paulus entging durch seine nun in eigener Verantwortung geführte Missionsarbeit in Kleinasien und Griechenland kei-

---

[13] Dies ist m. E. die einzig mögliche Interpretation des Zwischenfalls in Antiochien; vgl. auch *H. Schlier*, Der Brief an die Galater (1962¹²), z. St.

neswegs weiteren Auseinandersetzungen mit anderen christlichen Missionaren, die ihm und seiner Theologie recht unfreundlich gegenüberstanden und oft in den von Paulus selbst gegründeten Gemeinden ihre feindselige Propaganda betrieben. Dafür gibt es reichliche Belege in den paulinischen Briefen.

Die Abreise des Paulus von Antiochien im Jahre 49 n. Chr. ließ jedoch die strittigen Probleme in Antiochien und Syrien (d. h. Coelesyrien) keineswegs verstummen. Paulus kehrte zwar noch einmal nach Antiochien zurück (Apg 18, 22 f.); doch läßt sich aus der Notiz über diesen Besuch sonst nichts entnehmen. Aber es gibt genug Anhaltspunkte dafür, daß ein „paulinisches" Christentum auch weiterhin in Antiochien eine bedeutende Rolle spielte. Ignatius, Bischof von Antiochien ca. 100 n. Chr., verkörpert ein antiochenisches Heidenchristentum, das betont paulinischen Charakter hat[14]. Besonders auffallend ist Ignatius' offensichtliche Geringschätzung des theologischen Ertrags der Interpretation des Alten Testamentes (Phld 8) und sein argwöhnisches Mißtrauen judaisierenden Christen gegenüber, die gleichzeitig die frühesten uns bekannten Vertreter einer gnostisch-doketischen Christologie gewesen zu sein scheinen. Der paulinische Schwerpunkt der Theologie des Ignatius liegt klar zutage, aber es ist nicht ratsam, ihn etwa allein als getreue Fortsetzung paulinischer (und somit „apostolischer" oder „kanonischer") Lehre zu verstehen. Die Glaubensformeln des Ignatius (Sm 1, 1 f.; Trall 9, 1 f.; usw.), besonders in der spezifischen Auslegung durch Ignatius selbst, lassen eine ganz neue Betonung des irdischen Jesus ganz deutlich hervortreten. Im Strom einer theologischen Entwicklung, in der die Christologie in zunehmendem Maße metaphysischer Systematisierung und mythologischer Spekulation verfiel, versucht Ignatius, nicht nur der menschlichen Wirklichkeit der Kreuzigung Jesu, sondern überhaupt dem wirklichen Menschsein von Jesu Erscheinung von neuem Nachdruck zu verleihen. Ob ihm das gelang, ist freilich die Frage. Zwar scheint sein theologisches Verständnis des Martyriums zu beweisen, daß seine Rückkehr zur irdischen Wirklichkeit der Offenbarung in Jesus von Erfolg gekrönt war; aber seine Befangenheit in einer wesensmäßig ungeschichtlichen Sprache, sein Sakramentalismus und sein mangelndes Interesse am Alten Testament werfen Probleme auf, die doch sehr zu denken geben.

Die Fortsetzung des Paulinismus durch Ignatius in Antiochien muß auf dem Hintergrund einer ebenso kräftigen Weiterentwicklung von Traditionen unter der Autorität des Petrus im gleichen geographischen Raum gesehen werden. Das früheste Zeugnis dafür, ungefähr gleichzeitig mit Ignatius, ist das „judenchristliche" Matthäusevangelium[15]. Petrus ist hier der höchste

---

[14] R. *Bultmann*, Ignatius und Paulus, Studia Paulina (Festschrift de Zwaan, 1953), 37–51 (wiederabgedruckt in *ders.*, Exegetica, 1967, 400–411).

[15] G. *Bornkamm*, Der Auferstandene und der Irdische (Zeit und Geschichte. Dankesgabe an R. Bultmann, 1964, 171–191), gibt eine anregende und bedachte Bewertung der Unterschiede der Theologie des Matthäus und des Paulus.

Vollmachtsträger der Kirche (Mt 16, 13 ff). Seine „Schlüsselgewalt" beweist, daß wir es mit einer straff geordneten Gemeinde zu tun haben, die jedoch – in auffallendem Gegensatz zu Ignatius! – eine bischöfliche Verfassung nicht kennt. Der hervorragende Platz, den die Auslegung des Alten Testamentes für das Verstehen der christlichen Botschaft einnimmt, und der Nachdruck auf das erneuerte Gesetz des Alten Testamentes als kirchliche Lebensregel lassen keinen Zweifel daran, daß das Matthäusevangelium keineswegs die Absicht hat, den gefährlichen Entwicklungen eines paulinischen (oder auch ignatianischen) Radikalismus zuzustimmen. Auch der Widerspruch in der Auffassung der kirchlichen Ämter ist nicht nur äußerlich. Bekanntlich sollte das monarchische Bischofsamt schon sehr bald eine der stärksten Waffen im Kampf gegen die Häresien werden. Jedoch versteht Matthäus die apostolische Vollmacht des Petrus als Schlüsselgewalt entsprechend der rabbinischen Vollmacht des Lehrens und der Gemeindezucht und sieht als Träger dieser Amtsgewalt die Propheten und Lehrer (d. h. Schriftgelehrte; vielleicht auch noch „Weise" als dritte Art des kirchlichen Amtes)[16]. Die Didache, ebenfalls syrischer Herkunft, beweist die überragende Stellung der gleichen kirchlichen Ämter (Did 11, 1–2. 7–12; 12; 13); aber auch Apostel werden genannt (Did 11, 3–6). Gleichwohl wird die Vollmacht dieser Amtsträger nur unter gewissen Vorbehalten hingenommen. Den Gemeinden wird empfohlen, Bischöfe und Diakonen zu wählen – als ortsansässige Beamte –, von denen erwartet wird, daß sie die Funktionen der Propheten und Lehrer übernehmen werden (Did 15, 1–2).

Es ist nicht leicht, die verschiedenen theologischen Ansätze und Traditionen genauer in den Blick zu bekommen, die dem Widerstreit der kirchlichen Ämter hier zugrunde liegen, also jene Ämter der Propheten und Lehrer, die bei Matthäus zu finden sind und die in der Didache als die „älteren" Ämter in Erscheinung treten, und der neuen Ämter, für die Ignatius eintritt. Das unstete Umherwandern dieser Propheten war ganz sicher in einer Theologie des Wanderers begründet, die im Leben des irdischen Jesus ihr Urbild sah. Diese Anschauung war in Syrien viele Jahrhunderte lang weit verbreitet (vgl. u. a. das Thomasevangelium, die Thomasakten und die pseudo-clementinischen Briefe De virginitate). Man mag dieser Theologie das Etikett „häretisch" anhängen, sollte aber dabei nicht ihre würdigen Vorgänger, wie Abraham in der Auslegung Philos und des Hebräerbriefes, noch auch ihre mächtigen Nachfahren, die Bewegungen des Mönchtums, vergessen[17]. Für die Entwicklung der Waffen der Ketzerbekämpfung ist es bezeichnend, daß die römische Kirche, die zur Zeit der Abfassung des Matthäusevangeliums vom monarchischen Episkopat noch nicht einmal träumte (vgl. den 1. Clemens-

---

[16] Siehe dazu *R. Hummel*, Die Auseinandersetzung zwischen Kirche und Judentum im Matthäusevangelium (BevTh 33, 1963), 27 f, und für die Frage der Stellung des Petrus bes. 59–64.

[17] Zum Thomasevangelium s. u., S. 127 ff.

brief!), später die Anschauung von der Schlüsselgewalt des Petrus sich dazu ausleihen sollte, die Theorie des Episkopates zu untermauern. War doch die Anschauung von der Schlüsselgewalt ursprünglich dafür bestimmt, gerade jene Ämter zu stützen, die kennzeichnend für die großen Häresien werden sollten: der Prophet für den Montanismus und der Lehrer für die Gnosis[18].

Mag es uns auch möglich sein, die grundsätzlichen Intentionen der Theologie des Matthäus und des Paulus miteinander auszusöhnen, so hat doch einst die weitere Entwicklung der „judenchristlichen" Petrus-Tradition in Syrien eine solche friedliche Koexistenz unmöglich gemacht. In der Quellenschrift der Pseudo-Clementinen, den Kerygmata Petrou[19], sind nachdrückliches Bestehen auf der Fortdauer des alttestamentlichen Gesetzes und gnostisierende Tendenzen eng miteinander verbunden (beide Elemente sind ebenso typisch für die Gegner des Ignatius). Paulus (hier Simon Magus genannt) erscheint als hauptverantwortlicher Sündenbock für alle teuflischen Verfälschungen und Verdrehungen der rechten Lehre. Paulinisches Christentum tritt kaum noch in Erscheinung. Andere judenchristliche Überlieferungen Syriens, ebenfalls unter der Autorität des Petrus, sind für die Abfassung des Evangeliums und der Apokalypse des Petrus vorauszusetzen[20]. Jedoch bringen diese Schriften nicht die gleichen theologischen Interessen zum Ausdruck wie die Kerygmata Petrou.

Aus der Reihe dieser Urkunden der syrischen Petrus-Tradition wurde nur die älteste, das Matthäusevangelium, von der späteren rechtgläubigen Kirche akzeptiert (vgl. aber auch das 21. Kap. des Johannesevangeliums), alle anderen jedoch schließlich verworfen. Aber das hohe Ansehen, in dem diese „häretischen" Schriften lange Zeit gestanden haben, kommt z. B. darin zum Ausdruck, daß Bischof Serapion von Antiochien (ca. 200 n. Chr.) das Petrusevangelium nur zögernd verwarf (Eusebius, hist. eccl. VI 12). Auf der anderen Seite darf man nicht übersehen, daß das Matthäusevangelium ja keineswegs in jenem Boden seine Wurzeln hat, aus dem das rechtgläubige Verständnis der Kirche und des Bischofsamtes, so wie Ignatius es vertritt, erwachsen ist, mag es auch späteren rechtgläubigen Kreisen sehr gelegen gekommen sein, Matthäus zu ihrem eigenen Nutzen zu verwenden.

---

[18] Für alles weitere über die Entwicklung dieser Ämter s. *H. v. Campenhausen,* Kirchliches Amt und geistliche Vollmacht (BHTh 14, 1963³), passim.

[19] Zur Diskussion dieser umstrittenen Angelegenheit s. *G. Strecker,* in: *Hennecke-Schneemelcher* II, 63–69. Daß die Kerygmata in Coelesyrien entstanden sind, wird allgemein angenommen.

[20] *G. Quispel* und *R. M. Grant,* Note on the Petrine Apocrypha, VigChr 6, 1952, 31–32, geben überzeugende Nachweise für die Benutzung der Petrusapokalypse durch Theophilus von Antiochien, Ad Autolyc. I, 14; soweit ich urteilen kann, ist allerdings der Beweis für eine Benutzung des Petruskerygmas (zuerst zitiert von Clem. Alex.) durch Theophilus weniger schlagend, obgleich dies freilich den syrischen Ursprung des Petruskerygmas nicht ausschließt. Aber der syrische Ursprung der Petrusapokalypse ist recht gut bezeugt.

Eine neue Bestimmung des theologiegeschichtlichen Ortes dieser frühchristlichen Literatur Westsyriens ist dringend notwendig[21]. Das letzte Wort ist hier noch keineswegs gesprochen. Das gilt z. B. in bezug auf die Frage des Überlebens von solchen Traditionen, die von unseren kanonischen Evangelien unabhängig sind (etwa im Petrusevangelium und in den EvangelienÜberlieferungen der Pseudo-Clementinen). Das gilt aber noch mehr im Hinblick auf die Schwierigkeiten, die sich erheben, wenn man sich darum bemüht, der Redlichkeit der Fortführung und Neuinterpretation solcher Traditionen in Syrien gerecht zu werden; denn all das vollzog sich in einer Umwelt, die dem „Westen" stets rätselhaft blieb. Die so weithin benutzte Definition „judenchristlich" ist dazu ganz wertlos. Daß die Frage des Gesetzes hier oft eine bedeutsame Rolle spielt, besonders in den Pseudo-Clementinen, rechtfertigt noch nicht das Etikett „judenchristlich". Es ist ja nicht einzusehen, warum das teils allegorische, teils asketische Gesetzesverständnis der Pseudo-Clementinen soviel „jüdischer" sein soll als die im Westen vorherrschende messianische und moralistische Auslegung des Alten Testamentes[22].

III. Edessa und die Osrhoëne (Ostsyrien)

Was ist über die Anfänge des Christentums in der Osrhoëne bekannt, besonders über die Hauptstadt Edessa? Seit W. Bauer das Wunschgebäude der

---

[21] *G. Strecker*, Das Judenchristentum in den Pseudo-Clementinen (TU 70, 1958), ist nur ein Anfang dazu. *H.-J. Schoeps*, Theologie und Geschichte des Judenchristentums (1949), ist bei aller Gelehrsamkeit viel zu programmatisch und daher wenig hilfreich. Aber die Arbeiten von *A. Vööbus* (besonders seine History of Asceticism in the Syrien Orient, CSCO 184, 1958), *A. Adam* und anderen sind hier außerordentlich nützlich.

[22] Über Palästina und Syrien wissen wir abgesehen von den erwähnten Daten sehr wenig, obgleich die hier gegebenen Andeutungen nicht den Anspruch auf Vollständigkeit erheben wollen. Die Existenz von christlichen Gemeinden in Galiläa ist wahrscheinlich schon in Mk 16, 7 (vgl. Joh 21) vorausgesetzt. Apg 8, 5 ff benutzt eine Überlieferung über die Anfänge der Kirche in Samarien, die von den „Zwölf" in Jerusalem unabhängig gewesen sein muß (s. auch Joh 4 im Vergleich mit der entgegenstehenden Ansicht von Lk 9, 51–56). Vielleicht gibt Lk 6, 17 einen Hinweis auf das Vorhandensein christlicher Gemeinden in der Gegend von Tyrus und Sidon (*H. Conzelmann*, Die Mitte der Zeit, 1960³, 48). Apg 10, 1 ff setzt voraus, daß die Gemeinde in Cäsarea von Anfang an heidenchristlich war. Wir besitzen nicht genug Material, um über den Charakter des frühen Christentums im Jordantal Vermutungen anzustellen (Täufersekten? Vorläufer der Mandäer?), noch auch über die vorpaulinische Gemeinde in Damaskus. Wir wissen zwar, daß Paulus einst Missionar in „Arabien" war (Gal 1, 17; d. i.: Nabatäa südlich von Damaskus), aber keine Spuren dieses paulinischen Missionswerkes sind auf uns gekommen. Die geographische Zuordnung des Johannesevangeliums ist notorisch schwierig (Syrien? Kleinasien? Ägypten?); deshalb ist hier auf eine Auswertung dieser Schrift vorerst verzichtet worden (vgl. aber unten Kap. 7, S. 217 ff). Natürlich wäre noch die Einbeziehung der Oden Salomos notwendig, obgleich man bei ihnen auch an ostsyrische Entstehung denken kann.

Rechtgläubigkeit gründlich zerstört hat[23], sollte darüber kein Zweifel mehr bestehen, daß das Christentum Edessas jahrhundertelang unter dem Zeichen der Auseinandersetzung mehrerer größerer Häresien untereinander gestanden hat. Bauer nahm an, daß die Marcioniten, Bardesaniten und, nicht zu vergessen, die Manichäer zunächst die wichtigsten Gruppen waren. Vergleichsweise waren die rechtgläubigen Christen, ohnehin Nachzügler (sie erschienen wohl kaum vor dem Jahre 200), nur ein kleines und unbedeutendes Häuflein, und das änderte sich im Laufe des 3. und 4. Jahrhunderts nur wenig.

Wahrscheinlich hat sich Bauer geirrt, als er annahm, daß die ersten Christen, die nach Edessa kamen, Marcioniten waren. Er meinte, daß die Marcioniten Edessa bald nach der Mitte des 2. Jahrhunderts erreicht haben müßten[24]. Jedoch kannte Bauer seinerzeit (1934) nur ein einziges wesentliches Stück der Thomasüberlieferungen, nämlich die aus dem 3. Jahrhundert stammenden Thomasakten. Seit der Entdeckung der gnostischen Bücherei von Nag-Hammadi ist aber noch weitere Thomas-Literatur ans Licht gekommen, nämlich ein Thomasevangelium und eine Schrift von „Thomas, dem Athleten“. Es scheint, daß auch diese Thomas-Literatur aus Edessa oder seiner Umgebung stammt[25]. Folgende Gründe sprechen für diese Annahme:

a) Der Verfasser des (koptischen) Thomasevangeliums[26] nennt sich „der Zwilling (Didymos) Judas Thomas“ und im Buch von Thomas dem Athleten[27] sind die Worte Jesu (von Mathaias aufgezeichnet) an „Judas Thomas“ gerichtet. Diese einzigartige Namensform des Apostels Thomas hat nur in der Überlieferung der Osrhoëne ihresgleichen[28]. In den Thomasakten wird er als

---

[23] Siehe *W. Bauer*, aaO 6–48; auch kürzlich *A. F. J. Klijn*, The Acts of Thomas (NovTestSuppl 5, 1962), 30–33. *Turners* Kritik (aaO 40–46) ist gar nicht überzeugend, wie *A. Ehrhardt* gezeigt hat (aaO [s. Anm. 4] 94–95). Daß *W. Bauers* eigene Rekonstruktion im Lichte der neueren Funde revidiert werden muß, ist eine andere Frage; s. dazu unten. Zur Geschichte des Christentums in der Osrhoëne im allgemeinen siehe vor allem *A. Vööbus*, History of Asceticism in the Syrian Orient (CSCO 184, 1958).

[24] *Bauer*, aaO 27–29; vor allem beruft Bauer sich auf die Erwähnung Marcions in der Edessenischen Chronik und auf die stereotypen Angriffe auf Marcion (und Mani sowie Bar Daisan) bei Ephräm und Aphraat – andere Ketzer werden nur selten erwähnt –. Aber das beweist lediglich, daß die Marcioniten im 3. und 4. Jahrhundert in Edessa eine große Rolle gespielt haben.

[25] Für edessenischen Ursprung des Thomasevangeliums argumentierte zuerst *H.-Ch. Puech*; vgl. seine Aufsätze, zitiert in *Puech*, Gnostische Evangelien und verwandte Dokumente, in: *Hennecke-Schneemelcher* I, 202 f; ebenso *W. C. van Unnik*, Evangelien aus dem Nilsand (1960), 60 f.

[26] Koptischer Text und Übersetzung von *A. Guillaumont, H.-Ch. Puech, G. Quispel, W. Till* und *Yassah'abd al Masih*, 1959. Gute Übersetzungen ins Lateinische, Deutsche und Englische sind jetzt bei *K. Aland*, Synopsis Quattuor Evangeliorum (1964), 517–530, schnell zugänglich.

[27] CG II, 7 (138, 1–145, 19); vgl. dazu *Puech* in *Hennecke-Schneemelcher* I, 223; *J. M. Robinson*, The Coptic Gnostic Library Today, NTS 14, 1967/68, 392.

[28] Es wäre irreführend, hier einfach von „Syrien“ zu sprechen; denn das westsyrische Matthäusevangelium kennt für diesen Apostel nur den einfachen Namen

Ἰούδας Θωμᾶς ὃ καὶ Δίδυμος eingeführt [29]. In der großkirchlichen Abgar-Sage wird Thomas Ἰούδας ὃ καὶ Θωμᾶς genannt [30]. Im Neuen Testament werden die Namen Judas und Thomas niemals miteinander verbunden, aber Joh. 14, 22 liest syᶜ „Judas Thomas" an Stelle von „Judas, nicht der Ischariote" (syˢ liest „Thomas"). Zur Kontrolle unserer Hypothese kann man auch noch auf das nicht-edessenische Kindheitsevangelium des Thomas verweisen, in dem der Verfasser sich „Thomas, der israelitische Philosoph," oder „der Israelit" nennt [31]. Es ist also ganz deutlich, daß die Überlieferung von „Judas Thomas (dem Zwilling)" [32] zum Sondereigentum der frühen Christenheit in Edessa gehört [33].

b) Es ist bekannt, daß die Thomasakten, die ja eine Reihe (vor-)manichäischer Züge enthalten, d. h. wohl auf halbem Wege zwischen christlicher und manichäischer Gnosis stehen, zusammen mit anderen Apostelakten von den Manichäern benutzt worden sind. Jetzt läßt sich aber auch mit Sicherheit behaupten, daß das Evangelium des Thomas von Nag Hammadi – um Puech zu zitieren – „identisch ist mit der Schrift gleichen Titels, die die alten Zeugen unter den manichäischen Schriften aufzählen" [34]. Es ist kaum daran zu zweifeln, daß die Manichäer dieses Evangelium aus Edessa und nicht aus Ägypten bezogen haben.

c) Wie schon mehrfach nachgewiesen wurde, hat der Verfasser der Thomasakten das Thomasevangelium benutzt [35]. Daß aber die Thomasakten in

---

„Thomas" (Mt 10, 3; in Abhängigkeit von Mk). – Ein Teil dieser und der folgenden Beobachtungen über die Bedeutung der besonderen Form des Namens dieses Apostels wurden zuerst von *Puech* angestellt; vgl. bei *Hennecke-Schneemelcher* II, 206 f, und die ebd. S. 202 f zitierte Literatur.

[29] So der griechische Text. Der syrische Text bietet „Judas Thomas, der Apostel"; siehe dazu weiter unten.

[30] Es ist bemerkenswert, daß die Namensform „Judas Thomas" nur dann erscheint, wenn Eusebius den Text der ihm schriftlich vorliegenden Abgar-Sage wörtlich anführt (hist. eccl. I 13, 11), während er in den von ihm selbst formulierten summarischen Berichten die einfache Namensform „Thomas" verwendet (hist. eccl. I 13, 4; II 1, 6). Nach *Klijn* (aaO [Anm. 23] 158) bietet die syrische Übersetzung von Eusebius' Kirchengeschichte in allen genannten Fällen „Judas Thomas".

[31] Die syrische Übersetzung dieses Kindheitsevangeliums bietet nur den Titel „Kindheit des Herrn Jesus"; vgl. O. *Cullmann* in: *Hennecke-Schneemelcher* I, 292.

[32] Die Thomasakten beziehen die Bezeichnung „Zwilling" auf Thomas als Zwillingsbruder Jesu. Dies wird in der Regel als eine spätere Ausdeutung angesehen, die den besonderen theologischen Interessen der Thomasakten entspringt (der irdische Apostel erscheint als „Zwilling" des himmlischen Erlösers). Doch mag diese Auffassung von Thomas als Zwillingsbruder Jesu sehr wohl älter sein; denn, dem Bericht von *Puech* zufolge (bei *Hennecke-Schneemelcher* I, 223), wird auch im Buch von Thomas dem Athleten Thomas von Jesus als „sein Zwillingsbruder" angeredet.

[33] Weitere Traditionen über den Apostel Thomas bei W. *Bauer,* Das Leben Jesu im Zeitalter der neutestamentlichen Apokryphen (1909), 444 f, und G. *Bornkamm* in: *Hennecke-Schneemelcher* II, 298 f.

[34] In: *Hennecke-Schneemelcher* I, 203; vgl. auch 216 ff.

[35] Eine gute Übersicht über die betreffenden Stellen bietet *Puech* aaO, 206 ff.

der Osrhoëne abgefaßt wurden, ist ganz sicher. Sie setzen also im 3. Jahrhundert die ostsyrischen Thomas-Überlieferungen fort, die im 2. Jahrhundert durch das Thomasevangelium vertreten sind.

Stammt dieses Evangelium also aus der Osrhoëne, so muß man die Zeit seiner Abfassung auf 150 oder früher ansetzen[36]; denn es war bereits in der 2. Hälfte des 2. Jahrhunderts in Ägypten bekannt, was durch die Oxyrhynchos-Papyri 1, 654 und 655 – griechische Bruchstücke des Thomasevangeliums – bezeugt wird. Damit ist bewiesen, daß die Thomas-Tradition die älteste Form des Christentums in Edessa gewesen sein muß, die jedenfalls den dortigen Anfängen des Marcionitismus und des rechtgläubigen Christentums vorausging. Dem Versuch, nun das Thomasevangelium für eine Darstellung der Geschichte und Theologie des frühen Christentums in Edessa entsprechend auszuwerten, steht aber immer noch die Unsicherheit in der Beurteilung seiner Eigenart entgegen, sowie besonders die Frage nach dem Wesen und Ursprung der in diesem Evangelium enthaltenen Überlieferungen. Daher muß ich zunächst auf einige der am heftigsten umstrittenen Fragen der Diskussion um dieses Evangelium eingehen, ehe ich eine kurze Darstellung der Geschichte der edessenischen Christenheit zu geben vermag.

1. Der Ursprung der Evangelien-Überlieferung des Thomasevangeliums

1908 hatte E. Wendling überzeugend nachgewiesen, daß das Logion P. Oxy. 1, 6 („kein Prophet ist anerkannt in seinem Vaterland, und kein Arzt vollbringt Heilungswunder unter denen, die ihn kennen") ursprünglicher ist als die in Mk 6, 1–6 vorliegende Erzählung[37]. R. Bultmann hat dieses Ergebnis durch seine formgeschichtliche Untersuchung bestätigt, und zwar schon Jahrzehnte vor der Entdeckung des koptischen Thomasevangeliums[38]. Seit der vollständige Text dieses Evangeliums, dem P. Oxy. 1 zugehört, ans Licht kam, hat sich eine höchst merkwürdige Gruppierung der gelehrten Diskussion ergeben[39]. G. Quispel hatte von Anfang an die richtige Intuition, als er sich als erster darum bemühte nachzuweisen, daß die Logien des Thomasevangeliums „aus einer (von den Synoptikern) verschiedenen, unabhängigen

---

[36] *W. C. van Unnik* (aaO [s. Anm. 25] 61. 65 ff) datiert das Thomasevangelium erst auf 170, weil er *Quispels* unwahrscheinlicher Annahme folgt, daß es das Hebräerevangelium benutzt habe; zu dieser Frage s. u. Anm. 42.

[37] *E. Wendling*, Die Entstehung des Markus-Evangeliums (1908), 53–56.

[38] *R. Bultmann*, Die Geschichte der synoptischen Tradition (1. Aufl. 1921; zur Diskussion von Mk 6, 1–6 s. jetzt 1958³, 30 f).

[39] Zur Diskussion dieser Frage bis 1960 siehe *E. Haenchen*, Literatur zum Thomasevangelium, ThR, N. F. 27, 1961, 147–178, 306–338, besonders 162–178. Ich habe nicht die Absicht, hier *Haenchens* Bibliographie auf den gegenwärtigen Stand zu bringen, noch auch eine vollständige Übersicht meinerseits zu geben; vielmehr möchte ich lediglich auf einige Tendenzen und Vorurteile in der Behandlung dieser Frage hinweisen.

aramäischen Überlieferung stammen"[40]. Seine Argumente sind oft auch darum sehr eindrucksvoll, weil er sich zugleich mit Problemen außerkanonischer Überlieferung in anderer frühchristlicher Literatur (Pseudo-Clementinen, Makarios, Diatessaron) eingehend und scharfsinnig befaßt[41]; jedoch haben manche anderen Faktoren nicht gerade dazu beigetragen, die Überzeugungskraft seiner Argumente zu erhöhen. Dazu gehört einmal seine Annahme, die Quelle der alten und unabhängigen Logien des Thomasevangeliums sei das sogenannte Hebräerevangelium gewesen[42]. Hierher gehört außerdem Quispels glanzvolle Vernachlässigung der formgeschichtlichen Methode[43], und schließlich seine nachdrückliche Betonung des nichtgnostischen Charakters des Thomasevangeliums[44].

Auf der anderen Seite haben diejenigen Gelehrten, die den gnostischen Charakter des Thomasevangeliums nachweisen wollten, meist dazu geneigt, ihre Argumente für den sekundären und häretischen Charakter dieses Evangelium dadurch zu steigern, daß sie seine Abhängigkeit von den kanonischen Evangelien annahmen. Die Liste der Autoren, die ihr Gewicht auf diese Seite der Auseinandersetzung geworfen haben, ist recht eindrucksvoll[45]. Je-

---

[40] G. *Quispel*, The Gospel of Thomas and the New Testament, VigChr 11, 1957, 189–207; vgl. auch seinen Aufsatz: Some Remarks on the Gospel of Thomas, NTS 5, 1958/59, 276–290, und neuerdings: The Gospel of Thomas and the ,Gospel of the Hebrews', NTS 12, 1965/66, 371–382. Für die in diesem letzteren Aufsatz so freundschaftlich wie ergötzlich dargestellten Übereinstimmungen und Gegensätze unserer Anschauungen bin ich sehr dankbar, muß mir aber vorbehalten, auf die Frage des Hebräerevangeliums andernorts einzugehen.

[41] Vgl. *Quispel*, L'Evangile selon Thomas et les Clémentines, VigChr 12, 1958, 181–196; *ders.*, L'Evangile selon Thomas et le Diatessaron, VigChr 13, 1959, 87–117; *ders.*, L'Evangile selon Thomas et le ,text oriental' du Nouveau Testament, VigChr 14, 1960, 204–215; *ders.*, Der Heliand und das Thomasevangelium, VigChr 16, 1962, 121–153; *ders.*, The Syrian Thomas and the Syrian Makarius, VigChr 18, 1964, 116–135.

[42] Vgl. die in Anm. 40 zitierten Aufsätze *Quispels*. Es ist ganz unmöglich, unter dem Hebräerevangelium ein sehr altes Evangelium vom Typ der Synoptiker zu verstehen. Das hat *Ph. Vielhauer* erst kürzlich m. E. ganz klar herausgestellt (bei *Hennecke-Schneemelcher* I, 75–108). Natürlich sollen Beziehungen zwischen dem Thomasevangelium und dem Hebräerevangelium gar nicht in Abrede gestellt werden; aber da das Thomasevangelium in Syrien entstand und dann erst nach Ägypten wanderte, ist es doch wahrscheinlicher, daß das in Ägypten abgefaßte Hebräerevangelium vom Thomasevangelium abhängig ist, es sei denn, daß die Verwandtschaft sich aus der freien Überlieferung erklären sollte.

[43] Vgl. z. B. seine warme Empfehlung in Vig Chr 11, 1957, 206 f. Ich bin aber froh, durch NTS 12, 1965/66, 372, eines besseren belehrt zu sein und freue mich der neuen Basis der Übereinstimmung, von der aus es sich besser streiten läßt.

[44] Am deutlichsten kommt diese Sicht zum Ausdruck in *Quispel*, Gnosticism and the New Testament, in: The Bible in Modern Scholarship (hrsg. von *J. Ph. Hyatt*, Nashville, 1966), 252–271 = VigChr 19, 1965, 65–85.

[45] Z. B. *R. M. Grant* und *D. N. Freedman*, The Secret Sayings of Jesus (1960); *E. Haenchen*, aaO [s. Anm. 39]; *ders.*, Die Botschaft des Thomas-Evangeliums (1961); *B. Gärtner*, The Theology of the Gospel According to Thomas (1961). H. E. W.

doch Wendlings und Bultmanns Nachweis für den ursprünglichen Charakter des Spruches P. Oxy. 1,6 = Thomasevangelium Spruch 31 hat noch niemand entkräftet, noch überhaupt bisher ernst genommen[46]. Überdies zeichnet sich ein großer Teil der angeführten Beiträge durch ein auffallendes Fehlen streng angewandter formgeschichtlicher Methodik aus[47], abgesehen vielleicht von einem einzigen Teilgebiet: von den Gleichnissen des Thomasevangeliums[48]. Es ist hier deutlich zu sehen, daß J. Jeremias' formgeschichtliche Arbeiten über die Gleichnisse einen viel größeren Einfluß gehabt haben als R. Bultmanns Veröffentlichungen, ganz besonders in der englisch-sprechenden Welt. Insbesondere die eingehende und sorgfältige Studie von H. Montefiore beweist eindeutig, „daß Thomas' Abweichungen von den synoptischen Parallelen auf die am besten befriedigende Weise durch die Annahme erklärt werden können, Thomas habe eine Quelle benutzt, die von den synoptischen Evangelien verschieden war. Gelegentlich scheint diese Quelle besser zu

Turner, The Theology of the Gospel of Thomas, in: *H. Montefiore* und *H. E. W. Turner*, Thomas and the Evangelists (SBT 35), 1962. Siehe auch *H. K. McArthur*, The Gospel according to Thomas, in: New Testament Sidelights (Essays in Honor of A. C. Purdy, Hartford, Conn., 1960), 43–77. Nicht ganz ersichtlich ist mir das methodische Vorgehen in einer der letzten Veröffentlichungen zu dieser Frage: *W. Schrage*, Das Verhältnis des Thomasevangeliums zur synoptischen Tradition und zu den koptischen Evangelienübersetzungen (BZNW 29, 1964). Schrage versucht, den sekundären Charakter der im Thomasevangelium enthaltenen Tradition dadurch nachzuweisen, daß er sie mit der sahidischen Übersetzung der synoptischen Evangelien (und des Johannesevangeliums) vergleicht. Aber da die sahidische Übersetzung des NT allerfrühestens im 3. Jahrhundert entstanden ist, kann sich aus etwaigen Übereinstimmungen doch höchstens ergeben, daß sie durch das auf jeden Fall ältere Thom.Ev. beeinflußt wurde. Was *Schrage* im übrigen unter formgeschichtlicher Methode versteht, mag man nach Feststellungen wie der folgenden beurteilen: (ebd. 76; über Logion 31 = P. Oxy. 1, 6 [oben zitiert]) „Thomas (hat) das Wort aus seiner historischen Situation, die ihm die Synoptiker zuweisen, gelöst und wieder zu einem ,freien Logion' gemacht."

[46] *Quispel* hatte wohl nicht geradezu davon geträumt, von dieser Seite her unterstützt zu werden, obgleich ich mich durch den geheimnisvollen Autoren, der darüber in der „Weltwoche" schrieb (vgl. NTS 12, 1965/66, 372), gern eines besseren belehren lassen will.

[47] Eine der seltenen Ausnahmen ist der Aufsatz von *H.-W. Bartsch*, Das Thomas-Evangelium und die synoptischen Evangelien, NTS 6, 1959/60, 249–61; auch *O. Cullmann*, Das Thomasevangelium und die Frage nach dem Alter der in ihm enthaltenen Tradition, ThLZ 85, 1960, 321–334. Entsprechend schreiben beide Autoren dem Vorliegen von unabhängiger Tradition auch einen viel größeren Grad der Wahrscheinlichkeit zu.

[48] Außer den oben genannten (wie *Quispel* und *Cullmann*), die ihr Urteil ebenfalls großenteils auf die Gleichnisse stützen, vgl. *D.-H. Hunzinger*, Außersynoptisches Traditionsgut im Thomas-Evangelium", ThLZ 85, 1960, 843–846; *ders.*, Unbekannte Gleichnisse Jesu aus dem Thomas-Evangelium, in: Judentum, Urchristentum, Kirche (Festschr. f. J. Jeremias, BZNW 26, 1960), 209–220. *H. Montefiore*, A Comparison of the Parables of the Gospel According to Thomas and of the Synoptic Gospels, in: *Montefiore-Turner*, aaO [s. Anm. 45] 40–78; zuerst veröffentlicht in NTS 7, 1961/62, 220–248.

sein . . ."[49]. Inzwischen haben auch weitere Gelehrte der Möglichkeit größere Wahrscheinlichkeit zuerkannt, daß die gesamte (oder nahezu gesamte) im Thomasevangelium enthaltene Überlieferung von einem frühen, unabhängigen Stadium der Spruchüberlieferung herzuleiten ist[50]. Damit wird also der ursprüngliche Vorschlag von Quispel mehrfach bekräftigt. Meiner Ansicht nach ist diese Annahme richtig.

Methodisches Vorgehen verlangt auch bei weiteren Untersuchungen eine erneute Analyse der parallelen Abschnitte in den synoptischen Evangelien. Dazu gehören die Gleichnissammlungen in Mk 4 und Mt 13, die Grundlage der Markus-Logien in Mk 2 und 3, die Q-Spruchsammlungen, die Mt 5--7 und Lk 6 zugrunde liegen, ebenso wie das Q-Material, das in Mt 11, 7 ff // Lk 7, 24 ff in Erscheinung tritt (auch etwa Mt 21, 22 und par), schließlich die Quelle des lukanischen Sondergutes in Lk 12 (zu Lk 11, 27–12, 56 finden sich im Thomasevangelium nicht weniger als 13 parallele Sprüche, von denen 7 nur bei Lukas Parallelen haben)[51]. Bei einem solchen Vergleich geht es ja nicht einfach darum, die Sprüche des Thomas am Maßstab der synoptischen Evangelien zu messen, und so durch die Feststellung von Abweichungen und Übereinstimmungen zu einem Urteil über den relativen Wert des Thomasevangeliums als Quelle für den historischen Jesus zu gelangen. Vielmehr muß die formgeschichtliche Analyse es ermöglichen, die vielfältigen Entwicklungen der Spruchüberlieferung sichtbar zu machen, die sowohl im Thomasevangelium als auch in den synoptischen Evangelien fixiert ist. Dabei mag sich herausstellen, daß die Synoptiker ebensoviel ursprüngliches und ebensoviel sekundäres Material enthalten wie das Thomasevangelium. „Gemeindetheologie", nicht notwendigerweise hellenistische Mythologie[52], war wohl in der Tat die Kraft, die in beiden Fällen die Spruchüberlieferung geformt hat[53].

2. *Das Wesen der Überlieferung unter der Autorität des Thomas.* Um die Art der „apostolischen" Überlieferung zu verstehen, die in Ostsyrien durch

---

[49] *Montefiore,* aaO 78.

[50] Vgl. *R. McL. Wilson,* Thomas and the Growth of the Gospel, HThR 53, 1960, 231–250; *ders.,* Thomas and the Synoptic Gospels, ExpT 72, 1960/61, 36–39; *ders.,* Studies in the Gospel of Thomas (1960); *R. A. Spivey,* The Origin and Milieu of the Gospel According to Thomas (Diss. Yale University, New Haven 1962, unveröffentlicht); siehe auch *E. W. Saunders,* A Trio of Thomas Logia, Biblical Research 8, 1963, 543–559; *R. North,* Chenoboskion and Q, CBQ 24, 1962, 154–170.

[51] Eine Untersuchung dieser Parallelen ist in dem folgenden Aufsatz (Ein Jesus und vier ursprüngliche Evangeliengattungen) versucht, siehe Kap. 5, unten S. 155 ff.

[52] Vgl. die entsprechenden Bemerkungen *Quispels* in VigChr 11, 1957, 206.

[53] Nur kurz kann ich hier noch darauf hinweisen, daß auch das Johannesevangelium kaum als Quelle des Thomasevangeliums in Frage kommt. Freilich sind eine Reihe von Berührungen bemerkenswert, was *R. E. Brown* gezeigt hat (The Gospel of Thomas and St. John's Gospel, NTS 9, 1962/63, 155–177); aber dies scheint mir eher dafür zu sprechen, daß in der Überlieferung und in der Umwelt beider Beziehungen vorhanden waren.

den Namen und die Autorität des Apostels Judas Thomas bezeichnet ist, zieht man am besten das Modell der coelesyrischen Petrus-Tradition heran, von der oben bereits gesprochen wurde (s. o. S. 115 ff) oder auch das der kleinasiatischen Paulus-Tradition, worüber später noch zu reden sein wird (s. u. S. 134 ff). Dabei geht es um eine wichtige Differenzierung. Es ist recht gut bekannt, daß spätere katholisch-rechtgläubige Gruppen und Bischofs-sitze für sich Namen und Autorität eines bestimmten Apostels in Anspruch nahmen, um damit ihre rechtmäßige Apostolische Lehre und Sukzession im anti-gnostischen Kampf außer Frage zu stellen. Hierher gehört z. B. der römische Anspruch auf Petrus, oder im Falle Ostsyriens der in eine spätere Zeit gehörende Anspruch auf Thaddäus als Autorität des rechtgläubigen Christentums in Edessa. Aber bei der westsyrischen Petrus-Tradition sowie der kleinasiatischen Paulus-Tradition handelt es sich zunächst um etwas an-deres, denn diese Lokaltraditionen sind letztlich aus der tatsächlichen histo-rischen Wirksamkeit der betreffenden Apostel in jenen Bereichen erwachsen, bestanden also bereits, ehe die festen Formen der antihäretischen Kontro-verse des 2. und 3. Jahrhunderts Gestalt gewonnen hatten.

Zu diesen alten Lokaltraditionen muß man, wie ich glaube, auch die ost-syrische Thomas-Überlieferung rechnen; denn Thomas war hier die Autorität für ein bodenständiges Christentum, ehe sich ein nennenswerter Einfluß rechtgläubiger Kreise dort bemerkbar machte. Allerdings wissen wir aus ver-läßlichen Quellen, daß Petrus tatsächlich in Antiochien und Paulus tatsäch-lich in Kleinasien tätig war, während unglücklicherweise keine direkten Be-lege dafür auf uns gekommen sind, um die Annahme zu bestätigen, Judas, der (Zwillings-)Bruder Jesu, sei in der Tat der erste christliche Missionar Edessas gewesen. Das muß also eine reine Konjektur bleiben. Der Historiker hat aber dennoch das Recht, nach dem Grunde für das frühe Auftauchen der Autorität des Thomas im östlichen Syrien zu fragen. Die eigenartige Na-mensform Judas Thomas muß dabei nochmals erörtert werden. Das einfache Thomas, der einzige „Name", der für diesen Apostel in der kanonischen Überlieferung vorkommt, ist die Transkription des aramäischen Beinamens תאמא = Zwilling in den auch sonst gebräuchlichen griechischen Namen Θωμᾶς. Daß „Zwilling" aber die ursprüngliche Bedeutung dieses Namens war, also hier ein aramäischer Beiname zugrunde liegt, kommt noch in dem gelegentlichen griechischen Zusatz ὁ λεγόμενος Δίδυμος (Joh 11, 16 usw.) zum Ausdruck. Hingegen scheint in der kanonischen Überlieferung der tatsäch-liche Name dieses Apostels abhanden gekommen zu sein, nämlich Judas[54]. Daß dies sein tatsächlicher Name war, ist ebenso wahrscheinlich wie die An-nahme, daß Simeon der wirkliche Name des Petrus war.

---

[54] „Thomas" ist im aramäischen Sprachraum kein möglicher Name; er ist als jüdi-scher Name nirgends belegt, weder in der Mischna noch in der Tosefta noch in den jüdischen Papyri; es ist nur möglich, aber nicht sicher, daß er als phoenizischer Name vorkam, wie mir mein Kollege *F. M. Cross Jr.* sagt.

Aber weiter: dieser Judas wird auch als (Zwillings-)Bruder des Herrn bezeichnet. Hat dann nicht schließlich die kanonische Überlieferung in dem Verfasser des Judasbriefes („Judas, der Bruder des Jakobus") den ursprünglichen Namen dieses Apostels aufbewahrt? Denn, daß hier auf den berühmten Herrenbruder Jakobus hingewiesen wird, ist sicher. Daß in der Identifizierung von Judas, dem Bruder des Herrn, und dem Apostel Thomas eher eine alte Tradition zu sehen ist als eine spätere Konstruktion, scheint mir recht wahrscheinlich zu sein. Ohne Zweifel hatte die werdende rechtgläubige Kirche ein Interesse daran, diese Identität zu verschleiern. Der erste Schritt dazu ist bereits im Präskript des Judasbriefes sichtbar, das die Bezeichnung „Bruder des Herrn" zugunsten von „Bruder des Jakobus" vermeidet. Der 2. Petrusbrief verleibt sich den Judasbrief ein und unterdrückt damit den Namen des als „Bruder des Jakobus" bezeichneten Herrenbruders Judas vollständig. So verschwand der Name des Herrenbruders Judas fast ganz aus der kanonischen Überlieferung. Ist aber die Bezeichnung „Judas Thomas, Bruder des Herrn", alt und ursprünglich, so darf man annehmen, daß ihr Vorkommen im Thomasevangelium letztlich mit der tatsächlichen Missionstätigkeit dieses Apostels in Edessa oder in einem benachbarten Bereich Syriens (oder Palästinas), von dem die edessenische Christenheit ihren Ursprung herleitet, im Zusammenhang steht. Andernfalls müßte man damit rechnen, daß eine frühchristliche Gruppe sich erst nachträglich den Namen eines der Herrenbrüder angeeignet hat. Das ist angesichts der Bedeutung von Jesu Familie in den ersten Jahrzehnten der Christenheit durchaus möglich. Es müßte aber sehr früh geschehen sein, wohl vor der Abfassung der kanonischen Evangelien oder in einer unabhängigen Überlieferung; denn mit Judas Thomas wurde ja eine ursprüngliche Namensform bewahrt, die in der kanonischen Überlieferung verlorengegangen ist.

Um das Wesen der Thomas-Überlieferung zu bestimmen, ist es aber auch notwendig, seine Gattung näher in Betracht zu ziehen. Es geht dabei nicht in erster Linie um die synoptische Spruchquelle als mögliche literarische Vorlage des Thomasevangeliums[55]. Die gemeinsame zweite Quelle des Matthäus- und Lukasevangeliums kommt als unmittelbare Grundlage des Thomasevangeliums sicher nicht in Betracht. Eher ist anzunehmen, daß Thomas kleine Spruchsammlungen[56] wiedergibt, die z. T. durch Q aufgenommen wurden,

---

[55] Vgl. die Warnung von *H.-W. Bartsch*, aaO (s. Anm. 47) 258, obgleich sein extremer Skeptizismus Q gegenüber sicher unbegründet ist.

[56] Wohl mehr solchen Spruchsammlungen vergleichbar, wie sie im 1Clem 13 und Did 1 angeführt werden. Diese beiden Beispiele unterstreichen allerdings auch die Schwierigkeit des Problems; denn die Sprüche in 1Clem 13 sind älter als Mt und Lk, während die Sammlung der Sprüche, die Did 1, 3–5 eingefügt wurde, wohl auf der Grundlage von Mt und Lk zusammengestellt wurde; vgl. *H. Köster*, Synoptische Überlieferung bei den Apostolischen Vätern (TU 65, 1957), 12–16. 220–237; diese Arbeit ist kürzlich weitergeführt worden durch *B. Layton*, The Sources, Date, and Transmission of Did 1, 3 b–2, 1, HThR 61, 1968, 343–383.

zum anderen Teil aber Lukas und Markus direkt zugänglich waren (während Matthäus-Sondergut bei Thomas so gut wie völlig zu fehlen scheint). Weiteren Aufschluß darf man daher am ehesten von einem eingehenden Studium der Sprüche und Spruchsammlungen (oder besser: der Logoi) erwarten, und von der Frage nach ihrem Sitz im Leben der frühen Christenheit. Hier hat J. M. Robinson kürzlich einen ganz entscheidend weiterführenden Beitrag veröffentlicht[57]. Der Ertrag seiner Arbeit für unsere Frage läßt sich in den folgenden Satz fassen: Das Thomasevangelium setzt – wenn auch in modifizierter Form – die ursprünglichste Gattung der Jesus-Überlieferung ungebrochen fort, nämlich die „Logoi Sophon", die der rechtgläubigen Kirche nur dadurch annehmbar geworden waren, daß nicht nur die Form, sondern auch die theologische Absicht dieser alten Überlieferungs-Gattung grundlegend kritisch umgestaltet wurde; solche kritische Neubewertung der Gattung „Logoi" wurde dadurch erreicht, daß Matthäus und Lukas den durch Erzählungsstoff und Passionskerygma geprägten Rahmen des Markusevangeliums der durch Q repräsentierten Spruchüberlieferung aufzwangen[58].

Thomas benutzt also nicht die synoptische Spruchquelle. Sondern er vertritt den „östlichen" Zweig dieser Gattung, während der „westliche" Zweig der Gattung Logoi, nämlich „Q", von Matthäus und später von Lukas im westlichen Syrien benutzt wurde. Sind aber die Logoi-Tradition des Thomas und die synoptische Spruchquelle Parallelüberlieferungen, so sollte die Notiz des Papias über die Logia, die Matthäus auf „Hebräisch" zusammenstellte, hier nicht übersehen werden[59]. Es wird auch kein Zufall sein, daß in den kanonischen Apostellisten Thomas und Matthäus meist als Paar erscheinen (Mt 10, 3; vgl. Mk 3, 18; Lk 6, 15), und es ist ebenso bemerkenswert, daß das Explicit des Buches von Thomas dem Athleten „das Buch des Thomas, das er schrieb" mit dem Incipit in Konkurrenz steht: „Die geheimen Worte, welche der Erlöser zu Judas Thomas gesprochen hat, die ich aufgeschrieben habe, ich Mathaias (sic! = Matthäus?)."[60]

3. Der theologische Charakter der Thomas-Überlieferung. Der gegenwärtige Streit, ob das Thomasevangelium gnostisch oder judenchristlich sei, trägt wenig aus. Ist überhaupt damit zu rechnen, daß dieses Evangelium Überlieferungen aus der ersten oder zweiten christlichen Generation aufbewahrt hat, so ist es eigentlich selbstverständlich, daß diese Überlieferungen ebenso judenchristlich gewesen sein müssen, wie die synoptische Spruchquelle oder

---

[57] *J. M. Robinson,* LOGOI SOPHON, s. o. Kap. 3, S. 67–106.

[58] Vgl. *Robinson,* s. o., bes. S. 105 f.; *ders.,* The Problem of History in Mark, Reconsidered, USQR 20, 1965, 135, wo *Robinson* über seine Arbeit sagt: „Ich habe versucht, der Geschichte dieser Gattung nachzugehen, deren gnostisierende Neigung dadurch blockiert wird, daß Mt und Lk sie in die Evangelien-Form des Mk eingebettet haben."

[59] *Robinson,* aaO (s. Anm. 57) legt erheblichen Nachdruck auf diesen Zusammenhang; s. o. Kap. 3, S. 70 ff.

[60] *Puech,* aaO 223; vgl. *Robinson,* s. o. Kap. 3, S. 76 f.

Matthäus, oder auch Paulus. Der Hinweis auf Jakobus den Gerechten in Spruch 12, ist von Interesse, aber doch nicht typisch „judenchristlich"; denn die überragende Stellung des Jakobus wurde ja auch von Paulus anerkannt (Gal 2; 1Kor 15, 7), ebenso in Apg 15 und im Jakobusbrief (1, 1–2), d. h. sie ist schlicht und einfach eine historische Tatsache. Zudem wird im Thomasevangelium die Stellung des Jakobus noch von der des Thomas übertroffen (Spruch 13), so wie in der werdenden rechtgläubigen Kirche die Stellung des Jakobus durch die des Petrus übertroffen wird (zuerst in den lukanischen Schriften). Schließlich wäre es auch ganz falsch, das Thomasevangelium mit den judenchristlichen Kreisen Westsyriens in Verbindung zu bringen, aus denen die „Ebjoniten" hervorgingen; denn diese „Judenchristen" schätzten das alttestamentliche Gesetz sehr hoch und verwarfen die Autorität des Paulus. Von beidem findet sich aber bei den Thomas-Christen Edessas keine Spur[61]. Das heißt aber, daß die Bezeichnung „judenchristlich" zwar nicht gerade falsch sein mag; sie hat nur einen Fehler: sie besagt schlechterdings nichts.

Das gleiche trifft aber auch auf die Bezeichnung „gnostisch" zu – vielleicht in einem geringeren Maße; denn man muß E. Haenchen[62] zumindest zugestehen, daß er das Thomasevangelium ebenso gut verstanden hat wie etwa ein ägyptischer Gnostiker im Jahre 175 oder ein syrischer Gnostiker ein paar Jahrzehnte früher.

So wichtig es auch sein mag, gnostische Schriften des 2. Jahrhunderts im Zusammenhang mit den späteren Formen der Gnosis zu sehen, so bleibt doch das entscheidende Problem die Interpretation früher gnostischer Zeugnisse im Hinblick auf ihre Wurzeln in der frühchristlichen und jüdischen Theologie. Für diese Frage aber ist das Verständnis des Thomasevangeliums von hervorragender Bedeutung; denn an der Spruchüberlieferung, die sich in ihm erhalten hat, läßt sich eine sehr eigenartige Neuinterpretation ursprünglich eschatologischer Sprüche und ihrer Terminologie beobachten. Dieser Tendenz kommt man aber nicht auf die Spur, wenn man ein stufenweises Wachstum der Überlieferung voraussetzt, das es uns ermöglicht, einen älteren „synoptisch-palästinischen" Grundstock von späterem gnostischem Zuwachs säuberlich zu unterscheiden. Das eigentliche Rätsel dieser Spruchüberlieferung liegt

---

[61] Eine paulinische Briefsammlung war in Edessa in Gebrauch, ehe die rechtgläubige Kirche dort erschien. Indirekt wird das daraus deutlich, daß der 3. Korintherbrief in Edessa eingeführt wurde, wohl um ein bereits verbreitetes falsches Paulusverständnis zu bekämpfen; vgl. *Bauer*, aaO 45 ff. Es ist ferner bemerkenswert, daß die manichäischen Erben der syrischen Thomasüberlieferung positiv zu Paulus standen; vgl. Kephalaia (hrsg. von C. *Schmidt*, H. *Ibscher*, H. *J. Polotsky* und *A. Böhlig*, 1940), XIII, Zl. 19–26.

[62] Die Botschaft des Thomas-Evangeliums (1961). Man ist auch erstaunt zu sehen, daß *Grant*, aaO (s. Anm. 45) eine Auslegung dieses Evangeliums bietet, die ganz auf der Heranziehung späterer gnostischer Schriften beruht – ein Verfahren, das derselbe Gelehrte auf das heftigste kritisiert hat, wenn es zur Auslegung der kanonischen Schriften des NT angewandt wurde.

in dem beschlossen, was man ihre „gnostisierende Neigung" genannt hat [63]. Dies gilt von der Gattung Logoi als solcher, gerade auch in ihren älteren und ursprünglicheren Entwicklungsstadien. Es muß dabei auch daran erinnert werden, daß „Gattung" nicht etwa als beliebig gewählte äußere Überlieferungsform zu verstehen ist, sondern als notwendige Erscheinungsform eines ganz bestimmten Inhalts.

Der Vorläufer der christlichen Sammlung und Überlieferung der Sprüche Jesu war die Gattung „Logoi Sophon", die vor allem in der jüdischen Weisheitsbewegung entwickelt wurde [64]. Diese bereits bestehende Überlieferungsform diente als Kristallisationspunkt für die Aufbewahrung einer besonderen Eigenart des historischen Wirkens Jesu: seines Lehrens [65]. Es ist hier nicht tunlich, die schwierige Frage der Historizität und Ursprünglichkeit bestimmter Sprüche und Spruchgruppen zu erörtern, die in diesen frühen, den Evangelien und auch der Spruchquelle noch vorausliegenden Spruchsammlungen enthalten waren. In jedem Falle muß man damit rechnen, daß Weisheitsworte, Gesetzesworte (soweit sie eine Kritik des alten Wandels darstellen und den neuen Wandel verkünden), prophetische Worte (einschließlich einiger Ich-Worte, Makarismen und Weherufe) und Gleichnisse deshalb in diesen Sammlungen vorherrschten, weil das dem Lehren des historischen Jesu entsprach. Auf der anderen Seite wird wenigstens teilweise aus Q deutlich, daß Leidensankündigungen sowie solche Sprüche, die von Jesus christologisch reden, zunächst der Spruchüberlieferung nicht angehörten; ebenso fehlten spezifische apokalyptische Weissagungen [66], sowie natürlich die Gemeinderegeln.

Die theologische Tendenz solcher Spruchsammlungen wird entscheidend von dem nachösterlichen christologischen Rahmen abhängen, dem sie untergeordnet werden. Q zähmte die Logoi durch seine besondere Apokalyptik, derzufolge Jesus mit dem kommenden Menschensohn gleichgesetzt wurde.

---

[63] *Robinson*, vgl. oben Anm. 58.

[64] Vgl. die ausgezeichnete Analyse *Robinsons*, aaO (s. Anm. 57), s. o. Kap. 3, S. 80–96. Daß bereits *Bultmann* (Die Geschichte der synoptischen Tradition) seine Maßstäbe für die Beurteilung der Logien Jesu aus der jüdischen Weisheitsliteratur bezog, ist hier mit Recht nicht in Vergessenheit geraten, vgl. *Robinson*, s. o. Kap. 3, S. 67–70.

[65] Ich kann hier nicht in die Auseinandersetzung mit *B. Gerhardsson*, Memory and Manuscript (ASNU 22, Uppsala 1964²) eintreten. Es ist mir nur zu schmerzlich bewußt, daß mein Widerspruch schwerlich zu stark betont werden könnte. Aber gerade deshalb wären ein paar schnelle kritische Bemerkungen *Gerhardsson* gegenüber ungerecht und im Blick auf das Gewicht der Auseinandersetzung sinnlos.

[66] Es ist sehr zweifelhaft, ob die apokalyptischen Menschensohnsprüche schon zum frühesten Stadium der Überlieferung gehörten, vgl. *Ph. Vielhauer*, Gottesreich und Menschensohn in der Verkündigung Jesu (Festschrift für Günther Dehn, 1957, 51–79; wiederabgedruckt in *ders.*, Aufsätze zum NT, ThB 31, 1965, 55–91); *ders.*, Jesus und der Menschensohn (ZThK 60, 1963, 133–177; wiederabgedruckt ebd. 92–140); ferner *N. Perrin*, Rediscovering the Teaching of Jesus (1967), passim.

Markus (und nach ihm Matthäus und Lukas) paßten die Logoi dem Rahmen des „Evangeliums" an, der aus dem frühen hellenistischen (paulinischen) Passionskerygma entwickelt worden war. Weder der erstere noch der letztere Vorgang scheint diejenige Überlieferung der Logoi, die ihren Weg ins Thomasevangelium fand, berührt zu haben. Der Maßstab, der die theologische Tendenz dieser Logoi prägte, ist offenbar eng verwandt mit dem inneren Prinzip dieser Gattung selbst, durch das sie zum Kristallisationspunkt der Sprüche Jesu wurde: die Vollmacht des Weisheitswortes selbst, die darin begründet ist, daß die Weisheit im Lehrer des Wortes da ist. Will man hier von einer Ostererfahrung reden, die eine dieser Gattung der Logoi angemessene Christologie darbietet, so ist es der Glaube an „Jesus, den Lebendigen" (Incipit des Thomasevangeliums). Daß Jesus, der diese Worte sprach, der Lebendige war und noch ist und so durch sein Wort das Leben gibt, durchdringt sämtliche Sprüche des Thomasevangeliums[67]. Damit ist die Grundlage für eine ungebrochene Fortsetzung der Lehre Jesu geschaffen — ohne Parallele in der kanonischen Überlieferung —, und in der weiteren Entwicklung wird der Nachdruck auf die Gegenwart der Offenbarung im Wort Jesu und die Folgerungen, die sich daraus für den Glaubenden ergeben, nur noch verstärkt.

Entsprechend ist die auffallendste Form der Sprüche[68] des Thomasevangeliums das Weisheitswort (Proverbium), besonders häufig als Bildwort. Fast alle diese Sprüche haben ihre Parallelen in den synoptischen Evangelien[69]. Sie haben im Thomasevangelium nicht notwendigerweise eine allegorische Bedeutung, aber sie dienen schon im frühesten Stadium der Überlieferung dazu, verschiedenste Gesichtspunkte der Offenbarungsgegenwart in Jesu Worten zu betonen. Der zweite auffallende Bestandteil sind die Gleichnisse[70], also das ureigenste Gefäß Jesu eigener Verkündigung der Gottesherrschaft. Jedoch fällt sofort auf, daß die eschatologische Komponente der Gleichnisse, die freilich auch in der ursprünglichen Predigt Jesu eigentümlich qualifiziert ist, im Thomasevangelium nicht weiter entwickelt wurde. Sie ist vielmehr, fast unmerklich, so verschoben worden, daß die Betonung der geheimnisvollen Gegenwart statt eines eschatologischen jetzt ein gnostisches Spannungsverhältnis zum Ausdruck bringt. Es geht nicht mehr um die verborgene Gegenwart der Gottesherrschaft in der Welt, sondern um das Geheimnis der göttlichen Seele im menschlichen Leibe[71]. Eng verwandt mit ihrer ursprünglichsten Form

---

[67] Dafür gibt es gewisse Analogien bei Johannes (z. B. Joh 6, 63 u. ö.). Literarische Abhängigkeit ist jedoch damit nicht gegeben.

[68] In der Einteilung der Sprüche folge ich *Bultmann*, aaO passim.

[69] Spruch 26. 31–35. 39 b. 45. 47. 66. 67. 73. 78. 86. 93. 94. Ohne synoptische Parallele, aber wahrscheinlich alte Tradition liegt vor in Spruch 21 (letzter Teil). 24. 33 a. 40?. 74; vgl. 80 und 111 b.

[70] Spruch 8. 9. 20. 57. 63–65. 76. 107; ohne synoptische Parallele 97. 98.

[71] Vgl. z. B. die Gleichnisse vom Fischer (8) und von der Perle (76). Auf diesen Sachverhalt ist schon mehrfach hingewiesen worden.

sind auch die Gesetzesworte des Thomasevangeliums, die hier wie dort den Gegensatz von überliefertem und neuem ethischen Wandel betonen[72]. Schließlich haben auch ein Teil der prophetischen Worte und Ich-Worte ihre frühere Aussagekraft durchaus bewahrt, insofern sie betonen, daß die Verkündigung von Jesu Wort die Gegenwart des Heils ansagt[73].

Freilich sind nicht alle diese Sprüche als solche „gnostisch". Dennoch scheint es so zu sein, daß diese ungebrochene Fortsetzung der Logoi-Tradition in ihrem Wesen den Samen der Gnosis in sich trägt, der aufgeht, sobald sie unter den Bann einer dualistischen Anthropologie gerät; und das um so mehr, als ja die geheimnisvolle Gegenwart Jesu in seinem Wort zu den Voraussetzungen dieser Überlieferung gehört. Ihr weiteres Wachstum, das wohl schon sehr früh einsetzte und von anderen christologischen Gestaltungen der Evangelienüberlieferung nicht beeinflußt wurde, ist nur noch eine konsequente Entfaltung dieser in ihr liegenden Möglichkeit. Das liegt besonders klar in solchen Sprüchen zutage, in denen die eschatologische Begrifflichkeit deutlich ins Gnostische gewendet wird; z. B. Spruch 3 (Das Reich im Himmel – das Reich inwendig in euch und außerhalb von euch) und 16b (Fünf in einem Haus – und sie werden dastehen als ein einziger)[74]. Am besten greifbar ist diese gnostische Wendung der eschatologischen Vorstellung vom „Reich Gottes" in Spruch 49: „Ihr werdet das Reich finden; denn ihr seid aus ihm und sollt wieder dorthin gehen" – parallel zu Spruch 50: „Wir sind aus dem Licht gekommen..." Hier ist die Entsprechung zur klassischen Definition der Gnosis so deutlich wie nur irgend möglich („Das Wissen darum, wer wir waren und was wir geworden sind, wo wir waren und wohin wir geworfen wurden; wohin wir eilen und wo wir erlöst wurden; was Geburt ist und Wiedergeburt." Exc. ex Theodoto 78). Das reichliche Belegmaterial für die weitere Entfaltung der gnostischen Offenbarungssprache im Thomasevangelium, allerdings keinem speziellen gnostischen System zugehörig, kann hier nicht weiter verfolgt werden[75].

Man darf aber dennoch das Urteil über Thomas' gnostisches Verständnis der christlichen Existenz nicht vorschnell fällen. Ein bedeutsamer Zug, der aus dem Leben des irdischen Jesus stammt, beherrscht Thomas' Verständnis des christlichen Lebens wenigstens bis zu einem gewissen Grade: das Motiv der Wanderschaft. Es ist am prägnantesten in Spruch 42 formuliert: „Werdet Vorübergehende", und es ist gewiß nicht ohne Beziehung zum christologischen Sinn von Spruch 86: „Die Füchse haben ihre Höhlen ... aber der Sohn des Menschen hat keinen Ort, sein Haupt hinzulegen und zu ruhen."

---

[72] Besonders Spruch 6. 14 (z. T.). 25. 99. 101 a; vgl. auch 39. 102. 95.

[73] Siehe z. B. Spruch 54 („Heil den Armen" in der „Mt"-Form, aber ohne den Zusatz „im Geist"), 58?. 68 (jedoch vgl. 69!); ferner 16 a. 17. 55. 82, letzterer ohne synoptische Parallele.

[74] Vgl. ferner 5. 6 b. 11. 18 a. 22. 75. 88. 91. 111. 112.

[75] Siehe dazu bes. *E. Haenchen,* Die Botschaft des Thomas-Evangeliums, 1961, 39–74.

An diesem Punkt trifft eine auf den irdischen Jesus bezogene Christologie mit dem gnostischen Verständnis des Menschen zusammen, um so ein höchst machtvolles Bild des wahren Christen zu schaffen, das die weitere Entwicklung des syrischen Christentums zutiefst beeinflussen und sein wesentlichster Beitrag zur Geschichte des rechtgläubigen Christentums werden sollte[76].

Die in Ostsyrien beheimatete Thomas-Christenheit, die im 2. und 3. Jahrhundert aus den durch das Thomasevangelium bezeichneten Anfängen erwuchs, fand ihre Ausprägung offenbar nicht durch das Ziehen enger Grenzen in Lehre und Verfassung. Sieht man auf ihre weitere Entwicklung, so kann man sie noch nicht einmal als typisch „gnostisch" bezeichnen, sondern besser als charakteristisches Beispiel des hellenistischen Synkretismus, – weiteren Einflüssen und Entwicklungen gegenüber sehr aufgeschlossen. Die folgenden Erscheinungen sind für diese synkretistische Entfaltung bezeichnend.

Der Philosoph Bardesanes, nach dem edessenische Christen später Bardesaniten genannt wurden, war die hervorragende theologische Gestalt dieser Art des Christentums; er wurde zu Recht als „Clemens (d. h. Alexandrinus) des Ostens" bezeichnet. Er war aufgeschlossen für astrologische und kosmologische spekulative Mystik, ein wahrer Hellenist, gleichzeitig aber in semitischer Dichtkunst wohlbewandert[77].

Zur gleichen Zeit brachte Tatian seine Neuschöpfung in der Evangelienliteratur, das Diatessaron, an die Öffentlichkeit. Der Kanon des vierfachen Evangeliums war damals in Edessa noch unbekannt, noch war irgendeines der kanonischen Evangelien in weiteren Kreisen in Gebrauch. Wohl nur mit dem herkömmlichen Thomasevangelium konkurrierend, muß sich das weit überlegene Diatessaron erfolgreich durchgesetzt haben. Tatian hatte die Komposition von Evangelienharmonien in der Schule Justins des Märtyrers in Rom gelernt. Er zog für seine Harmonie noch das Johannesevangelium mit heran (das Justin vielleicht deshalb vermieden hatte, weil die Valentinianer es mit Vorliebe benutzten) und verwendete wahrscheinlich auch das Thomasevangelium[78]. Dadurch schuf er in seiner Zeit das reichhaltigste Evangelien-

---

[76] Die Art der christlichen Ethik, die sich daraus ergibt, kann man als „enkratitisch" bezeichnen, darf das aber nicht mit anderen „enkratitischen" Bewegungen durcheinander bringen; denn diese sind oft aus völlig verschiedenen theologischen Wurzeln entstanden (z. B. die Marcioniten oder die judenchristlichen „Enkratiten" Kleinasiens); vgl. auch *Ehrhardt*, aaO (s. Anm. 4) 95, Anm. 9, der darauf hinweist, daß dieser Begriff in seinem frühen Gebrauch eine ganze Reihe verschiedener Häresien bezeichnen kann, und daß der spätere technische Gebrauch „aus Erfahrungen der nach-konstantinischen Zeit entstand".

[77] Es ist gewiß verfehlt, Bardesanes als religiösen Sektengründer oder als Vertreten des östlichen Valentinianismus anzusehen. Beide Urteile gehören zu den polemischen Waffen der antignostischen Väter. Über Bardesanes s. noch *H. J. W. Drijvers*, Bardaisan of Edessa (Studia Semitica Neerlandica 6, 1966).

[78] Dies ist wohl die beste Erklärung für das Auftauchen von Thomas-Lesarten im Diatessaron, wie *G. Quispel* in mehreren Aufsätzen gezeigt hat; vgl. VigChr 13, 1959, 87–117; NTS 5, 1958/59, 276–290.

buch, das nirgends seinesgleichen hatte[79]. Es dauerte mehrere Jahrhunderte, bis die rechtgläubige Kirche diese „häretische" Schrift im Osten endlich ausgerottet hatte. Der durchaus „rechtgläubige" syrische Kirchenvater Ephräm benutzte sie noch im 4. Jahrhundert ohne Bedenken. Daß Tatian, der sicher kein „Gnostiker" war, später als Enkratit etikettiert wurde, ist bei einem Glied der vor-orthodoxen ostsyrischen Christenheit angesichts ihrer verbreiteten „enkratitischen" Neigungen leicht verständlich.

Solche enkratitischen Neigungen sind auch aus einer Schrift der ostsyrischen Thomas-Christenheit des 3. Jahrhunderts klar ersichtlich: aus den Thomasakten. Ihre Vorliebe für gnostische Lehre und Legende[80] und ihre ausgeprägte vor-manichäische Theologie zeigen jedoch bereits eine rascher zur Begründung einer gnostischen Kirche verlaufende Entwicklung[81]. Eine solche Kirche wurde dann von Mani geschaffen.

Im Vergleich zu diesem farbenreichen Bild der noch nicht fest geprägten Thomas-Christenheit in Edessa erscheint die Rechtgläubigkeit als eine unbedeutende, wenn auch fester gefügte Gruppe, die zunächst kaum Eingang finden konnte. Die Marcioniten scheinen eine Zeitlang sehr viel erfolgreicher gewesen zu sein, während es fraglich bleiben muß, ob die rechtgläubige Kirche überhaupt vor dem Jahre 200 dort Fuß faßte. Ihre erste für uns greifbare Gestalt war Palut, nach dem diese rechtgläubigen Christen zu ihrem großen Leidwesen „Palutianer" genannt wurden. Ob Palut wirklich durch Serapion von Antiochien zum „Bischof" von Edessa geweiht wurde, kann man bezweifeln[82]. Es ist nicht schwer, sich vorzustellen, daß die Rechtgläubigen gerade zu jener Zeit begannen, an Boden zu gewinnen, als die meisten eingesessenen Christen sich mehr zu Mani hingezogen fühlten als zu Paluts „westlicher" Orthodoxie. Hierbei mögen auch die politischen Umwälzungen in Ostsyrien zur beginnenden Sassanidenzeit eine Rolle gespielt haben. Zwar ließen sich noch einige Einzelheiten anfügen, aber ein klares Bild ergibt sich für das 3. Jahrhundert nicht. Erst im 4. Jahrhundert beginnt die orthodoxe Kirche deutlicher in Erscheinung zu treten. Hier finden wir den ersten Bischof (Kune) und den ersten theologischen Gelehrten (Ephräm) von wirklichem Profil. Und erst jetzt gelingt es dieser Gruppe, auch ihre eigene Fassung der

---

[79] Ob es ursprünglich syrisch oder griechisch geschrieben war, ist umstritten, aber für unsere Frage ohne Belang. Ich möchte eher ein griechisches Original annehmen, da römischer Einfluß (Justin als Lehrer Tatians) vorliegen kann und da es auch eine reichhaltige westliche Bezeugung für das Diatessaron gibt (vgl. z. B. die mittelholländische Version).

[80] Vgl. *G. Bornkamm*, Mythos und Legende in den apokryphen Thomasakten (FRLANT NF 31, 1933).

[81] Über die voll entfaltete Gnosis der Thomasakten, in der der irdische Jesus ganz durch die Gestalt des gnostischen Erlösers verdrängt worden ist, s. *G. Bornkamm* in: *Hennecke-Schneemelcher* II, 300–308.

[82] Diese Tradition hat die deutliche Absicht, Paluts Sukzession mit dem römischen Petrus in Verbindung zu bringen, was aus vielerlei Gründen historisch unwahrscheinlich ist, vgl. *Bauer*, aaO 22 (s. auch 25 ff).

Geschichte ihrer apostolischen Sukzession in Umlauf zu bringen: Nicht Thomas, sondern Thaddäus soll der wirkliche Apostel Edessas gewesen sein, während Thomas (der sich offenbar nicht ganz unterdrücken ließ) seinerzeit in Jerusalem geblieben wäre (Eusebius, hist. eccl. I 13) [83]. Diese ganz und gar unhistorische Abgar-Legende, die Thaddäus' edessenische Mission mit dem Toparchen Abgar V. (13–50 n. Chr.) verbindet, hat die Ansprüche der Rechtgläubigen auf Edessa mit Erfolg zur Geltung gebracht, nicht nur seinerzeit, sondern auch für so manchen Gelehrten der Gegenwart [84]. Ein Jahrhundert später, als die brutalen Methoden des Bischofs Rabbula zur „Bekehrung" von Legionen von Häretikern führten, ist die Rechtgläubigkeit so fest in Edessa begründet, daß man auf den ursprünglichen Apostel der ostsyrischen Christenheit, Judas Thomas, ganz verzichten kann (vgl. die Thaddäusakten).

IV. Die Länder um das Ägäische Meer

Für die früheste Geschichte der theologischen Auseinandersetzungen in einigen Teilen Kleinasiens, Makedoniens und Achaias fließen die Quellen reichlicher. Ein beträchtlicher Teil jener Schriften, die später zum neutestamentlichen Kanon vereinigt wurden, ist in diesem Gebiet entstanden, besonders an der Westküste Kleinasiens, und zwar verdanken fast alle diese Schriften ihre Entstehung unmittelbar oder mittelbar den Kämpfen zwischen verschiedenen Gruppen christlicher Missionare in der 2. Hälfte des 1. Jahrhunderts. Es ist selbstverständlich, daß man bei jedem Versuch, die Geschichte der Auseinandersetzungen in diesem Gebiet kurz zu umreißen, unfehlbar in das Wespennest vieler heiß umstrittener Fragen der heutigen neutestamentlichen Forschung greift.

Daß der Apostel Paulus als Begründer der christlichen Mission in den Ländern um das Ägäische Meer anzusehen ist, steht außer Zweifel. In Übereinstimmung mit dem Kerygma der hellenistischen Gemeinde [85], das sich in

---

[83] Daß Thomas und Thaddäus miteinander konkurrieren, wird meist übersehen, ist aber in unseren Quellen ganz deutlich. Der Anspruch der Rechtgläubigen, sich von Thaddäus als ursprünglichem Apostel Edessas herzuleiten, spiegelt sich vielleicht auch schon darin wider, daß die häretischen Thomasakten die Apostelliste von Mt 10 übernommen, jedoch Thaddäus ausgelassen haben. Jedenfalls muß man sich im Bereich solcher Möglichkeiten umsehen, wenn man Besonderheiten in Apostellisten erklären will, statt einfach von dem Wunsch zu reden, die Apostellisten zu „harmonisieren" (gegen *Klijn*, aaO [s. Anm. 23] 158 f; *Bauer*, Das Leben Jesu, 444 f, hat sicher recht).

[84] Die Annahme, die Abgar-Legende spreche eigentlich von Abgar IX. (179–216 n. Chr.), ist ein typisches Beispiel für den abwegigen Versuch, die wirkliche Absicht einer Legende zu opfern, um einen „historischen Kern" zu retten. Man vergißt, daß die rechtgläubigen Christen ja die Legende gerade dazu erfanden, um ihren Ursprung in die Apostolische Zeit (bzw. die Zeit Jesu) zurückzuverlegen, und keineswegs in die Zeit um 200 (im Gegenteil!).

[85] Zum „Kerygma der hellenistischen Gemeinde vor und neben Paulus", s. *Bult-*

Antiochien ausgebildet hatte, war das paulinische Kerygma die Verkündigung von Christi Tod und Auferstehung. Darin war eine streng eschatologische Ausrichtung des Verständnisses der christlichen Existenz in der Welt mitenthalten, sowie das Bestehen darauf, daß das Gesetz zu seinem Ende gekommen war und für die christliche Gemeinde keine theologische Bedeutung mehr hatte.

Der Erfolg der missionarischen Arbeit des Paulus sollte bald auf eine harte Probe gestellt werden. Augenscheinlich hatte er mit seinen Bemühungen nur dem Wirken anderer Missionare Tür und Tor geöffnet. Eine Reihe miteinander konkurrierender Gruppen von Missionaren, sämtlich Judenchristen wie Paulus selbst, begannen ihre Werbung in diesen Gebieten nur wenige Jahre später, als Paulus sich gerade länger in Ephesus aufhielt (vielleicht auch dort eine Zeitlang in Gefangenschaft saß). Das oft wiederholte Thema der Auseinandersetzungen des Paulus mit diesen Konkurrenten im Missions-„Geschäft" – als ein Geschäft wurde die Mission in der Tat von manchen Paulusgegnern verstanden – ist die Frage, ob eine Reihe wesentlicher Elemente aus dem religiösen Erbe des Judentums bleibende Gültigkeit haben: Das Alte Testament, das Gesetz, der Bund, sowie die jüdische Überlieferung überhaupt.

Die erste Bedrohung der Früchte der paulinischen Mission erwuchs aus der Propaganda einer Gruppe von Missionaren, die man mit Recht „Judaisten" genannt hat. Sie erscheinen zunächst als Gegner des Paulus in Galatien. Bald nach dem Tode des Paulus (oder nachdem Paulus diese Gegend verlassen hatte) versucht einer seiner Schüler, sich mit denselben Widersachern im Kolosserbrief auseinanderzusetzen[86]. Die heftige und erregte Reaktion des Paulus im Galaterbrief zeigt deutlich, daß es hier um weit mehr ging als etwa nur um die Frage, ob den neubekehrten Heiden eine überflüssige Bürde wie die Beschneidung auferlegt werden sollte. Auch faßt Paulus die Freiheit vom Gesetz ja keineswegs als willkommenen Anlaß größerer Annehmlichkeit für Heidenchristen auf. Die Gegner darf man nicht für Leute halten, die eine „orthodoxe" jüdische Beobachtung des Gesetzes forderten, und man mißversteht ihre Botschaft nur zu leicht, wenn man sie aus rabbinischen Quellen zu belegen sucht. Verschiedene Hinweise im Galaterbrief (z. B. 4, 9–10) zeigen deutlich, daß diese Judaisten vor allem die pneumatischen und kosmo-

---

mann, Theologie des NT (1965[5]), 66 ff; vgl. auch: Grundtypen und Kriterien frühchristlicher Glaubensbekenntnisse, s. u. Kap. 6, S. 209 ff.

[86] Zur Frage der Gegner im Galaterbrief, vgl. *W. Schmithals,* Die Häretiker in Galatien, ZNW 47, 1956, 25–67 (wiederabgedruckt in *ders.,* Paulus und die Gnostiker, 1965, 9–46); zum Kolosserbrief die ausgezeichnete Studie von *G. Bornkamm,* Die Häresie des Kolosserbriefes (Ges. Aufs. I), 139–156. Es ist nur anzumerken, daß die Häresie des Kolosserbriefes vielleicht in stärkerem Maße als bisher angenommen ein lokal begrenztes und bedingtes Phänomen war, das speziell durch den jüdischen Synkretismus Lydiens und Phrygiens gespeist wurde; vgl. *A. Kraabel,* Judaism in Asia Minor (Diss. Harvard, 1968).

logischen Zusammenhänge der Beobachtung des Ritualgesetzes betont haben[87]. Es ist ebenso offensichtlich, daß diese pneumatische Erneuerung des alttestamentlichen Gesetzes als „Evangelium" verstanden wurde, in dem Jesus eine besondere Rolle zugeschrieben wurde. Im einzelnen ist diese Rolle schwer zu rekonstruieren, aber vielleicht handelte es sich um die Verkündigung eines Gehorsams gegenüber dem Gesetz, das als die kosmische Herrschaft Gottes, wie sie durch Christus offenbart worden war, verstanden wurde. Solcher Gehorsam, der sich als Teilhabe an der kosmischen Ordnung versteht, vollzieht sich vor allem in der Beobachtung bestimmter Riten, von denen die Beschneidung am deutlichsten hervortritt, während Fragen des ethischen Wandels erst in zweiter Linie betont werden.

Bei dem Versuch, aus den Argumenten des Paulus in Gal 3 das Gesetzesverständnis der Gegner zu rekonstruieren, stößt man auf eine Mythologisierung alttestamentlicher Bundestheologie[88], für die es bereits im Judentum Beispiele gibt. In seiner Widerlegung dieser Auffassung setzt sich Paulus für ein geschichtliches Verständnis des alttestamentlichen Bundes und des Gesetzes als Teil dieses Bundes ein. Für Paulus hat der Bund einen geschichtlichen Anfang (die Abrahamsverheißung); und das Gesetz, das erst nach Abraham hinzukam, ist nur von beschränkter Dauer (Gal 3, 17 ff) als Sklavenaufseher bis zum Kommen des Messias (Gal 3, 24). Es kann also keine Gültigkeit mehr haben, nachdem der Zeitpunkt seiner geschichtlichen Außerkraftsetzung gekommen ist, nämlich die Vollstreckung des im Bunde angedrohten Fluches an Christus (Gal 3, 13). Dadurch ist aber der Weg für den verheißenen Segen frei, der jetzt in der christlichen Gemeinde zur Wirklichkeit wurde (Gal 3, 14). Infolgedessen wird die Gegenwart nicht als Zeit der Bundeserneuerung oder des Neuen Bundes verstanden, etwa nun eines Bundes, der kosmische Dimensionen hat, sondern als geschichtliche Erfüllung der ursprünglichen Absicht des Alten Bundes. Man darf auch nicht übersehen, daß Paulus in seinem Rückgriff auf den „Ursprung" des Bundes nicht auf die Schöpfung verweist, sondern auf Abraham. Er beruft sich also auf eine solche Tat Gottes, die den Bund zu einer ganz bestimmten Zeit in der Geschichte seines Volkes abschloß, und nicht auf eine uranfängliche Tat Gottes am Beginn der Welt. Mir scheint, daß Paulus hier ganz bewußt vermeidet, sich auf die ersten Kapitel des Buches Genesis zu berufen, da diese Kapitel in den mytho-

---

[87] *Schmithals,* aaO, hat diese Seite der Theologie der galatischen Gegner sehr überzeugend beschrieben; aber er verwirrt die ganze Problemstellung dadurch, daß er die zentrale Rolle des Gesetzes im Denken der Galater in Abrede stellt.

[88] Ich kann hier nur kurz andeuten, daß ich für mein eigenes Verständnis der Bundesvorstellung im Urchristentum *K. Baltzer* und seinem Buche „Das Bundesformular" (WMzANT 4, 1960, 1964²) zutiefst verpflichtet bin; denn – nach der vorläufigen Studie von *G. Mendenhall* (Law and Covenant in Israel and the Ancient Near East, The Biblical Archeologist 17, 1954, 26–46. 49–76) – hat erstmals *Baltzer* eine völlig neue Perspektive auch für das Studium des Neuen Testamentes eröffnet.

logischen Neudeutungen der alttestamentlichen Überlieferung in der Apokalyptik und in der Weisheit eine sehr bedeutsame Rolle spielten.

Paulus versteht das Kommen des Messias als das Kommen eines Menschen
zu einem bestimmten geschichtlichen Zeitpunkt (Gal 4, 4). Dies ist der Schlüssel zum Verständnis seiner kritischen Widerlegung der gegnerischen Gesetzes-
Mythologie. Gewiß heißt das nicht, daß Paulus die Gestalt Jesu mit den Maßstäben des heutigen Historikers mißt. Ohne Zweifel sieht er in Jesus ein Wesen, das die Absicht eines göttlichen Planes erfüllt, der in theologischer Begrifflichkeit verstanden wird. Jedoch der Grund, warum Jesus diese Absicht
erfüllte, ist kein anderer als die Tatsache, daß er geboren wurde, und als
Mensch lebte und starb (Gal 4, 4; 3, 13). Dies ist für Paulus prägnant in der
Kreuzigung zusammengefaßt. Paulus und seinen galatischen Gegnern geht es
in gleicher Weise um die Frage des neuen Verstehens des Alten Testamentes
und der jüdischen Vorstellungen von Gesetz und Bund. Man darf die Alternativen nicht so sehen, als stellte Paulus der gegnerischen Gesetzeslehre nichts
anderes als Wort und Lehre Jesu gegenüber; im Gegenteil, Paulus stellt eine
bestimmte Sicht des Gesetzes und des Bundes wider die gegnerische Bundestheologie. Beide reden in der überlieferten Sprache des Judentums, beide (obgleich dies aus Paulus' Bemerkungen über die Gegner nicht klar hervortritt)
versuchen, ihre Sicht von der Bedeutung des Kommens Jesu mit den Mitteln
eines überlieferten theologischen Entwurfs zum Ausdruck zu bringen. Worin
liegt dann die entscheidende Differenz? Für Paulus ist das, was historisch in
der Kreuzigung des Menschen Jesus geschah, etwas ganz anderes als nur ein
bequemer Anknüpfungspunkt für die Erneuerung der Bundestheologie. Es ist
für ihn der kritische Maßstab eines radikalen Neuverständnisses. Daß Paulus
auf dem auffallendsten Merkmal dieses Geschehens besteht, nämlich auf dem
Menschsein des Messias, das in seiner Geburt durch ein Weib und in seiner
Kreuzigung zum Ausdruck kommt, gibt ihm gleichzeitig die Möglichkeit, die
mythischen Bestandteile der gegnerischen Bundestheologie – eine Erbschaft
nachexilischer Bundesvorstellungen – kritisch zu bewerten. Jesus hat nicht die
religiöse Großartigkeit des Alten Bundes mit dem Glanz einer neuen kosmischen Gültigkeit versehen, sondern er hat ihn zu seinem Ende gebracht, indem
er die Folgen des zerbrochenen Bundes, den Fluch, auf sich nahm.

Den Christen ist daher nicht die Forderung auferlegt, die über die Zeit
und der Geschichte stehenden Mächte durch die Beobachtung ihrer Satzungen
zu verehren (Gal 4, 10)[89], sondern sie haben eine Aufgabe, die in menschlicher
Verantwortung gegenüber einer sichtbaren Gemeinde besteht, nämlich in der
Agape (Gal 5, 6.22; vgl. 6, 2 ff). Auf diese Weise macht Paulus die Geschichtlichkeit des Offenbarungsgeschehens zum entscheidenden Maßstab der Interpretation überlieferter Theologie und Mythologie. Das Versäumnis, diesen
Maßstab anzuwenden, d. h. die Ablehnung der Entmythologisierung, ist identisch mit der „Häresie" der galatischen Gegner.

---

[89] Vgl. auch Kol 2, 8. 16 ff.

Einige Jahre später begegnet uns im Philipperbrief eine ähnliche, wenn auch wieder anders gelagerte Auseinandersetzung[90]. Wie in Galatien, so handelt es sich auch hier um eine Gruppe von zugewanderten Missionaren, die ohne Zweifel Christen waren und eine Erneuerung der religiösen Tradition Israels durch Jesus Christus verkündigten. Phil 3 zufolge ist Gesetzesgehorsam ihr Weg zu Entweltlichung und geistlicher Vollkommenheit. Die Beschneidung gehört zu den Bedingungen (Phil 3, 2). Der Besitz der überlieferten Auszeichnungen, die Israel von den Heiden unterscheiden, sind ein unbestrittener Wert (Phil 3, 4 ff). Paulus wirft diesen Gegnern nicht vor, daß solche Werbung doch den Weg des Heiden in die Kirche nur mit unnötigen Hindernissen versieht – dies war wahrscheinlich ohnehin nicht der Fall; im Gegenteil, gerade diese Art von Propaganda besaß seinerzeit eine große Werbekraft. Der eigentliche Vorwurf des Paulus ist, daß die Gegner nicht begriffen haben, wie das Kommen des Erlösers als Mensch eine radikale Umwertung der Werte für den Glaubenden einschließt (Phil 3, 7 f). Es bedeutet die Preisgabe alles religiösen Besitzes und die Übernahme des Leidens und der Kreuzigung Christi (Phil 3, 10–11), d. h. die Erlangung eines übergeschichtlichen, übernatürlichen und jenseitigen Wesens als Teil der menschlichen Existenz ist damit ausgeschlossen.

Die Entwicklung der Gesetzespropaganda, verbunden mit gnostisierenden Neigungen, geht nach dem Tode des Paulus weiter, besonders in Kleinasien. Wahrscheinlich ist das auch z. T. religionsgeschichtlich durch das sehr starke hellenistische Judentum bedingt, das schon in vorchristlicher Zeit in Kleinasien ansässig war[91]. In den sieben Gemeindebriefen der Johannesapokalypse heißt es z. B., daß die „Nikolaiten" genannten Gegner (Offb 2, 6.15) beanspruchen, die wahren Juden zu sein (Offb 2, 14; auch 3, 20), und behaupten, die mystische Einsicht in die Tiefen der Gottheit zu besitzen (Offb 2, 24). Ignatius von Antiochien gibt in seinen Briefen an verschiedene Gemeinden Kleinasiens vielleicht Hinweise auf die gleiche häretisch-christliche Gruppe. Wie bei den Gegnern des Kolosserbriefes findet sich auch bei den von Ignatius bekämpften Häretikern die Einhaltung des alttestamentlichen Ritualgesetzes (Ign Magn 8–11; Phld 6 ff). Sie betonen die Auslegung der Schrift (Phld 8), aber scheinen gleichzeitig eine doketische Christologie entwickelt zu haben (Trall 10; Sm 2 ff). W. Bauer hat seinerzeit eine interessante Hypothese auf die Beobachtung gegründet, daß Ignatius nicht nach Pergamon, Thyatira, Sardes und Laodicea schrieb, d. h. an jene vier Gemeinden der sieben Sendschreiben der Johannesapokalypse, die am härtesten von den feindlichen Judaisten getroffen zu sein schienen. Ist es vielleicht so, fragt Bauer, daß

---

[90] Vgl. *H. Köster*, The Purpose of the Polemic of a Pauline Fragment (Phil 3), NTS 8, 1961/62, 317–332.

[91] Dazu vor allem jetzt *Kraabel*, aaO (s. Anm. 86) passim. Dieser „judaisierende Gnostizismus" muß von späteren Gruppen der enkratitischen Ebjoniten unterschieden werden.

·diese vier Kirchen zur Zeit des Ignatius ganz von der Opposition beherrscht wurden?[92] Daß übrigens zur gleichen Zeit der (jüdische?) Gnostiker Kerinth in Ephesus lehrte, sei hier nur am Rande erwähnt[93].

Bei der Auseinandersetzung, die sich zwischen Paulus und seiner Gemeinde in Korinth entwickelte, handelte es sich um ganz andere Fragen und Probleme[94]. Zunächst ging es um Schwierigkeiten, die sich in der Gemeinde selbst ergeben hatten und wohl durch eine hellenistisch-jüdische Weisheitslehre verursacht waren. Beziehungen zum religionsgeschichtlich-synkretistischen Hintergrund der dortigen Gemeinde sind möglich, aber nicht deutlich greifbar. Diese Weisheitslehre führte die Gemeinde zu ehrgeizigem Sich-Rühmen im Namen bestimmter religiöser Gestalten und zur Demonstration persönlicher geistlicher Errungenschaften. Theologische Parteien gab es in Korinth nicht[95]. Apollos, nach Apg 18, 24 ein alexandrinischer Jude, hat offenbar zur Entstehung dieses „Sich-Rühmens in der Weisheit" durch seine Lehrtätigkeit in Korinth nach Paulus' Abreise beigetragen. Paulus sieht jedoch keinen Anlaß zu einem persönlichen Streit mit Apollos und vertraut darauf, daß sein Brief diese internen Probleme seiner Gemeinde bald klären und in Ordnung bringen wird. Wir müssen annehmen, daß dies in der Tat der Fall war – trotz der fundamentalen theologischen Fragen, die hier angeschnitten worden waren.

Die Auseinandersetzung im 1. Korintherbrief ist vor allem insofern höchst aufschlußreich, als es doch wenigstens z. T. Paulus' eigene eschatologische Botschaft gewesen sein muß, die sie verursachte, auch wenn die Lehrtätigkeit des

---

[92] *Bauer,* aaO 82 f.

[93] Die verschiedenen, oft widersprüchlichen Berichte über Kerinth sind bei *Hilgenfeld* gut zusammengestellt, aaO (s. Anm. 8) 411–418. Das Rätsel dieser Gestalt bedarf noch der Lösung.

[94] Für die folgende Darstellung schulde ich vor allem *D. Georgi* Dank für reiche Belehrung; vgl. seine o. Anm. 8 zitierte Arbeit. Er macht überzeugend klar, daß man zwischen den Auseinandersetzungen im 1. und 2Kor unterscheiden muß. Was 1Kor anbetrifft, so enthält *W. Schmithals,* Die Gnosis in Korinth (FRLANT NF 48, 1956, 1965²) manche guten Beobachtungen; vgl. jedoch die Besprechung *D. Georgis* in VuF 1960, 90–96; ferner *U. Wilckens,* Weisheit und Torheit (BHTh 26, 1959, dazu meine Besprechung im Gn 33, 1961, 590–595). Zum 1Kor schließlich *Bornkamm,* Herrenmahl und Kirche bei Paulus (Ges. Aufs. II, 138–176); *J. M. Robinson,* Kerygma und Geschichte, s. o. Kap. 2, S. 28 ff. Zum religionsgeschichtlichen Problem der Gegner im 1Kor s. *E. Brandenburger,* Fleisch und Geist. Paulus und die dualistische Weisheit (WMzANT 29, 1968); *H. Conzelmann,* Der erste Brief an die Korinther (MeyerK V¹¹, 1969).

[95] Insofern hat *J. Munck* ganz recht; vgl. das Kapitel „Die Gemeinde ohne Parteien" in: Paulus und die Heilsgeschichte (Acta Jutlandica 26, 1, 1954), 127–161. Darüber hinaus ist es aber schwer, *Munck* weiter zu folgen; denn der Einfluß jüdischer Weisheitstheologie auf die Gemeinde in Korinth läßt sich schlechterdings nicht bestreiten, auch wenn von hier Querverbindungen zur Lehre des Paulus selbst bestehen. Vor allem muß man aber auch an die Tätigkeit des Apollos in Korinth denken, die als solche von Paulus nicht kritisiert wird.

Alexandriners Apollos nach Paulus' Abreise zur Entwicklung der Theologie und Praxis der „Starken" in Korinth beigetragen haben mag. In welchem Ausmaß sind durch das Kommen Jesu jene eschatologischen Ereignisse schon Wirklichkeit geworden, die nach der „Zeittafel" der Apokalyptik für die Zukunft erwartet wurden? Das ist die zentrale Frage in diesem Streit. Einige Leute in Korinth scheinen behauptet zu haben, daß alles sich schon erfüllt habe, oder sogar, daß angesichts des tatsächlichen gegenwärtigen Besitzes von Sophia und Gnosis durch die Lehre Jesu und in der Kraft des Geistes und der Sakramente ihre letzte Vollendung schon erreicht sei. Die Folgerungen, die sie daraus für ihr Verhalten zogen, machen deutlich, daß diese radikale Sicht der Erfüllung mythischer (d. h. apokalyptischer) Erwartungen die Verantwortung für die „Auferbauung" einer christlichen Gemeinde in eben dem Maße unnötig macht, in dem die Erwartung zukünftiger „Taten Gottes in der Geschichte" überflüssig geworden war (vgl. „es gibt keine Auferstehung der Toten" 1Kor 15, 12).

Es ist im 1. Korintherbrief ganz besonders deutlich, daß Paulus das Kreuz Jesu in den Mittelpunkt seiner eigenen Argumente stellt (1Kor 1, 18 ff; 2, 2). Es ist für ihn ein Ereignis der vergangenen Geschichte, das den abschließenden apokalyptischen Taten Gottes in der Zukunft entspricht (1Kor 11, 26). Daher ist die Gegenwart noch geschichtliche Zeit. Ihr christologisches Maß ist der gekreuzigte Jesus. Aus ihm entspringt der Geist als die eschatologische Gabe der Gegenwart (vgl. 1Kor 2, 16; 12, 1–3), nicht aber aus einer Vorwegnahme der Zukunft. Die Kirche als Leib Christi ist eine irdische Gemeinschaft, in der die Liebe für ihre Auferbauung die Herrschaft hat (1Kor 13, 8–13). Agape ist die einzige Erscheinung der Gegenwart, in der die eschatologische Zukunft ungebrochen und unmittelbar in der Gemeinde da ist (1Kor 13, 8–13). Agape beherrscht und beschränkt die Ausübung aller religiösen Fähigkeiten und läßt für die selbstbewußte Demonstration eschatologischer Erfüllung keinen Platz, wenn diese nicht der Auferbauung der Gemeinde dient. Damit hat Paulus Raum dafür geschaffen, daß es Verantwortlichkeit geben kann, die in der Zeit bis zur Parusie mit den in der Welt gegebenen Wirklichkeiten rechnet. Der Glaubende muß sich zu dieser Verantwortlichkeit bekennen, so wie Christus dies in seinem irdischen Kommen getan hat. Im Gegensatz zur traditionellen apokalyptischen Erwartung wird das Verständnis des Lebens in der Gegenwart nicht unmittelbar von den in der Zukunft erwarteten Ereignissen abgeleitet. Die zukünftig erwarteten Ereignisse sind aber insofern Teil des paulinischen Neuverständnisses der apokalyptischen Weltschau, als sie die Gegenwart zwar zeitlich begrenzen, aber gerade dadurch als geschichtliche Zeit für ein menschliches Dasein offenhalten. Man kann die Zukunft nicht durch ein religiöses Daseinsverständnis vorwegnehmen.

Eine viel ernsthaftere Bedrohung der paulinischen Gemeinde in Korinth erwuchs aus einem ganz anderen Grunde. Sie entstand durch eine machtvolle judenchristliche Bewegung, die der weiteren Entwicklung der christlichen

Kirche entscheidende Anregungen gab. Paulus mußte sich mit diesem Aufruhr in mehreren Briefen befassen, selbst zu einem durch die besondere Notlage bedingten Besuch nach Korinth kommen und – selber erfolglos – schließlich Titus zur Regelung der Verhältnisse und zur Vermittlung nach Korinth senden: all dies ist uns in dem sogenannten 2. Korintherbrief erhalten und bezeugt[96]. Die Ursache war die erfolgreiche Tätigkeit zugewanderter christlicher Missionare in Korinth. Sie sind Vertreter einer judenchristlichen Missionsbewegung (2Kor 11, 22), deren christliche Botschaft sich als Erneuerung des Bundes versteht (2Kor 3), d. h. das Christentum ist die wahre jüdische Religion. Die Methoden und Mittel dieser Missionare waren, im Unterschied zu den galatischen Gegnern, der hellenistisch-jüdischen Propaganda und Apologetik entlehnt und setzten ihr Erbe fort[97]. Der Hauptinhalt dieser missionarischen Tätigkeit war die Darstellung der vom Geist gewirkten machtvollen Erneuerung der wahren jüdischen Religion. Bei den Gegnern des 2. Kor. wird dies dargestellt durch das Vollbringen von Krafttaten und Wundern, im Prahlen mit mystischen Erlebnissen und in der Darbietung kunstvoller pneumatischer Exegese. Dem entspricht eine Christologie, die Jesus als das Urbeispiel dieser vom Geist gewirkten Erweckung der wahren Religion des Judentums ansieht, d. h. als den „Modellfall" des göttlichen Menschen, der in der Wirksamkeit seines Apostels oder „Dieners" nicht nur nachgeahmt, sondern auch wesensmäßig verkörpert wird[98]. Das „Evangelium", das dieser Christologie entspricht, muß den Quellen des Erzählungsstoffes sehr ähnlich gewesen sein, die unsere ältesten schriftlichen Evangelien, Markus und Johannes, benutzten.

Im 2. Korintherbrief läßt sich deutlicher sehen, in welcher Weise die gegnerische Theologie vom Neuen Bunde unmittelbar mit dem Verständnis der Sendung Jesu im Zusammenhang stand. Für sie war Jesus das Urbeispiel dafür, wie man im Geiste und im religiösen Erleben die Grenzen der menschlichen Existenz durchbrechen konnte. Er war der θεῖος ἀνήρ, der göttliche (oder der „religiöse") Mensch schlechthin. Pneumatische Exegese des Alten Testamentes (= des Alten Bundes) öffnete den Weg zu einer Wiederholung der religiösen Erfahrungen von solchen religiösen Gestalten wie Moses (2Kor 3, 7 ff). Hingegen hatte Paulus, der noch nicht einmal versuchte, seine apostolische Vollmacht durch geistgewirkte Taten zu beweisen, nach Ansicht der Gegner keinerlei religiöse Fähigkeiten und war deshalb nicht als Apostel legitimiert. Paulus jedoch wagt es, dieses „religiöse" Verständnis christlicher Werte zu verwerfen, und er nennt ihren göttlichen Menschen Christus einen

---

[96] Vgl. *G. Bornkamm*, Die Vorgeschichte des sogenannten Zweiten Korintherbriefes (SAH 1961, 2); kurze englische Zusammenfassung in NTS 8, 1961/62, 258–264.

[97] *Georgi*, aaO (s. Anm. 8) 83–187.

[98] Zur Christologie der Gegner s. *Georgi*, aaO 282–300; *J. M. Robinson*, Kerygma und Geschichte, s. o. Kap. 2, S. 44 ff.

„Christus nach dem Fleisch" (2Kor 5, 16). Er besteht darauf, daß Gottes wahre Kraft nur in menschlichen Eigenschaften gegenwärtig ist, die sich in der geschichtlichen Existenz dokumentieren, daß das göttliche Leben im Tode Jesu verborgen ist, und daß es nur in dem Werk des Apostels für seine Gemeinde sichtbar werden kann (vgl. besonders 2Kor 4, 7–18). Der Maßstab des Paulus ist hier wiederum die Menschheit und fundamentale Geschichtlichkeit der Offenbarung in Jesus, die es noch nicht einmal erlaubt, von den göttlichen Qualitäten Jesu zu reden.

Das Markusevangelium bezeugt eine bemerkenswerte Entwicklung in der weiteren Geschichte dieser korinthischen Auseinandersetzung. Der Markusentwurf des „Evangeliums" ist im Grundansatz paulinisch [99], und es ist wohl auch kein Zufall, daß ein „Markus" in der Gesellschaft des Paulus mehrfach bezeugt ist [100]. Das Überlieferungsmaterial jedoch, das Markus zum großen Teil außerhalb der Passionsgeschichte verwendet, entspricht ganz der Auffassung der Gegner des Paulus im 2. Korintherbrief, die Jesus als den „göttlichen Menschen" verstehen [101]. Es ist natürlich dabei nicht zu übersehen, daß Markus dieses Bild des göttlichen Wundertäters durch die Eschatologie, die Geheimnistheorie und durch die Leidensgeschichte kritisch interpretiert hat.

Markus blieb allerdings nur eine Episode und wurde sehr bald von Matthäus und Lukas ersetzt und verdrängt. Zwar wird die (paulinische) eschatologische Ausrichtung des Markus [102] von Matthäus aufgegriffen und zu einer eschatologischen Theologie der Kirche umgestaltet. Aber in den eigentlichen paulinischen Missionsgebieten Kleinasien und Griechenland wurde die paulinische Theologie des Markus in einer ganz anderen Weise durch Lukas richtiggestellt [103]. Das Evangelium des Lukas und seine Apostelgeschichte machen den Sieg der Paulusgegner des 2. Korintherbriefes nur allzu offenkundig.

Nach Lukas „vollzieht" Jesus, getrieben vom Geist, in seinem irdischen Leben die Erfüllung des wahren Wesens der Religion des Alten Testamentes.

---

[99] Das hat *W. Marxsen*, Der Evangelist Markus (FRLANT NF 49, 1956), 83–92, überzeugend nachgewiesen.

[100] Phlm 24; vgl. Kol 4, 10; 2Tim 4, 11; der „Johannes Markus" von Apg 12, 25; 13, 5 ff ist wohl eine lukanische Konstruktion. Jedenfalls ist die Tradition, die Markus mit Paulus verbindet, viel älter als diejenige, die Markus in der Gesellschaft des Petrus findet (1Pt 5, 13; Papias bei Euseb, hist. eccl. III 39, 15).

[101] Damit ist freilich der Ort der Abfassung des Markusevangeliums noch nicht bestimmt. Man muß wohl mehr als bisher die hier besprochenen paulinischen Missionsgebiete in Betracht ziehen, d. h. Kleinasien oder Griechenland (vielleicht Antiochien) kommen eher in Frage als Rom (oder etwa Galiläa – aber das ist ja wohl ohnehin nur eine phantasievolle Verirrung *Marxsens*).

[102] Das hat *J. M. Robinson*, Das Geschichtsverständnis des Markusevangeliums (1956), gezeigt. Eine Neufassung seiner These sowie Literatur zu dieser Frage findet sich in seinem oben Anm. 58 zitierten Aufsatz.

[103] Als Abfassungsort der lukanischen Schriften kommt in erster Linie Kleinasien in Frage. Das schließt natürlich nicht aus, daß Lukas „antiochenische" Traditionen zur Verfügung standen.

Er vollbringt dies in seiner Wirksamkeit durch machtvolles Lehren und Wunderwirken, jedoch nicht durch sein Leiden und Sterben (die Passionsgeschichte ist im Lukasevangelium nur ein Anhang) [104]. Durch Erweise apostolischer Macht legitimiert tragen die Missionare diese neue und wahre Religion erfolgreich von Jerusalem nach Rom. Der Gedanke des „Göttlichen Menschen" war noch nie so wirkungsvoll in religiöser Literatur fruchtbar gemacht worden wie hier bei Lukas, und zwar sowohl in der Christologie als auch in seiner Darstellung des Missionars. Diese Missionare der Apostelgeschichte sind ebenso bewandert im Vollbringen von Wundertaten (Apg 3 u. ö.) wie die Gegner des Paulus im 2. Korintherbrief; wie jene sind sie Meister der pneumatischen Exegese des Alten Testamentes (vgl. die Reden der Apg) und sie rühmen sich ihrer pneumatischen Erlebnisse: in der Apg muß Paulus seine eigene Berufungsvision gleich zweimal einer in Verwunderung ergriffenen Zuhörerschaft vortragen – um von unserer Verwunderung gar nicht erst zu reden (vgl. die Verlegenheit und die theologischen Bedenken, die in 2Kor 12, 1 ff zum Ausdruck kommen). Es ist kaum daran zu zweifeln, daß Lukas bei all seiner Bewunderung des großen Heidenapostels doch bei den Gegnern des Paulus und nicht bei Paulus selbst in die Schule gegangen ist.

Ein ganz neuer Faktor machte sich in Kleinasien (und vielleicht auch in Makedonien) nach 70 n. Chr. [105] bemerkbar, wiederum jüdischen Ursprungs, und zwar in diesem Falle ausgeprägt palästinisch-jüdischer Provenienz: die Apokalyptik [106]. Der erste Zeuge dieses neuen Hervortretens der Apokalyptik ist der 2. Thessalonicherbrief. Die Gegner dieses Briefes berufen sich für ihr apokalyptisches Kerygma, „Der Tag des Herrn steht unmittelbar bevor" (2Thess 2, 2), auf Paulus, und zwar nicht ganz zu Unrecht; denn Paulus selbst war in gewissem Sinne Vertreter einer apokalyptischen Theologie. Zur gleichen Zeit (ca. 80–90 n. Chr.) – und in diese Jahre fällt wohl nicht ganz zufällig die Abfassung solcher jüdisch-apokalyptischer Schriften wie 4. Esra – hatte sich in Ephesus (oder in seiner Umgebung) ein prophetischer Konventikel gebildet. Der Führer dieses Kreises, ein christlicher Prophet namens Johannes (nicht der Verfasser des Evangeliums [107]) verfaßte das unter seinem Namen

---

[104] Vgl. *H. Conzelmann*, Die Mitte der Zeit (1960³), 187: „...daß weder von einer Passionsmystik etwas zu bemerken ist, noch eine direkte Heilsbedeutung des Leidens oder Sterbens ausgeführt wird."

[105] Dieses Urteil beruht auf der Beobachtung, daß Apokalyptik als selbständige Bewegung zur Zeit des Paulus in den Ländern um das Ägäische Meer keine Rolle spielt.

[106] *E. Käsemann*, Zum Thema der urchristlichen Apokalyptik (ZThK 59, 1962, 257–284; wiederabgedruckt in: EVB II, 1964, 105–131), muß es als Verdienst angerechnet werden, die Frage der frühchristlichen Apokalyptik wieder neu zur Diskussion gestellt zu haben. Er hat sicherlich recht, wenn er die ungeheure Bedeutung apokalyptischen Denkens für die Frühzeit des Christentums betont. Ich möchte hinzufügen: Für Rechtgläubige wie für Häretiker. Zur weiteren Diskussion vgl. die Aufsätze in: Apocalypticism, JThC 6, 1969.

[107] Ich würde annehmen, daß die Existenz dieses historischen Johanneskreises (die

überlieferte Buch der Offenbarung. Eine Schrift, so übersättigt von apokalyptischen Überlieferungen des Judentums, ist unter den älteren Schriften und Überlieferungen des Urchristentums ohne Parallele. Aber gleichzeitige Vorgänge haben die gegenwärtigen Formen der synoptischen Apokalypse geschaffen (Mk 13 und Mt 24–25; Lukas hat dieses Erwachen der Apokalyptik bereits aufgearbeitet; vgl. aber noch Did 16). Ferner zeigt noch der Epheserbrief, der in dieselbe Zeit gehört, auffallende Berührungen mit der apokalyptischen Sprache der Qumransekte [108], wie übrigens auch 2Kor 6, 14–7, 1, ein Abschnitt, den die korinthische Gemeinde bei der Edition und Veröffentlichung des 2. Korintherbriefes am Ende des 1. Jahrhunderts diesem Brief einfügte [109]. Es ist sicher nicht ganz abwegig, daran zu denken, daß die Zerstreuung der Qumrangemeinde nach dem Jüdischen Krieg irgendwie zu diesen Entwicklungen beigetragen hat, denn offenbar sind Qumran-Parallelen in christlicher Literatur, die nach 70 entstand, viel häufiger als in der älteren synoptischen Überlieferung und in den echten Paulusbriefen.

Auch wenn man dabei Gefahr läuft, offensichtlich bestehende Probleme zu vereinfachen, so muß man doch einmal versuchen, sich eine konkrete Vorstellung von dem Nebeneinander der verschiedenen, miteinander rivalisierenden christlichen Gruppen (nicht „Kirchen") in Ephesus am Ende des 1. Jahrhunderts zu machen: die ursprünglich von Paulus gegründete Kirche, unterstützt von dem durch Qumran beeinflußten Paulusschüler, der den Epheserbrief schrieb, – aber ebenso vertreten durch den Verfasser des Lukasevangeliums und der Apostelgeschichte, der in seiner eigenen Weise die Überlieferung von dem großen Heidenapostel den Bedürfnissen der Kirche dienstbar machte; ferner eine judenchristliche „Schule", die sich mit gewagten Interpretationen des Alten Testamentes befaßte (ein früher Gnostiker wie Kerinth würde gut hierher passen); eine häretische Gruppe, die vom Propheten Johannes Nikolaiten genannt werden (Apk 2, 6); schließlich ein ebenfalls judenchristlicher Konventikel, der unter der Leitung des Propheten Johannes stand, und aus dem die apokalyptische Offenbarungsschrift dieses Propheten hervorging.

Im 2. Jahrhundert wuchsen einige dieser älteren, miteinander konkurrierende Gruppen der Frühzeit zur vollen Gestalt von Kirchen oder Sekten heran. Wahrscheinlich läuft eine ununterbrochene Linie von den ersten apokalyptischen Störungen der paulinischen Kirche in Thessalonich (2Thess) bis hin zur Entstehung des Montanismus. Apokalyptische Überlieferungen und chi-

---

Offb ist kein pseudonymes Werk!) später die Tradition vom „Apostel" und Jünger Johannes in Ephesus anzog. Es ist natürlich nicht ausgeschlossen, daß auch das Johannesevangelium in Ephesus verfaßt wurde. Aber hier liegt, wie gesagt, eines der notorischen Rätsel der neutestamentlichen Wissenschaft.

[108] Vgl. *F. M. Cross Jr.*, The Ancient Library of Qumran (New York 1961²), 216 f (dt.: Die antike Bibliothek von Qumran [1967], 195 f).

[109] *J. A. Fitzmyer*, Qumran and the Interpolated Paragraph in 2. Cor. 6 : 14–7 : 1, CBQ 23, 1961, 271–280.

liastische Hoffnungen finden sich bei Bischof Papias von Hierapolis (ca. 135), d. h. in einer Stadt, die ganz in der Nähe jener phrygischen Zentren lag, in denen der Montanismus nur wenige Jahrzehnte später entstand. Wie man den Montanismus als Wiedererweckung und Radikalisierung einer alten apokalyptischen Form des Christentums ansehen muß, so findet die vermeintlich ursprüngliche Intention der paulinischen Theologie einen mächtigen Anwalt in dem Kaufmann und Reeder Marcion. Die Gerechtigkeit verlangt, daß man beiden, Montanus und Marcion, zugesteht, daß sie rechtmäßige Erben älterer christlicher Glaubensanschauungen waren, die zu Recht beanspruchen konnten, das „Urchristentum" Kleinasiens zu sein. Marcions Verdacht, daß sich einige Leute allzu eifrig um eine Korrektur des in den Briefen überlieferten Paulusbildes und seiner Theologie bemüht hatten, war ja schließlich nicht so ganz unbegründet (vgl. die große Zahl der kanonischen und außerkanonischen Paulus-Pseudepigraphen). Und die Behauptung des Montanus, die urchristliche Erwartung der Parusie sei ebenso verschwunden wie die einst damit verbundene Forderung eines radikal neuen ethischen Wandels, läßt sich nicht im Ernst bestreiten. Gewiß kann man sagen, daß beide Männer in ihren nicht ganz unbefangenen Urteilen kurzsichtig und einseitig waren. Aber das ist doch nur eine vernünftige und weise moderne Deutung, die uns nicht dazu verführen sollte, die historische Bedeutung und die tatsächliche Lebenskraft dieses Wiederauflebens urchristlicher Glaubensanschauungen zu übersehen.

Man darf außerdem nicht vergessen, welcher Preis für ein mehr gemäßigtes und wohlabgewogenes Festhalten am Erbe der ersten christlichen Generationen gezahlt werden mußte. Es gibt dafür typische und lehrreiche Beispiele aus den Kreisen der „konservativen" Theologie, die sich um das Jahr 100 in Kleinasien zu bilden begann. Wie Lukas das paulinische Evangelium opferte, um das Bild des großen und beispielhaften Missionars Paulus für die Kirche zu erhalten, wurde bereits dargestellt. Was mit Paulus in den Pastoralbriefen geschah, ist noch aufschlußreicher. Die bleibende Gültigkeit des paulinischen Erbes ist hier die zentrale Frage, und die dadurch notwendige Neuinterpretation der paulinischen Theologie, ja sogar ihre Zähmung, hat ihre faszinierenden Seiten. Der Verfasser der Pastoralbriefe hat recht gut verstanden, daß der eigentliche Prüfstein der apostolischen Vollmacht des Paulus sein Leiden ist, nicht aber der nachträglich seine Wirksamkeit verbrämende Glanz. Er weiß auch mit Paulus, daß das Feld, auf dem der christliche Glaube sich bewähren muß, die Kirche ist, die einer Welt unerbittlicher sozialer und politischer Notwendigkeit gegenübersteht, und daß man dem nicht durch die Flucht in theologische Spitzfindigkeiten und Spekulationen ausweichen darf. Dennoch wird man den Eindruck nicht los, daß in den Pastoralbriefen ein Ausverkauf der paulinischen Theologie unter ungünstigen Bedingungen stattgefunden hat. Die eschatologische Spannung des paulinischen Denkens ist verschwunden, und der Verfasser der Pastoralbriefe ist nicht imstande, sie durch ein Denken in kosmologischen Kategorien des Raumes zu ersetzen (wie das im Kolosser-

und Epheserbrief geschah); denn inzwischen gehörte dieses Denken zu den
Vorrechten der gnostischen Schüler des Paulus. Daher bleibt nur noch die
Empfehlung übrig, Paulus zu erbaulichen Zwecken zu lesen, persönlich wie
kirchlich. Aber Paulus ist nirgends mehr ein Anreiz zum schöpferischen Neu-
denken in einer sich wandelnden Welt. Da Theologie nun etwas geworden ist,
das man durch Einübung in die Gottseligkeit lernen kann, kann man den
Häretiker an bestimmten „falschen" theologischen Sätzen erkennen (oder auch
schon daran, daß er sich auf theologische Diskussion überhaupt einläßt). So
findet sich bei Polykarp von Smyrna (im zweiten seiner Briefe an die Phi-
lipper[110]) erstmals eine sorgfältig formulierte Zusammenstellung verschiedener
„häretischer" Lehrsätze (PolPhil 7, 1). Diese Formulierung läßt nicht daran
zweifeln, daß bei Polykarp der wahre Christ dazu angehalten ist, ein be-
scheidenes Mindestmaß rechter Lehren zu bewahren, die aus paulinischen und
apokalyptischen Sätzen zusammengestellt sind. Mäßigung in der Fortsetzung
des Erbes früherer Generationen ist an Stelle einer stets neuen Rückbesin-
nung auf die Wurzeln des christlichen Glaubens, d. h. auf den irdischen Jesu,
zum hervortretenden Maßstab geworden. Dies sollte so bleiben, bis schließlich die neugeschaffene Autorität des neutestamentlichen Kanons die Grundlage für einen neuen theologischen Ausbruch wurde.

---

[110] Hat *P. N. Harrison*, Polycarp's Two Epistles to the Philippians (Cambridge
1936), recht, so ist dieser 2. Brief (= Phil 1–12) auf die Zeit der Anfänge Marcions
zu datieren. Zum Verständnis von PolPhil 7, 1 vgl. noch *J. M. Robinson*, Kerygma
und Geschichte, s. o. Kap. 2, S. 35 f.

Kapitel 5

EIN JESUS
UND VIER URSPRÜNGLICHE EVANGELIENGATTUNGEN*

HELMUT KÖSTER

I. Das Problem des „historischen" Jesus und die Frage nach den ältesten Gattungen der Evangelien

Wer sich mit dem Problem des „historischen" Jesus befaßt, der wird sich in der Regel mit den synoptischen Evangelien beschäftigen (wobei gelegentliche Anleihen bei Johannes nicht ausgeschlossen sein mögen).

Es scheint nicht ratsam zu sein, dabei auch die apokryphen Evangelien zu benutzen, denn ihre Berücksichtigung ist von einer Anzahl notorischer Schwierigkeiten umgeben. Erstens hat sich jeder Versuch, aus der großen Menge außerkanonischer Überlieferungen historisch verläßliches Material zu gewinnen, als eine sehr mühselige Arbeit erwiesen, die nur geringfügige Ergebnisse verheißt. Zweitens: Man ist weithin davon überzeugt, daß die kanonischen Evangelien die ältesten und ursprünglichsten Schriften sind, denen der Titel „Evangelium" zukommt. Daher müssen die oft ganz andersartigen Formen und Konturen der apokryphen Evangelien notwendigerweise als sekundäre Abwandlungen, wenn nicht überhaupt als tendenziöse Fälschungen erscheinen. Drittens: Die Suche nach einem „Urevangelium" (z. B. nach dem „hebräischen Matthäusevangelium") ist zwar keineswegs in Vergessenheit geraten, gehört aber doch glücklicherweise nicht mehr zu den Lieblingsthemen neutestamentlicher Forschung. Es ist also nicht ohne weiteres deutlich, wie man in diesen Fragen noch irgendwelche Fortschritte machen kann.

Vor mehr als einem halben Jahrhundert hat A. Resch fast 300 apokryphe Jesusworte gesammelt[1]. Jedoch nur 36 dieser Sprüche hielt er für echte Jesusworte. In einer kritischen Untersuchung dieses Materials zeigte J. H. Ropes[2], daß Resch viel zu optimistisch geurteilt hatte. Seitdem sind noch weitere apokryphe Jesusworte zutage gebracht worden, und J. Jeremias hat unlängst wiederum versucht, echte Worte Jesu in dem so reichlich vorhandenen apokryphen Material zu finden[3]. Aber nur 21 Sprüchen erkennt Jeremias den gleichen historischen Wert zu, den die in den kanonischen Evangelien überlieferten Sprüche haben; und nur elf von diesen will er als ursprüngliche

---

* Dieser Aufsatz wurde erstmals in HThR 62, 1968, 203–247 veröffentlicht.

[1] *A. Resch*, Agrapha (TU 5, 4, 1889; 2. Aufl. TU, NF 15, 3–4, 1906; Neudruck 1967).

[2] Die Sprüche Jesu, die nicht in den kanonischen Evangelien überliefert sind (TU 14, 2, 1896).   [3] Unbekannte Jesusworte (1963³).

Worte Jesu gelten lassen. In seiner Besprechung von Jeremias' Buch hat
W. G. Kümmel gefragt, ob nicht selbst diese kleine Anzahl echter Jesusworte
noch auf etwa ein halbes Dutzend reduziert werden müsse [4].

In den reichlich fließenden apokryphen Nachrichten über Jesu Leben, seine
Wunder, seine Verwandten usw. irgendwelche verläßlichen Auskünfte zu
finden, ist bekanntlich ein noch hoffnungsloseres Unterfangen. W. Bauer stellte
vor einem halben Jahrhundert alles damals bekannte Material in einem Werk
von über 500 Seiten zusammen [5]. Es wäre durchaus möglich, auf Grund der
seitdem gemachten Entdeckungen ein entsprechendes Werk gleichen Umfangs
dem Buch Bauers an die Seite zu stellen [6]. Doch würde es wohl kaum jemand
wagen, die historische Glaubwürdigkeit auch nur eines kleinen Teils dieser
Nachrichten zu beweisen.

Ohne Zweifel hat die formgeschichtliche Methode dazu geführt, daß die
gelehrte Welt bei der Beurteilung der historischen Zuverlässigkeit nur noch
vorsichtiger geworden ist. Völlige Skepsis, so hört man, ist schließlich das un-
vermeidliche Ergebnis; und wenn dies für die kanonischen Evangelien schon
zutrifft, was kann dann von der apokryphen Überlieferung noch übrig bleiben? Man mag nun in solch skeptischer Haltung verharren, oder man mag
gewillt sein, die Strenge der formgeschichtlichen Methode zu mildern, um
„positivere" Ergebnisse erzielen zu können. Doch muß daran erinnert werden, daß der wirkliche Sinn und Zweck der Formgeschichte nicht einfach mit
dem bescheidenen Versuch gleichgesetzt werden kann, objektiv festzustellen,
was Jesus zu einem bestimmten Zeitpunkt seines öffentlichen Wirkens gesagt
oder getan habe. Es soll dabei nicht bestritten werden, daß die formgeschichtliche Methode auch zur Bestimmung der Echtheit nützlich ist. Aber ihre eigentlichen Möglichkeiten sind keineswegs ausgeschöpft, wenn man sie nur als
Kunstgriff zur Bestimmung historischer Echtheit gebraucht. Vielmehr will die
formgeschichtliche Methode die Grundstrukturen der Überlieferungen und
ihrer Geschichte aufzeigen und ihren „Sitz im Leben" bestimmen, d. h. es
geht hier um die Funktion des überlieferten Materials im Leben der Menschen und ihrer Gemeinschaften. Das ist eine soziologische und theologische
Frage. Deshalb darf man die Frage nach dem „Sitz im Leben" nicht so verstehen, als handele es sich um den Ort, die Zeit und die Situation, in der Jesus
dieses oder jenes sagte oder tat.

Bei der Anwendung der formgeschichtlichen Fragestellung auf die apokryphe Überlieferung mag als Nebenprodukt herauskommen, daß nur ein ge-
ringer Teil dieser Überlieferungen als „historisch" oder „echt" bezeichnet
werden kann. Wichtig ist aber vor allem auch hier, zu bestimmen, welchen

---

[4] ThLZ 78, 1953, 99–101; vgl. *H. Köster*, Die außerkanonischen Herrenworte als
Produkte der christlichen Gemeinde, ZNW 48, 1957, 220–237.

[5] Das Leben Jesu im Zeitalter der neutestamentlichen Apokryphen (1909).

[6] Das neue Material ist zum großen Teil zugänglich in: *E. Hennecke,* Neutestamentliche Apokryphen I, 3. Aufl. hg. von *W. Schneemelcher,* 1959.

Sitz im Leben (sc. der Gemeinde) jenes Material hatte, das als apokryphe Evangelien-Überlieferung auf uns gekommen ist, – mag es auch immer bei der Frage nach dem historischen Jesus als „unecht" gelten, und mag es in den Zusammenhängen, in denen es aufbewahrt wurde, auch immer „sekundär" verwendet worden sein. Dabei muß man sich außerdem ein Urteil darüber bilden, wie sich apokryphes Überlieferungsmaterial zu vergleichbarem kanonischen Material verhält. Das Überlieferungsstadium, in dem ein solcher Vergleich angestellt werden kann, ist der jeweilige ursprüngliche Sitz im Leben der frühchristlichen Gemeinden.

In welcher Weise war aber nun die Überlieferung in ihrem ältesten erkennbaren Sitz im Leben auf den historischen Jesus bezogen? Orientiert man sich hier nur an der Echtheitsfrage, so könnte man diese Beziehung darin sehen, daß zumindest ein kleiner Teil des überlieferten Materials direkt auf Jesus von Nazareth zurückgeht. Ohne Zweifel gehört es zu den Aufgaben des Historikers, diesen „echten" Teil der Überlieferungen möglichst genau in seiner ursprünglichen Form zu bestimmen. Aber es geschieht vor allem der apokryphen Überlieferung Unrecht, wenn sich das historische Interesse an dieser Art der Frage nach der Beziehung zum historischen Jesus erschöpft.

Sachgemäß muß man vielmehr das Problem folgendermaßen formulieren: In welcher Weise bestimmt der *irdische* Jesus den Sitz der Überlieferung im Leben der Gemeinde? Dies ist nämlich insofern der Fall, als der irdische Jesus im Wesentlichen als der Inhalt der kirchlichen Verkündigung und als der Gegenstand des christlichen Glaubens erscheint. Ob solche Verkündigung und solcher Glaube sich in der rechten und angemessenen Weise auf den irdischen Jesus beziehen, kann nicht an der Quantität des jeweils überlieferten echten Jesus-Materials gemessen werden. Vielmehr hängt das davon ab, ob und in welchem Maße der irdische Jesus das Kriterium der kirchlichen Verkündigung und des Glaubens war [7].

Wir haben es also mit einem Problem zu tun, das uns auf das Gebiet der frühchristlichen Theologiegeschichte führt. Soweit „Sitz im Leben" sich auf theologische Zusammenhänge bezieht, muß die formgeschichtliche Methode sich mit theologischen Fragen beschäftigen. In unserem Fall geht es um jene fundamentalen christologischen Einsichten der frühen christlichen Gemeinde, durch welche die Entstehung und das Wachstum der Überlieferung in ihren verschiedenen Traditionen und Quellen jeweils bestimmt wurden. Es muß dann gefragt werden, wie sich der irdische Jesus nicht nur in dem überlieferten Material widerspiegelt, sondern auch in den christologischen Voraussetzungen, die dessen Gestaltung, Komposition und Interpretation beherrschen.

---

[7] Vgl. die Formulierung dieser Frage bei *E. Käsemann*, Sackgassen im Streit um den historischen Jesus (EVB II, 1964, 53): „Der Kern unserer Problemstellung läßt sich nun schlicht dahin zusammenfassen: Rechnet das Kerygma des Neuen Testamentes den irdischen Jesus zu den Kriterien seiner selbst?" Siehe auch *J. M. Robinson*, Kerygma und historischer Jesus (1967[2]), 50 ff.

Es wird allgemein angenommen, daß ein solches beherrschendes christologisches Prinzip seine kraftvollste Ausprägung im „Evangelium" gefunden hat, d. h. in einer bestimmten Literaturgattung, die ihre Struktur von der frühsten christlichen Verkündigung erhielt, nämlich vom „Kerygma" des Leidens, des Todes und der Auferstehung Jesu.

Was J. Schniewind im Jahre 1930 formulierte[8], hat so gut wie allgemeine Anerkennung gefunden[9]:

„Es ist in der Tat so, daß nur, weil es ein Kerygma gibt, das einen im Fleisch lebenden Menschen als den Herrn verkündet, das Entstehen unserer Evangelien, ja schon ihrer Vorformen begriffen werden kann."

In der Tat läßt sich die Form der kanonischen Evangelien nicht anders erklären. Diese Gattung ist eine Schöpfung des Kerygmas der frühchristlichen Gemeinde. Bekenntnisformeln wie diejenige, die Paulus 1Kor 15, 1 ff als „Evangelium" anführt, und verwandte Formeln des gleichen Typus haben dieser Literaturgattung ihre Struktur gegeben. „Die alles beherrschende Beziehung ... auf den im Wort verkündigten und im Kult der Gemeinde gegenwärtigen Gottessohn und Herrn, der auch zugleich der Rabbi und Prophet Jesus von Nazareth ist[10]", hat die schriftlichen Evangelien zu einer eigenständigen christlichen Literaturgattung gemacht. Das ist am deutlichsten im Markusevangelium sichtbar[11], das nichts anderes als eine Passionsgeschichte mit biographischer Einleitung ist.

Zu dieser Literaturgattung gibt es keine vor- und außerchristlichen Parallelen. Nur jene Evangelien, die sich aus der Passionsgeschichte heraus entwickelt haben (Markus und Johannes), oder von Markus abhängig sind (Matthäus und Lukas), haben einen wirklichen Anspruch auf den Titel „Evangelium"[12]. Es ist auch ohne weiteres klar, daß die Beziehung dieser Evangelien

---

[8] In seinem bedeutsamen Literaturbericht: Zur Synoptikerexegese, ThR, NF 2, 1930, 183.

[9] Der Satz wurde z. B. erst kürzlich wieder von *G. Bornkamm* an entscheidender Stelle in seinem Aufsatz: Evangelien; formgeschichtlich (RGG³ II, 750) zitiert.

[10] *Bornkamm,* aaO 750.

[11] Vgl. vor allem *W. Marxsen,* Der Evangelist Markus (FRLANT, NF 49, 1959), 77–101.

[12] Der Titel „Evangelium" findet sich für diese Schriften allerdings erst etwas später. Er ist erstmals um die Mitte des zweiten nachchristlichen Jahrhunderts bezeugt: 2Clem 8,5; Justin Martyr Apol I 66,3; Dial 10,2; 100,1. Daß „Evangelium" im strengen Sinne nur zu Johannes und Markus und den vom letzteren abhängigen Schriften recht paßt, liegt daran, daß das von Paulus 1Kor 15, 1 ff „Evangelium" genannte Kerygma von Kreuz und Auferstehung nur hier zum bestimmenden Faktor dieser neuen Literaturgattung geworden ist. Wenn jedoch im Folgenden auch andere Schriften „Evangelien" genannt werden, so entspricht das nicht nur dem seit langem üblichen Sprachgebrauch; solche Verwendung des Begriffs ist auch dadurch gerechtfertigt, daß es in dieser Untersuchung um solche Schriften geht, die Überlieferungen enthalten, die wenigstens zum Teil Bestandteile des Markus und der anderen Evangelien gleichen Typs geworden sind.

zum irdischen Jesus nicht an der Frage nach der Echtheit des in ihnen aufbewahrten Überlieferungsmaterials gemessen werden kann; noch spiegelt sich
der Ablauf des irdischen Lebens Jesu unmittelbar in ihrem Rahmen und Aufriß wider. Vielmehr ist der Rahmen, in den die überlieferten Worte und
Erzählungen eingefügt sind, eine literarische Verlängerung des Kerygmas von
Jesu Kreuz und Auferweckung. Daher ist der Aufriß dieser Evangelien nicht
wirklich biographisch, sondern nur pseudo-biographisch.

Die Beziehung der Evangelien zu Jesus steht unter dem Vorzeichen der Absicht der Evangelisten, Jesus als den darzustellen, dessen Leiden, Tod und
Auferweckung von der Kirche verkündigt wurde. Für die kanonischen Evangelien ist so der Maßstab der legitimen Beziehung zum irdischen Jesus niemals
die geschichtliche Erinnerung an Jesu Worte und Taten, sondern vielmehr die
Frage, ob die verschiedenen Überlieferungen als Worte und Taten desjenigen
Jesus verstanden werden konnten, der als der Kyrios litt und starb. Leiden
und Tod Jesu sind die einzigen historischen Ansatzpunkte, von denen her
der irdische Jesus zum Kriterium des Glaubens wurde. Alle sonstigen überlieferten Materialien und Nachrichten, Worte und Taten Jesu beziehen das
Recht ihres Daseins nicht daraus, daß sie historisch echt sein könnten – diese
Frage ist den Evangelisten ohnehin ganz fremd –, sondern daraus, daß sie
als Bestandteile einer theologischen Einleitung zur Verkündigung von Jesu
Leiden und Tod dienen konnten. In dieser Weise ist die Überlieferung der
Worte und Taten Jesu einer irdischen, menschlichen und „tatsächlichen" histo-
rischen Offenbarung untergeordnet, die das Kriterium der Tradition ist [13].

Wenden wir uns nun den apokryphen Evangelien zu, so ist die Versuchung
groß, sie im Sinne dieser grundsätzlichen Einsicht in den besonderen Charakter
der Literaturgattung „Evangelium" zu verstehen, also auf der Grundlage
einer Einsicht in eine Gattung sui generis. W. Schneemelcher hat in seiner Einleitung zur 3. Auflage von E. Hennecke, Neutestamentliche Apokryphen I [14],
Schniewinds Beurteilung voll und ganz übernommen. Selbstverständlich ist
sich Schneemelcher ganz klar darüber, daß es in der apokryphen Literatur
eine Reihe von Evangeliengattungen gibt, die sich deutlich von der Gattung
der kanonischen Evangelien unterscheiden, und er macht Vorschläge zu einer
möglichen Klassifizierung der Gattungen dieser apokryphen Evangelien [15].
Aber er hält alle diese Gattungen der apokryphen Evangelien für sekundäre
Entwicklungen oder Abwandlungen der ursprünglichen Form des einen kanonischen Evangeliums.

---

[13] Das schließt natürlich nicht aus, daß womöglich auch innerhalb der kanonischen
Evangelien-Überlieferung sich theologische Kriterien, die auf andere Weise auf den
irdischen Jesus bezogen sind, zu Wort melden oder sogar die Oberhand gewinnen
können; vgl. unten zum Lukasevangelium, S. 177 f.

[14] S. 41–51. Dies ist wohl zur Zeit die beste Darstellung der Sachlage; vgl. auch
*A. D. Nock*s eindringliche Besprechung in JThS, NS 11, 1960, 63–70.

[15] AaO 80–84.

Es ist aber fraglich, ob diese Sicht das Phänomen der apokryphen Evangelienliteratur zufriedenstellend erklärt. Schließlich darf man nicht übersehen, daß viele dieser apokryphen Evangelien in solchen christlichen Gruppen verfaßt wurden, die später durch die orthodoxe Kirche als häretisch verworfen worden sind. Aber es besteht kein Grund zu der Annahme, daß die „häretischen" Bewegungen ihr „Kerygma" von dem einen Kerygma von Kreuz und Auferstehung herleiteten, das die Grundlage des orthodoxen Glaubensbekenntnisses und der kanonischen Evangelien wurde [16]. Dann besteht aber auch kein Anlaß zu der Vermutung, daß ihre Evangelien keine anderen Vorfahren und Quellen hatten als jene Evangelien, die später von rechtgläubigen Kreisen kanonisiert wurden.

Die Frage, wieweit Schniewinds Hypothese anwendbar ist, wird auch im Hinblick auf ein anderes Stadium der Evangelienüberlieferung akut, nämlich bei dem Stadium, das zwischen der freien mündlichen Überlieferung und den ältesten uns erhaltenen Evangelienschriften gelegen hat. Offenbar war der Verfasser des Markusevangeliums der erste, der auf der Grundlage der Autorität des Glaubensbekenntnisses, das schon Paulus „Evangelium" genannt hatte, die Verkündigung von Jesu Tod und Auferstehung zur Norm und Grundform der Evangelienliteratur machte. Aber Markus standen für diese Abfassung des ersten „Evangeliums" bereits schriftliche Quellen zur Verfügung. Matthäus und Lukas bauten zwar unter Benutzung des Markus dessen literarischen Neuansatz weiter aus, benutzten aber ebenfalls wenigstens eine weitere schriftliche Quelle ganz anderen Charakters: die sogenannte synoptische Spruchquelle („Q"). Was läßt sich über diese schriftlichen Quellen, die älter sind als die synoptischen Evangelien, sagen? Welcher literarischen Gattung gehörten sie an? Welche theologische Orientierung kommt in ihnen zum Ausdruck? Wie verhalten sie sich, vor allem auch christologisch, zum irdischen Jesus von Nazareth?

Ohne Zweifel handelt es sich bei diesen älteren schriftlichen Quellen um Zwischenstufen zwischen freier Überlieferung und schriftlichen Evangelien. Es ist noch möglich, solche Quellen zu identifizieren, z. B. eine in Mk 4 benutzte Sammlung von Gleichnissen; eine Sammlung von Wundergeschichten, die in der johanneischen „Zeichen-Quelle" sichtbar ist, aber wohl auch mit der Hauptquelle eines erheblichen Teils des Markusevangeliums in Beziehung steht; schließlich die als gemeinsame Quelle des Matthäus und Lukas bekannte synoptische Spruchquelle.

Bornkamm spricht davon, daß solche Sammlungen „nach Formen und Gesetzen gestaltet sind, die sich auch an anderer volkstümlicher profaner und religiöser Literatur erkennen lassen" [17]. Ein diesen Sammlungen eigenes theologisches Prinzip, wie das dem Kerygma von Kreuz und Auferstehung nachgestaltete Prinzip der kanonischen Evangelien, läßt sich jedoch in den Gat-

---

[16] Vgl. *H. Köster,* GNOMAI DIAPHOROI, s. o. Kap. 4, S. 107 ff.
[17] RGG³ II, 1958, 750.

tungen dieser älteren Literatur nicht so ohne weiteres erkennen. Außerdem darf man nicht übersehen, daß solche Literaturgattungen wie Spruchbücher und Wundergeschichten ja keineswegs christliche Schöpfungen sind; sie sind vielmehr heidnischen und jüdischen Vorbildern (Weisheitsbücher, Aretalogien, usw.) nachgestaltet. Aber heißt das, daß den entsprechenden christlichen Gattungen die theologische Prägung fehlt?

Das wäre in der Tat höchst merkwürdig. Bereits im allerfrühesten Stadium der Überlieferung, die den ältesten schriftlichen Quellen vorausging, waren theologische Interessen ohne Zweifel von großer Bedeutung und beeinflußten die Überlieferung und den Wandel der verschiedenen mündlichen Traditionsstücke. Sicherlich bietet dieses frühe mündliche Stadium ein recht buntes und uneinheitliches Bild. Eine Vielfalt von Sprüchen und Erzählungen diente in Predigt, Unterricht und Gottesdienst der Gemeinde zu den verschiedensten Zwecken. Dennoch ist es nicht allzu schwer, mehrere theologische, ekklesiologische und soziologische Grundfaktoren zu entdecken, die sowohl die Entstehung als auch das Wachstum der Überlieferung in diesem Frühstadium bestimmten. So wurden z. B. prophetische Sprüche Jesu für Unterrichtszwecke zu Katechismen umgestaltet, isolierte Logien erhielten einen Platz in Apophthegmata oder Paradigmata, die in Debatten und zu polemischen Zwecken benutzt werden konnten, usw. Die Beweggründe für diesen Wandel und für solche Ausgestaltungen sind hier und in vielen ähnlichen Fällen ganz deutlich.

Außerdem setzte sich diese Entwicklung der freien mündlichen Tradition noch nach der Abfassung schriftlicher Evangelien ungebrochen fort[18]. Wenn nun in der Geschichte der mündlichen Überlieferung praktische und theologische Prinzipien durchweg eine Rolle spielten, so ist es kaum vorstellbar, daß theologische Motive die Überlieferung in jenem Stadium nicht beeinflußt haben sollten, in dem die mündliche Überlieferung sich erstmals in schriftlichen Quellen kristallisierte. Im Gegenteil, es ist höchst wahrscheinlich, daß von Anfang an bestimmte Grundeinsichten in die theologische Bedeutung Jesu die Katalysatoren für die Bildung schriftlicher Quellen waren und daß sich ihr Einfluß auch in der weiteren Entwicklung dieser Literatur spürbar fortsetzte. Auf diese Weise kam ja, wie schon dargestellt wurde, in der Tat das Markusevangelium zustande, für das das Kerygma von Kreuz und Auferstehung als „Katalysator" wirkte.

Schniewind hatte gemeint, daß dieses Prinzip des „Kerygma" auch auf die schriftlichen Sammlungen, die der Evangelienliteratur vorausgehen, anwendbar sei[19]. Doch diese Annahme gibt Grund zu einigen Bedenken. Es gibt kaum irgendwelche Spuren dieses „Kerygma" (d. h. dessen, was Paulus und

---

[18] Vgl. *H. Köster,* Synoptische Überlieferung bei den Apostolischen Vätern (TU 65, 1957), passim.

[19] ThR, NF 2, 1930, 183. *Bornkamm* (RGG³ II, 1958, 720) folgt *Schniewind* in dieser Annahme nicht.

Markus sich darunter vorstellten) in den frühen schriftlichen Sammlungen. Das heißt aber nicht, daß sie keine bestimmte theologische Absicht hatten; und ohne Zweifel mußte sich diese Absicht, dem Charakter und Inhalt dieser Sammlungen entsprechend, in irgendeiner Weise auf den irdischen Jesus beziehen, der in einem überwiegenden Teil dieser Sammlungen als die redende und handelnde Person auftritt.

Hat man erst einmal zugestanden, daß eine Mehrzahl von christologischen Einsichten bei der Kristallisation der Überlieferung in schriftlichen Evangelien Pate gestanden haben mag, dann besteht kein Grund zu der Annahme, daß die Glaubensbekenntnisse und Maßstäbe für die Ausbildung der Gattungen apokrypher Evangelien letztlich nichts anderes sind als Verdrehungen des einen Urkerygmas, das die Grundlage der kanonischen Evangelien bildete. Es sollte wenigstens eine offene Frage sein, ob nicht die verschiedenen Gattungen apokrypher Evangelien unmittelbare Beziehungen zu viel älteren Gattungen von „Evangelien"literatur haben, wie etwa zu solchen Spruchbüchern und Sammlungen von Wundergeschichten, die älter sind als unsere kanonischen Evangelien.

Ich möchte in den nächsten Abschnitten zu zeigen versuchen, daß gute Gründe für die folgenden Annahmen bestehen:

1. Die frühesten schriftlichen Evangelienquellen (Spruchbücher und Sammlungen von Wundergeschichten) wurden nach bestimmten theologischen Gesichtspunkten zusammengestellt.

2. Ihre Prinzipien und Grundstrukturen stehen in keinerlei Beziehung zur Struktur des klassischen Bekenntnisses von Kreuz und Auferstehung und des daraus erwachsenen „Evangeliums".

3. Diese frühesten Evangelienquellen stehen hingegen in engster Beziehung zu den Gattungen der apokryphen Evangelien.

4. Die ursprünglichen Gattungen der Evangelienliteratur haben aber auch die kanonischen Evangelien wesentlich beeinflußt, obgleich die Grundtendenzen solcher älteren literarischen Gattungen oft deutlicher in den apokryphen Evangelien aufbewahrt sind.

Damit stellt sich natürlich die Frage nach den theologischen Grundsätzen, mit Hilfe derer die so aufbewahrte und ausgelegte Überlieferung jeweils als Verkündigung Jesu, oder Verkündigung von Jesus, bestimmt werden konnte. Wenn in der Tat das Kerygma von Kreuz und Auferstehung, durch welches die kanonischen Evangelien zur Verkündigung von Jesus wurden, bei diesen ganz andersartigen und wahrscheinlich älteren Quellen keine Rolle spielte, wie verhalten sie sich dann zum „irdischen Jesus" als Inhalt und Ursprung der Überlieferung? Sind unterschiedliche christliche Glaubensanschauungen hier vorherrschend? Oder beherrschen nichtchristliche Faktoren die Formen und Gattungen dieser Überlieferung? Oder haben etwa apokryphe und

„häretische" Evangelien ihren Ursprung in den allerältesten Schichten der Evangelienüberlieferung, vielleicht sogar in bestimmten Erscheinungen der Worte und Taten des historischen Jesus selbst?

II. Spruchsammlungen

J. M. Robinson hat mit seinem Aufsatz LOGOI SOPHON[20] einen grundsätzlichen Wandel in der Beurteilung des koptischen Thomasevangeliums herbeigeführt[21]. Weder verwendet er große Mühe darauf, einzelne Logien als womöglich echte Jesusworte herauszustellen, noch konzentriert er sich auf die Frage, ob dieses neuentdeckte Evangelium von den kanonischen Evangelien abhängig ist[22]. Vielmehr versucht er, den Charakter und die Gattung dieses „Evangeliums" zu bestimmen, d. h. einer Schrift, die offenbar weiter nichts ist als eine Spruchsammlung.

Warum und auf welche Weise kam eine solche Schrift zustande? Welches theologische Grundprinzip beherrschte die Entstehung dieses Evangelientyps? Wie wird der christliche Glaube verstanden, und wie ist er auf den irdischen Jesus bezogen, wenn ein solches Werk nichts weiter als Jesusworte enthält? Dies sind die grundsätzlichen Fragen, die Robinsons Aufsatz stellt.

Das Thomasevangelium[23] enthält eine Anzahl verschiedenartiger Sprüche, die meist lose aneinandergereiht sind; „Stichwortanschluß" ist ein häufiges Kompositionselement. Aber ein maßgebendes theologisches Sachprinzip läßt sich weder in der Ordnung und Reihenfolge der Sprüche, noch in der Anlage des ganzen Werkes oder in seinem Rahmen entdecken. Obgleich Jesus im Incipit als „der Lebendige" bezeichnet ist und obgleich die Sprüche „verborgene Worte" genannt werden, gibt es keine zwingenden Anhaltspunkte dafür, diese Spruchsammlung den „Geheimen Offenbarungen nach der Auferstehung" zuzuordnen[24]. Szenen, in denen Jesus seinen Jüngern private Instruktionen gibt, sind ja auch in den kanonischen Evangelien „vor der Auf-

---

[20] S. o. Kap. 3, S. 67–106.

[21] Für Literatur zum Thomasevangelium s. *E. Haenchen*, Literatur zum Thomas-Evangelium, ThR, NF 27, 1961, 147 ff. 306 ff; *Hennecke-Schneemelcher I*, 202 f; vgl. *ders.*, New Testament Apocrypha I (1963), 307; *H. Köster*, GNOMAI DIAPHOROI, s. o. Kap. 4, S. 121 ff.

[22] Vgl. zu dieser Frage die o. S. 122 ff. in Anm. 45, 47, 48 und 50 zitierte Literatur.

[23] Das Thomasevangelium wird im folgenden zitiert nach der editio princeps von *A. Guillaumont, H.-Ch. Puech, G. Quispel, W. Till* und † *Yassah 'Abd Al Masīḥ*, Das Evangelium nach Thomas, 1959. Deutsche Übersetzungen sind meist nach der Übersetzung von *E. Haenchen*, Die Botschaft des Thomas-Evangeliums (1961; vgl. *ders.* in *Aland*, Synopsis), gegeben. Die Numerierung der Sprüche ist in beiden Fällen die gleiche.

[24] Ganz anders liegt der Fall bei dem sonst eng verwandten „Buch von Thomas dem Athleten": hier bittet Thomas darum, daß Jesus ihm vor der Himmelfahrt Offenbarungen zuteil werden läßt, vgl. *H.-Ch. Puech* in: *Hennecke-Schneemelcher* I, 308.

erstehung" nicht ungewöhnlich[25], und von dem typischen Vokabular der „Offenbarungsrede nach der Auferstehung" findet sich im Thomasevangelium keine Spur[26]. Überdies sind die Sprüche des Thomasevangeliums, zumindest teilweise und oft in modifizierter Form, „Sprüche Jesu". Daher mag hier sehr wohl „Jesus der Lebendige" der irdische Jesus sein, von dem angenommen wird, daß er zu irgendeiner Zeit seines Wirkens diese Worte zu Judas Thomas gesprochen hat.

Nun ist aber diese Evangelienschrift natürlich erst nach Jesu Tod entstanden, und sie wurde in christlichen Gemeinden erst nach dem Tode Jesu gelesen. So ist also die Situation, in die diese Sprüche und ihre schriftliche Sammlung gehören, keineswegs die des irdischen Lebens Jesu, obgleich eben in gar keiner Weise diese *neue Situation* im Rahmen und in der Anlage des Evangeliums zum Ausdruck kommt. Man vergleiche dazu die nachösterliche Situation, die durch den aus der Verkündigung von Jesu Tod und Auferstehung entstandenen Rahmen der kanonischen Evangelien oder durch die Erscheinungen des Auferstandenen in den Offenbarungsevangelien deutlich angezeigt ist! Was soll man aber von einem Evangelium halten, in dem die Worte Jesu nach seinem Tode einfach wiederholt werden, ohne daß ein Bruch in der Kontinuität durch die äußere Anlage oder durch den Rahmen einer solchen Schrift sichtbare Gestalt findet? Der Tod Jesu, seine Auferstehung, seine Himmelfahrt – nicht ein einziges Mal wird ausdrücklich davon geredet. Jesus scheint als „der Lebendige" stets gegenwärtig zu sein; das Thomasevangelium schert sich nicht darum, daß es ein Problem des Todes Jesu gibt und daß Jesu Worte einer Geschichte entstammen, die zur Vergangenheit geworden ist.

Die Sprüche selbst, ihre Formen, sowie ihre Fortbildungen und ihre Veränderungen, sind unser einziger Leitfaden. Es scheint ratsam, Beispiele für verschiedene Formen von Sprüchen jeweils für sich zu behandeln, da jede Form ihre eigene Struktur und ihre eigene theologische Aussagekraft hat. Auf diese Weise ist es möglich zu erkennen und zu beurteilen, welche Veränderungen durch den neuen „Sitz im Leben" verursacht worden sind; denn die Sprüche Jesu haben ja in einem solchen Evangelium ihre ursprüngliche Funktion als Teile der Verkündigung Jesu preisgegeben und als Worte „Jesu des Lebendigen" einen neuen Sitz im Leben der Gemeinde nach dem Tode Jesu erhalten. Die Art und Weise, in der dabei bestimmte Arten und Formen von Sprüchen interpretiert, weiterentwickelt, ergänzt und vermehrt wurden, sollte Aufschluß über die theologischen Tendenzen geben, die diese Überlieferung insgesamt beherrschten.

Im großen und ganzen finden sich im Thomasevangelium die gleichen Formen von Sprüchen, die von den synoptischen Evangelien her geläufig sind (mit gelegentlichen Parallelen im Johannesevangelium). Sie spiegeln wenigstens

---

[25] Vgl. Mt 5, 1 f; Mk 4, 10 f. 34; 7, 17; 13, 3; uö.
[26] Über diese „Offenbarungsreden" als Literaturgattung s. u., S. 179 ff.

zum Teil Spruchformen und Typen wider, wie sie Jesus in seiner Verkündigung gebraucht hat[27].

1. *Prophetische und apokalyptische Sprüche.* Sieht man einmal von den Gleichnissen ab, so gehört wohl der größte Teil der überlieferten Worte Jesu zu den prophetischen und apokalyptischen Sprüchen. Außerdem zeigen Sprüche dieser Art, so, wie sie in den synoptischen Evangelien aufbewahrt sind, recht deutlich verschiedene Stadien der Entwicklung, in denen sich die einzelnen Stufen der frühchristlichen Eschatologie widerspiegeln; es ist also hier verhältnismäßig leicht, Gemeindebildungen von den echten prophetischen Worten Jesu zu unterscheiden.

Daher möchte ich Sprüche des Thomasevangeliums, die dieser Gruppe zugehören, in größerem Detail behandeln als andere Arten von Sprüchen, um so den Sitz im Leben der Thomas-Sprüche und ihre Beziehungen zur synoptischen Überlieferung wie auch zur ursprünglichen Verkündigung Jesu genauer bestimmen zu können.

Nun mag es fast so scheinen, als sei die Kategorie der prophetischen und apokalyptischen Sprüche keineswegs charakteristisch für die Gattung des Evangeliums, die durch Thomas vertreten wird, d. h. eine Literaturgattung, die J. M. Robinson als „Worte der Weisen" bezeichnet hat. Aber einmal ist es ohnehin oft recht mißlich, einzelne Weisheitssprüche oder Proverbien einer bestimmten Person oder einem bestimmten Zeitpunkt und Stadium innerhalb der Entwicklung der Tradition zuschreiben zu wollen[28]. Zum andern fehlen, wie wir sehen werden, im Thomasevangelium diejenigen apokalyptischen Worte, die für eine andere Gattung der Überlieferung und der Evangelienliteratur, nämlich für die „Offenbarungsrede", charakteristisch sind. Und schließlich sollte uns die Gattungsbezeichnung „Worte der Weisen", wenn ich Robinson recht verstehe, nicht dazu verleiten, unsere Untersuchung auf „Weisheitsworte" im engeren Sinne zu beschränken.

Der erste Eindruck beim Leben des Thomasevangeliums läßt die in ihm enthaltenen apokalyptischen Sprüche als sekundäre Spiritualisierungen des kanonischen apokalyptischen Materials erscheinen. Diese Sicht wurde von Robert M. Grant, der damit eine weitverbreitete Meinung vertritt, treffend formuliert:

> „Thomas hat das Evangelium Jesu durch eine Art spiritualisierter Einsicht ersetzt... Thomas fehlt das Verhältnis zur Vergangenheit... ebenso wie die Betonung der Bedeutung der Zukunft, die in Jesu Aussagen über die

---

[27] In der Klassifizierung der Sprüche folge ich *R. Bultmann,* Die Geschichte der synoptischen Tradition (1961[5]).

[28] Ich meine, daß *Robinsons* Beurteilung der Gattung des Thomasevangeliums völlig zutreffend ist. Es ist in der Tat die Kategorie der Weisheitsworte, die diesem Evangelium seinen eigentümlichen Charakter gibt. Es sei aber noch bemerkt, daß die Weisheitssprüche nur sehr wenig für die Frage des Verhältnisses des Thomasevangeliums zu den synoptischen Evangelien austragen können.

kommenden Ereignisse enthalten ist. Er hat das Reich Gottes fast ausschließlich der Gegenwart zugeordnet, während es in unseren Evangelien
zwar zum Teil gegenwärtig ist, aber erst in der Zukunft ganz verwirklicht
werden wird [29]."

Ich hatte zunächst selbst dieses Verständnis der apokalyptischen Worte des
Thomasevangeliums geteilt. Jedoch scheint mir eine eingehendere Unter-
suchung seiner prophetischen und apokalyptischen Sprüche eine grundlegende
Änderung dieser Sicht zu erfordern.

Es ist vor allem höchst auffallend, daß es unter den apokalyptischen Sprü-
chen des Thomas, die Parallelen in den Synoptikern haben, nicht einen ein-
zigen gibt, zu dem sich eine Entsprechung in der sogenannten synoptischen
Apokalypse (Mk 13; Mt 24–25; Lk 21) findet [30]. Die meisten apokalyptischen
Worte des Thomas haben vielmehr ihre synoptischen Entsprechungen in den
Sammlungen eschatologischer Sprüche, die aus der synoptischen Spruchquelle
stammen und von Lk 12, 35–56 wiedergegeben werden; vgl. Spruch 21 c
(Lk 12, 35) [31] 21 b und 103 (Lk 12, 39); 16 b (Lk 12, 52 f); 91 (Lk 12, 54–56) [32].
Eine ganze Reihe von Sprüchen gleichen Charakters sind ebenfalls Q zuzu-
rechnen: Spruch 54; 69; 68 (Mt 5, 3.6.11 // Lk 6, 20.21 a.22); 46 (Mt 11, 11 //
Lk 7, 28); 61 a (Lk 17, 34; vgl. Mt 24, 40). Weitere hierher gehörende Sprüche
haben ihre synoptische Parallele entweder in der kurzen Spruchsammlung des
Gleichnis-Kapitels bei Markus – Spruch 5 und 6 (Mk 4, 22); 41 (Mk 4, 25) –
oder in Worten, die zum Sondergut des Lukas gehören: Spruch 3 (Lk 17, 20 f);
79 (Lk 11, 27–28).

Das auffallende Überwiegen von Q-Sprüchen bei den prophetischen und
apokalyptischen Worten des Thomas wirft die Frage auf, ob das Thomasevangelium die besondere apokalyptische Erwartung der Spruchquelle vor-

---

[29] *R. M. Grant,* The Secret Sayings of Jesus (1960), 113.

[30] Berührungen mit der synoptischen Apokalypse, die man dennoch zu entdecken
meint, haben nichts mit ihrem ursprünglichen Bestand zu tun: „Das Gleichnis vom
Dieb" (Mt 24,43) erscheint in zwei Varianten (Spruch 21 und 103); jedoch dieses
Gleichnis, das nicht mit dem „Gleichnis vom spät heimkehrenden Hausherrn" (Mk
13, 34–36) verwechselt werden darf, gehört zur Tradition der synoptischen Spruchquelle (= Lk 12, 39) und wurde erst von Matthäus zusammen mit anderen apokalyptischen Überlieferungen aus „Q" in den Zusammenhang der synoptischen Apokalypse eingefügt (Mt 24, 37–51 // Lk 17, 26 f.34 f; 12, 39 f.42–46). Hierher gehört
auch Spruch 61 a des Thomasevangeliums („zwei werden ruhen auf einem Bett ..."),
dessen synoptische Parallele Lk 17, 34 ebenfalls in einem Q-Stück steht (Lk 17, 22–37),
das erst von Matthäus zu einem Teil der synoptischen Apokalypse gemacht wurde
(24, 26 f. 37–39. 40 f).

[31] Eine Mt-Parallele fehlt. Es ist schwer zu entscheiden, ob erst Lukas oder bereits
Q diese bekannte eschatologische Mahnung (vgl. 1Pt 1, 13; Did 16, 1) hier anfügte.

[32] Zwei prophetische Sprüche, die als „Ich-Worte" formuliert sind, entstammen
dem gleichen Zusammenhang: Spruch 10 (Lk 12, 49) und 16 (Lk 12, 51). Nur der
letztere kann mit Sicherheit Q zugeschrieben werden (vgl. Mt 10, 34), während der
erstere keine Parallele bei Matthäus hat und nicht aus Q, sondern aus der Sonder-
quelle des Lukas stammen könnte.

aussetzt, die in den Sprüchen über das Kommen des Menschensohnes am deutlichsten zusammengefaßt ist[33]. Aber weder gibt Thomas auch nur ein einziges
der typischen Q-Worte vom kommenden Menschensohn und von seinem
„Tag" wieder (Lk 12, 40 par; 17, 24.26 f.28 ff; vgl. Lk 12, 8 f; Mt 19, 28),
noch verwendet er jemals den Menschensohn-Titel für Jesus[34] oder für irgendeine andere Gestalt[35]. Das läßt nur zwei mögliche Erklärungen zu: 1. Thomas
vermied sehr sorgfältig den Begriff Menschensohn und die Sprüche, die ihn
enthielten[36]; aber im Hinblick auf Spruch 86[37] ist das nicht sehr wahrschein-

---

[33] Zur Christologie des kommenden Menschensohns siehe *H. E. Tödt*, Der Menschensohn in der synoptischen Überlieferung (1958), 44 ff; *F. Hahn*, Christologische
Hoheitstitel (FRLANT 83, 1963), 32 ff.

[34] Nur ein einziges Mal spricht Thomas von Jesus als „Menschensohn": „Die
Füchse haben ihre Höhlen, und die Vögel haben ihr Nest. Der Sohn des Menschen
aber hat keinen Ort, um sein Haupt zu neigen und zu ruhen" (Spruch 86, vgl. Lk
9, 58 // Mt 8, 20). *Bultmann*, Geschichte der synoptischen Tradition, 27.102 (vgl.
Tödt, aaO 44 f), hat die Ansicht vertreten, daß wir es hier mit einem Sprichwort zu
tun haben, in dem „Sohn des Menschen" kein Titel ist, sondern schlechthin den
„Menschen" im Gegensatz zu den Tieren meint. Obgleich dieses Verständnis umstritten ist (vgl. gegen *Bultmann*: *G. Bornkamm*, Jesus von Nazareth [1956], 207;
Hahn, aaO 213 f), so scheint doch das Thomasevangelium, das diesen Begriff nicht
als Titel verwendet, die Annahme *Bultmanns* zu bestätigen. Die entscheidende Frage
ist, ob Thomas ein Stadium der synoptischen Überlieferung voraussetzt, in dem sich
der titulare Gebrauch von „Menschensohn" noch nicht entwickelt hatte; siehe dazu
unten. *D. Lührmann*, Die Redaktion der Logienquelle (WMzANT 33, 1969), versucht
in einer eingehenden Analyse verschiedene Traditionsschichten und eine Redaktion
innerhalb der Spruchquelle zu unterscheiden. Dabei teilt er die Sprüche vom kommenden Menschensohn einem verhältnismäßig frühen Stadium der Überlieferung der
Spruchquelle zu, bezweifelt aber ebenfalls ihre Echtheit. Weitere Untersuchung der
verschiedenen Stadien der Überlieferung, die der Komposition der Spruchquelle vor-
aufgingen, wird noch stärker das Thomasevangelium und die in ihm enthaltene Tradition in die Entwicklungslinie der synoptischen Spruchquelle einbeziehen müssen.
Erst dann werden sich auch die Menschensohnsprüche deutlicher innerhalb dieses
Überlieferungsstromes lokalisieren lassen.

[35] Spruch 106 lautet: „Wenn ihr die zwei zu einem macht, werdet ihr Söhne
des Menschen." Was auch immer „Söhne des Menschen" hier bedeuten mag, ein
titularer Gebrauch für eine bestimmte Person liegt nicht vor. Die Erklärung, daß
„Mensch sich hier auf den ersten unsterblichen Menschen, den Soter, bezieht" (*B. Gärtner*, The Theology of the Gospel according to Thomas [1961], 246), setzt einen viel
zu weit entwickelten gnostischen Erlösermythos für das Thomasevangelium voraus.

[36] Spruch 44 ist eine Variante zu dem synoptischen Spruch über „die Sünde, die
nicht vergeben werden kann." Aber während die Fassung dieses Spruchs in der
Spruchquelle (Lk 12, 10 // Mt 12, 32) die Lästerung des Heiligen Geistes der Läste-
rung des Menschensohnes gegenüberstellt, unterscheidet Thomas Lästerungen gegen
Vater, Sohn und Heiligen Geist. Es ist schwierig zu sagen, ob diese „trinitarische"
Fassung dieser Regel auf Q zurückgeht oder auf die wohl ursprünglichere Mk-Form
(Mk 3, 28 f; Mt 12, 31), die auch in Did 11,7 aufbewahrt ist. Jedenfalls ist es durch-
aus möglich, daß der „Menschensohn" erst von Q in dieses Logion eingefügt wurde.
Die doppelte Überlieferung bei den Synoptikern und die Anführung in der Did be-
weist, daß dieses Wort frei umlief; vgl. *Köster*, Synoptische Überlieferung bei den
Apostolischen Vätern (TU 65, 1957), 215 ff.   [37] S. o. Anm. 34.

lich; oder 2. Thomas setzt ein Überlieferungsstadium der eschatologischen Sprüche voraus, in dem es die apokalyptische Erwartung des kommenden Menschensohnes noch nicht gab. Hat es ein solches Stadium der Überlieferung der eschatologischen Worte Jesu in der frühchristlichen Gemeinde jemals gegeben?

R. Bultmann hatte keine Bedenken, Jesus jene Menschensohnsprüche zuzuschreiben, in denen Jesus seine eigene Person vom kommenden Menschensohn unterscheidet[38]. Jedoch hat u. a. jüngst Ph. Vielhauer diese Annahme nachdrücklich und überzeugend angegriffen[39]. Vielhauers wichtigstes Argument ist, daß sich die Predigt der Gottesherrschaft und die Erwartung des Menschensohnes ihrem Inhalt sowie ihrer religionsgeschichtlichen Herkunft nach gegenseitig ausschließen. Er weist weiterhin nach, daß alle Sprüche über den Menschensohn Züge einer christologischen Entwicklung enthalten, die im ältesten Stadium der synoptischen Überlieferung und seiner Eschatologie fehlen.

Daraus ergibt sich für unsere Beurteilung der apokalyptischen Jesusworte, daß man wenigstens zwischen drei verschiedenen eschatologischen Vorstellungen unterscheiden muß, die sich nebeneinander, und oft miteinander vermischt, in der Evangelienliteratur nachweisen lassen: 1. Eine ausführlich entwickelte „Offenbarung" der zukünftigen Ereignisse, wie sie sich in der synoptischen Apokalypse findet (Mk 13 parr). 2. Die Erwartung des Menschensohnes und seines „Tages", die sowohl in der Spruchquelle als auch in einigen vereinzelten Sprüchen des Markus (z. B. Mk 8, 38) und in der gegenwärtigen Form der synoptischen Apokalypse zutage tritt[40]. 3. Die Verkündigung des Kommens der Gottesherrschaft, die älter ist als alle anderen apokalyptischen Vorstellungen und letztlich auf die Predigt Jesu zurückgeht.

Das Thomasevangelium zeigt weder eine Kenntnis der synoptischen Apokalypse, noch irgendeine Spur der Menschensohnerwartung der Spruchquelle. Es enthält jedoch, wie gesagt, eine Reihe von apokalyptischen Sprüchen. Der auffallendste Begriff in diesen Sprüchen ist „Königreich"[41], oder auch „Reich (Herrschaft) des Himmels"[42], „Reich (Herrschaft) des Vaters"[43]. Ohne Zweifel wird dabei fast immer die Gegenwart des Gottesreiches für die Jünger betont, während die Zukunftserwartung ganz zurücktritt. Man darf das aber nicht

---

[38] Geschichte der synoptischen Tradition, 235. 145 f.

[39] *Ph. Vielhauer*, Gottesreich und Menschensohn in der Verkündigung Jesu, in: Festschrift *G. Dehn*, 1957, 51–79; *ders.*: Jesus und der Menschensohn, ZThK 60, 1963, 133–177; beide Aufsätze jetzt in: Aufsätze zum Neuen Testament (1965), 55 ff und 92 ff; eine ähnliche Sicht vertritt *N. Perrin*, Rediscovering the Teaching of Jesus (1967), 164 ff.

[40] Die ältesten Parallelen der synoptischen Apokalypse, 1Thess 4, 15 ff. und Did 16, gebrauchen nicht den Menschensohntitel, sondern vielmehr Kyrios; dies mag sehr wohl der ursprünglichere Titel dieser Art von apokalyptischer Offenbarungstradition sein.

[41] Spruch 3; 22; 27; 46; 49; 82; 107; 109; 113.

[42] Spruch 20; 54; 114.   [43] Spruch 57; 76; 96–99; 113.

vorschnell als spätere gnostische Spiritualisierung der frühchristlichen Zukunftserwartung bezeichnen. Verschiedene Anzeichen sprechen dafür, daß es sich eher um eine Ausdeutung und Ausarbeitung der ursprünglichen eschatologischen Verkündigung Jesu handelt.

Das Thomasevangelium bewahrt die so charakteristische Betonung der Predigt Jesu, daß Gottes Reich nicht nach Zeit und Ort festgelegt werden kann:

Spruch 3[44]: (Das Reich ist nicht im Himmel, noch im Meer, ...) „Das Reich ist inwendig in euch und außerhalb von euch."
Vgl. Lk 17, 20 f: „Gottes Reich kommt nicht so, daß man seine Ankunft beobachten könnte; noch wird man sagen können: Siehe hier! oder: Siehe dort! Denn siehe, das Reich Gottes ist unter euch."[45]

Zu dem Wort Jesu gegen diejenigen, die das Aussehen des Himmels und der Erde untersuchen, aber den gegenwärtigen Zeitpunkt nicht prüfen (Lk 12, 56), fügt das Thomasevangelium hinzu: „und den, der vor euch ist, habt ihr nicht erkannt" (Spruch 91). Dieser Zusatz macht nur deutlich, was in Jesu ursprünglicher Verkündigung bereits enthalten ist: Die Menschen sollen nicht in die Zukunft sehen, noch in die Vergangenheit, sondern an Gottes Reich glauben, das in seiner Botschaft schon gegenwärtig ist.

Thomas faßt die einzigartige Wirkung der Worte Jesu in dem christologischen Titel „der Lebendige" zusammen, der oft in Analogiebildungen zu prophetischen Worten Jesu erscheint:

Spruch 52: (Über die 24 Propheten Israels, die über Jesus sprachen) „Ihr habt den vor euch Lebenden gelassen und ihr habt von den Toten gesprochen."[46]
Spruch 111: „Die Himmel werden sich aufrollen und die Erde vor euch, und der Lebendige aus dem Lebendigen (wer aus dem Lebendigen lebt) wird weder Tod noch Furcht sehen."

Es ist ganz deutlich, daß Thomas die Gegenwart des Reiches so versteht, daß die Spannung zwischen Gegenwart und Zukunft, die Jesu Verkündigung charakterisiert, verschwindet; Vergangenheit und Zukunft werden in der religiösen Erfahrung der Gegenwart zu einer Einheit:

---

[44] Die Übersetzung „(Gottes-)Herrschaft" paßt in der Regel für das Thomasevangelium schlecht. Daher gebrauche ich hier das auch sonst in deutschen Übersetzungen übliche „Reich"; vgl. *E. Haenchen*, aaO (s. Anm. 23).

[45] Vgl. auch Thomasevangelium Spruch 113: „(Das Reich) wird nicht kommen im Ausschauen danach. Man wird nicht sagen: Siehe hier! oder: Siehe dort! Sondern das Reich des Vaters ist ausgebreitet über die Erde und die Menschen sehen es nicht."

[46] Spruch 52 setzt vielleicht den Makarismus der Jünger als Augenzeugen (Lk 10, 23 f // Mt 13, 16 f) voraus, der höchstwahrscheinlich ein ursprüngliches Jesuswort ist; vgl. auch Spruch 38.

Spruch 18: „... denn wo der Anfang ist, wird auch das Ende sein. Selig ist, wer am Anfang stehen wird, und er wird das Ende erkennen und den Tod nicht schmecken."

Das Reich ist nicht nur die Bestimmung des Glaubenden, es ist auch zugleich sein Ursprung:

Spruch 49: „Selig sind die Einsamen und Erwählten. Denn ihr werdet das Reich finden; weil ihr aus ihm seid, sollt ihr wiederum dorthin gehen."

Dieser Spruch ist parallel zu Spruch 50:

„... Wir sind aus dem Licht gekommen, dem Ort, wo das Licht geworden ist aus sich selbst."

Die Metapher vom Kind – wiederum einem ursprünglichen Jesuswort entnommen (Mk 10, 15 par) – wird zu einem wichtigen Symbol für den Glaubenden, in dessen religiöser Erfahrung die Gegensätze versöhnt sind:

Spruch 22: „Diese Kleinen, die saugen, gleichen denen, die eingehen ins Reich ... Wenn ihr die zwei eins macht und wenn ihr das Innere wie das Äußere macht und das Äußere wie das Innere und das Obere wie das Untere und wo ihr das Männliche und das Weibliche zu einem Einzigen macht, ... dann werdet ihr eingehen in das Reich."[47]

Weitere prophetische Worte Jesu in der Form von Makarismen – oft ohne jede bemerkenswerte Veränderung (Spruch 54; 68; 69 // Mt 5, 3.11.6) – werden dazu verwendet, das Stehen im gegenwärtigen Heil zu beschreiben. Dadurch werden alle jene Ausdrücke, mit denen Jesus ursprünglich die Erben des Gottesreiches bezeichnete – die Kinder, die Armen, die Hungrigen, die Verfolgung erleiden – schließlich im Thomasevangelium zu Bezeichnungen des „Einzelnen". In den qualvollen eschatologischen Entzweiungen, die durch Jesu Kommen eingeleitet wurden (Lk 12, 51–53 // Mt 10, 34–36[48] zitiert in Spruch 16), stehen die Glaubenden als „ein Einzelner"[49].

Jesus hat in seiner Predigt traditionelle apokalyptische Erwartungen radikalisiert; seine Botschaft fordert dazu auf, die geheimnisvolle Gegenwart des

---

[47] Zu Spruch 22 vgl. *H. C. Kee*, ,Becoming a Child' in the Gospel of Thomas, JBL 82, 1963, 307–314, sowie die kritische Diskussion von *Kees* Aufsatz in *J. M. Robinson*, Kerygma und historischer Jesus (1967²), 230 ff.

[48] Auch dieser Spruch gehört nicht zu den Offenbarungsworten über die Zukunft, die so kennzeichnend für die synoptische Apokalypse sind. Er handelt nicht von den Spaltungen, die dem Kommen des Menschensohnes vorausgehen, sondern von den Entzweiungen, die durch Jesu Predigt verursacht werden. Daher ist er einem Stadium der Überlieferung zuzurechnen, das älter ist als die Menschensohnerwartung der Spruchquelle und die Eschatologie von Mk 13.

[49] Die „Einzelnen" als Erben des Reiches erscheinen auch in den Sprüchen 4; 23; 49; 75; *A. F. J. Klijn* (The ,Single One' in the Gospel of Thomas, JBL 81, 1962, 271–278) hat gezeigt, daß dieser Begriff das urzeitliche „Eins-Sein" bezeichnet, das in der eschatologischen Erfahrung des Glaubenden wiedergewonnen wird.

Gottesreiches in seinen Worten zu erkenen. Die Gnosis des Thomasevangeliums setzt diese eschatologische Predigt Jesu unmittelbar fort. Aber die Enthüllung der geheimnisvollen Gegenwart des Reiches wird nicht mehr als ein
eschatologisches Geschehen verstanden, sondern als eine Frage der Auslegung
der Worte Jesu: „... die Ruhe der Toten und ... die neue Welt ... ist gekommen, aber ihr erkennt sie nicht" (Spruch 51). Aber: „Wer die Auslegung
dieser Worte findet, wird den Tod nicht schmecken" (Spruch 1). In der Entdeckung des „Lebens"[50], des „Lichtes"[51] und der „Ruhe"[52], die geheimnisvoll
in Jesu Worten da sind, geschieht es, daß alles „Verborgene offenbar wird"
(Spruch 5; 6 // Mk 4, 22)[53].

2. Das Thomasevangelium hat eine große Anzahl von *Gleichnissen* aufbewahrt[54]. Die meisten von ihnen haben synoptische Parallelen[55]. Fast alle
könnten echte Gleichnisse Jesu sein[56]. In der Regel sind die Gleichnisse des
Thomasevangeliums verhältnismäßig kurz; Ausnahmen bilden nur Spruch 64
und 65 (die Gleichnisse vom Abendmahl Mt 22, 1 ff und von den bösen Weingärtnern Mk 12, 1 ff). Allegorische Ausschmückungen und Auslegungen sind
selten[57], aber, wenn immer sie erscheinen, sehr charakteristisch für die gnostisierenden Tendenzen des Thomasevangeliums[58].

Bei den Gleichnissen kann ich voraussetzen, daß sie nicht unseren synoptischen Evangelien entnommen sind, sondern einem früheren Stadium der
Überlieferung entstammen[59].

---

[50] Spruch 4.　　　　　　[51] Spruch 61 c; 83.　　　　[52] Spruch 50; 51; 60; 90.

[53] „Die Tage, an denen die Jünger Jesus suchen, aber nicht finden werden" (Spruch
38 b), sind nicht die Tage nach Jesu Tod, noch die Zeit vor seiner Parusie, sondern die
„Zeit", in der den Menschen das tiefere Verständnis seiner Worte verschlossen bleibt
(vgl. Spruch 38 a. 39).

[54] Ich lasse die zahlreichen Bildworte hier aus, da sie zu den Weisheitssprüchen
gehören; s. u.　　　　　　[55] Spruch 8; 9; 20; 57; 63–65; 76; 107; vgl. 21 b; 103.

[56] Das ist auch für diejenigen Gleichnisse, für die Parallelen in den synoptischen
Evangelien fehlen, nicht ausgeschlossen. (Spruch 96; 97; 98; 109); vgl. *C.-H. Hun-
zinger*, Unbekannte Gleichnisse Jesu aus dem Thomasevangelium, in: Judentum,
Urchristentum, Kirche (Festschrift J. Jeremias, BZNW 26, 1960), 209–220.

[57] Es gibt im Thomasevangelium keine Spur der allegorischen Auslegungen, die
einige der von ihm zitierten Gleichnisse in den synoptischen Evangelien erhalten
haben; vgl. Spruch 9 (Gleichnis vom Säemann Mk 4, 3 ff.13 ff), 57 (Gleichnis vom Unkraut Mt 13, 24 ff. 36 ff). Vielleicht bietet auch Spruch 65 eine Variante des Gleichnisses von den bösen Weingärtnern, die ursprünglicher und weniger allegorisch über-
wachsen ist als die kanonische Fassung von Mk 12, 1 ff.

[58] In zwei Fällen ist die Allegorisierung der Gleichnisse soweit entwickelt, daß es
schwer fällt zu entscheiden, ob ein älteres Gleichnis im Hintergrund steht. Sollte dies
der Fall sein, so können wir doch über die ursprüngliche Bedeutung gar nichts sagen:
Spruch 21 a (Die kleinen Kinder im Feld, die sich die Kleider ausziehen) und 60 (Der
Samaritaner, der das Lamm trägt).

[59] Eine eingehende Untersuchung dieser Frage hat *H. Montefiore* veröffentlicht:
A Comparison of the Parables of the Gospel according to Thomas and of the
Synoptic Gospels, in: *Montefiore* and *H. E. W. Turner*, Thomas and the Evangelists
(SBT 35, 1962); zuerst publiziert in NTS 7, 1960/61, 220–248).

In der Verkündigung Jesu reden die Gleichnisse vom Reiche Gottes und von der Situation des Menschen angesichts seines Kommens. Im Thomasevangelium reden sie von dem Menschen, der unvergleichliche geistliche Reichtümer entdeckt hat:

> Spruch 8: „Der Mensch gleicht einem klugen Fischer, der sein Netz ins Meer warf. Er zog es heraus aus dem Meer voll kleiner Fische. In ihrer Mitte fand er einen großen Fisch. Der kluge Fischer, er warf alle kleinen Fische fort ins Meer; er wählte den großen Fisch ohne Hemmung."

Die Pointe ist hier deutlich eine ganz andere als in dem Gerichtsgleichnis Mt 13, 47–48 [60]. Thomas bietet ein Weisheitsgleichnis, das die Klugheit des Fischers als Beispiel klugen Urteilsvermögens preist – das Wort „klug" erscheint zweimal [61]! Bei der Wiedergabe des Gleichnisses von der Perle (Spruch 76 // Mt 13, 45 f) unterstreicht Thomas durch die Anfügung eines anderen Weisheitswortes aus der synoptischen Überlieferung die Mahnung, bleibenden Besitz zu suchen: „Sucht auch ihr für euch nach dem Schatz, der nicht vergeht, der bleibt, dem Ort, in den keine Motten eindringen..." (Mt 6, 20 // Lk 12, 33).

Der bemerkenswerte Zug in diesen, sowie in den meisten anderen Gleichnissen des Thomas ist, daß sie niemals als eschatologische Gleichnisse aufgefaßt werden, sondern als Ermahnungen, den geheimnisvollen Schatz in Jesu Worten und zugleich in sich selbst zu entdecken.

---

[60] Mt 13, 49–50 ist eine sekundäre Allegorie des Gerichtsgleichnisses, die wohl in der Vorlage oder Überlieferung des Thomasevangeliums noch nicht enthalten war.

[61] Man fragt sich freilich, ob sich Thomas überhaupt auf das synoptische Gleichnis Mt 13, 47 f bezieht. Zum Spruch 8 findet sich eine fast gleichlautende Variante in der poetischen Fassung der Äsopischen Fabeln des Babrius, der im ersten Jahrhundert n. Chr. dieses Werk einem König Alexander widmete, dessen Erzieher er war. Dieser König Alexander ist wahrscheinlich identisch mit dem von Josephus (Ant 18, 140) erwähnten Enkelsohn des Herodessohnes Alexander, der von Vespasian zum König von Cetis (?) in Cilicien gemacht wurde. Die 4. Fabel des Babrius lautet (Übersetzung nach der griechischen Ausgabe von *B. E. Perry*, Babrius and Phaedrus, Loeb Classical Library, 1965):

> „Ein Fischer zog das Netz ein, das er kurz zuvor ausgeworfen hatte; es war voller wohlschmeckender Fische. Aber die kleinen flohen zum Grunde des Netzes und entschlüpften durch die vielen Maschen; die großen jedoch waren gefangen und ausgebreitet im Boot."

Dies ist eine recht auffallende Parallele aus der profanen Überlieferung der Fabeln. Es ist nicht unmöglich, daß Thomas hier und vielleicht auch in einigen weiteren Fällen sein Material aus der profanen Weisheit seiner Zeit und Umwelt bezog, – wenn auch die Anwendung des Gleichnisses bei Babrius ganz anders ist als bei Thomas:

> „Klein zu sein mag schon Rettung bedeuten und dazu helfen, bösen Gefahren zu entgehen; aber einen, der durch das Ansehen, das er genießt, groß ist, wirst du selten einer Gefahr entfliehen sehen."

Es ist natürlich nicht ausgeschlossen, daß auch Mt 13, 47 f diese Fabel benutzte und in ein Gerichtsgleichnis verwandelte.

3. *Ich-Worte* sind im Thomasevangelium sehr viel häufiger als in den synoptischen Evangelien. Einige von ihnen haben synoptische Parallelen, von denen sie sich nur unerheblich unterscheiden (z. B. Spruch 10 // Lk 12, 49) [62]. Die meisten von ihnen sind jedoch Neubildungen. In diesen Ich-Worten erscheint Jesus niemals in der Rolle eines apokalyptischen Propheten, noch findet sich eine Spur der besonderen Entwicklung der Ich-Worte in der Spruchquelle, wo das „Ich" Jesu dem kommenden Menschensohn entspricht [63]; noch gibt es irgendwelche Hinweise darauf, daß Thomas die Ich-Worte des Markusevangeliums kannte, in denen Jesus sein Leiden und seine Auferstehung voraussagt [64]. Vielmehr erscheint Jesus in solchen Worten häufig als der göttliche Offenbarer, der seine Jünger zu „Einzelnen" macht (Spruch 23), d. h. er eröffnet ihnen eine Seinsweise, die von den geschichtlichen Umständen des Lebens unabhängig ist. Oder, was ebenfalls sehr charakteristisch ist, Jesus redet wie die göttliche Weisheit, die die Menschen einlädt, ihr Joch auf sich zu nehmen (Spruch 90 // Mt 11, 28–30).

So sind die Ich-Worte des Thomasevangeliums in erster Linie als Offenbarungsworte einzuordnen, die keinerlei Grundlage in der Predigt des irdischen Jesus haben [65]. Bezeichnend für diese Offenbarungsworte im Ich-Stil sind solche Sprüche, in denen sich Jesus als der göttliche Offenbarer (oder die Weisheit) vorstellt, der in die Welt gekommen ist; vgl. Spruch 28: „Ich stand inmitten der Welt und offenbarte mich ihnen im Fleisch . . ." [66]

Die Tatsache, daß einige dieser Ich-Worte im „Ich bin"-Stil formuliert sind, legt einen Vergleich mit den entsprechenden Worten des Johannesevangeliums nahe. Dabei kommt jedoch ein sehr bemerkenswerter Unterschied zutage. Im Thomasevangelium antworten diese „Ich bin"-Worte auf die Frage: „Wer bist du?" – eine Frage, die einmal sogar ausdrücklich von Salome gestellt wird; vgl. Spruch 61: „Wer bist du, o Mann (und wessen Sohn?)? . . . Jesus sprach zu ihr: Ich bin der, der von dem Gleichen ist. Man gab mir von den Sachen meines Vaters." Siehe dazu Spruch 77: „Ich bin das Licht, das über allen ist. Ich bin das All . . ." Diese „Ich bin"-Worte sind also Beispiele der Identifikationsformel, die zu jener Art der Offenbarungssprache gehört, in der

---

[62] Nur 4 der 17 Ich-Worte des Thomasevangeliums haben synoptische Parallelen: Spruch 10; 16; 55 und 90 (vgl. Lk 12, 49; Lk 12, 51 a // Mt 10, 34; Lk 14, 26.27 // Mt 10, 37.38; vgl. Mk 8, 34; Mt 11, 28–30).

[63] S. o. S. 159 ff.

[64] Vgl. Mk 8, 31 parr; 9, 31 parr; 10, 33 f parr; ferner Mk 9, 9; 14, 21 usw. Seit W. *Wrede*, Das Messiasgeheimnis in den Evangelien (1901), 82–92, haben viele kritische Gelehrte darauf bestanden, daß diese Worte sekundäre vaticinia ex eventu sind.

[65] Vgl. *Bultmann*, Geschichte der synoptischen Tradition, 161 ff.

[66] Von Bedeutung sind auch jene Ich-Worte, die von der Offenbarung göttlicher Geheimnisse sprechen; vgl. Spruch 62; 108; auch Spruch 17: „Ich werde euch das geben, was nicht das Auge gesehen . . ." Dieses Wort hat keine Parallele in den kanonischen Evangelien, wird aber 1Kor 2,9 mit der Einführungsformel „es steht geschrieben" zitiert.

die göttliche Identität und die göttlichen Qualitäten dessen, der sich offenbart, betont werden [67].

Im Gegensatz dazu sind die „Ich bin"-Worte des Johannesevangeliums, wie Bultmann gezeigt hat [68], der Rekognitionsformel zuzurechnen. Hier ist das „Ich" Prädikat des Satzes, antwortet also auf die Frage: „Wo (oder wer) ist der, den wir erwarten?" oder: „Wo ist das Heil, das Licht, das Leben, das da kommen soll?" Bei Johannes ist die Antwort „Das bin ich" der Anspruch, daß alles, was erwartet wurde, gekommen und in Jesus von Nazareth gegenwärtig ist. Der Nachdruck liegt also auf der menschlichen Wirklichkeit der geschehenen göttlichen Offenbarung (des Logos, oder des Vaters). Die Identifikationsformel wird in solchem Zusammenhang notwendigerweise zur Rekognitionsformel, weil die Grundstruktur des Evangeliums aus dem Kerygma von Kreuz und Auferstehung abgeleitet ist [69]. Der Erzählungszusammenhang des Evangeliums und die Tatsache, daß das Johannesevangelium als ganzes auf die Verherrlichung Jesu am Kreuz ausgerichtet ist, zwingt die „Ich bin"-Worte in die Kategorie der Rekognitionsformel. Alles, was als Erlösung erwartet wurde (Leben, Licht, Weg, Wahrheit), ist in der Geschichte eines bestimmten Menschen gegenwärtig. Das Thomasevangelium gibt jedoch keine Geschichte des Menschen Jesus wieder, noch verkündet es Jesus als den, der am Kreuz „unter Pontius Pilatus" litt. Es ist vielmehr ganz auf Jesu Worte allein ausgerichtet. Für diese ist der historische Ursprung letztlich gleichgültig. Wer Jesus war und daß er einst lebte und starb, hat kein Gewicht. Daher ist der Gebrauch des „Ich bin" im Sinne der Rekognitionsformel nicht angebracht, denn diese Formel spricht ja in ihrer eigentlichen Intention davon, daß man die Gegenwart der Offenbarung in einem bestimmten geschichtlichen Menschen und seinem Schicksal erkennen soll. Daß also die Rekognitionsformel im Thomasevangelium nicht auftaucht, liegt daran, daß eine Spruchsammlung kein ihr innewohnendes Prinzip hat, durch das die darin enthaltenen Sprüche zum Zeugnis eines bestimmten historischen Ereignisses werden können. Die Spruchsammlung erklärt, daß Jesus und seine Worte – wer immer er auch gewesen sein mag in seiner geschichtlichen Wirklichkeit – göttliche Qualität haben. Im Gegensatz dazu bezeugt das aus dem Passionskerygma entstandene Evangelium, daß alles, was göttlich ist, im irdischen Jesus von Nazareth zur geschichtlichen und menschlichen Wirklichkeit wurde.

---

[67] Beispiele bei *Bultmann*, Das Evangelium des Johannes (1959), 167, Anm. 2. Zu der dort vorgelegten Unterscheidung der verschiedenen „Ich bin"-Formeln ist noch zu bemerken, daß im Thomasevangelium, wie auch vielfach sonst, eine eindeutige Unterscheidung zwischen der Identifikationsformel auf der einen Seite und den Präsentations- und Qualifikationsformeln auf der anderen Seite nicht immer möglich ist.

[68] *Bultmann*, aaO 267 f. Joh 11, 25 und 14, 6 sind nach *Bultmann* vielleicht nicht der Rekognitionsformel zuzurechnen.

[69] *Bultmann*, aaO 168, ist der Ansicht, daß einige der johanneischen „Ich bin"-Worte Präsentations- oder Identifikationsformeln waren, ehe sie in den Zusammenhang des 4. Evangeliums aufgenommen wurden.

4. *Weisheitsworte und Proverbien* sind im Thomasevangelium sehr häufig. Sie haben meist recht genaue Parallelen in den synoptischen Evangelien. Oft handelt es sich um allgemeine Wahrheiten, die sich weder auf eine bestimmte historische Situation, noch auf eine bestimmte historische Gestalt beziehen:

Spruch 31: Der Prophet in seinem Vaterland (Mk 6, 4 f[70] par);
Spruch 32: Die Bergstadt (Mt 5, 14 b);
Spruch 33 a: Was du hören wirst mit deinem Ohr (Mt 10, 27; Lk 12, 3[71]);
Spruch 33 b: Licht unter einem Gefäß (Mk 4, 21; Mt 5, 15 par);
Spruch 34: Blinde Blindenführer (Mt 15, 14; Lk 6, 39);
Spruch 35: Das Haus des Starken (Mk 3, 27 parr);
Spruch 45 a: Keine Trauben von Dornbüschen (Mt 7, 16; Lk 6, 44);
Spruch 45 b: Gutes Herz – gute Worte (Lk 6, 45; vgl. Mt 12, 34 f);
Spruch 47 a: Zwei Herren dienen (Mt 6, 24; Lk 16, 13);
Spruch 47 b: Alter und neuer Wein (Lk 5, 39);
Spruch 47 c: Neuer Wein in einen alten Schlauch (Mk 2, 22; vgl. Mt 9, 17; Lk 5, 37)[72];
Spruch 47 d: Alter Lappen auf ein neues Kleid (Mk 2, 21; vgl. Mt 9, 16; Lk 5, 36)[73];
Spruch 67: Wer das All erkennt (vgl. Mk 8, 36; Mt 16, 26; Lk 9, 25);
Spruch 94: Wer sucht, wird finden (Mt 7, 8; vgl. Lk 11, 10).

Es finden sich auch einige allgemeine Mahnungen:

Spruch 26: Der Balken in deines Bruders Auge (Mt 7, 3.5; Lk 6, 41 f);
Spruch 39 b: Klug wie die Schlangen (Mt 10, 16);
Spruch 92: Suchet, und ihr werdet finden (Mt 7, 7; Lk 11,9);
Spruch 93: Gebt nicht das Heilige den Hunden (Mt 7, 6).

---

[70] Zu diesem Sprichwort (P. Oxy. 1, 6) vgl. GNOMAI DIAPHOROI, s. o. Kap. 4, S. 121 ff.

[71] S. u., Anm. 78.

[72] Das Thomasevangelium fügt hinzu: „und man gießt nicht alten Wein in einen neuen Schlauch, damit er ihn nicht verdirbt." Dies könnte eine sekundäre Analogiebildung zum vorangehenden Satz sein; vgl. *H.-W. Bartsch,* Das Thomasevangelium und die synoptischen Evangelien, NTS 6, 1959/60, 251–253. Aber einige dieser im parallelismus membrorum formulierten Varianten des Thomasevangeliums sind vielleicht auch ursprünglich, wie z. B. in Spruch 31 (vgl. Anm. 70 und 80).

[73] Die Umkehrung „alter Flicken auf ein neues Kleid" statt des synoptischen „neuer Flicken auf ein altes Kleid" ist recht eigenartig. *Quispel* hat sehr scharfsinnig einen alten (aramäischen) Parallelismus rekonstruiert, der seiner Meinung nach die Grundlage für beide Versionen gewesen ist: „Man setzt keinen alten Flicken auf ein neues Kleid, denn er paßt nicht auf das neue, und man näht keinen neuen Flicken auf ein altes Kleid, denn es gäbe sonst einen Riß." Vgl. *G. Quispel,* Some Remarks on the Gospel of Thomas, NTS 5, 1958/59, 281; ferner *ders.,* The Gospel of Thomas and the NT, Vig Christ 11, 1957, 194 f. Vielleicht ist aber die Umkehrung einfach durch die zweite Hälfte des im Thomasevangelium unmittelbar vorausgehenden Spruches 47 c verursacht worden.

Die Beziehung dieser Weisheitsworte und Proverbien zu den Fundorten der entsprechenden synoptischen Parallelen ist recht eigenartig. Soweit es sich um Worte handelt, die Mt und Lk aus der synoptischen Spruchquelle bezogen, finden sich die synoptischen Parallelen in der Regel entweder in der „Bergpredigt" (Mt 5–7) oder in der „Feldrede" (Lk 6). In beiden synoptischen Zusammenhängen zugleich stehen Spruch 26 und 45 a [74]. Die Parallelen zu den Sprüchen 33 b; 47 a; 92 und 94 stehen nur in der Bergpredigt [75], während Lukas sie in anderen Zusammenhängen außerhalb seiner Feldrede anführt [76]. Für die Sprüche 32 und 93 [77] gibt es bei Lukas überhaupt keine Parallele. Auf der anderen Seite finden sich die Sprüche 34 und 45 b nur in der Feldrede des Lukas wieder (Lk 6, 39.45), während die entsprechenden Mt.-Parallelen außerhalb der Bergpredigt stehen (Mt 15, 14; 12, 34 f). Wenn jedoch irgendeines dieser Weisheitsworte des Thomasevangeliums überhaupt keine Parallele in Mt 5–7 oder in Lk 6 hat, sondern nur in anderen Zusammenhängen bei Matthäus und Lukas, dann findet sich regelmäßig eine Parallele bei Markus [78]; so finden sich Spruch 31; 35; 47 c; 47 d und 67 in Mk 6, 4 f; 3, 27; 2, 22; 2, 21 und 8, 36 [79].

Außerdem läßt sich in keinem der Weisheitsworte des Thomasevangeliums irgendeine Spur der Redaktionsarbeit des Matthäus, Markus oder Lukas finden [80]. Dann besteht aber kein Grund zu der Annahme, daß diese Sprüche aus

---

[74] Mt 7, 3.5 // Lk 6, 41 f; Mt 7, 16 // Lk 6,44.   [75] Mt 5, 15; 6, 24; 7, 7; 7, 8.

[76] Lk 11, 33; 16, 13; 11, 9; 11, 10.   [77] Mt 5, 14 b; 7, 6.

[78] Die einzigen Ausnahmen sind Spruch 47 b // Lk 5, 39 (aber dieser Spruch gehört in einen Spruchzusammenhang, den Lukas aus Markus entnahm: Mk 2, 21 f // Lk 5, 36 ff // Spruch 47 c, d); Spruch 33 a // Mt 10, 27 // Lk 12, 3 (jedoch ist auch dieser Spruch aufs engste mit einem Spruchzusammenhang aus Markus verbunden: Mk 4, 21 // Spruch 33 b; Mk 4, 22 // Mt 10, 26 // Lk 12, 2 // Spruch 5).

[79] Spruch 33 b findet sich sowohl bei Markus (4,21) als auch in der Bergpredigt (Mt 5, 15). Mk 4, 21 ist ein Satz jener kleinen Sammlung von Q-Sprüchen des Markusevangeliums (Mk 4, 21–25), die mehrfache Beziehungen zum Thomasevangelium hat (vgl. Spruch 5 und 41). Das Vorkommen dieses Satzes in Mt 5,15 beweist, daß dieses Sprichwort zu der ältesten Schicht der Spruchtradition gehörte, die schließlich von Matthäus und Lukas zur „Bergpredigt" und zur „Feldrede" ausgestaltet wurde. Es ist jedoch bemerkenswert, daß die Form dieses Spruches im Thomasevangelium sich am engsten mit Lk 11, 33 berührt, während Mt 5,15 und Mk 4, 21 // Lk 8, 16 ihm ferner stehen.

[80] Ganz im Gegenteil! Einige Sprüche des Thomasevangeliums haben eine ursprünglichere Form als ihre synoptischen Parallelen; vgl. Spruch 31, wo der ursprüngliche Parallelismus noch erhalten ist, während Mk 6, 4.5 die zweite Hälfte des Sprichworts („ein Arzt heilt nicht die, welche ihn kennen") in Erzählung umgesetzt hat („... und er konnte dort keine Wunder vollbringen..."). Spruch 26 liest lediglich Mt 7, 3 und 5 wieder, während das vielleicht sekundäre Zwischenstück Mt 7, 4 („oder wie kannst du zu deinem Bruder sagen, laß mich den Splitter aus deinem Auge ziehen...") fehlt. Dieses Sprichwort zeigt nota bene auch, in welch sorgloser Weise einige Gelehrte versucht haben, den Nachweis dafür zu führen, daß Thomas sekundäre Elemente in die synoptischen Sprüche eingebracht hat: *Bartsch*, aaO 255, nennt „wirst du sehend werden" einen sekundären Zusatz; aber in Wirk-

den synoptischen Evangelien stammen [81]. Es ist angesichts der oben dargestellten Fundorte der synoptischen Parallelen schwer vorstellbar, daß die Bergpredigt oder die Feldrede Thomas als Quelle gedient haben könnten. Vielmehr muß die Quelle für die Weisheitsworte des Thomasevangeliums eine sehr alte Spruchsammlung gewesen sein, die zu einem Bestandteil der gemeinsamen Quelle des Matthäus und Lukas, also der Spruchquelle „Q", wurde und so den Grundstock bildete für die beiden „Reden" in Mt 5–7 und Lk 6. Diese alte Spruchsammlung muß aber auch dem Verfasser des Markusevangeliums bekannt gewesen sein.

Es ist nicht verwunderlich, daß sich bei den Weisheitsworten des Thomasevangeliums auch Zeichen sekundären Wachstums finden. Zum Teil handelt es sich dabei um eine natürliche Weiterentwicklung dieses Proverbien-Materials [82]. Nur ganz gelegentlich bringt Thomas eine tendenziöse Auslegung in der Formulierung der Proverbien selbst zum Ausdruck [83]. Seine theologische Neigung ist deutlich in der Wiedergabe der Worte vom Suchen und Finden ausgeprägt:

Spruch 92 gibt die bekannte Mahnung „Suchet, so werdet ihr finden!" wieder (Mt 7, 7; Lk 11, 9), fügt aber ein tendenziöses Ich-Wort hinzu:

lichkeit handelt es sich dabei um ein Satzstück des koptischen Textes bzw. des griechischen Textes im P. Oxy 1, 1, das ganz genau so auch bei Mt 7, 5 und Lk 6, 42 steht! – Spruch 45 b // Lk 6,45 bewahrt die ursprüngliche Beziehung „gutes Herz – gute Worte"; vgl. den rabbinischen Spruch „was im Herzen, (war) im Munde" (Midr. Ps 28, 4, 115 b; *Strack-Billerbeck* I, 639; vgl. *Bultmann*, Geschichte der synoptischen Tradition, 87). Vgl. auch oben Anm. 70 und 72.

[81] Gelegentlich zeigen die Sprüche des Thomasevangeliums, daß sie in den gleichen Verbindungen überliefert wurden ,in denen sie auch in den synoptischen Evangelien erscheinen; vgl. *Bartsch*, aaO 253 f. Das ist jedoch kein Argument für eine Abhängigkeit von den synoptischen Evangelien; denn einige dieser Sprüche sind sicher schon in den frühesten Stadien der Überlieferung miteinander verbunden worden.

[82] Vgl. die Hinzufügung von solchen Analogiebildungen wie Spruch 47 a: „Es ist unmöglich, daß ein Mensch auf zwei Pferden reitet (und) zwei Bogen spannt." Spruch 33: „Was du hören wirst mit deinem Ohr, predigt es auf euren Dächern" (dem Spruch von der Bergstadt und von der Lampe unter dem Gefäß vorangestellt); aber hier mag es sich um ältere Q-Tradition handeln, vgl. oben Anm. 78.

[83] Auch hier hat man zu vorschnell gemeint, sekundäre Änderungen im Text des Thomas entdecken zu können; vgl. z. B. Spruch 93:

„Gebt nicht das Heilige den Hunden,
damit sie es nicht auf den Mist werfen.
Werft nicht die Perlen den Säuen hin,
damit sie es nicht machen . . . (?)."

Thomas bringt hier ein Weisheitswort in einer makellosen Formulierung, ohne jegliche besondere christliche Anwendung. Hingegen zeigt die Variante in Mt 7, 6 deutliche Spuren der Anwendung dieses Weisheitswortes auf die Situation der Gemeinde. Wenn *Bartsch*, aaO 255, die Fassung des Thomas für sekundär hält, denn „die von der Sache, nämlich von der Situation der Gemeinde her bestimmte Erklärung bei Matthäus ist durch eine vom Bild her bestimmte ersetzt", so stellt er damit alle formgeschichtlichen Maßstäbe auf den Kopf.

„Aber das, wonach ihr mich in diesen Tagen fragtet, habe ich euch an jenem Tage nicht gesagt. Jetzt will ich es sagen, und ihr sucht nicht danach."

Spruch 2: „Laß den, der sucht, nicht aufhören zu suchen, bis er findet, und wenn er findet, wird er verwirrt sein, und wenn er verwirrt ist, wird er sich wundern und wird herrschen über das All." [84]

Was mit „finden" gemeint ist, erklärt Thomas in einer Abwandlung eines anderen synoptischen Weisheitswortes (Mt 8, 36 par):

Spruch 67: „Wer das All erkennt und sich selbst verfehlt, verfehlt den ganzen Ort." [85]

Vgl. Spruch 111 b: „Wer sich selbst findet – die Welt ist seiner nicht wert." [86]

Zum Nachdruck auf die Selbsterkenntnis gesellen sich Betrachtungen über das Verhältnis des Selbst zum Grunde des Seins. Dies wird in mehreren Sprüchen der gleichen Art zum Ausdruck gebracht, wenngleich man diese Sprüche nicht mehr als Weisheitsworte im engeren Sinne bezeichnen kann; denn sie reden nicht mehr von der Natur des Menschen im allgemeinen, sondern betrachten das eigentliche Wesen des wahren Gnostikers:

Spruch 29: „Wenn das Fleisch geworden ist wegen des Geistes, ist es ein Wunder. Wenn der Geist aber wegen des Fleisches (geworden ist), ist es ein Wunder der Wunder. Aber ich wundere mich über dieses, wie sich dieser große Reichtum niedergelassen hat in dieser Armut." [87]

Erst hier erfährt die Überlieferung der Weisheitsworte ihre charakteristische Wendung zur gnostischen Theologie. Aber durch die gesamte Tradition hindurch ist als Leitfaden deutlich erkennbar, daß die Wahrheit der Weisheitsworte nicht von der Autorität Jesu abhängig ist. Ob solche Worte nun das menschliche Sein im allgemeinen im Sinne haben oder ob sie die göttliche Natur und den pneumatischen Ursprung des Menschen offenbaren, ihre

---

[84] Dies ist ganz sicher eine sekundäre gnostisierende Form des Weisheitswortes vom Suchen und Finden. Die griechische Version des Thomasevangeliums (P. Oxy 654, 2) sowie die Parallele, die Clem. Alex. aus dem Hebräerevangelium zitiert (Strom II 9,45,5 und V 14,96,3), hat die Kette besser aufbewahrt; außerdem ist eine weitere Zeile angefügt: „und wenn er herrscht, wird er Ruhe finden." In dieser Form zeigt sich noch deutlicher die Verbindung zur Erwartung der Weisheitstheologie, nämlich Ruhe zu finden; vgl. Sir 6, 28; Mt 11, 28–30 (letzteres ist in Spruch 90 des Thomasevangeliums zitiert).

[85] Die Wiederholung des Wortes „verfehlt" (Übersetzung von *Haenchen*, aaO 27) entspricht dem koptischen Text und ist daher der Übersetzung von *Guillaumont* et al. vorzuziehen, die diesen Parallelismus der beiden Satzhälften nicht zum Ausdruck bringen.

[86] Vgl. auch die gnostischen Sprüche vom Suchen und Finden, Spruch 56 und 80. Sie sind sicher sekundäre Abwandlungen entsprechender älterer synoptischer Sprüche vom Suchen und Finden.

[87] Vgl. auch Spruch 84; 87 und 77 b.

Wahrheit wird immer dann bestätigt, wenn der Mensch diese Wahrheit in sich selbst entdeckt.

5. Mehrere *Gemeinderegeln* aus der synoptischen Überlieferung haben Parallelen im Thomasevangelium. Aber im Unterschied zu den Weisheitsworten sind sie fast alle erheblich modifiziert.

In den synoptischen Evangelien sowie in den Briefen des NT oder in der Didache spiegeln diese Regeln den Versuch wieder, dem Christen das Leben in der Welt zu ermöglichen und das Leben der Gemeinde entsprechend zu ordnen. Sehr oft wurde dafür die paränetische Tradition des Judentums nutzbar gemacht und wurde so zur Grundlage der frühchristlichen Paränese und Gemeindeordnung. Worte Jesu finden sich nur gelegentlich in solchen Zusammenhängen. Dafür sind die paulinischen Briefe, der 1. Clemensbrief und die Didache typische Zeugnisse. Erst in einem späteren Stadium der Entwicklung wurden einige dieser Gemeinderegeln zu „Worten Jesu" gemacht und in die synoptische Spruchüberlieferung eingefügt.

Die Gemeinderegeln des Thomasevangeliums, ob sie sich auf echte Worte Jesu gründen oder nicht, fordern durchweg den Jünger dazu auf, sich von der traditionellen religiösen Moralität des Judentums abzuwenden und sich zugleich von allen Belangen dieser Welt zu trennen. Worte gegen Fasten, Beten und Almosengeben erscheinen mehrfach:

> Spruch 14 a: „Wenn ihr fastet, werdet ihr euch Sünde erzeugen, und wenn ihr betet, werdet ihr verurteilt werden, und wenn ihr Almosen gebt, werdet ihr eurem Geiste schaden." [88]

Aber obgleich Fasten, Sabbatheiligung und Beschneidung verworfen werden, so bleiben sie doch gültige Symbole der Trennung von der Welt (vgl. Spruch 27 und 53). Jesu Worte über „Rein und unrein" sind in Spruch 14 c in einer Form aufbewahrt, die möglicherweise älter ist als Mk 7, 18–20 par; sie werden bei Thomas dazu gebraucht, die Bedeutung des inneren Menschen zu unterstreichen [89].

Es ist jedoch nun nicht einfach so, daß Thomas die Regeln der religiösen Observanz spiritualisiert. Vielmehr versteht er z. B. Jesu Befehl, feste Familienbande um der Nachfolge willen zu zerbrechen, als Forderung, sich ganz von der bestehenden Gesellschaft zu trennen und nur die „Familie" der wirklich Erlösten anzunehmen; vgl. den Spruch von den „wahren Verwandten"

---

[88] Vgl. Mt 6, 1 ff; Did 8; siehe ferner Spruch 6 a und 104.

[89] Siehe dazu das Wort vom „Äußeren und Inneren des Kelchs", Spruch 89 // Lk 11, 39.40. Thomas' Fassung entspricht Lk 11, 40, aber mit der Umkehrung von „Äußeres" und „Inneres", die sich nur in den Handschriften P[45] C D T a e c findet, was meist als sekundäre Variante des Lukastextes beurteilt wird. Solange die Bedeutung dieses Spruches nicht geklärt ist, läßt sich schwer sagen, ob der Text des Thomas eine ältere Fassung aufbewahrt hat, die man dann auch als ursprünglichen Lukastext einsetzen müßte, oder ob Thomas von einer sekundären Handschriftenvariante des Lukas abhängig ist. Zur Bedeutung des Spruches vgl. *Haenchen*, aaO 53; *Quispel*, VigChr 11, 1957, 200.

(Spruch 99 [90]) und vom „Hassen von Vater und Mutter" (Spruch 101) [91]. Mehrere Sprüche verwerfen weltlichen Besitz [92].

Die Jünger sind Wanderer, die keine Heimat haben (Spruch 42). Sie heilen die Kranken und essen, was man ihnen vorsetzt (Spruch 14 b) [93]. Wenn sie auf diese Weise Jesu Erfahrung der Heimatlosigkeit nachahmen (Spruch 86) – und dieses Motiv sollte in der Tat in der Folgezeit die Geschichte der syrischen Christenheit nachhaltig beeinflussen –, dann ist damit Jesu Scheidung vom traditionellen jüdischen Gesetzesverständnis zu einem neuen System von religiösen Lebensregeln geworden. Sie sind nun ein Prüfstein für die Trennung von dieser Welt. Entweltlichung ist die neue Ideologie.

Das Thomasevangelium steht in einer ganz besonderen Beziehung zur ipsissima vox Jesu. Es ist deshalb eine vordringliche Frage, ob diese Überlieferung der Worte Jesu ihre ursprüngliche Integrität behält, sobald ihr Sitz im Leben nicht mehr die eschatologische Predigt Jesu, sondern die Theologie der Gemeinde geworden ist. Es scheint, daß im Falle des Thomasevangeliums die Worte Jesu ein wesentliches Element in der Entwicklung eines religiösen Selbstverständnisses waren, für das der geschichtliche Jesus von Nazareth schließlich als Maßstab des Glaubens belanglos wurde.

Die Grundlage des Thomasevangeliums war eine Spruchsammlung, die ursprünglicher als die kanonischen Evangelien ist, obgleich ihr Grundprinzip mit dem Bekenntnis von Leiden und Auferstehung nichts zu tun hat. Dennoch unterstehen solche Spruchsammlungen dem ihnen eigenen theologischen Grundprinzip. Danach wird der Glaube verstanden als ein Glaube an die Worte Jesu; in diesem Glauben wird das, was Jesus verkündigt hat, für den Glaubenden wirklich und gegenwärtig. Der Katalysator, der diese Kristallisation der Sprüche zu einem Spruchevangelium verursacht hat, ist die Sicht, daß die Gottesherrschaft in Jesu eschatologischer Predigt in einzigartiger Weise gegenwärtig und daß göttliche Weisheit über des Menschen wahres Selbst in Jesu Worten erschlossen ist. Die gnostische Neigung dieser Sicht bedarf keiner weiteren Darlegung [94].

Das Verhältnis dieses Spruchevangeliums, das dem Thomasevangelium zugrunde liegt, zur synoptischen Spruchquelle Q ist eine offene Frage. Bei dem darin enthaltenen Material handelt es sich ohne Zweifel weithin um Q-Sprüche (einschließlich jener Sprüche, die gelegentlich bei Markus ihre Parallelen haben). Aber wir haben es mit einer Fassung der Spruchquelle zu tun,

---

[90] Mk 3, 33–35 par.　　　　[91] Mt 10, 37 // Lk 14, 26.

[92] Spruch 95 verbietet das Verleihen von Geld auf Zins oder in der Hoffnung, es zurückzuerhalten (Lk 6, 34 f); vgl. Spruch 81 und 110. Siehe ferner die von Thomas dem Gleichnis vom Abendmahl (Mt 22, 1–10; Lk 14, 15–24) angefügte Warnung: „Die Käufer und die Kaufleute werden nicht hineingehen in die Orte meines Vaters" (Spruch 64).

[93] Lk 10, 8.9; die Mt.-Parallele weicht davon ab und ist sekundär.

[94] Vgl. *J. M. Robinson*, LOGOI SOPHON, s. o. Kap. 3, S. 105 f.; *ders.*, The Problem of History in Mark Reconsidered, USQR 20, 1965, 135.

in der die apokalyptische Menschensohnerwartung der synoptischen Spruchquelle noch nicht enthalten und in der Jesu radikalisierte Eschatologie der
Gottesherrschaft und seine Offenbarung göttlicher Weisheit in seinen Worten
die beherrschenden Züge waren.

Eine solche Fassung der Spruchquelle kann nicht das Produkt einer späteren Entwicklung, sondern nur eine sehr alte Form eines Spruchevangeliums
gewesen sein. Immerhin zeigt bereits die Diskussion des Paulus mit seinen
Gegnern im 1. Korintherbrief, daß die von Paulus angegriffene Weisheitstheologie ein solches Verständnis der Botschaft Jesu voraussetzt[95]. Diese Gegner verkündigten eine realisierte Eschatologie; sie behaupteten, daß göttliche Weisheit durch Jesu Worte offenbart worden war; und zumindest ein
Spruch, den Paulus in diesem Zusammenhang zitiert, findet sich tatsächlich
im Thomasevangelium wieder (Spruch 17, vgl. 1Kor 2, 9).

Das beweist in der Tat, daß solche Spruchsammlungen mit eindeutiger
theologischer Tendenz schon sehr früh im Gebrauch waren, und zwar nicht
nur in aramäisch sprechenden Kreisen Syriens; daß die Quelle „Q", die von
Matthäus und Lukas benutzt wurde, erst ein zweites Stadium dieses Spruchevangeliums war, in das die apokalyptische Menschensohnerwartung eingebracht wurde, um die gnostisierenden Tendenzen dieses Spruchevangeliums
zu kontrollieren; und daß das Thomasevangelium, das auf ein älteres Spruchevangelium zurückgeht, von dessen Wachstum in die gnostische Theologie
hinein beredtes Zeugnis ablegt.

III. Jesus als göttlicher Mensch (Aretalogien)

Die älteren kanonischen Evangelien, die nur wenige Sprüche enthalten und
im wesentlichen auf der Passionsgeschichte und ihrem Kerygma basieren[96],
müssen noch eine weitere Quelle benutzt haben, aus der sie ihre Erzählungen
von Jesu Wundern bezogen.

Daß es eine solche Quelle, oder Quellen, gegeben hat, die im wesentlichen
Wundergeschichten enthielt, wird weithin angenommen und braucht hier nicht
weiter behandelt zu werden[97]. Die Verwendung einer solchen Quelle, unter
dem Namen der Zeichen-Quelle bekannt, ist im Johannesevangelium ganz
offensichtlich. Bei Markus tritt diese Quelle nicht so deutlich in Erscheinung;

---

[95] Siehe dazu *J. M. Robinson*, Kerygma und Geschichte im Neuen Testament,
s. o. Kap. 2, S. 28–44. Mit dieser Frage beschäftigt sich eingehend *H.-W. Kuhn*, Der
irdische Jesus bei Paulus als traditionsgeschichtliches und theologisches Problem (wird
in ZThK 67, 1970, erscheinen).

[96] S. o. S. 150 f.

[97] Die Frage der Quellen dieser Wundergeschichten ist kürzlich erst wieder behandelt von *Robinson*, Kerygma und Geschichte, s. o. Kap. 2, S. 44–62, wo auch
die wichtigste Literatur angeführt ist; *ders.*, Die johanneische Entwicklungslinie,
s. u. Kap. 7, S. 219 ff.

aber daß sie auch dort vorausgesetzt werden muß, halte ich für sicher. Jedoch waren diese Quellen des Markus und Johannes, wiewohl eng verwandt, nicht identisch.

Im Rahmen dieses Aufsatzes kommt es vor allem auf die Frage an, ob diese Sammlungen von Wundergeschichten Jesu irgendeiner bestimmten theologischen Grundeinsicht zugehören, die als Katalysator für ihre Abfassung und ihre grundsätzliche Ausrichtung verantwortlich war. In solchen Quellen wurde Jesus als ein Mensch dargestellt, der mit göttlicher Kraft ausgestattet war und durch machtvolle Taten und Wunder seine göttlichen Eigenschaften und Fähigkeiten unter Beweis stellte. Dadurch wird die Grundrichtung ihrer theologischen Tendenz bestimmt. Joh 20, 30–31 – wahrscheinlich der ursprüngliche Schluß der von Joh benutzten Zeichen-Quelle [98] – formuliert diese Tendenz recht gut: „Nun hat Jesus noch viele andere Zeichen vor seinen Jüngern getan, die nicht in diesem Buch aufgezeichnet sind; diese aber sind geschrieben worden, damit ihr glaubt, daß Jesus der Christus ist, der Sohn Gottes." [99]

Dieser Schluß der johanneischen Quelle von Wundergeschichten ist bemerkenswert, weil er typisch ist. Ganz ähnliche Abschlußformulierungen sind bei anderen Büchern üblich, in denen die wunderbaren und machtvollen Taten eines großen Menschen oder einer Gottheit aufgezählt sind; vgl. z.B. Sir 43, 27 f nach der Aufzählung der wunderbaren Großtaten Gottes; 1Makk 9, 22 nach dem Bericht über die Kriege des Judas Makkabäus [100]. Es ist der typische Schluß einer Aretalogie.

Aretalogien wurden meist zu Zwecken religiöser Propaganda verfaßt [101]. Die religiösen Überzeugungen, die für den Gebrauch dieser Literaturgattung zu Propagandazwecken eine besondere Vorliebe zeigten, waren überall in der hellenistisch-römischen Welt ziemlich gleichartig, mögen sie sich nun bei Juden, Heiden oder Christen finden. Sicherlich können Aretalogien auch dazu benutzt werden, bestimmte Glaubensanschauungen zu verteidigen; aber sie sind in der Regel nicht apologetisch ausgerichtet [102]. Vielmehr stellen die außerordentlichen Ereignisse und Taten, die in den Aretalogien berichtet

---

[98] Vgl. *Bultmann,* Das Evangelium des Johannes, z. St.

[99] Der letzte Satz von Joh 20, 31 „und daß diejenigen, die glauben, Leben haben in seinem Namen" ist wahrscheinlich vom Verfasser des Evangeliums seiner Quelle hinzugefügt worden; vgl. *Bultmann,* aaO 540 Anm. 3.

[100] Weitere Beispiele, auch aus der griechischen Literatur, bei *Bultmann,* aaO 540 Anm. 3.

[101] *Robinson* (Kap. 2, oben S. 52) spricht vom „apologetischen, missionarischen Sitz im Leben (der Zeichen-Quelle)". Ich würde es vorziehen, den Begriff „apologetisch" hier nicht zu verwenden, denn der Hauptzweck ist sicherlich religiöse Propaganda. Freilich ist es richtig, daß das frühe Christentum diese Gattung aus jenen Kreisen bezog, die meist als jüdische Apologetik" bezeichnet werden. Siehe ferner unten zu 2Kor, S. 176 f.

[102] Vgl. die vorausgehende Anmerkung.

werden, in sich selbst das wesentliche Glaubensbekenntnis einer religiösen Bewegung dar.

Evangelien in der Form einer Aretalogie, wie etwa die Quelle der Wundergeschichten bei Markus und Johannes, verkünden, daß eine besondere göttliche Macht in den kraftvollen Taten Jesu gegenwärtig und zugänglich ist. An ein solches „Evangelium zu glauben", bedeutet Zugang zu den Segnungen dieser wunderbaren Krafttaten, oder es impliziert sogar die Fähigkeit, diese Taten in der religiösen Erfahrung des Glaubenden zu wiederholen. Jesus ist der „göttliche Mensch" (θεῖος ἀνήρ)[103]; sein Apostel verkörpert und vergegenwärtigt die Offenbarung in seinem missionarischen Wirken dadurch, daß er Jesus nachahmt.

Der Verfasser des Johannesevangeliums benutzte zwar ein solches Evangelium von Wundergeschichten, setzte aber dessen Christologie von Jesus als göttlichem Menschen nicht einfach unkritisch fort. Vielmehr betont er, daß der Mittelpunkt der Offenbarung in Jesus seine „Verherrlichung am Kreuz" ist[104]. Im Markusevangelium wird die theologische Tendenz, die der Tradition der Wundergeschichten eigen ist, in ganz ähnlicher Weise dadurch kritisiert, daß sie dem Glaubensbekenntnis vom gekreuzigten Jesus unterworfen wird. Das wirkliche „Messiasgeheimnis"[105] ist in den herrlichen Taten und

---

[103] Eine Variante dieser Bezeichnung steht Apg 2, 22: „Jesus von Nazareth, ein Mann, der von Gott durch Krafttaten, Wunder und Zeichen ausgewiesen ist." In der lukanischen Theologie betont „durch Gott" die Subordination Jesu (vgl. *H. Conzelmann*, Die Apostelgeschichte [HNT 1963], z. St.; *ders.*, Die Mitte der Zeit [1960³], 161 ff). Aber das ist nicht die ursprüngliche Intention der von Lukas in Apg 2, 22–24 benutzten Formel. Im NT sind die Titel „Christus" und „Sohn Gottes" manchmal mit der Christologie vom göttlichen Menschen verbunden, vgl. Joh 20, 31. Der Titel „Christus" erscheint auch in 2Kor 5, 16, also an einer Stelle, die speziell gegen diese christologische Vorstellung gerichtet sein könnte, s. u. S. 177. Zur Frage der christologischen Titel in diesem Zusammenhang vgl. *H. Köster*, Grundtypen und Kriterien frühchristlicher Glaubensbekenntnisse, s. u. Kap. 6, S. 202 f.

[104] Vgl. *Bultmann*, aaO bes. zu Joh 17, 1. *Robinson*, aaO (s. o. Kap. 2, S. 53), sagt: „Der vierte Evangelist selbst hält (gegen die theologische Tendenz seiner Quelle) daran fest, daß die wahre Form des Glaubens der Glaube an Jesu Wort sei", und betont, daß dies Johannes in die Nähe der Häresie des Thomasevangeliums bringt. Aber gleichzeitig verwendet Johannes dabei das Kriterium des Glaubens an Jesu Kreuz und Auferstehung. Das Wort Jesu, das der Paraklet den Jüngern ins Gedächtnis zurückruft, ist immer das „Wort", das Fleisch wurde, und dessen Herrlichkeit im Tode am Kreuz gegenwärtig ist. Zur Auseinandersetzung mit *E. Käsemann*, Jesu letzter Wille nach Johannes 17 (1966), vgl. *J. M. Robinson*, Die johanneische Entwicklungslinie, s. u. Kap. 7, S. 239 ff.

[105] *W. Wrede* (Das Messiasgeheimnis in den Evangelien [1901]) warf das Problem des Messiasgeheimnisses bei Markus zum ersten Male vor mehr als einem halben Jahrhundert auf. Heute scheint die Lösung sich deutlich abzuzeichnen: Die traditionellen Erzählungen vom göttlichen Menschen und Messias Jesus wurden von Markus dem kritischen Maßstab des Kreuzes Jesu unterworfen. So wird es verständlich, warum Markus die Wunder Jesu als „geheimnisvolle" Offenbarungen erscheinen läßt. Zur Geschichte des Problems siehe jetzt noch *G. Strecker*, William Wrede, ZThK 57, 1960, 67–91. Soweit ich sehen kann, war *H. Conzelmann*, Gegen-

Wundern, die Jesus vollbrachte, nicht sichtbar. Es kann vielmehr erst in seinem Leiden erkannt werden, und die Jünger werden aufgefordert, ihm auf dem Wege zum Kreuz Nachfolge zu leisten (Mk 8, 34 ff). Es ist vielleicht auch ganz bezeichnend für Markus' Kritik der Christologie vom göttlichen Menschen, daß er den zentralen Abschnitt des Evangeliums über Jüngerschaft und Nachfolge (Mk 8–10) mit einer sehr eigenartigen Wundergeschichte versieht, in der die Jünger bei ihrem Versuch, die Wunderheilung zu vollbringen, kläglich scheitern (Mk 9, 14–29).

Jünger, Apostel und Missionare, die sich der Christologie vom göttlichen Menschen vor und nach Markus verschrieben hatten, waren in der Regel weit weniger bescheiden. Im 2. Korintherbrief taucht diese Christologie in unseren Quellen erstmals auf[106]. Die verschiedenen Briefe, die zum kanonischen 2. Korintherbrief zusammengestellt wurden[107], geben uns noch genügend Hinweise auf fremde Apostel, die während Paulus' Aufenthalt in Ephesus nach Korinth gekommen waren. D. Georgi[108] hat überzeugend dargestellt, daß es sich um christliche Missionare gehandelt haben muß, die sich die hellenistisch-jüdische Propaganda zum Vorbild genommen hatten. Durch ihre Gewandtheit im öffentlichen Auftreten und Reden waren sie imstande, im Wettbewerb am freien Markt der Religionen erfolgreich teilzunehmen. Durch machtvolle Wunder und pneumatische Demonstrationen konnten sie beweisen, daß der Christus praesens die Begrenztheit des menschlichen Lebens durchbricht.

Die Empfehlungsbriefe, mit denen diese Missionare ihre Autorität unterstreichen konnten (2Kor 3, 1), sind für unsere Frage besonders interessant. Offenbar handelt es sich dabei um schriftliche Urkunden, in denen besondere Krafttaten aufgezeichnet und von anderen Gemeinden beglaubigt waren[109].

---

wart und Zukunft in der synoptischen Tradition, ZThK 54, 1957, 293 ff, der erste, der darauf hinwies, daß die Tradition des Markus bereits durchgehend „messianisiert" war und daß Markus seine Tradition vermittels der Theorie des Messiasgeheimnisses kritisch interpretierte.

[106] Ich bin etwas bestürzt darüber, daß mir die Entdeckung der Verbindung zwischen den Quellen des Markus und Johannes und den Gegnern des Paulus im 2. Korintherbrief zugeschrieben worden ist, vgl. meinen Aufsatz, Häretiker im Urchristentum, RGG³ III, 1959, 18 f. Tatsächlich stammt diese Entdeckung von *D. Georgi*, aus seiner Heidelberger Dissertation von 1958, die erst 5 Jahre später publiziert wurde: Die Gegner des Paulus im 2. Korintherbrief (WMzANT 11, 1963). Zum Folgenden vgl. noch *Köster*, GNOMAI DIAPHOROI, s. o. Kap. 4, S. 140–143, und *Robinson*, Kerygma und Geschichte, s. o. Kap. 2, S. 44–62.

[107] Vgl. *G. Bornkamm*, Die Vorgeschichte des sogenannten Zweiten Korintherbriefes (SAH 1961, 2); *ders.*, The History of the Origin of the so-called Second Letter to the Corinthians, NTS 8, 1961/62; *Georgi*, aaO 25–30.

[108] AaO, passim. Vgl. auch *Georgi*, Formen religiöser Propaganda, Kontexte 3 (1966), 105–110; dieser kurze Aufsatz bringt eine ausgezeichnete Zusammenfassung und ein lebendiges Bild dieser Art von religiöser Propaganda.

[109] Vgl. *Georgi*, Die Gegner des Paulus im 2. Korintherbrief, 241 ff.

Zur gleichen Zeit suchten diese fremden Apostel aber auch von der korinthischen Gemeinde ähnliche Empfehlungsschreiben zu erhalten[110]. In der Tat mußten ja solche Schreiben, die nichts anderes als Aretalogien waren, ein vorzügliches Mittel zur Förderung der Sache der christlichen Mission an anderen Orten gewesen sein.

Diese Art religiöser Propaganda war das schöpferische Milieu, in dem die Aretalogien Jesu verfaßt worden sind. Das Selbstverständnis des Missionars und das Verständnis von Jesu Person und Leben sind gerade hier sehr eng aufeinander bezogen[111]. Was Paulus den „Christus nach dem Fleisch" (2Kor 5, 16) nennt, war, in den Worten seiner Gegner zu reden, der göttliche Mensch Jesus. Seine großen Taten, derer man gedachte und die man überlieferte, waren das zentrale „christologische" Material dieser Glaubensüberzeugung.

Sobald erst einmal die Sammlungen von Jesu Wundergeschichten zu Teilen des Johannes- und Markusevangeliums geworden waren, sind sie nicht mehr unabhängig fortgesetzt und weiter überliefert worden. Durch ihr Vorhandensein bei Markus und Johannes haben jedoch diese Wundergeschichten und ihre theologische Orientierung großen Einfluß auf die weitere christliche Literatur ausgeübt. Bei Lukas, der ja Markus benutzte, tritt das Thema der Aretalogie erneut hervor und gibt seinem Evangelium die grundsätzliche theologische Ausrichtung. Nach Lukas ist Jesus der göttliche Mensch; er vollbringt Gottes herrliche Taten, solange der Satan abwesend ist, d. h. in Jesu öffentlicher Wirksamkeit, die sich von Satans Abgang nach der Versuchung Jesu bis zu seiner Rückkehr in den Verräter Judas erstreckt[112]. Freilich werden auch bei Lukas die Jünger dazu aufgefordert, Jesus auf seinem Wege zum Leiden nachzufolgen[113]. Aber dies ist lediglich ihr Schicksal, wie es das Schicksal Jesu war. Die Erzählung von Jesu Leiden und Tod als solche ist in diesem Evangelium nicht mehr der Brennpunkt des Offenbarungsgeschehens. Sie ist vielmehr die Erzählung vom vorbildlichen Märtyrer, dessen Leidensgeschichte so das letzte Kapitel der „Aretalogie Jesu" bilden kann.

Die gleiche Theologie des göttlichen Menschen tritt noch krasser in der lukanischen Apostelgeschichte hervor. Was die Apostel an Machttaten vollbringen, steht in genauer Korrespondenz zu dem, was Jesus während seines *Lebens und Wirkens* tat (im Gegensatz dazu sieht Paulus den *Tod* Jesu als prägendes Element seiner eigenen Erfahrungen als Apostel!). Daher wird der Apostel so zum Nachfolger seines Meisters, daß er im Besitz derselben göttlichen Kraft der Führung des gleichen göttlichen Geistes folgt. Sogar Paulus,

---

[110] In seinem Hinweis auf diese Empfehlungsbriefe formuliert Paulus ausdrücklich „(Briefe) an euch oder von euch".

[111] Vgl. hierzu wieder *Georgi*, aaO 213 ff, 282 ff; ferner *Robinson*, Kerygma und Geschichte, s. o. Kap. 2, S. 57.

[112] Lk 4, 13; 22, 3; vgl. *Conzelmann*, Die Mitte der Zeit (1960³), 22 uö.

[113] Lk 14, 25 ff.

wie die Apostelgeschichte ihn sieht, ist nun zu einem hervorragenden Beispiel
des Missionars geworden, der ein „göttlicher Mensch" ist, – derselbe Paulus,
der den 2. Korintherbrief gegen ein solches Verständnis des apostolischen
Amtes geschrieben hat. Die Züge, die für das Bild des Missionars in der
Apostelgeschichte wesentlich sind, entsprechen genau dem Bild, das sich für
die Gegner des Paulus aus dem 2. Korintherbrief ergibt: machtvolle Predigt,
pneumatische Auslegung der Schrift, Wundertaten und visionäre Erfahrungen.

In der außerkanonischen Literatur des frühen Christentums erscheint die
gleiche Literaturgattung in den apokryphen Apostelakten und in einigen
apokryphen Evangelien wieder.

Es ist ganz deutlich, daß die apokryphen Apostelakten literarische Produkte darstellen, in denen eine ganze Reihe verschiedener Themen und Motive
verbunden sind[114]. Aber diese Schriften antworten nicht einfach nur auf die
verschiedenste Weise dem volkstümlichen Wunsch nach Unterhaltung. Wie
begierig auch immer die breite Masse des christlichen Volkes auf fromme Erbauung und Unterhaltung gewesen sein mag, die grundsätzliche christologische
Überzeugung, die es möglich machte, diesem Wunsche zu entsprechen, war
das gleiche religiöse Motiv des „göttlichen Menschen", das bereits zum Erfolg
der Gegner des Paulus im 2. Korintherbrief so entscheidend beigetragen
hatte.

Die Grundstruktur dieser Vorstellung, wie sie von der frühchristlichen
Theologie verwendet wurde, impliziert eine enge Entsprechung zwischen den
Taten Jesu und den Taten seiner Apostel und Nachfolger. Lukas ist der einzige Verfasser eines kanonischen Evangeliums, der diese Vorstellung für sein
Evangelium wieder aufleben ließ. Er ist gleichzeitig der einzige Evangelist,
der eine zweite, eng verwandte Schrift über die Taten der Missionare Jesu
verfaßte. Das entspricht völlig der theologischen Intention der Christologie
des göttlichen Menschen. Daher sind es nun nicht neue Evangelien, sondern
neue Bücher von den Taten der Nachfolger Jesu, also die apokryphen Apostelgeschichten, die in der Folgezeit zu literarischen Vertretern dieser alten Gattung der „Evangelien"literatur werden. Insofern die Erzählungen von christlichen Märtyrern und Heiligen (auch von Mönchen und Eremiten) legitime
Erben des gleichen theologischen und literarischen Modells waren, müssen
diese Überlieferungen und Schriften ebenfalls bei einer weiteren Behandlung
der Frage dieser Literaturgattung mit berücksichtigt werden[115].

Es gibt nur eine einzige Form des apokryphen Evangeliums, in der die
Gattung der Aretalogie weiterlebt: Das Kindheitsevangelium[116]. Diese Evan-

---

[114] Novellistische, aretalogische und teratologische Elemente sind sichtbar. Vgl. zu
dieser Frage W. *Schneemelcher* und K. *Schäferdick*, Apostelgeschichten des 2. und
3. Jahrhunderts, in: *Hennecke-Schneemelcher* II, 115 ff, bes. die Literatur 110 f, 115.

[115] Zu nennen sind die Historia Lausiaca und die Historia Monachorum, die Acta
Martyrum, u. a.

[116] Vgl. O. *Cullmann*, Kindheitsevangelien, in: *Hennecke-Schneemelcher* I, 272 ff.

gelien arbeiten einen einzelnen und bedeutsamen Zug der griechischen Aretalogie weiter aus und wenden ihn auf Jesus an: die wunderbare Geburt und
Kindheit des göttlichen Menschen oder Helden. Wie schon in der griechischen
Aretalogie, so ist dies auch hier ein besonders fruchtbarer Ansatzpunkt für
die Entwicklung legendarischer Überlieferungen. Die verschiedenen Versionen des Kindheitsevangeliums des Thomas zeigen hinreichend die besondere
Fruchtbarkeit dieses Themas [117]. Der Einfluß der Kindheitsevangelien auf die
christliche Theologie war wohl ganz geringfügig, aber ihre Bedeutung für
die christliche Frömmigkeit und religiöse Erbauung darf nicht unterschätzt
werden.

IV. Evangelien als Offenbarungen

Eine große Zahl „gnostischer Evangelien" sind Offenbarungsreden. Meist
wird diese literarische Gattung als typisch gnostisches Erzeugnis beschrieben,
in dem die Form der „Gespräche Jesu mit seinen Jüngern nach der Auferstehung" dazu gewählt wurde, „Gnosis" mitzuteilen, d. h. „offenbarte Erkenntnis über Anfang, Weg und Ziel des Kosmos und der Menschen." [118] Es
ist schwer, Spuren vorsynoptischer Überlieferung in diesen gnostischen Schriften zu entdecken, und „die Benutzung der kanonischen Evangelien läßt sich
bei den meisten Werken dieser Art eindeutig aufzeigen" [119]. Daher scheint
das Urteil gerechtfertigt, daß diese sekundären Produkte bei der Suche nach
den ursprünglichen Gattungen der Evangelienliteratur keine weitere Beachtung verdienen.

Die unlängst entdeckten gnostischen Schriften machen jedoch eine Revision
dieses Urteils dringend notwendig. Vor allem weist das Apokryphon des
Johannes [120] Züge auf, die nicht unbedingt auf die kanonischen Evangelien
zurückgehen müssen. Ganz sicher zeigt der Inhalt dieser „Offenbarungen"
meist nur eine ganz entfernte Verwandtschaft mit den verschiedenen Gat-

---

Keines dieser Evangelien kann als eine unabhängige Fortsetzung vorkanonischer
Überlieferung angesehen werden.

[117] Darüber mehr bei *W. Bauer*, Das Leben Jesu im Zeitalter der neutestamentlichen Apokryphen, 29–100.

[118] *Schneemelcher*, Evangelien, in: *Hennecke-Schneemelcher* I, 50.

[119] *Schneemelcher*, aaO 51.

[120] Das Apokryphon des Johannes wurde bereits 1896 entdeckt (Papyrus Berolinensis 8502), aber erst 1955 als ganzes veröffentlicht: *W. Till*, Die gnostischen
Schriften des koptischen Papyrus Berolinensis 8502 (TU 60, 1955). Die drei parallelen
Fassungen der Codices II, III und IV von Nag Hammadi wurden wenige Jahre
später ebenfalls zugänglich: *M. Krause* und *P. Labib*, Die drei Versionen des Apokryphon des Johannes im Koptischen Museum in Alt-Kairo (ADAIK, Koptische Reihe 1,
1962). Ich zitiere im Folgenden aus Codex II von Nag Hammadi, der den voll-
ständigsten Text jener Abschnitte enthält, die für uns hier von besonderem Interesse sind. In der Numerierung der Codices folge ich *Krause* und *Labib*, aaO 5 ff.

12*

tungen der Evangelienliteratur [121]. Aber der Rahmen gibt einige bedeutsame Anhaltspunkte für die Erkenntnis der Quellen, aus denen sich das „gnostische Evangelium" [122] entwickelte, gibt uns aber zugleich auch einen Schlüssel zur Erklärung besonderer Züge der kanonischen Evangelien.

Die typischen Bestandteile des Rahmens dieser „Offenbarungen" sind bekannt; sie treten im Apokryphon des Joh recht deutlich in Erscheinung:

1. Die Szenerie ist gewöhnlich ein Berg, vorzugsweise der Ölberg.

2. Jesus erscheint vom Himmel her; die Erscheinung ist von allen Zeichen einer Theophanie begleitet.

3. Jesus stellt sich den Jüngern (oder einem bestimmten Jünger) vor; vgl. Apokryphon des Joh, CG II 1–2:

> „Ich, Johannes, wandte mich vom Tempel weg dem Berge zu und ich war sehr traurig in meinem Herzen ... sofort als ich dieses in meinem Herzen dachte, öffneten sich die Himmel, und die ganze Schöpfung war hell ... und die ganze Welt bewegte sich. Ich fürchtete mich und warf mich nieder, als ich im Licht einen Jüngling sah, der sich zu mir stellte. Als ich aber die Gestalt eines Greises sah ... wunderte ich mich ... Er sprach zu mir: „Johannes, Johannes, weshalb zweifelst du? ... Sei nicht kleinmütig! Ich bin es, der alle Zeit mit euch ist, ich bin der Vater, ich bin die Mutter, ich bin der Sohn ...‟ [123].

---

[121] Der Inhalt dieser Offenbarungsreden kann gelegentlich auch außerhalb des „Evangelien"-Rahmens und unabhängig davon erscheinen; vgl. den „Brief des Eugnostos des Gesegneten" (CG III), der in der Form eines Evangeliums als „Sophia Jesu Christi" im gleichen Nag Hammadi Codex und im Papyrus Berolinensis nochmals wiedergegeben wird, siehe *Krause* und *Labib,* aaO 234 ff. Die Inhalte sind in der Regel Enthüllungen über die Welt und die Menschheit, den Ur-Fall und die Rückkehr zum göttlichen Ursprung; fast immer handelt es sich dabei um Auslegungen von Gen 1–3. Die Frage der Beziehung dieser Art Offenbarungen zum ursprünglichen Inhalt der Offenbarungsreden, wie er unten dargestellt wird, muß hier offen gelassen werden.

[122] Die folgenden Abschnitte wollen und können nicht beanspruchen, die Gattungen aller sogenannten gnostischen Evangelien zu erklären. Die Klassifizierung dieser Evangelien unter dem Gesichtspunkt der literarischen Gattung ist keine einfache Aufgabe. Ganz sicher ist es aber völlig unzureichend und nutzlos, wenn man diese Evangelien nach den Namen ihrer Autoren einteilen will: „Evangelien, die der Gesamtheit der Apostel zugeschrieben werden", „Evangelien unter dem Namen eines Apostels", „Evangelien unter dem Namen heiliger Frauen" (*H.-Ch. Puech,* Gnostische Evangelien und verwandte Dokumente, in: *Hennecke-Schneemelcher* I, 158 ff). Einige wenige gnostische Evangelien muß man der Gattung der Spruchsammlung zurechnen: das Thomasevangelium, vielleicht auch das Philippusevangelium und das Buch des Thomas des Athleten; wahrscheinlich sind die Bücher Jesu ebenfalls als eine weitere Entwicklung dieser Gattung anzusprechen. Eine Vermischung der verschiedenen Gattungen ist nicht ungewöhnlich und von vornherein zu erwarten; siehe dazu unten zur Epistula Apostolorum, S. 187 ff.

[123] BG 19 ff; vgl. auch die zweite Einleitung zur Pistis Sophia 2 ff (ed. *Till* 3 ff).

4. Es folgen verschiedene Offenbarungen, meist in der Form von Frage und Antwort.

5. Im Schlußabschnitt dieser Bücher findet sich oft eine Fluchformel, die bestimmt, daß der Inhalt dieser Offenbarungen den Uneingeweihten nicht zugänglich gemacht werden darf; vgl. Apokryphon des Joh, CG II, 31–32 [124].

> „Verflucht ist jeder, der diese (Geheimnisse) [125] für ein Geschenk oder wegen Essen oder wegen eines Getränks oder wegen eines Gewands oder wegen einer anderen Sache dieser Art weitergeben wird."

Alle diese Züge lassen sich nicht aus den Erscheinungen des Auferstandenen in den kanonischen Evangelien herleiten, obgleich zuzugeben ist, daß eine Reihe von gnostischen Evangelien einen deutlichen Einfluß der kanonischen Ostergeschichten zeigen [126]. Fragt man aber nach den wesentlichen Parallelen in den kanonischen Evangelien, so ergibt sich z. B., daß die Gegenüberstellung von Tempel und Berg (Ölberg) nicht dem Schema der Ostergeschichten, sondern einem anderen synoptischen Zusammenhang angehört [127]: in Mk 13, 1.3 wird die allgemein als „Synoptische Apokalypse" bezeichnete Offenbarungsrede wie folgt eingeleitet:

> „Und als er (Jesus) aus dem Tempel kam, sagte einer seiner Jünger zu ihm … Und als er auf dem Ölberg saß, dem Tempel gegenüber, fragten ihn Petrus und Jakobus und Johannes für sich …"

Weiter: Das „Wirken Jesu im Tempel" im Lukasevangelium zeigt ein ganz ähnliches Modell [128]: Jesus zieht nicht nach Jerusalem ein, sondern geht unmittelbar in den Tempel (Lk 19, 45); er lehrt im Tempel (Lk 19, 49; 20, 1) und verbringt die Nächte auf dem Ölberg (Lk 21, 37).

Die Beschreibung der Begleitumstände der Erscheinung Jesu im Apokryphon des Joh folgt völlig dem traditionellen Material, das zur Darstellung einer Theophanie gehört, während die kanonischen Ostergeschichten nur gelegentlich und sehr spärlich Züge der Theophanie-Geschichte aufweisen [129].

---

[124] BG 76; CG III 39–40; IV 49. Eine ähnliche Fluchformel steht am Anfang des zweiten Buches Jeu (ed. *Till* 304). Siehe ferner zu den Fluchformeln *Puech*, aaO 263.

[125] In dem auf die Formel folgenden Satz erscheint der Terminus „Mysterium" ausdrücklich.

[126] Solcher Einfluß ist z. B. ganz deutlich in der Sophia Jesu Christi (vgl. *Puech*, aaO 246) und in der ersten Einleitung zur Pistis Sophia (ed. *Till* 1 ff).

[127] Nur Apg 1, 12 stellt den Ölberg und Jerusalem (aber nicht den Tempel) einander gegenüber.

[128] *K. Baltzer*, The Meaning of the Temple in the Lucan Writings, HThR 58, 1965, 263 ff, hat auf diesen besonderen Zug des Lk-Evangeliums aufmerksam gemacht und ihn mit einer Vorstellung in Beziehung gesetzt, die bei Ezechiel sichtbar ist: die göttliche „Herrlichkeit" verläßt den Tempel und steht auf dem Ölberg.

[129] Zu diesen gelegentlichen Theophanie-Elementen in den Auferstehungsgeschichten der kanonischen Evangelien gehört Mt 28, 16; vgl. dazu Petrusevangelium 35 ff, das vielleicht auf eine ältere Auferstehungsgeschichte zurückgeht, und die Verklärung Mk 9, 2 ff, die ebenfalls eine ursprüngliche Auferstehungsgeschichte sein kann. Theo-

Hingegen sind Elemente der Theophanie in der Erzählung von der Berufung des Paulus (Apg 9, 1 ff) deutlich vorhanden, ebenso in der Berufung des Propheten Johannes in der Offenbarung des Joh (1, 9 ff).

Wir können in diesem Zusammenhang den Ursprung und die Geschichte der besonderen Form der Theophanie-Geschichte, die in allen diesen Fällen vorliegt, nicht weiter verfolgen [130]. Wenigstens ist soweit deutlich, daß die Gattung der Theophanie für das „gnostische Evangelium" konstitutiv ist. Seine Grundstruktur ist also nicht von den kanonischen Evangelien abgeleitet. Vielmehr gehören diese gnostischen Offenbarungsschriften zu einer ganz anderen literarischen Gattung, nämlich zu den „Offenbarungen" (oder „Apokalypsen") [131].

In der frühchristlichen Literatur setzen die „Offenbarungen" die jüdische Literaturgattung der „Apokalypsen" fort. Es gibt verschiedene Anzeichen dafür, daß diese Gattung im Christentum schon sehr früh in Erscheinung trat. Die synoptische Apokalypse und die Apokalypse der Didache wie auch die Offenbarung des Johannes zeigen das deutlich genug. Typische Züge der jüdischen Literaturgattung „Apokalypse" sind in diesem Stadium bereits klar erkennbar. In welchem Verhältnis diese christliche Literatur zu den noch älteren Überlieferungen stand, die unter dem Namen und unter der Autorität des Herrn umliefen, ist ein fesselndes Problem.

Noch bevor es eine Evangelienliteratur gab, kannte die frühe Christenheit apokalyptische Sprüche, die sie unter der Autorität des Herrn weitergab. In 1Thess 4, 15 zitiert Paulus eine solche Tradition als „Wort des Herrn". 1Kor 15, 51 ff bezieht er sich auf dieselbe Überlieferung als „Mysterium", d. h. mit dem gleichen Begriff, der bereits bei Daniel und in Qumran technischer terminus für apokalyptische Geheimnisse war [132]. Schon eine flüchtige Untersuchung von Mk 13 (und Mt 24–25) und Did 16 zeigt, daß sie verschiedene Stücke apokalyptischer Überlieferung enthalten, die ursprünglich

---

phanie-Elemente gehören also wohl zu den ursprünglichen Zügen der Auferstehungsgeschichten, aber sie bestimmen nicht mehr den Charakter der entsprechenden Geschichten in den kanonischen Evangelien.

[130] Der Ursprung dieser Form ist zweifellos in den Theophanien des AT zu suchen, vgl. besonders Ez 1 ff. Ihre weitere Entwicklung ist in Dan 10 und anderen jüdischen apokalyptischen Texten sichtbar.

[131] Die Fluchformel am Schluß des Apokryphon des Joh kann auch mit den Verfluchungen und Warnungen in der „Kanonisierungsformel" apokalyptischer Schriften verglichen werden (Offb 22, 18 f; äth. Henoch 104, 10 ff). Der Sinn dieser letzteren Formel ist es jedoch, die Unversehrtheit des Offenbarungsbuches zu sichern, nicht aber seine Preisgabe an die Uneingeweihten zu verhindern.

[132] Vgl. *R. E. Brown*, The Semitic Background of the NT MYSTERION, Biblica 39, 1958, 426–448; 40, 1959, 70–87; *ders.*, The pre-Christian Semitic Concept of ‚Mystery', CBQ 20, 1958, 427–443. Alle drei Aufsätze sind im Neudruck erschienen unter dem Titel: The Semitic Background of the Term Mystery in the NT (Facet Book, Biblical Series 21, 1968). Siehe ferner *G. Bornkamm*, μυστήριον, ThWNT IV, 1942, bes. Abschnitt B 2.

unabhängig, also mündliche „Mysterium"-Überlieferungen waren, die der von Paulus zitierten vergleichbar sind und wahrscheinlich von Anfang an unter der Autorität des Herrn umliefen.

In der weiteren Entwicklung dieser Überlieferungen bis hin zu den ersten schriftlichen Apokalypsen verschwinden die besonderen Züge der mündlichen Tradition, während die literarischen Elemente deutlicher hervortreten. Daß die apokalyptischen Instruktionen in allen kanonischen Evangelien im letzten und abschließenden Abschnitt von Jesu Lehre erscheinen, mag noch mit dem besonderen Charakter dieser mündlichen Mysterium-Überlieferung zusammenhängen. Aber die Szene in Mk 13, eine Offenbarung, die auf dem Ölberg gegenüber vom Tempel einem beschränkten Kreis von Jüngern zuteil wird, folgt bereits einem literarischen Modell.

Der Verfasser des Johannesevangeliums stellt die besondere Belehrung der Jünger zwischen Jesu öffentliche Wirksamkeit (Joh 2–12) und Leidensgeschichte (Joh 18 f): die sogenannten Abschiedsreden (Joh 13–17). Diese johanneischen Offenbarungsreden enthalten keinerlei mündliche Mysterium-Überlieferung, aber sie sind deutlich Auslegungen und Diskussionen apokalyptischer Themen in der Form der Offenbarungsrede Jesu mit seinen Jüngern: Auffahrt zum Vater, Parusie, Kommen des Geistes, Schicksal der Jünger. Diese johanneischen Offenbarungsreden nehmen einen entscheidenden Platz in der Entwicklung der Gattung „Offenbarung" ein, denn sie zeigen bereits in Form und Inhalt typische Züge der gnostischen Offenbarungsrede[133], obgleich ihre Grundlage weiterhin die Behandlung traditioneller apokalyptischer Themen bleibt.

Die weitere Entwicklung dieser Gattung führt zur Abfassung selbständiger Apokalypsen. Dieser Schritt wurde ganz unabhängig von der weiteren Entwicklung der kanonischen Evangelien gemacht. Es waren nicht christliche Evangelien, sondern jüdische Apokalypsen, die als unmittelbares literarisches Vorbild dienten. Das ist klar sichtbar in den beiden ältesten christlichen Apokalypsen, die auf uns gekommen sind: bei der Apokalypse des Joh und beim Hirten des Hermas.

In der Apokalypse des Joh findet sich umfangreiches Material jüdischer und christlicher apokalyptischer Traditionen, die von einem christlichen Propheten niedergeschrieben und neu interpretiert worden sind. Das Ganze erscheint als Buch, das unter der Autorität des Herrn steht. Es ist in der Tat

---

[133] Vgl. z. B. die Abfassung der Offenbarungsreden in der Form von Frage der Jünger und Antwort Jesu. Das entsprechende literarische Motiv der Apokalypsen ist bekannt: Der Seher fragt, und der angelus interpres antwortet und gibt Erklärungen und Offenbarungen. In den gnostischen Offenbarungsschriften findet sich ein deutlicher Wechsel des Inhalts. Auslegungen der Genesis ersetzen die Offenbarungen über die Zukunft. Aber selbst die in die Zukunft blickenden Offenbarungen verschwinden nicht völlig und erscheinen oft in verwandelter Gestalt als Belehrungen über die himmlischen Räume. Im einzelnen muß das Verhältnis der apokalyptischen zu den gnostischen Offenbarungen natürlich noch weiter geklärt werden.

ein Buch der maßgeblichen Offenbarungen Jesu, seiner Worte und seiner Belehrungen. Mit gutem Recht kann man dieses Buch ein „Evangelium" nennen,
freilich ein Evangelium, das die Existenz der kanonischen Evangelien nicht
zur Voraussetzung hat.

Dieselbe apokalyptische Gattung „Evangelium" haben wir in jenen gnostischen Evangelien vor uns, die „Offenbarungen" sind. Im Apokryphon des
Joh spielt, wie auch in der Offb Joh, das kanonische Evangelium und seine
Form noch keine Rolle. Im Gegenteil, das Apokryphon des Joh gehört gänz-
lich einer Gattung der Evangelienliteratur an, die für sich steht und von anderen Gattungen der Evangelien unabhängig ist. Allerdings hat diese gnostische Gattung des Evangeliums kein ihr eigenes Kriterium, das die in ihr
enthaltenen Offenbarungen an den irdischen Jesus von Nazareth bindet. Die
Offb des Joh setzt eine solche Bindung insofern durch, als sie den sich offen-
barenden Jesus als das Lamm darstellt, das geschlachtet wurde, d. h. als den
Jesus des rechtgläubigen Bekenntnisses. Außerdem ist hier der Offenbarer
nicht in erster Linie Jesus als der Herr, sondern ein angelus interpres, der von
Jesus unterschieden wird. Jesus ist vielmehr als der Gekreuzigte und der, in
dessen Blut die Märtyrer ihre Gewänder waschen, der Gegenstand der Anbetung. Hingegen hat Jesus in den gnostischen Offenbarungen ganz die Rolle
des Offenbarers und des angelus interpres eingenommen. Seine Würde leitet
sich vor allem von diesen Funktionen her. Auf diese Weise wurde die Gattung
des gnostischen Offenbarungsevangeliums Träger gnostischen Denkens und
gnostischer Christologie. Spätere sekundäre Einflüsse der kanonischen Evangelien haben die stetige Entwicklung dieser unabhängigen Gattung der Evangelienliteratur nicht unterbrechen können. Das gnostische Evangelium blieb
auch in seiner entwickelten Gestalt der Vertreter einer Gattung, die auf
älteste vorkanonische Entwicklungen der Evangelienüberlieferung zurückgeht[134].

V. Das kanonische Evangelium und das rechtgläubige Bekenntnis

Die grundlegende Gestalt der Evangeliengattung, die das kanonische Evan-
gelium bestimmt, wurde bereits besprochen[135]. Ein bemerkenswerter Zug in
der Entwicklung dieser Gattung ist ihre Fähigkeit, Evangelienliteratur und
Überlieferungen eines anderen Typs und unterschiedlicher christologischer
Ausrichtung zu verarbeiten und diese dem ihr eigenen Bekenntnis von Jesu
Tod und Auferstehung dienstbar zu machen. Es ist in der Tat dieses recht-

---

[134] Als Beispiel für den Versuch, diese gnostische Gattung durch das rechtgläubige
Glaubensbekenntnis zu zähmen, sei auf die Epistula Apostolorum verwiesen, s. u.,
S. 187 ff.

[135] S. o., S. 150 f.; ferner die Hinweise S. 175 f. und die Literatur in Anm. 8, 9, 11,
14 und 95.

gläubige Bekenntnis in seinem weiteren Ausbau, das zum grundlegenden Maßstab für das Wachstum des kanonischen Evangeliums wurde.

Gleichzeitig spiegeln Glaubensbekenntnis und Evangelium in ihrem Wachstum auf jeder Stufe ausdrücklich oder implizit Auseinandersetzungen mit verschiedenen christologischen Alternativen wider. Solche Alternativen bieten sich oft in Gestalt „anderer Evangelien" an, die durch andere christliche Gruppen unabhängig entwickelt wurden, oder auch einfach als Herausforderung, solche anderen Evangelienschriften dem bestehenden Rahmen des kanonischen Evangeliums einzuverleiben.

Die beiden wichtigsten Zeugen für das enge Verhältnis von Evangelium und Glaubensbekenntnis im nachapostolischen Zeitalter sind Ignatius von Antiochien und Justinus Martyr.

Bei Ignatius von Antiochien findet sich das Glaubensbekenntnis der frühen rechtgläubigen Kirche in der Form, in der es etwa am Ende des ersten Jahrhunderts n. Chr. in Gebrauch war. Es ist eine weiterentwickelte Form jener Glaubensformel, die Paulus 1Kor 15, 1 ff „Evangelium" nennt. Das Glaubensbekenntnis des Ignatius, noch immer als „Evangelium" bezeichnet [136], umfaßt jetzt bereits die Ereignisse von der Geburt Jesu durch die Jungfrau (Maria) bis hin zur Auffahrt [137]. Das entspricht den kanonischen Evangelien des Matthäus und Lukas, in denen die Erzählung nicht nur des „Lebens" Jesu, sondern auch seiner Geburt in den Rahmen eingespannt ist, der anfänglich durch die Passionsgeschichte bestimmt war.

Die historisierende Tendenz des Glaubensbekenntnisses ist in den Formeln des Ignatius deutlich, insofern er mythische Aussagen wie Präexistenz, Empfängnis durch Maria, Auferstehung, Descensus und Auffahrt auf gleicher Ebene und in fortlaufender Aufreihung mit echten historischen Ereignissen zusammenstellt. Auf diese Weise ist es möglich, nicht nur legendarisches Material, sondern auch theologische Aussagen, die in mythischer Sprache erscheinen, dem (pseudo-)biographischen Rahmen des Bekenntnisses und des ihm entsprechenden kanonischen Evangeliums zu unterwerfen [138].

Ignatius' Verständnis des Sakramentes macht auch den Sitz im Leben für die Aufnahme kultischer Legenden in die schriftlichen Evangelien deutlich [139]. Von größter Bedeutung ist aber vor allem seine Vorstellung vom Martyrium, denn sie läßt ein zentrales Element christlichen Glaubens deutlich hervortreten, das die Kirche dazu befähigte, ihren Glauben in direkte Beziehung zu

---

[136] Phld 5, 1 f; 8, 2; 9, 2; Sm 5, 1; 7, 2. Ignatius scheint noch keine schriftlichen Evangelien benutzt zu haben; vgl. *H. Köster,* Synoptische Überlieferung bei den Apostolischen Vätern (TU 65, 1957), 6 ff; 24 ff.

[137] Die umfangreichste Glaubensformel findet sich in Ign Sm 1, 1–2; vgl. Eph 18; Mg 11; Phld 9 sowie verschiedene Anspielungen, die sich häufig in seinen Schriften finden.

[138] Vgl. z. B. die großartige Aufzählung der „mythischen Ereignisse" von Jesu Kommen, seinem Tod und seiner Epiphanie nach dem Tode in Ign Eph 19.

[139] Ign Eph 17, 1; 18,2.

dem konstitutiven historischen Ereignis von Jesu Leiden und Tod zu setzen. Wie dadurch die Bildung und Deutung der Passionsberichte beeinflußt wurde, ist bekannt. Aber es ist ebenso wichtig zu sehen, daß nur dieses im Passionskerygma enthaltene theologische Modell dazu imstande war, einen Kristallisationspunkt zu bilden, um den andere Typen der Jesus-Überlieferung (Sprüche, Wundergeschichten, Offenbarungen) in einem pseudo-biographischen Rahmen zusammengefaßt werden konnten.

Justinus Martyr setzt diese Zusammenfassung der verschiedenen Arten der Überlieferung und der Gattungen der Literatur zu einer neuen kanonischen Gattung des Evangeliums bereits voraus. Er kann es sich zunutze machen, daß die verschiedenen Tendenzen der älteren Gattungen bereits bezähmt und Teile einer geschichtlichen Erzählung geworden sind.

Die Worte Jesu sind keine eschatologische Verkündigung mehr, die das Gesetz und die Weisheit einer anderen Welt, nämlich der Gottesherrschaft, vertreten, sondern sie sind jetzt ethische Anweisungen, die in ihrem moralischen Gehalt konsequent sind und für die bestehende Gesellschaft sehr nützlich [140]. Insoweit Jesu Worte Voraussagen und Offenbarungen über die Zukunft waren, haben sie sich bereits teilweise in Vergangenheit und Gegenwart in der Geschichte erfüllt [141].

Jesu Wunder sind nicht mehr prima facie ein Beweis für seine göttliche Macht; denn sie haben jetzt ihren festen Platz in dem Schema von Weissagung und Erfüllung gefunden. Daher bezeugen sie Jesu göttliches Wesen nur insofern, als sie in der Geschichte erfüllen, was bereits vorausgesagt war [142]. Die Geschichte Jesu und die Erzählungen von Jesus sind wahr, weil sie ein Teil eines festen Schemas von Voraussagen – aufgeschrieben in den altertümlichen Urkunden der alttestamentlichen Schrift – und Erfüllung – bezeugt in den schriftlichen Erinnerungen der Apostel – sind [143]. So wurden hier die Evangelien zum ersten Male als schriftliche historische Urkunden benutzt und gewertet [144] – ohne Zweifel ein gewichtiger und folgenschwerer Schritt!

Justins Führer und Maßstab ist wiederum das Glaubensbekenntnis. Es erscheint in erweiterter Form, in der „historische" Tatsachen überwiegen; vgl. Apol I 31, 7:

„In den Büchern der Propheten finden wir im voraus verkündigt, ehe es geschah, daß Jesus, unser Christus, erscheinen werde, von einer Jungfrau

---

[140] Justin Apol I 14 ff.   [141] Dial 35, 2 ff.

[142] Vgl. z. B. Apol I 48.

[143] Dieses Schema erscheint des öfteren in Justins Schriften; siehe besonders Apol I 12, 10; 31, 8.

[144] Es ist für diese Sicht typisch, daß Justins Hinweise auf die „Erinnerungen der Apostel" sich mit seinen Hinweisen auf solche postulierten historischen Dokumente wie die „Steuer-Urkunden des Kyrenius" (Apol I 34, 2) und die „Akten des Pilatus" (Apol I 35, 9) vergleichen lassen.

geboren, zum Manne heranzuwachsen, alle Krankheiten und Schwach-
heiten zu heilen, die Toten zu erwecken, verachtet, verworfen und gekreuzigt zu werden, zu sterben und erweckt zu werden und zum Himmel auf-
zusteigen, Sohn Gottes zu sein und genannt zu werden, und daß einige von
ihm ausgesandt würden zu allen Menschen, um dies zu verkünden, und
daß vor allem die Heiden an ihn glauben sollten."

Der Wahrheitsbeweis für diesen Glauben kann auf Grund von verläßlichen
historischen Urkunden von Justin geführt werden. Für die rechtgläubige
Kirche ist dies das Ende der literarischen Entwicklung der Evangelien, obgleich die Evangelien selbst und manche Überlieferungen zu diesem Zeitpunkt
noch keineswegs endgültig fixiert sind. Aber das Glaubensbekenntnis der
Kirche hatte hier seine Aufgabe erfüllt: es hatte das Evangelium in ein Buch
verwandelt, das verläßliche historische Nachrichten enthielt.

Die Epistula Apostolorum zeigt sehr deutlich die Sachlage zur Zeit Justins
des Märtyrers. Diese Schrift, rechtgläubig in ihrer theologischen Orientierung,
ist gelegentlich als typischer Vertreter der Literaturgattung „Gespräche Jesu
mit seinen Jüngern nach der Auferstehung" bezeichnet worden[145]. Eine
solche Gattung, wie eine Analyse der Epistula Apostolorum beweist, hat es in
Wirklichkeit nie gegeben. Vielmehr handelt es sich nur um das Ergebnis
einer sekundären Entwicklung, die dadurch zustande kommt, daß das Glaubensbekenntnis der rechtgläubigen Kirche und Material aus den kanonischen
Evangelien mit der davon ganz unabhängigen Gattung des Offenbarungsevangeliums verbunden wird. Das zu diesem Zweck verwendete Bekenntnis
zeigt deutliche Spuren apologetischer Tendenzen und antignostischer Polemik.

Die Offenbarungsrede beginnt in der Epistula Apostolorum in Kap. 13[146].
Die Szene dafür, Jesu Erscheinung vor den Jüngern, scheint ganz stilgemäß
in Kap. 10–12 gegeben zu sein. Aber bereits eine nähere Untersuchung dieser
Kapitel zeigt, daß diese Szene sich deutlich von der Einleitung der Offenbarungsevangelien unterscheidet[147]. Der Bericht einer Theophanie fehlt. An
Stelle dessen findet man ein künstliches Flickwerk, das aus den Auferstehungs-
berichten aller kanonischen Evangelien zusammengesetzt ist. Es verwendet
Jesu Erscheinung vor den Frauen (Joh 20, 14 ff, u. a.) und die Erscheinung Jesu
vor den Jüngern (nach Lk 24, 36 ff berichtet, mit gelegentlichen Entlehnungen
aus Mt 28, 10 und Joh 20, 19 ff), sowie die Geschichte vom zweifelnden
Thomas (Joh 20, 24 ff). Nicht ein einziger Zug einer ursprünglichen Theo-
phaniegeschichte ist zu finden (Berg, kosmische Zeichen, Erscheinung im Licht,
usw.). Dafür betont die Epistula Apostolorum die leibliche Wirklichkeit der

---

[145] Neuerdings wieder von *H. Duensing* in: *Hennecke-Schneemelcher* I 126 ff; vgl.
den Titel der Edition von *C. Schmidt:* Gespräche Jesu mit seinen Jüngern nach der
Auferstehung (TU 43, 1919).
[146] Zitate und Hinweise folgen der deutschen Übersetzung von *Duensing* in:
Hennecke-Schneemelcher I, 127 ff.
[147] S. o. zum Apokryphon des Joh, S. 179 ff.

Auferstehung Jesu. Es ist also kein Zweifel, daß sie zwar das Schema des Offenbarungsevangeliums nachzuahmen sucht, aber dabei alle stilgemäßen Züge der ursprünglichen Einleitung unterdrückt hat.

Aber auch schon die Kapitel, die der eigentlichen Rahmenerzählung der Offenbarungsrede vorausgehen, haben keinerlei Parallelen in gnostischen Offenbarungsevangelien. Kap. 3 der Epistula Apostolorum bietet Material aus überlieferten Glaubensformeln, das mit hymnischen Elementen durchsetzt ist. Zunächst wird festgestellt, daß die Welt durch Gott, den Vater, geschaffen wurde und erhalten wird; darauf folgt der „zweite Artikel" des Glaubensbekenntnisses:

> „Und Gott, der Herr, der Sohn Gottes — wir glauben: das Wort, welches aus der heiligen Jungfrau Maria Fleisch wurde, wurde in ihrem Schoß getragen vom heiligen Geiste, und nicht durch Lust des Fleisches, sondern durch den Willen Gottes wurde es geboren (Joh 1, 13), und wurde in Bethlehem (in Windeln) gewickelt (Lk 2, 7) und offenbart und daß es groß gezogen wurde [148], indem wir (es) sehen."

Bereits hier wird sichtbar, daß die Epistula Apostolorum Material aus den kanonischen Evangelien benutzt, um die überlieferte Glaubensformel zu erweitern, und zwar ganz ähnlich wie es häufig bei Justin geschieht. Das tritt noch deutlicher in Kap. 4–9 zum Vorschein. Die Bekenntnisaussagen, die sich auf Jesu Leben, Wirksamkeit und Tod beziehen, werden unterbrochen von Hinweisen auf die Hochzeit zu Kana (Joh 2, 1 ff), verschiedene Heilungswunder [149], das Wandeln auf dem Meer und die Stillung des Sturmes (Mk 4, 34 ff; 6, 47 ff), die Tempelsteuer (Mt 17, 24 ff) und auf die Speisung der Fünftausend (Mk 6, 38 ff parr).

Dieses Gewebe aus Bekenntnissätzen, summarischen Berichten und Hinweisen auf einzelne Züge der Evangelienerzählung erweist diese Kapitel als eine sekundäre Komposition, die z. T. auf Benutzung aller kanonischen Evangelien beruht [150].

Schließlich besteht zwischen der in Kap. 13 beginnenden Offenbarungsrede und dem Inhalt gnostischer Offenbarungen nur eine sehr oberflächliche Ähnlichkeit. Zwar findet sich das formale Schema von Frage und Antwort, aber man wartet doch vergebens auf die Enthüllung göttlicher Geheimnisse oder auf die Beschreibung eines apokalyptischen Dramas. Statt dessen entspricht die Gliederung der Offenbarungsrede den Themen des „dritten Artikels" des Glaubensbekenntnisses, wobei es sich freilich um Themen handelt, die nicht

---

[148] Dies ist einer der vielen Fälle, in denen die Epistula Apostolorum eine enge Verwandtschaft zum Glaubensbekenntnis Justins des Märtyrers zeigt; vgl. Apol I 31, 7.

[149] Mk 3, 1–6; 5, 25–43; 5, 1–20 sowie eine Reihe weiterer Erzählungen.

[150] Die Erwähnung einer Einzelheit aus Jesu Kindheit in Epistula Apostolorum 4 zeigt, daß auch ein Kindheitsevangelium benutzt worden ist.

ganz ohne Beziehung zu den Inhalten von Apokalypsen und Offenbarungen sind.

Dementsprechend findet sich in der Epistula Apostolorum Kap. 16: die Parusie; Kap. 21–26: ein apologetischer Traktat de resurrectione; Kap. 27: Descensus ad inferos; Kap. 28 ff: Jüngstes Gericht; Kap. 30: Predigt an alle Völker (dieser Topos ist auch bei Justin ein Teil des Bekenntnisses[151]); darauf folgt ein langer Exkurs über Paulus, der ohne Zweifel aus polemischen Gründen hier eingefügt ist; Kap. 41 f und 46 f bringen sogar Material aus einer Kirchenordnung. Durchweg ist die spezifisch apologetische Ausrichtung der einzelnen Themen zu beobachten. Die apokalyptische Offenbarung ist hier durch eine Abhandlung über die Lehren der Kirche ersetzt worden.

Die Epistula Apostolorum unternimmt den Versuch, das Glaubensbekenntnis und die Evangelien der Kirche als Maßstab des Glaubens durchzusetzen; sie möchte auf diese Weise abwehren, was ihr als eine gefährliche Abirrung erscheinen mußte: die gnostische Offenbarung. Nur hat dabei der Maßstab des Glaubens, nämlich der irdische Jesus, die Gestalt des bewährten Bekenntnisses der rechtgläubigen Kirche angenommen, und als Stütze des Glaubensbekenntnisses stehen anerkannte Evangelien zur Verfügung, die als Informationsquelle über den „historischen Jesus" dienen.

Diese Evangelien der Kirche konnten deshalb zum wahren Maßstab des Glaubens werden, weil sie als rechtmäßiger Ausdruck des Bekenntnisses verstanden wurden; und in der Tat entsprechen sie ja diesem Bekenntnis in Form und Aufbau. Die Geltung der Evangelien beruht zunächst sicher nicht darauf, daß man sie für genaue Urkunden der Taten und Worte Jesu hielt. Den Ruhm, die Überlieferung von Jesu Taten und Worten unmittelbar fortgesetzt und entwickelt zu haben, muß man vielmehr den ursprünglichen Evangelienquellen und den apokryphen Evangelien zugestehen. Die Fortsetzung von Jesu Lehre findet sich in den Evangelien, die Jesu Worte aufbewahrten und vermehrten (Q und Thomas). Die Aretalogie Jesu und seiner Apostel erneuert die machtvollen Wundertaten, die Jesus in seinem Erdenleben vollbrachte. Die Offenbarungsevangelien rufen die Erscheinungen des himmlischen Herrn zurück, der sich Paulus und anderen Aposteln offenbart und der christlichen Propheten seine Geheimnisse eröffnet hatte.

Die Kirche entschied sich gegen die häretischen Tendenzen, durch die solche unmittelbaren Weiterentwicklungen der Worte und Taten Jesu gekennzeichnet waren. Die Evangelien der Kirche wollen dagegen keineswegs beanspruchen, daß sie die Predigt und die Werke des irdischen Jesus in gerader Linie der Überlieferung ungebrochen widerspiegeln. Sie sind vor allem Evangelien *über* Jesus, über sein Leiden, seinen Tod und seine Auferstehung. Auf der anderen Seite war es dennoch eben diese letztere (und in der Tat typisch „christliche") Gattung des „Evangeliums", die es der christlichen Theologie

---

[151] Siehe die oben zitierte Stelle Apol I 31, 7.

möglich machte, die grundlegende christliche Einsicht anschaulich darzustellen, daß der Glaube an den Maßstab des irdischen Jesus gebunden bleiben muß – ob das jeweils in der rechten Weise gelungen ist, darf der Beurteilung des einzelnen Falles überlassen bleiben.

Kapitel 6

GRUNDTYPEN UND KRITERIEN
FRÜHCHRISTLICHER GLAUBENSBEKENNTNISSE

HELMUT KÖSTER

I. Geschichtliches Ereignis und kulturelle Bedingtheit

Am Anfang der Geschichte der christlichen Theologie standen weder ein bestimmtes Dogma oder Glaubensbekenntnis; noch läßt sich die Entstehung der verschiedenen Formen häretischer Entwicklungen in der frühen Geschichte der Christenheit als Abirrung von einem ursprünglichen und rechtgläubigen Glaubensbekenntnis begreifen. Vielmehr steht am Anfang der christlichen Theologiegeschichte eine bestimmte historische Person: Jesus von Nazareth, seine Worte und Taten, sein Leben und Sterben. Dem entsprechen eine Vielzahl von Bekenntnissen als Ausprägungen verschiedener kulturell bedingter Antworten auf den Anspruch des Wirkens und des Schicksals Jesu.

Der Grund für die Verschiedenartigkeit dieser glaubenden Antworten ist ein doppelter: einmal muß man die vielfältigen und unterschiedlichen religiösen und kulturellen Voraussetzungen der neu zum Glauben an Jesus Bekehrten in Rechnung stellen; zum andern aber auch die Mehrdeutigkeit des historischen Wirkens Jesu[1].

In der weiteren Entwicklung der christlichen Theologie wurden die Beziehungen zwischen diesem mehrdeutigen historischen Ansatzpunkt und den vielfältigen kulturellen Voraussetzungen zunehmend komplizierter. Glaubensantworten einer früheren Zeit wurden zu fixierten überlieferten Formeln und hörten damit auf, ein zeitgemäßer und gültiger, kulturell bedingter Ausdruck des Glaubens zu sein; statt dessen dienten sie nun als Ersatz für die in der Vergangenheit liegende Offenbarung im geschichtlichen Jesus. Dann verstellten durch frühere kulturelle Verhältnisse bedingte Glaubensantworten und Symbole den Blick auf den eigentlichen Gegenstand des Glaubens und wurden selbst zum Glaubensobjekt.

Dieser Vorgang läßt sich natürlich auch an Beispielen aus unserer eigenen Zeit verdeutlichen. So werden z. B. heute oft die christliche, abendländische Kultur und ihre im Ursprung durchaus christlichen Symbole mit dem Glauben und seinem eigentlichen Inhalt gleichgesetzt. Daß dies häufig unreflektiert und wie selbstverständlich geschieht, macht diesen Vorgang noch beunruhigender.

---

[1] W. *Bauer*, Jesus der Galiläer (Festgabe für Adolf Jülicher, 1927, 16–34, hatte bereits darauf hingewiesen, daß der irdische Jesus keineswegs ein eindeutiger Ansatzpunkt für die christliche Theologie war.

Während der letzten Jahre ist dieses Problem noch verwirrender geworden, und zwar durch die wachsende Überzeugung, daß selbst die fortschrittlichsten und modernsten Neuauflagen abendländisch-christlichen Denkens überholt sind, und daß eine echte Revolution der Gesellschaft und unserer gesamten Kultur eine radikale Verwerfung aller ererbten Symbole notwendig mache. Nur so könne man unbeschwert den utopischen Gefilden einer neuen Zeit zustreben, in der die Sprache der Theologie und die Symbole der neuen Kultur den Früchten der Bäume des Paradieses in nichts nachstehen werden.

Aber wie steht es eigentlich mit den Maßstäben und Kriterien für das, was wir einstmals, jetzt und dann glauben und sagen? Ist der Glaube völlig den Symbolen, die gerade kulturelle Gültigkeit haben, ausgeliefert?

So einfältige Antworten wie „Gott ist tot" scheinen das in der Tat nahezulegen. Die Betonung des radikalen Wandels von Kultur und Gesellschaft befaßt sich lediglich mit den gesellschaftlichen Bedingungen, die zwar notwendige Mittel der Sprache des Glaubens sind, aber nicht zum Maßstab und Kanon des Glaubens erhoben werden können. Die verzweifelte Verteidigung ererbter religiöser Symbole wie auch die oft ebenso verzweifelte Suche nach neuen Symbolen ist nichts weiter als das Eingeständnis, daß die Einsicht in die Kriterien verlorengegangen ist. Neue und gültige Kriterien lassen sich nicht von den religiösen und kulturellen Voraussetzungen her ableiten, ganz gleich ob diese nun christlich sind oder nicht.

Es ist freilich selbstverständlich, daß wir den gesellschaftlichen und kulturellen Mächten unserer Welt und Zeit, und auch gerade der Macht ihrer alten und neuen Symbole, nicht entrinnen können. Aber gerade deshalb ist die christliche Theologie verpflichtet, die geschichtlichen Maßstäbe wieder zu entdecken, die es uns ermöglichen, unsere eigene Situation kritisch zu bestimmen und die Sprache unserer eigenen Zeit kritisch zu gebrauchen. Für die christliche Theologie sollte es dabei nicht fraglich sein, daß solche Maßstäbe nirgend anders als im geschichtlichen Ereignis Jesus von Nazareth vorgegeben sind, – d. h. solange wie der Glaube meint, dabei bleiben zu müssen, daß Gott selbst eben durch dieses Ereignis sich so offenbart hat, daß dadurch ein für allemal das überkommene Selbstverständnis des Menschen, das Verständnis seiner Welt und Kultur, seiner Aufgabe und seiner Zukunft in Frage gestellt ist.

Daß die christliche Theologie so dem historischen Ursprung des Glaubens verpflichtet und damit auch den Ergebnissen historischer Forschung unterworfen ist, hat mit Jesusfrömmigkeit oder Erweckungstheologie nicht das geringste zu tun. Vielmehr besagt diese Einsicht, daß unsere eigene Geschichte unser bester und zugleich unser anspruchsvollster Lehrmeister ist, den wir nicht entbehren können. Ist dies so, dann kann die Struktur des Glaubens und des Bekenntnisses, die in der frühen Geschichte des Christentums erkennbar ist, als Modell für die Frage dienen, die uns hier beschäftigt: Die Beziehungen zwischen dem geschichtlichen Ereignis einerseits, aus dem sich die Kriterien des Verstehens herleiten, und dem durch Tradition und Kultur bedingten Bekenntnis, Symbol oder Dogma andrerseits; denn das Bekenntnis ist immer ein Versuch des Menschen – sei er nun inspiriert oder nicht –, sein glaubendes Selbstverständnis auf diesen geschichtlichen Ursprung zu beziehen, um so ein Symbol des Glaubens zu schaffen, das über die jeweilige Begrenztheit des menschlichen Daseins hinausweist.

II. Probleme des frühchristlichen Bekenntnisses: Vielfalt, Kontinuität und Eigenart

Bei der Bestimmung der Struktur frühchristlicher Bekenntnisse und der Beziehungen zwischen geprägtem Ausdruck des Glaubens und historischem Ereignis muß man sich eine Reihe von Problemen im voraus bewußt machen.

Erstens: das Problem der Vielfalt und Produktivität in der Entstehung von Glaubensformeln, Symbolen und Bekenntnissen. Das gilt nicht nur von der Geschichte der Entstehung des „Bekenntnisses" im engeren Sinne, d. h. jener Bekenntnisformeln, die sich dann zur regula fidei der rechtgläubigen Kirche entwickelten, wie sie zuerst in einigen älteren Taufsymbolen, im römischen Symbol und im sogenannten Apostolicum greifbar sind [2]. Diese Vielfalt ist noch deutlicher, wenn man auch jene Symbole des Glaubens mit in Betracht zieht, die in Form und Inhalt mit den bekannten Glaubensformeln der orthodoxen Kirche sehr wenig gemein haben. Man darf nicht übersehen, daß der Glaube seinen prägnanten Ausdruck ebenso in bestimmten hymnischen Überlieferungen finden konnte, wie z. B. Phil 2, 6 ff; Kol 1, 15–20; Joh 1, 1–4.9 ff.14 ff; Hebr 1, 2–4 usw.; außerdem aber auch etwa in der Erzählung eines kosmischen Dramas, sei es ein vergangenes (wie im gnostischen Mythos), ein gegenwärtiges (vgl. z. B. Ign Eph 19) oder zukünftiges (vgl. die wiederholte Erneuerung apokalyptischer Prophetie); und schließlich in Berichten von den Taten großer Glaubenshelden, die göttliche Kraft besaßen.

Diese Erweiterung des Gesichtskreises bedeutet natürlich nicht, daß wir uns mit sämtlichen Quellen und Texten befassen müssen, die Zeugnis für eine theologische Denkbemühung der frühen Christenheit ablegen. Vielmehr geht es um Grundtypen frühchristlicher Formulierungen des Glaubens. Jedoch umfassen diese Grundtypen weit mehr Möglichkeiten als nur den Typus des traditionellen Bekenntnisses und Symbols. In der Tat hat das frühe Christentum sich eine ganze Reihe von Grundformen religiöser Rede zu eigen ge-

---

[2] Die wichtigste und umfassendste Arbeit dazu ist immer noch *F. Kattenbusch*, Das Apostolische Symbol (1894–1900). Unter den jüngeren Arbeiten sind vor allem zu nennen: *O. Cullmann*, Die ersten christlichen Glaubensbekenntnisse (Theologische Studien, hg. von *K. Barth* 15, 1943); *J. N. D. Kelly*, Early Christian Creeds (1950); *V. H. Neufeld*, The Earliest Christian Confessions (New Testament Tools and Studies 5, 1963); die wichtigsten Quellen im griechischen und lateinischen Text bei *H. Lietzmann*, Symbole der Alten Kirche (Kleine Texte 17–18, 1935[4]).

macht, die in der religiösen Umwelt vorgeformt waren und sich als Modelle des Glaubensbekenntnisses anboten. Die Anfänge der Geschichte des christlichen Bekenntnisses waren daher ebenso vielfältig wie es dem kulturellen und religiösen Pluralismus der hellenistischen und römischen Welt entsprach, an dem auch das damalige Judentum bereits Anteil hatte.

Zweitens: in diesen verschiedenen und verschiedenartigen Grundtypen des Glaubensbekenntnisses ist das Verhältnis von historischem Ereignis (d. h. Jesus) und Sprache des Glaubens vielschichtig und oft verwirrend. Zum Beispiel scheint in der klassischen Form des Bekenntnisses die Aufzählung von „Ereignissen" vorzuherrschen, nämlich von der Erschaffung von Himmel und Erde bis zu Jesus, dem Sohn Gottes, seiner Empfängnis durch die Jungfrau, Geburt, Leiden und Tod unter Pontius Pilatus, Begräbnis, Auferstehung am dritten Tage, Auffahrt gen Himmel und Wiederkunft zum Gericht. Tatsächlich aber sind die meisten dieser Daten alles andere als Beschreibungen historischer „Ereignisse". Diese Reihe von Daten ist vielmehr aus einer älteren Glaubensformel entwickelt worden, in der der Tod Jesu am Kreuz als eschatologische Tat Gottes, der ihn von den Toten erweckt hatte, verkündet wurde. Die Art und Weise, in der dabei historisches Ereignis und theologische Interpretation in dieser eschatologischen Formel zusammengesehen werden, ergibt sich aus der besonderen Art der religiösen Sprache, die für die Entstehung dieser Formel vorausgesetzt werden muß. Natürlich haben auch die tatsächlichen Ereignisse des Lebens Jesu, z. B. seine Worte und Taten, sein Leiden und Tod, in all ihrer historischen Einzigartigkeit und Zufälligkeit den Inhalt dieser Formeln mitbestimmt und waren nicht ohne Einfluß auf den Grundtypus der betreffenden Formel. Aber ebenso bringt auch der bereits bestehende Grundtypus seinen eschatologischen oder heilsgeschichtlichen Charakter mit in die Formel hinein und bestimmt so im voraus die Art und das Ausmaß der berichteten historischen Ereignisse, die sich in der Glaubensformel unterbringen lassen. Es ist daher nicht leicht, wenn auch nicht ganz unmöglich, objektive historische Daten aus solchen Formeln zu isolieren, als seien solche Daten unwandelbare Kriterien, mit denen sich die vielen und verschiedenartigen Bekenntnisse ohne weiteres kritisch beurteilen ließen.

Daß in den Beziehungen der Bekenntnisse zu ihrem historischen Gegenstand sich die Geschichte nicht ungebrochen durchsetzt, läßt sich auch daran erkennen, daß die Bekenntnisse oft nur auf einen einzelnen und begrenzten Aspekt des Lebens Jesu hinweisen. Es besteht offenbar, wie sich noch zeigen wird, eine innere Verwandtschaft zwischen dem Typ des betreffenden Bekenntnisses und bestimmten einzelnen Daten des Lebens und Wirkens Jesu. So bezieht sich das Bekenntnis der Auferweckung zunächst lediglich auf Jesu Leiden und Tod; oder das Symbol des „göttlichen Menschen" bezieht sich fast ausschließlich auf Jesu Werk als Exorzist.

Die spezielle Beziehung z. B. zwischen dem Glauben der Kirche an Jesu Auferweckung und dem Tode Jesu, oder zwischen den großen Taten der großen Männer der Kirche und den Wundern Jesu, bewirkt außerdem den Eindruck einer Kontinuität, die aber eigentlich erst durch das Glaubensbekenntnis geschaffen wird. Freilich bot sich etwa die Tatsache, daß Jesus wirklich am Kreuz gestorben war, als Anknüpfungspunkt für den Glauben an seine Auferweckung; oder daß Jesus wirklich Dämonen ausgetrieben hatte, bot sich als Anknüpfungspunkt für den Glauben an die Gegenwart göttlicher Wunderkraft. Aber die Kontinuität ist, wie gesagt, erst durch das Bekenntnis geschaffen und hängt in ihrer Art von dem betreffenden Grundtypus des Bekenntnisses ab. Das Bekenntnis richtet also die Grenzen auf, innerhalb deren der „historische Jesus" als Teil des Bekenntnisses seine Funktion hat, – oft auf Kosten anderer historischer Tatsachen aus Jesu Wirken und Leben.

In der Tat hatte der Glaube an die Auferweckung des Gekreuzigten zunächst kein Interesse an den Wundern Jesu; und der Glaube an den großen Wundertäter Jesus war nicht dazu in der Lage, von der Bedeutung des Todes Jesu zu reden. Aber um echte historische Kontinuität zu verstehen, muß man gerade auch jenen historischen Daten gerecht werden, die sich der Absicht der theologischen Bemühung entgegenstellen und die sich im Daseinsverständnis einer bestimmten Kultur und in ihren Vorstellungen vom religiösen und sittlichen Leben nicht unterbringen lassen. Erst an diesem Punkte wird man der echten Kriterien ansichtig, jener Maßstäbe, die sich aus geschichtlichen Ereignissen ablesen lassen, gerade weil die kulturell bedingten Formen des Glaubens und Bekenntnisses nicht imstande waren, damit fertig zu werden.

Noch in einer anderen Hinsicht muß man die Frage der historischen Kontinuität stellen, nämlich in bezug auf ihre soziologische Dimension. Jesus hat keine Kirche gegründet, noch war er der Führer einer sozialen oder politischen Bewegung, und schon gar nicht der Initiator einer Revolution. Offenbar hatte Jesus keine Vorstellung von der kommenden Gottesherrschaft als politische oder soziale Institution. Dennoch ergeben sich aus den verschiedenen Antworten des Glaubens und aus den Bekenntnissen und Christologien, die daraus erwuchsen, ganz bestimmte ekklesiologische, soziologische und kulturelle Konsequenzen. Man muß also zunächst einmal einräumen, daß typische Formen der christlichen Gemeindeorganisation oder spezifisch christliche Einstellungen gegenüber der Welt und ihrer Kultur nicht für sich in Anspruch nehmen können, daß sie Jesu Wort und Werk in unmittelbarer Weise fortsetzen. Vielmehr erscheint der historische Jesus hier erst durch das Medium des Bekenntnisses oder Symbols hindurch, das aber seinerseits durch die kulturellen Voraussetzungen bedingt ist, die in der Umwelt der frühen Christenheit vorherrschend waren. Auch hier läßt sich also die Frage nach historischen Kriterien nicht einfach durch den Hinweis auf die erst im Bekenntnis geschaffene Kontinuität befriedigen; sie muß sich vielmehr mit denjenigen Elementen in Jesu Wort und Werk beschäftigen, die sich nicht ohne weiteres den bestehenden kulturellen Bedingungen anpassen ließen.

Drittens entsteht ein besonderes Problem dadurch, daß die überlieferten Formulierungen von Bekenntnissen und Symbolen sich meist in Quellen aus der zweiten, dritten oder einer noch späteren Generation der christlichen Schriftsteller finden. Daher fehlen die unmittelbaren Zeugnisse für die ursprünglichen Formen der verschiedenen Bekenntnisse in ihrer reinen, originalen Gestalt. Es ist also recht selten, daß in einem überlieferten Zeugnis nur ein einziger Aspekt des Lebens und Wirkens Jesu erscheint. Ältere Formeln sind oftmals von neuem interpretiert und auch anderen Bekenntnissen einverleibt worden, die ursprünglich zu einem unterschiedlichen Grundtypus gehörten.

Dennoch erscheint es mir möglich, die voneinander unabhängigen Ansatzpunkte für verschiedene Grundtypen christlicher Bekenntnisse herauszustellen. Zeugnisse für die Existenz dieser unterschiedlichen Grundtypen finden sich einmal in den „versteinerten" Bekenntnissätzen in späteren Quellen, d. h. Sätze und Formeln, die in den Zusammenhang, in dem sie erscheinen, nicht passen; zum anderen scheinen spätere häretische Entwicklungen oft unabhängige Ansätze zur Bekenntnisbildung aufbewahrt zu haben, da die Ausbildung dieser Häresien manchmal in kulturell und geographisch begrenzter Umwelt stattgefunden hat.

Im Folgenden will ich versuchen, vier verschiedene Grundtypen herauszuarbeiten; nicht zufällig berühren sie sich mit meiner Sicht des vierfältigen Ursprungs der Evangelienliteratur[3]! Jeweils sollen dabei die folgenden Zusammenhänge, Strukturelemente und Konsequenzen solcher Bekenntnistypen berücksichtigt werden:

a) *Der religionsgeschichtliche Hintergrund,* d. h. das in der Umwelt des frühen Christentums bereits entwickelte theologische Denken, das der Sprache des Glaubens die Formulierung eines bestimmten Bekenntnisses oder Symbols ermöglichte.

b) *Das historische Ereignis,* d. h. in jedem Falle „Jesus von Nazareth", aber in einer jeweils verschiedenen Tradition entweder seiner Lehre, oder seines Wirkens oder seines Todes, auf die sich das betreffende Bekenntnis im besonderen bezieht.

c) *Die Bekenntnisformulierungen* (oder Hymnen oder Erzählungen, usw.), die besonders typisch für den betreffenden Ausdruck des Glaubens an Jesus sind.

d) *Die soziologischen Konsequenzen;* es scheint mir nämlich so zu sein, daß sich jeweils verschiedene Folgerungen für das Verständnis der Kirche und für das Verhältnis des Christen zur Welt aus diesen Symbolen ergeben. Von Bedeutung ist hier auch der geographische Ursprung und die historische Entwicklung eines Bekenntnisses, ebenso wie auch bestimmte Tendenzen in der Entwicklung der christlichen Literatur, die mit der Geschichte des betreffenden Bekenntnisses in engem Zusammenhang stehen.

---

[3] Vgl. Ein Jesus und vier ursprüngliche Evangeliengattungen, s. o. Kap. 5, S. 147 ff.

III. Jesus als Herr der Zukunft

Dieses Bekenntnis ist möglicherweise das älteste aller christlichen Bekenntnisse. Jedoch ist es außerordentlich schwierig, die ursprünglichste Form dieses Bekenntnisses zu rekonstruieren, weil alle erhaltenen Quellen über diesen anfänglichen Glauben an Jesus hinausgegangen und in andere theologische Bereiche vorgestoßen sind. Ebenso unsicher ist die Identifizierung und genaue Deutung christologischer Titel, die diesem Bekenntnis zu Jesus als Herrn der Zukunft zugehörten [4]. Jedoch darf man nicht vergessen, daß hier wie anderswo die christologischen Titel sehr unzuverlässige Führer in die Fragen des Bekenntnisses und der Christologie sind [5].

a) *Der religionsgeschichtliche Hintergrund* für dieses Bekenntnis ist ohne Zweifel die apokalyptische Erwartung des Judentums. Messianische Titel sind hier ganz unsicher; denn die apokalyptischen Vorstellungen jüdischer Gruppen und Sekten waren ja keineswegs einheitlich. Immerhin kennen wir mehrere Fälle, in denen einer oder mehrere zukünftige Heilbringer im Mittelpunkt der Erwartung standen. Die pharisäischen Psalmen Salomos z. B. erwarten eine davidische Gestalt als den Führer Israels in den eschatologischen Ereignissen. Die essenischen Texte aus Qumran kennen drei messianische Gestalten, den eschatologischen Propheten („ein Prophet wie Moses") [6], den gesalbten König und den gesalbten Priester, die alle von Gott ernannte zentrale Gestalten der Endzeit sein werden [7].

Die Qumran-Texte zeigen auch, daß solche eschatologischen Erwartungen besondere Formen gemeinschaftlichen Zusammenlebens hervorbringen konnten: sektenhafte Organisation einer Gemeinde monastischen Charakters, die sich als das wahre endzeitliche Volk Gottes verstand und unter anderem gemeinsame Mahlzeiten in Vorausnahme des messianischen Mahles feierte [8].

b) *Das historische Ereignis:* Jesus hat sich nicht selbst als den Messias oder den Sohn Gottes verkündet, noch hat er in seiner Predigt außer auf Gott selbst auf irgendeinen zukünftigen Heilbringer hingewiesen [9]. Aber Jesus ver-

---

[4] *F. Hahn*, Christologische Hoheitstitel (FRLANT 83, 1963, bes. S. 179–189) hat versucht zu zeigen, daß der Titel Messias oder Christus ursprünglich mit diesem Glauben verbunden war. Diese Sicht ist aber mit Recht von *Ph. Vielhauer*, „Ein Weg zur neutestamentlichen Christologie?" (Aufsätze zum NT, ThB 31, 1965, 175 ff) bestritten worden; vgl. auch *H. Conzelmann*, Grundriß der Theologie des NT (1967), 91 ff.

[5] Das schränkt den Wert der beiden „Christologien" von *Cullmann* und *Hahn* erheblich ein. Zu der Bedeutung der verschiedenen Titel siehe *Vielhauer*, aaO 145–195; *Conzelmann*, aaO 91–105; *R. Bultmann*, Theologie des NT (1965⁵), 51 ff., 123 ff.

[6] *F. M. Cross*, Die antike Bibliothek von Qumran (1968), 115.200 ff.

[7] Vgl. *K.-G. Kuhn*, Die beiden Messias Aarons und Israels, NTS 1, 1954/1955, 168 ff; *Cross*, aaO 198 ff.   [8] *Cross*, aaO 91 ff. 211 ff.

[9] *N. Perrin*, Rediscovering the Teaching of Jesus (1967), 164 ff; vgl. auch

kündigte das Kommen der Herrschaft Gottes (vgl. besonders die Gleichnisse); er predigte den Auserwählten der Gottesherrschaft, den Armen, den Hungrigen, den Weinenden (Lk 6, 20 f). Er ermahnte seine Jünger, sich auf die kommenden Ereignisse vorzubereiten, durch die enge Pforte einzugehen, (Lk 13, 24), das eschatologische Zeichen der Erwählten anzunehmen (Lk 14, 27)[10], Vater und Mutter, Frau und Kinder, Brüder und Schwestern zu verlassen und ihm nachzufolgen (Lk 14, 26). Schließlich feierte Jesus ein letztes Mahl mit seinen Jüngern, bei dem er sagte, er werde von der Frucht des Weinstocks nicht mehr trinken, bis er sie neu trinken werde im Reiche Gottes (Mk 14, 25).

c) *Das Bekenntnis der Kirche*, das diese jüdischen eschatologischen Erwartungen auf Jesus anwendet und der eschatologischen Predigt Jesu entspricht, glaubt an Jesus als den entscheidenden zukünftigen Bringer des Heils.

Die hierher gehörenden messianischen Titel sind, wie gesagt, nicht mit Sicherheit zu bestimmen[11]. Aber zwei Titel fallen doch in diesen Zusammenhängen auf, und beide gehören schon dem angedeuteten religionsgeschichtlichen Zusammenhang eschatologischer Erwartung an: „Kyrios" (Herr) und „Menschensohn"[12].

Der Titel „Maran" (Kyrios, Herr) gibt einen Hinweis auf den Typus dieses Bekenntnisses und auf seinen ursprünglichen Platz im Leben der Kirche. Er erscheint in einer alten liturgischen Formel, die offenbar zur Feier des Herrenmahles gehörte: Marana-tha, „Unser Herr, komm!" (1Kor 16, 26; Did 10, 6; vgl. auch Offb 22, 20). Außerdem findet er sich in mehreren prophetisch-apokalyptischen Überlieferungen über das Kommen Jesu. Eine dieser Überlieferungen ist in 1Thess 4, 16 aufbewahrt: „Der Herr selbst wird vom Himmel herabsteigen, mit dem Befehlswort, mit dem Ruf des Erzengels und mit dem Schall der Posaune Gottes; und die Toten werden auferstehen..." (ähnlich die Apokalypse am Ende der Didache, die ebenfalls den Titel „Kyrios" benutzt)[13].

G. Bornkamm, Jesus von Nazareth (1956), 155–163.204–218, der jedoch annimmt, Jesus habe auf den Menschensohn als messianische Gestalt verwiesen. Siehe ferner die Literatur in Kap. 5, o. S. 160 Anm. 39.

[10] Zu diesem Verständnis von Lk 14,27 par vgl. *E. Dinkler*, Jesu Wort vom Kreuztragen, Neutestamentliche Studien für R. Bultmann (BZNW 21, 1954), 110–129 (wiederabgedruckt in *ders.*, Signum Crucis [1967], 77–98).

[11] Vgl. Anm. 4 oben.

[12] Gelegentlich wurde Jesus auch der „Prophet" genannt; das ergibt sich aus Joh 6,14; 7, 40; vgl. *G. Friedrich*, προφήτης, ThWNT VI (1959), 847–849. Aber es gibt keine Anzeichen dafür, daß dieser Titel für die eschatologische Christologie der Urgemeinde irgendeine Rolle spielte. Der häufig gebrauchte Titel Messias/Christus gehört, was die ältesten Texte anbetrifft, zum Kerygma von Jesu Tod und Auferstehung (s. u.) und ist erst später mit der Parusieerwartung verbunden worden, vgl. *Vielhauer*, aaO 175–185 (gegen *Hahn*, aaO 179 ff, 226 ff).

[13] Vgl. *S. Schulz*, Maranatha und Kyrios Jesus, ZNW 53, 1962, 125–144. Über das Verhältnis der Titel „Herr" und „Menschensohn" in diesen alten apokalyptischen Überlieferungen s. u. Anm. 15.

Dasselbe Herrenwort bezeichnet Paulus ein anderes Mal als „Mysterium", d. h. als apokalyptischen Geheimspruch über die Zukunft (1Kor 15, 51 f); das steht völlig im Einklang mit dem Charakter dieses Bekenntnisses: Christlicher Glaube ist identisch mit dem apokalyptischen Wissen, daß Jesus von Nazareth der Herr ist, der zur Erlösung und zum Gericht kommen wird. Die christliche Gemeinde versichert sich dieses Glaubens durch Worte über die Zukunft, die durch Propheten im Namen des Herrn Jesus offenbart werden, und durch die liturgische Vorwegnahme seines Kommens in der Akklamation „Unser Herr, komm!"

Der zweite Titel, „Menschensohn"[14], bezieht sich ebenfalls auf den zukünftigen Bringer des Heils[15]. In dieser Bedeutung erscheint er vor allem in der sogenannten synoptischen Spruchquelle „Q", und zwar wiederum in Worten, die prophetisch-apokalyptischen Charakter haben, z. B.: „Wie der Blitz den Himmel erleuchtet von einem Ende zum andern, so wird der Menschensohn sein an seinem Tage" (Lk 17, 24). Erst in einem späteren Stadium der Entwicklung dieses Titels wurde er auf den Jesus angewandt, der litt, starb und auferweckt wurde (Mk 8, 31; 9, 31; 10, 33 f). Ebenso muß man wohl die Verwendung des Menschensohn-Titels im Johannesevangelium für die göttliche Gestalt, die sich erniedrigte und wieder erhöht wurde, gegenüber dem Gebrauch der Spruchquelle als sekundär ansehen. In seinem Ursprung hatte der Titel Menschensohn weder mit dem christologischen Schema von Kreuz und Auferstehung noch mit der Vorstellung von Erniedrigung und Erhöhung irgend etwas zu tun (s. u.).

Aber es sind weder bestimmte Titel noch auch Bekenntnisformulierungen im engeren Sinne, die für dieses alte christliche Glaubens-Symbol bezeichnend waren[16]. Was man meist „Christologische Formel" oder „Bekenntnis" nennt,

---

[14] Zur gegenwärtigen Diskussion des Titels „Menschensohn" vgl. die Literatur in: Ein Jesus und vier ursprüngliche Evangeliengattungen, s. o. Kap. 5, S. 159 Anm. 33 ff; ferner *Conzelmann*, aaO 151–156; für das sprachliche Problem siehe jetzt die wichtige Besprechung von *G. Vermes'* Anhang zu *M. Black*, An Aramaic Approach to the Gospels and Acts (1967³) von *J. A. Fitzmyer*, CBQ 30, 1968, 424–428.

[15] Es sollte nicht übersehen werden, daß Paulus und die Didache, die beide den liturgischen Ruf Marana-tha bezeugen (s. o.), ebenfalls den eschatologischen Titel „Herr" benutzten (vgl. 1Thess 3, 13; 4, 15 ff; Did 16, 1.7.8), während „Menschensohn" bei beiden fehlt. Did 16 ist wohl nicht von der eng verwandten synoptischen Apokalypse literarisch abhängig (vgl. *H. Köster*, Synoptische Überlieferung bei den Apostolischen Vätern [TU 65, 1957], 173 ff). Man kann vermuten, daß der Titel Menschensohn, der zum ersten Male innerhalb dieser apokalyptischen Tradition in Mk 13, 26 (Dan 7, 13) erscheint, erst durch das direkte Zitat von Dan 7, 13 ein Teil dieser apokalyptischen Tradition wurde. Dies wird durch die Offb Joh bestätigt, in der der Titel Menschensohn auf die Daniel-Anspielungen in 1, 13 und 14, 14 beschränkt ist. Der eigentliche Ursprung des eschatologischen Menschensohntitels (abgesehen von den Zitaten von Dan 7, 13) muß in der Spruchquelle und in den vom Johannesevangelium benutzten Traditionen gesucht werden.

[16] Es ist wohl kein Zufall, daß der Menschensohntitel in alten Bekenntnisformeln (im engeren Sinne) nie vorkommt. *Conzelmann*, aaO 91–105, hat ganz recht, wenn

entspringt aus christologischen Vorstellungen, die auf Jesu Leben, Tod und Auferstehung zurückblicken. Der ursprüngliche eschatologische Glaube blickt voraus in die Zukunft auf das, was kommen wird und was schon als himmlische Wirklichkeit da ist. Solcher Glaube fand unmittelbarsten Ausdruck in prophetischen Worten und apokalyptischen Überlieferungen und in der kultischen Vorwegnahme dieser Zukunft. Der geschichtliche Jesus spielt nur insofern eine Rolle, als er der Ursprung solcher Worte über die Zukunft ist. Die Überlieferung, Entwicklung und Deutung apokalyptischer Offenbarungen – seien es nun Worte des historischen Jesus oder Bildungen der Gemeinde – ist die typische sprachliche Form dieses Bekenntnisses.

Eine Kontinuität zum irdischen Jesus besteht insofern, als die glaubende Gemeinde die eschatologische Verkündigung Jesu fortsetzt. Jesus verkündigte das Kommen der Gottesherrschaft; seine Kirche bereitet sich auf dieses Ereignis vor. Jedoch drängten ihr die traditionellen apokalyptischen Erwartungen des Judentums die Vorstellung auf, daß eine bestimmte „messianische" Gestalt als Bevollmächtigter Gottes beim Hereinbrechen der zukünftigen Ereignisse eine entscheidende Rolle spielen werde. Die Kirche übernahm diese Vorstellung (die in der Predigt Jesu fehlt), identifizierte Jesus mit diesem kommenden Bevollmächtigten Gottes und bezeichnete ihn als Kyrios oder Menschensohn. Hier hört die Kontinuität mit Jesu Predigt auf. Statt dessen wird Jesus zu einer göttlichen Gestalt der hereinbrechenden Zukunft. Als himmlischer Herr spricht Jesus in der Gegenwart durch den Mund der Propheten zu seiner Gemeinde und offenbart ihr so die Geheimnisse der Zukunft[17].

Dieser Wandel in der Auffassung der eschatologischen Rolle Jesu, der durch die Übernahme traditioneller Vorstellungen des apokalyptischen Judentums zustande gekommen war, hatte tiefgehende Konsequenzen für das Verständnis der Kirche und für die Entwicklung der urchristlichen Literatur.

d) *Soziologisch* gesehen ergibt sich aus diesem eschatologischen Symbol des Glaubens an Jesus ein Verständnis von Kultur und Gesellschaft, das dem Selbstverständnis einer apokalyptischen Sekte entspricht. Wer an Jesu prophetische Worte glaubt und wer sein Kommen erwartet, schließt sich mit Gleichgesinnten in einem sektenartigen Verband von der übrigen Welt ab. Man nimmt so die Gaben der Zukunft voraus durch enthusiastische Erfahrungen (Gabe des Geistes, Zungenreden) und durch gemeinsame Mahlzeiten,

---

er die Diskussion der „christologischen Titel im Kerygma" auf die Titel Messias, Gottessohn und Kyrios beschränkt.

[17] Der technische Begriff für den „geheimen Plan Gottes", „Mysterion", fehlt in der Predigt Jesu, erscheint aber sehr früh in der apokalyptischen Tradition der Kirche; vgl. Mk 4, 11 parr; 1Kor 15, 51. Bezeichnend ist die Verbindung von „Prophetie" und „Mysterion" 1Kor 13, 2. Literatur zu Mysterion vgl. in: Ein Jesus und vier ursprüngliche Evangeliengattungen, s. o. Kap. 5, S. 182, Anm. 132.

in denen die endzeitlichen Segnungen betont werden[18] (vgl. die Vorstellung vom „messianischen Mahl").

Es ist wahrscheinlich, daß eine solche apokalyptische Gemeinde sich zunächst in Jerusalem konstituiert hatte[19]. Die Wahl Jerusalems, des Ortes, an dem der eschatologische Heilbringer erwartet wurde, ist schon an sich bezeichnend. Ohne Zweifel wurde diese frühe Jerusalemer Sekte bald von neuen theologischen und kirchlichen Entwicklungen überholt. Aber auch später in der frühchristlichen Geschichte hat die Erneuerung des apokalyptischen Glaubens kleine sektenartige Gemeinschaften entstehen lassen, wie z. B. in der Offenbarung des Propheten Johannes in Kleinasien mit seinem Kreis von sieben Gemeinden, oder in der Bewegung des Montanismus.

Wie dieser Grundtypus des Bekenntnisses seinen eigenen Typ der Gemeinde geprägt hat, so hat er auch seine eigene Gattung des Evangeliums hervorgebracht. Sie ist sichtbar in der Didache mit ihrer Zwei-Wege-Lehre und ihrer Apokalypse (die offenbar schon in der ursprünglichen Gestalt der Didache miteinander verbunden waren); in der sogenannten „Synoptischen Apokalypse", die dann später in die synoptischen Evangelien aufgenommen wurde (Mk 13 parr); in der Offenbarung des Johannes; und schließlich in den gnostischen Evangelien und Offenbarungen – d. h. in einer Literaturgattung, die für die gnostische Bewegung bestimmend wurde, deren Gemeinden ja wohl ebenfalls sektenhafte Züge trugen.

IV. Jesus als „Göttlicher Mensch"

a) *Der religionsgeschichtliche Hintergrund* dieses Glaubens-Symbols ist die hellenistische Vorstellung, daß göttliche Kraft in bestimmten charismatischen Persönlichkeiten gegenwärtig ist. Diese Vorstellung hat ihren literarischen Niederschlag in einer Reihe von „Biographien" der römischen Zeit gefunden, wie z. B. im „Leben des Apollonius von Tyana" (Philostratus), in der „Alexanderlegende" (vor allem Pseudo-Kallisthenes), in den „Leben des Augustus"

---

[18] Vgl. die eucharistischen Gebete Did 9–10.

[19] Das Bild, das Apg 1–6 von der Jerusalemer Urgemeinde zeichnet, ist sicher idealisiert und darf nicht als unmittelbares Zeugnis gewertet werden; vgl. *H. Conzelmann*, Die Apostelgeschichte (HNT, 1963), 31; *E. Haenchen*, The Book of Acts as Source Material for the History of Early Christiannity, Studies in Luke-Acts (hg. von *L. E. Keck* und *J. L. Martyn*, 1966), 258–278. Aber es ist doch noch deutlich, daß die Jerusalemer Urgemeinde, und wahrscheinlich auch andere Gemeinden Palästinas, ganz die Züge apokalyptischer Sekten trugen, die mehr oder weniger ortsgebunden waren und nur einen sehr begrenzten missionarischen Ehrgeiz hatten. Über die Verwandtschaft von Apg 1–6 mit der essenischen Gemeinde in Qumran siehe *S. E. Johnson*, The Dead Sea Manual of Discipline and the Jerusalem Church of Acts, The Scrolls and the New Testament (hg. von *K. Stendahl*, 1958), 129–142; *J. A. Fitzmyer*, Jewish Christianity in Acts in the Light of the Qumran Scrolls, Studies in Luke-Acts, 233–257.

(Suetonius und Nicolaus von Damascus), ebenso in den satirischen Lebensdarstellungen des Lukian („Peregrinus Proteus" und „der falsche Prophet Alexander").

Diesen literarischen Produktionen liegt aber der weitverbreitete Glaube zugrunde, daß in großen Persönlichkeiten tatsächlich göttliche Macht wohnt, sowie der wirkliche Anspruch, göttliche Kraft zu besitzen, mit dem Propheten, Wundertäter und wandernde Philosophen jener Zeit auftraten[20]. Der Nachweis für diesen Besitz wurde geführt durch gekonnte und überzeugende rhetorische Künste, Wunderheilungen und Dämonaustreibungen, ekstatische und visionäre Erfahrungen, usw. – und die Legende fügte nur zu gern weitere wunderbare Züge hinzu und erfand Geschichten von der wunderbaren Geburt und von den Prodigien beim Tode des göttlichen Menschen.

Offenbar hat die jüdische Apologetik und Propaganda ebenfalls von diesem ansprechenden Mittel für ihr missionarisches Unternehmen Gebrauch gemacht. Philo von Alexandrien stellt in seinen Schriften Joseph und Moses als göttliche Männer vor; jüdische Missionare vollbrachten Wundertaten und bewiesen ihre Fähigkeiten in der pneumatischen Auslegung der Heiligen Schrift.

b) *Jesu Leben und Taten* ließen sich ohne große Schwierigkeiten in dem traditionellen Bild vom Wirken des göttlichen Menschen unterbringen. Zwar hatte Jesus selbst seine Wunder und Dämonenaustreibungen als Zeichen des Hereinbrechens der Gottesherrschaft verstanden (vgl. seine Antwort auf die Anfrage der Jünger des Johannes Mt 11, 5, und seine Erwiderung im Streit wegen des Dämonenbannes Mk 3, 24 ff // Lk 11, 20). Das heißt also, daß er seine Wunder gerade nicht als Beweise seines Besitzes göttlicher Kraft ansah, sondern als Demonstration eines eschatologischen Vorganges. Sie waren ein Teil seiner eschatologischen Predigt und wollten die Menschen in der Begegnung mit seinem Werk zur Gottesherrschaft rufen.

c) Aber sowie die Werke Jesu zum Gegenstand des christlichen Glaubens wurden, gerieten sie in den Vorstellungskreis der *Christologie des göttlichen Menschen*[21].

Dabei handelt es sich zunächst nicht um die Bildung bestimmter Bekenntnisformeln, die von Jesus und von seinen großen Taten reden. Es ist auch nicht

---

[20] Die grundlegende Arbeit ist immer noch *L. Bieler*, ΘΕΙΟΣ ΑΝΗΡ, Das Bild des göttlichen Menschen in Spätantike und Frühchristentum (1935–36; Neudruck 1967); vgl. aber jetzt auch *H. D. Betz*, Lukian von Samosata und das Neue Testament, religionsgeschichtliche und paränetische Parallelen: Ein Beitrag zum Corpus Hellenisticum Novi Testamenti (TU 76, 1961), 100 ff; *D. Georgi*, Die Gegner des Paulus im 2. Korintherbrief: Studien zur religiösen Propaganda in der Spätantike (WMzANT 11, 1964), passim; *G. Petzke*, Die Traditionen über Appolonius von Tyana und das Neue Testament (Studia ad Corpus Hellenisticum Novi Testamenti 1, 1970).

[21] Siehe dazu den ausgezeichneten Aufsatz von *H. D. Betz*, Jesus as Divine Man, in: Jesus and the Historian (Essays Written in Honor of Ernest Cadmann Colwell, hg. von *F. Trotter*, 1968), 114–133.

möglich, spezifische christologische Titel diesem Vorstellungskreis zuzuordnen[22]. Eine Formel wie „Jesus von Nazareth, ein Mann legitimiert von Gott
bei euch durch Krafttaten, Wunder und Zeichen, welche Gott durch ihn getan
hat" (Apg 2, 22) mag zwar alt sein und charakterisiert ganz zutreffend den
göttlichen Menschen. Aber solcher Glaube fand seinen eigentlichen Ausdruck
in der Wiederholung der Machttaten, die das Dasein göttlicher Kraft in der
Person des Apostels oder des Missionars beweisen.

Paulus' Auseinandersetzung mit seinen Gegnern im 2. Korintherbrief zeigt
das ganz deutlich. Diese erfolgreichen Missionare, die sich einer eindrucksvollen schriftlichen Beglaubigung ihrer großen Taten rühmen konnten („Empfehlungsbriefe", vgl. 2Kor 3, 1; 5, 12) und die Paulus in ihrer großartigen
Predigt und ihrer inspirierten Auslegung der Schrift zweifellos übertrafen,
predigten ja keineswegs ein „anderes Evangelium". Vielmehr predigten sie,
was Paulus ihnen auch vorhält, „sich selbst" (2Kor 4, 5). Das war für das
christologische Verständnis der Gegner durchaus sachgemäß, denn nur so
konnten sie beweisen, daß die göttliche Kraft, die in Jesus erschienen war,
nun mächtig durch seine Boten wirkte.

Historische Kontinuität mit Jesus wird also auf Grund einer gleichgearteten
Erfahrung göttlicher Gegenwart behauptet. Die gleiche göttliche Macht, die in
Jesus wirksam war, erweist sich dadurch als gegenwärtig, daß der Apostel
Jesu seine Taten wiederholen kann. Die Anziehungskraft dieses Glaubens
steht und fällt mit dem übernatürlichen Charakter der religiösen Erfahrung
und ihrer machtvollen Demonstration. Doch diese Betonung der übernatürlichen Elemente leugnet die Bedeutung der normalen, menschlichen Erfahrungen; denn die Gegenwart Gottes wird nicht in solchen Begebenheiten gefunden, die den allgemeinen und alltäglichen Ereignissen, dem Handeln und
Leiden des menschlichen Daseins entsprechen. Daher gibt es für dieses christologische Bekenntnis keine Kontinuität des Lebens und Glaubens mit dem
irdischen Menschen Jesus[23].

d) *Die soziologischen Konsequenzen* des Symbols vom göttlichen Menschen
sind nicht ganz eindeutig. Wie die hellenistischen Parallelen zeigen, läßt sich
diese Vorstellung nicht so ohne weiteres für die Entwicklung eines Ge-
meindebegriffs verwenden, obgleich z. B. Lukians Peregrinus von einem Versuch berichtet, die göttliche Kraft zu institutionalisieren. In der Geschichte
des Urchristentums gibt es immerhin Beweise dafür, daß Über-Apostel vom
Typus des göttlichen Menschen bestehende Gemeinden für ihre eigenen

---

[22] Die Annahme, daß „Sohn Gottes" in der hellenistischen und römischen Zeit
allgemeiner Titel für den Wundertäter war, läßt sich nicht beweisen; vgl. *A. D. Nock,*
Early Gentile Christianity and its Hellenistic Background (1964), 45.

[23] Paulus, der den Aretalogien seiner Gegner Kataloge seiner eigenen Leiden
gegenüberstellt, hat dieses Versagen der Christologie vom göttlichen Menschen klar
gesehen (vgl. 2Kor 4, 7 ff; 6,4 ff; 11, 23 ff).

Zwecke mißbrauchten (vgl. den Kampf des Paulus mit seinen Gegnern im 2. Korintherbrief).

Auf der anderen Seite ist es von großer Bedeutung zu erkennen, daß das Glaubenssymbol von Jesus als dem göttlichen Menschen die christliche Frömmigkeit ganz entscheidend geprägt hat und auch imstande war, eine Literatur zu schaffen, die den Wunsch nach religiöser Erbauung erfüllt. Markus und Johannes benutzten Sammlungen von Wundergeschichten, die offensichtlich für den Zweck geschaffen worden waren, den Glauben an Jesu Besitz göttlicher Kraft zu stärken. Lukas hat in seiner Neuausgabe des Markusevangeliums dieses Symbol erneuert; er berichtet von einem Jesus, der in der Kraft des göttlichen Geistes große Taten vollbringt. Die Apostelgeschichte des Lukas eröffnet mit ihren Berichten von den entsprechend großen Werken der Apostel den Reigen einer ganzen Reihe apokrypher Apostelgeschichten.

Die folgenden Jahrhunderte des Christentums sind Zeugen einer reichlich vermehrten und wachsenden Produktion hagiographischer Literatur. Hierher gehören zunächst die Märtyrerakten, später die Berichte vom Leben berühmter Mönche und Bischöfe[24]. In allen diesen Schriften findet sich eine deutlich sichtbare Tendenz, wunderbare Züge zu erfinden, natürlich auf Kosten der biographischen Genauigkeit. Nur wenige der Märtyrerakten sind uns in ihrer ursprünglichen Form erhalten; die meisten sind nur in legendarischen Bearbeitungen auf uns gekommen oder überhaupt von vornherein als Märtyrerlegenden abgefaßt worden. Als religiöse Erbauungsliteratur haben diese hagiographischen Schriften häufig die kanonischen Evangelien ersetzt, wie überhaupt der berühmte Mönch oder der legendäre Heilige zu einem Gegenstand der Verehrung und Anbetung werden kann, der „wirklicher" und anschaulicher ist als Jesus und seine Geschichte. So werden Heilige in der Praxis, wenn auch nicht in der kirchlichen Theorie, oft höher geschätzt als Jesus und treten an seine Stelle. Das ist wiederum durchaus sachgemäß und ganz im Sinne des Symbols vom göttlichen Menschen. Die Kraft des Wunders und der Beweis göttlicher Gegenwart im Wunder ist in der Tat ein Symbol des Glaubens, das den christlichen Glauben ganz vom Maßstab der historischen Offenbarung in Jesus loszulösen vermag und damit auch persönliche Frömmigkeit und religiöse Erbauung an die Stelle der geschichtlichen Verantwortung der glaubenden Gemeinde setzt.

V. Jesus als Gesandter der Weisheit und als Weisheit

a) Der Hintergrund dieser Vorstellung liegt in jenen theologischen Entwicklungen des Judentums, die man allgemein als „Weisheit" bezeichnet. Wesentliche Züge dieser jüdischen Weisheitstheologie beginnen erst in der

---

[24] Vgl. die Historia Lausiaca und die Historia Monachorum.

neueren Forschung etwas deutlicher zu werden[25]. Von besonderer Bedeutung ist die Entwicklung einer dualistischen Weisheitslehre, die am klarsten in der Weisheit Salomonis und bei Philo von Alexandrien greifbar ist. Hier ist die Weisheit nicht mehr nur Schöpfungsmittlerin oder eine Gestalt, durch die sich Jahwe den Gerechten offenbart[26], oder die Quelle der Erkenntnis aller Dinge in der Welt. Die Weisheit ist hier vielmehr in erster Linie eine mythische Gestalt, die das wahre Wesen und den göttlichen Ursprung des leidenden Gerechten symbolisiert. Dieses wahre Sein des Gerechten unterscheidet sich radikal von seinem irdischen und menschlichen Schicksal; es ist ungeschichtlich und kann daher nicht in den Kategorien weltlicher Erfahrung oder weltlicher Weisheit begriffen werden: In seinem wahren Sein unterscheidet sich der Weise ontologisch von allen übrigen Menschen[27].

Die verwandte apokalyptische Weisheitsvorstellung ist etwas anders orientiert. Sie hat einen eschatologischen Sinn: Weisheit ist die Kenntnis des geheimen Planes Gottes, d. h. des Mysteriums der Zukunft[28]. Aber auch die Vorstellung von der Weisheit als mythischer Gestalt, die als Fremdling in dieser Welt erscheint und, ohne ein Heim gefunden zu haben, wieder in ihre Welt zurückkehrt, findet sich in apokalyptischer Literatur (ÄthHen 42).

Mythische Weisheitsspekulationen waren bereits im vorchristlichen Judentum mit der philosophischen (meist mittel-platonischen) Vorstellung vom Logos verbunden worden. Das ist deutlich der Fall bei Philo von Alexandrien. Indirekt bewiesen wird dies auch durch den Prolog des Johannes-Evangeliums, in dem der Logos-Begriff in der Darstellung des jüdischen Weisheitsmythos gebraucht wird.

b) Es ist nicht ohne weiteres einzusehen, wie die Weisheits-Mythologie einen Anknüpfungspunkt im irdischen Jesus finden konnte. Sicherlich gibt es eine Reihe von Weisheitsworten unter den überlieferten Worten Jesu, z. B. Mt 11, 25–30. Es ist auch schwer zu bestreiten, daß Jesus selbst Formen der Weisheitsrede in seiner Verkündigung verwendete, z. B. Proverbien, Metaphern, usw.[29] Es ist daher wohl ganz richtig, wenn man Jesus als Weisheits-

---

[25] Die vollständigste Zusammenstellung der Literatur zur Weisheit findet sich bei (*G. Fohrer* und) *U. Wilckens*, σοφία, ThWNT VII (1964), 465–467. Von den wichtigeren Veröffentlichungen der letzten Jahre möchte ich vor allem hinweisen auf *H. Conzelmann*, Die Mutter der Weisheit, Zeit und Geschichte (Bultmann-Festschrift 1964, hg. von *E. Dinkler*), 225–234; ders., Paulus und die Weisheit, NTS 12, 1965/66, 231–244; *D. Georgi*, Der vorpaulinische Hymnus Phil 2,6–11, Zeit und Geschichte, 263–293; *E. Brandenburger,* Fleisch und Geist: Paulus und die dualistische Weisheit (WMzANT 1968).

[26] Bereits in Sirach wird die Weisheit mit der Tora identifiziert.

[27] Vgl. besonders *Georgi*, Der vorpaulinische Hymnus (Zeit und Geschichte), 266 ff; 276 ff.

[28] Diese letztere Vorstellung beherrscht die Qumranliteratur und wird von Paulus in 1Kor 2, 6 ff (aber nicht von seinen Gegnern!) verwendet. Zu dem Begriff „Mysterion" s. o., Kap. 5, S. 182 f.

[29] *R. Bultmann,* Die Geschichte der synoptischen Tradition, passim; ebenso *J. M. Ro-*

lehrer bezeichnet. Aber dies ist nur der *eine* mögliche Anknüpfungspunkt für die Übertragung von Weisheitsspekulationen auf Jesus. Der *andere*, wichtigere Beziehungspunkt liegt in Jesu Menschheit als solcher, in seiner menschlichen Geburt (Inkarnation) und in seinem Leiden und Tod. Die Geschichte der christologischen Verwendung des Weisheitssymbols zeigt damit einen zweifachen Bezug auf den irdischen Jesus: einmal auf seine Worte, zum andern auf seine menschliche, irdische Existenz.

c) Man muß damit rechnen, daß zunächst einmal die Überlieferung der Worte Jesu so erweitert wurde, daß eine größere Anzahl von Worten Jesus in der Rolle des *Gesandten der Weisheit* erscheinen läßt[30], vgl. den Gerichtsspruch der Weisheit über diese Generation (Lk 11, 49–51). Auch einige Offenbarungsworte sind in diesem Prozeß Bestandteile der Worte Jesu geworden, z. B.: „Ich danke dir, Vater, daß du dies den Weisen verborgen hast und den Unmündigen offenbart" (Mt 11, 27). Solche Worte erscheinen bereits in einem frühen Stadium der synoptischen Spruchquelle, und sie bestimmen fast ganz ihre spätere Entwicklung, wie sie bei Matthäus vorliegt, der Jesus ganz mit der Weisheit identifiziert; das gleiche gilt vom Thomasevangelium. Dort stellt sich Jesus selbst vor als *die Weisheit*, die in die Welt kam, aber keine Aufnahme fand: „Ich stand inmitten der Welt, und ich erschien ihnen im Fleisch; ich fand sie alle trunken, ich fand niemanden durstig. Und meine Seele litt um der Menschen willen..." (Spruch 28).

Außerdem ist aber auch ohne irgendeine Bezugnahme auf die Überlieferung der Worte Jesu der Weisheitsmythus christologisch verwendet worden. Zeugnisse dafür finden sich vor allem in hymnischen Überlieferungen, die in hymnischer Form die Inkarnation, Erniedrigung und Erhöhung der Weisheit als kosmisches Drama darstellen. Der älteste dieser Hymnen wird von Paulus Phil 2, 6 ff zitiert: „Der in göttlicher Gestalt war, entleerte sich selbst, nahm die Gestalt eines Menschen an..., erniedrigte sich selbst bis zum Tode."[31] Noch offensichtlicher tritt der Weisheitsmythus im Prolog des Johannesevangeliums zutage[32]. Der Logos ist im Anfang bei Gott, der Mittler

---

binson, LOGOI SOPHON, s. o. Kap. 3, S. 67 ff.; ferner *W. A. Beardslee*, Literary Criticism of the New Testament (1970), 33–36.

[30] *M. J. Suggs*, Wisdom, Christology, and Law in Matthew's Gospel (1970), zeigt ganz überzeugend, daß die ältere Überlieferung der Worte Jesu, wie sie in der Spruchquelle vorliegt, Jesus immer als den Gesandten der Weisheit versteht, aber niemals mit der Weisheit identifiziert. Dieser Schritt ist erst von Matthäus vollzogen worden.

[31] *Georgi*, Der vorpaulinische Hymnus (Zeit und Geschichte), weist nach, daß der christliche Jesus-Hymnus von Phil 2 den Mythus der präexistenten Weisheit kritisch interpretiert.

[32] *R. Bultmann*, Das Johannesevangelium, ist immer noch die brauchbarste Behandlung des Hintergrundes des Johannesprologs, obgleich man nicht mehr an seiner These der Benutzung eines vorchristlichen Hymnus festhalten kann; vgl. E. *Käsemann*, Aufbau und Anliegen des johanneischen Prologs, Libertas Christiana (Friedrich Delekat Festschrift, 1957), 75–99 (wieder abgedruckt in: EVB II, 155–182).

der Schöpfung, das wahre Licht der Welt. Er kommt in die Welt, offenbart sich, wird verworfen, aber verherrlicht in denen, die ihn annehmen und glauben. Das gleiche Schema der Erniedrigung und Erhöhung erscheint auch in der Christologie des Hebräerbriefes. In dem Hymnus, den Hebr 1, 2–4 zitiert, wird der Sohn Gottes in Begriffen beschrieben, die mit der Begrifflichkeit der Logos-Vorstellung bei Philo eng verwandt sind. Ganz offensichtlich ist die Weisheitsterminologie in dem Kol 1, 15–20 zitierten Hymnus: Christus wird hier gepriesen mit Worten, die das hellenistische Judentum für den Lobpreis der Weisheit geschaffen hatte; für das Judentum war die Weisheit die Erstgeborene aller Dinge, durch die alle Dinge bestehen[33].

Aus dieser Vielzahl von Belegen muß man wohl schließen, daß die Anwendung des Weisheitsmythus auf Jesus der begrenzteren Vorstellung von Jesus als dem Gesandten der Weisheit den Rang abgelaufen hat. Dadurch wurde es möglich, eine Christologie zu entwickeln, in der die mythologischen und kosmologischen Bestandteile der vorchristlichen Weisheitsspekulationen voll zum Tragen kommen konnten. Dabei droht die irdische Wirklichkeit des Lebens Jesu schließlich ganz in der Vorstellung der Erniedrigung und Erhöhung einer präexistenten göttlichen Gestalt aufzugehen. Der Tod Jesu spielt dabei nur noch eine Rolle als der tiefste Punkt der Erniedrigung, aber er hat seine Bedeutung als geschichtliches Ereignis im Leben des Menschen Jesu von Nazareth verloren. Vielmehr steht am Endpunkt dieser christologischen Entwicklung eine Anschauung, derzufolge die irdische Wirklichkeit Jesu nur noch das äußere Gewand für die Gegenwart einer göttlichen Gestalt ist.

Die sachgemäße Form des Bekenntnisses ist für diesen Typus des Glaubens die Erzählung eines kosmologischen, mythischen Dramas von Erniedrigung und Erhöhung, Abstieg und Aufstieg. In der gnostischen Christologie fließt diese mythische Erzählung zusammen mit der Weiterentwicklung der Überlieferung der Worte Jesu, so daß Jesus sich jetzt selbst als die göttliche Weisheit vorstellt, die im Fleisch erschienen ist (Thomasevangelium). Aber dieses Bekenntnis zu Jesus, der die irdische Erscheinung einer göttlichen Wirklichkeit ist, hat auch die universalistische Logos-Christologie etwa des Origenes ganz entscheidend beeinflußt.

d) Zeugnisse für den Glauben an Jesus als Gesandten der Weisheit finden sich sehr früh vor allem in der Tradition der Sprüche Jesu in Palästina und Syrien. Paulus setzt sich mit derselben Christologie im 1. Korintherbrief auseinander (1Kor 1–4); in Korinth mag sie von dem (Alexandrinischen?) Judenchristen Apollos gelehrt worden sein[34].

---

[33] Weisheitsparallelen zu Kol 1, 15–20 sind zusammengestellt in *J. M. Robinson*, A Formal Analysis of Colossians 1, 15–20, JBL 76, 1957, 270–287. Eine ausführliche Analyse und Auslegung der Stelle sowie eine vollständige Zusammenstellung der Literatur bei *E. Lohse*, Die Briefe an die Kolosser und Philemon (1968), 77 ff. Zu Hebr 1, 2–4 vgl. *H. Köster*, ὑπόστασις, ThWNT VIII (1959), 584.

[34] Vgl. *J. M. Robinson*, Kerygma und Geschichte im NT, s. o. Kap. 2, S. 40 f.

Die Spaltungen der korinthischen Gemeinde, die als Folge der Weisheitslehre entstanden, ebenso auch die frühen Entwicklungen des Christentums im
östlichen Syrien (wahrscheinlich auch in Ägypten) zeigen deutlich *die soziologischen Konsequenzen* dieser christologischen Vorstellung. Die korinthischen
„Parteien" waren in Wirklichkeit so etwas wie Schulen, in denen der Lehrer
(Petrus, Paulus, Apollos, Jesus) jeweils als Führer in die göttliche Weisheit
angesehen wird. Ganz ähnlich erscheint in Ostsyrien Thomas als der Er-
wählte, der Zugang zu der Mysterien der Weisheit hat (Thomasevangelium,
Spruch 13) und deshalb der Führer und Lehrer einer Gruppe von Jüngern ist.
Dies entspricht etwa der Rolle, die Moses bei Philo erhält, der ihn als Führer
in die göttlichen Geheimnisse der Weisheit, also als Mystagogen vorstellt[35].
Es ist daher sicher kein Zufall, wenn das typische Ergebnis dieser Weisheits-
christologie die Bildung der großen gnostischen Schulen des zweiten christlichen Jahrhunderts in Ägypten war (Basilides, Valentinus, usw.). In dieser
Beziehung ist übrigens Marcion durchaus kein typischer Gnostiker; denn sein
Werk war der Aufbau einer weltweiten Kirche. Die Weisheitstheologie und
ihr Glaubensbekenntnis, nämlich die Pflege der Überlieferung von Worten
der Weisheit und die Wiederholung der Offenbarungen der Weisheit in der
mythologischen Erzählung, macht die Bildung von theologischen Schulen
notwendig und die Gründung von christlichen Gemeinden irrelevant.

VI. Jesus von den Toten auferweckt

a) *Der religionsgeschichtliche Hintergrund* dieser christologischen Vorstellung ist kompliziert und kann hier nicht im einzelnen dargestellt, sondern
wiederum nur angedeutet werden. Ohne Zweifel war das christliche Bekenntnis, daß Gott Jesus von den Toten auferweckt habe, aufs engste verbunden
mit der Erwartung, die bestimmte Kreise des Judentums beherrschte, daß
Gott schließlich die Mächte der Ungerechtigkeit, des Leidens und des Todes
durch die eschatologische Tat der Auferweckung der Toten besiegen würde.
In diesem Sinne war die Vorstellung von der Auferweckung oder Auferstehung der Toten ein mythologisches Symbol für Gottes eschatologischen Sieg
über die Mächte der Ungerechtigkeit.

Der Ursprung dieser Erwartung mag sehr wohl in der prophetischen Vision des Deutero-Jesaia liegen, der in einer Gerichtsszene beschreibt, wie der
leidende Gerechte, nämlich Israel, im Angesicht seiner Feinde bestätigt und
von Gott für gerecht erklärt wird (Jes 53). Diese Vision der Einsetzung des
Gerechten in sein Recht ist im nachexilischen Judentum vielfältig wiederholt
und modifiziert worden. Sie erscheint als die Vision von Israels Inthronisie-
rung als Weltherrscher in Dan 7 und 12; oder auch als Glaube an die Un-

---

[35] Z. B. Gig 54; vgl. meine Besprechung von *U. Wilckens*, Weisheit und Torheit, in:
Gnomon 33 (1961), 594.

sterblichkeit der Märtyrer im 4. Makkabäerbuch. In allen Fällen jedoch herrscht der Gedanke, daß Gott diejenigen am Ende rechtfertigen wird, die ihm die Treue gehalten haben und um der Gerechtigkeit willen litten und gestorben sind, mag dies nun das ganze Israel sein oder nur eine auserwählte Gruppe. Immer ist diese göttliche Bestätigung eine eschatologische Tat Gottes, die ein neues Zeitalter für die im Leiden Standhaften und Getreuen eröffnet. Zur Zeit Jesu wurde diese Auferstehungshoffnung vor allem von den Pharisäern vertreten, die sich dadurch deutlich von den Sadduzäern und Essenern unterscheiden[36].

b) *Jesus* war ungefähr im Jahre 30 n. Chr. in Jerusalem *gekreuzigt* worden. Es ist nicht mehr möglich, mit Sicherheit festzustellen, ob Jesus von seinem kommenden Leiden und Sterben gesprochen hat oder nicht[37]. Nach seinem Tode hatten einige Frauen und mehrere Jünger Jesu Visionen, die sie davon überzeugten, daß Jesus lebte. Im Zusammenhang der Auferstehungserwartung, die oben kurz angedeutet wurde, bedeuteten diese Erscheinungen, daß Gott Jesus von den Toten erweckt und damit in seinem Recht bestätigt hatte, – das heißt aber: die erste und entscheidende eschatologische Tat Gottes war geschehen. Gott hatte begonnen, sein Volk Israel wieder in sein Recht einzusetzen. Die Predigt von der Auferweckung Jesu war also gleichbedeutend mit der Verkündigung des Beginns einer neuen Zeit. So entstand das Kerygma von der Auferstehung Jesu und das Bekenntnis, das von dem Jesus sprach, der starb, der begraben wurde, und den Gott von den Toten erweckt hatte.

c) Dieses christologische *Bekenntnis* wurde zum zentralen Maßstab des rechten Glaubens für die kanonischen Schriften und ist so in großer Vielfalt und mit ausführlichen Erweiterungen versehen auf uns gekommen. Der Ursprung und die ältesten Formen dieses Bekenntnisses lassen sich daher nicht ohne weiteres isolieren. Abgesehen von der Passionsgeschichte zeigen die vorpaulinischen Überlieferungen der kanonischen Evangelien eine ganz andere christologische Orientierung[38]. Aber eine ganze Reihe überlieferter Glaubensformeln, die sich vor allem in den paulinischen Briefen, aber auch in anderen Quellen finden, lassen die Grundelemente dieser Bekenntnisse noch deutlich

---

[36] Die grundlegende Untersuchung dazu ist *E. Schweizer*, Erniedrigung und Erhöhung bei Jesus und seinen Nachfolgern (AThANT 28, 1962²). Vgl. auch *G. Nickelsburg*, Resurrection, Immortality, and Eternal Life in Judaism (Dissertation Harvard 1968); ebenso meine kurze Darstellung, The Role of Myth in the New Testament, Andover Newton Quarterly 8, 1968, 189 ff.

[37] Alle Überlieferungen der Evangelien, die von Jesu Leiden, Tod und Auferstehung reden, sind vaticinia ex eventu, die in ihrer Formulierung dem Bekenntnis der Kirche entsprechen; vgl. besonders Mk 8, 31 ff parr; 9, 30 ff parr; 10, 32 parr.

[38] Sie sind von der Überlieferung von Jesus als Weisheitslehrer, als göttlichem Menschen oder als apokalyptischen Propheten beherrscht (vgl. oben S. 197 ff). Alte Formeln, die Jesu Tod interpretieren, sind selten, vgl. Mk 10, 45 und die Einsetzungsworte zum Herrenmahl.

hervortreten. Erstens: Das Verständnis von Jesu Tod als Versöhnungsopfer, das sehr häufig in diesen Formeln zum Ausdruck kommt und auch meist in der Kurzformel „für uns" enthalten ist; eng damit verwandt ist die Interpretation des Todes Jesu als Passah (1Kor 5, 7)[39] und als Bundesopfer (Hebr 13, 20)[40]. Alle diese Elemente gehören bereits dem traditionellen Vorstellungskomplex des leidenden Gerechten im Judentum an[41]. Zweitens: Diese verschiedenen, aber eng verwandten Opfervorstellungen haben schon sehr früh einen festen Platz in einem bestimmten Zweig der liturgischen Überlieferung des Herrenmahls erhalten. In der von Paulus zitierten Form setzen die Einsetzungsworte mindestens das Verständnis des Todes Jesu als Bundesopfer voraus („der neue Bund in meinem Blut", 1Kor 11, 25), vielleicht auch die Vorstellung vom Versöhnungsopfer („mein Leib für euch", 1Kor 11, 24)[42]. Drittens: Diese Deutungen des Todes Jesu sind schon sehr früh, vielleicht von Anfang an, mit der Vorstellung der Rechtfertigung Jesu durch Gottes eschatologische Tat verbunden worden. „Rechtfertigung" schließt hier immer beides ein, Auferweckung ebenso wie Auffahrt und Erhöhung[43]. Die frühe Verbindung von Opfer und Auferweckung wird durch die beiden alten Bekenntnisformeln bewiesen, die Paulus Röm 4, 25 und 1Kor 15,3 ff zitiert. Es kann jedoch nicht mit Sicherheit nachgewiesen werden, daß diese Überlieferungen bis in die aramäisch sprechende Urgemeinde zurückgehen[44]. Viertens: Der am deutlichsten in dieser Überlieferung hervortretende Titel ist „Christus". Einige der Formeln, die Jesu Tod als Opfer verstehen, scheinen überhaupt keinen bestimmten christologischen Titel enthalten zu haben (vgl. Röm 3, 25). Es ist auch fraglich, ob das artikellose „Christus" in 1Kor 15, 3 als Titel verstanden werden kann[45]. Aber schon das Auftauchen des ein-

---

[39] Vgl. Röm. 3,25 („Versöhnung in seinem Blut ... das Übersehen früherer Sünden"); 1Tim 2, 6 (Lösegeld).

[40] Siehe *H. Conzelmann*, Grundriß der Theologie des Neuen Testaments, 89. Zu den christologischen Formeln in den paulinischen Schriften vgl. auch *W. Kramer*, Christos Kyrios Gottessohn: Untersuchungen zu Gebrauch und Bedeutung der christologischen Bezeichnungen bei Paulus und den vorpaulinischen Gemeinden (AThANT 44, 1963).

[41] Vgl. die bei *Bultmann*, Theologie des Neuen Testamentes, S. 49 f, zitierte Literatur. Jes 53 hat ohne Zweifel nicht nur die jüdischen Vorstellungen jener Zeit mehr oder weniger stark beeinflußt (vgl. *Nickelsburg*, aaO), sondern spiegelt sich auch deutlich in einigen frühen christlichen Formeln wider, vgl. z. B. Röm 4, 25. Aber die ausführliche Verwendung von Jes 53 für die Fortbildung christologischer Formeln gehört einer späteren Zeit an, vgl. 1Pt 2, 21 ff.

[42] Deutlicher kommt dies zum Ausdruck in Mt 26, 28, wo die Vorstellung vom Sühnopfer klar zutage liegt.

[43] Vgl. *Vielhauer*, aaO 171 ff; *Conzelmann*, aaO 86 f, gegen *Hahn*, aaO 126 ff, der nachzuweisen sucht, daß die Erhöhungsvorstellung erst in einem späteren Stadium der Entwicklung nachgetragen wurde, und zwar unter dem Eindruck der Parusieverzögerung und mit Hilfe von Ps 110.

[44] Literatur bei *Conzelmann*, aaO 84; vgl. auch *Vielhauer*, aaO 179 f.

[45] *Vielhauer*, aaO 180 ff. Zur Diskussion dieser Frage siehe vor allem die Beiträge

fachen „Christus" als Eigenname in einer größeren Anzahl der hierher gehörenden Formeln weist auf ein Stadium dieser Überlieferung hin, in der eine zweisprachige, aramäisch und griechisch sprechende christliche Gemeinde den Titel Messias/Christus benutzte, um Jesus als den zu bekennen, der durch sein Leiden die Versöhnung brachte, starb und auferweckt wurde. Der eng mit dem Messiastitel verwandte Titel „Sohn Davids" gehört übrigens in den gleichen christologischen Vorstellungsbereich, vgl. die alten Formeln in Röm 1, 3 f und 2 Tim 2,8 [46].

Es ist sicherlich kein Zufall, daß der erste Theologe dieses christologischen Bekenntnisses ein ehemaliger Pharisäer war: Paulus. In 1 Kor 15 versucht Paulus zu zeigen, daß die Auferweckung Christi und die Auferweckung der Glaubenden aufs engste zusammengehören. Beide sind nur zwei Stadien der einen eschatologischen Tat Gottes, die mit dem Sieg Gottes über alle seine Feinde enden wird. Christus ist in seiner Auferstehung die erste Frucht (1 Kor 15, 20); es ist daher sinnlos von seiner Auferstehung zu reden, ohne die Auferstehung all derer zu erwarten, die zu ihm gehören. Es ist hier auch deutlich, warum die „Zeugen der Auferstehung" so wichtig für dieses Bekenntnis sind (1 Kor 15, 5 ff). Sie sind ein wesentlicher Teil der Evangelium-Formel, die Paulus am Anfang des Kapitels (1 Kor 15, 3 ff) zitiert. Die Funktion dieser Zeugen ist nicht etwa, ein im übrigen ganz unglaubhaftes Geschehen glaubhafter zu machen, sondern vielmehr den christlichen Anspruch zu bestätigen, daß Gott seine eschatologische Tat der Rechtfertigung wirklich begonnen hatte.

Die Struktur dieses Glaubensbekenntnisses bringt es mit sich, daß irgendwelche Hinweise auf Jesu Weisheitsworte oder auf seine Wundertaten oder auf seine prophetischen Zukunftsweissagungen völlig überflüssig sind und dem Bekenntnis nichts mehr hinzufügen können [47]. Gleichzeitig aber bindet dieses Bekenntnis den christlichen Glauben unauflöslich an ein ganz bestimmtes und einmaliges historisches Geschehen, nämlich an Jesu Leiden und Tod.

---

von *J. Jeremias,* zuletzt: Nochmals: Artikelloses Χριστός in I Kor 15, 3, ZNW 60, 1969, 214–219, und die dort zitierte Literatur.

[46] Vgl. IgnSm 1, 1; Trall 9, 1; siehe *Vielhauer,* aaO 185 ff; *Conzelmann,* aaO 93.

[47] Es ist bezeichnend, daß Paulus niemals auf Jesu Wunder verweist. Ein Weisheitswort, das zur Überlieferung der Weisheitsworte Jesu gehört, zitiert er nur einmal: 1 Kor 2, 9 = Thomasevangelium Spruch 17; aber Paulus führt dieses Wort mit der Formel γέγραπται ein. Andere Worte Jesu werden gelegentlich als Gemeinderegel (1 Kor 7, 10), liturgische (1 Kor 11, 23 ff) und eschatologische Überlieferung (1 Thess 4, 15 ff), aber niemals als Teile des „Evangeliums" verwendet, also niemals als Bestandteile der Botschaft, durch die die Glaubenden gerettet werden. Daß solche Worte von Jesus stammen, hat für Paulus keine besondere Bedeutung. Die gleiche eschatologische Überlieferung, die 1 Thess 4, 15 ff als „Wort des Herrn" erscheint, kann mit dem gleichen Gültigkeitsanspruch 1 Kor 15, 51 ff als „Mysterium" angeführt werden; oder Paulus kann die Rechtsautorität des Herrn und seine eigene Meinung als nahezu gleichgewichtig nebeneinander stellen (vgl. 1 Kor 7, 10 mit 7, 12.25.40). Vgl. *H.-W. Kuhn,* aaO (s. S. 173, Anm. 95).

Daher ist es für dieses Symbol unumgänglich, die Wirklichkeit und Menschheit von Jesu Kommen und Leiden nachdrücklich zu betonen[48]. Die Feststellung, daß „Jesus vom Weibe geboren und unter das Gesetz getan" war (Gal 4, 4), kennzeichnet Jesus in biologischen und soziologischen Termini als wirklichen Menschen. Von Jesus als einem halb-göttlichen Wesen reden zu wollen, der sich kraft seiner göttlichen Natur aus dem Grabe erhob[49], würde den Sinn dieses Bekenntnisses zunichte machen. Daher entsprang die gefährlichste Bedrohung des Bekenntnisses, daß Jesus starb und auferweckt wurde, aus dem gnostischen Glauben an Jesu göttliche Natur, die durch die Erzählung eines mythischen Vorganges zum Ausdruck gebracht wurde; dieser gnostische Glaube bedrohte das wahre Menschsein Jesu.

Die Geschichte dieses Glaubensbekenntnisses in den folgenden Jahrhunderten ist die Geschichte eines unlösbaren Dilemmas, hervorgerufen durch zwei grundlegende Überzeugungen, die sich gegenseitig auszuschließen scheinen: Auf einen Seite der Versuch, Jesu göttliches Wesen zu betonen, der in dem Glauben an seine Präexistenz zum Ausdruck kommt, ebenso auch darin, daß die alte Formel „Gott hat ihn auferweckt", d. h. „gerechtfertigt", ersetzt wurde durch „er ist auferstanden"[50]. Auf der anderen Seite steht das Festhalten an Jesu wahrer menschlicher Natur und die Betonung seines Leidens und Sterbens. Sowie das Christentum aus dem Bereich jüdischer religiöser Vorstellungen heraustrat und zu einem Teil des Denkens der römischen Welt wurde, verlor die in ihrem Ursprung jüdische Vorstellung von der Rechtfertigung des leidenden Gerechten ihre Überzeugungskraft. Im Zusammenhang der andersartigen kulturellen und religiösen Voraussetzungen der hellenistisch-römischen Welt wurde die Gemeinde, die an Jesu Kreuz und Auferstehung glaubte, gezwungen, auf die Sprache dieser neuen Welt einzugehen. So wurde im Sinn dieser neuen religiösen Sprache der Mensch, den Gott durch die Auferweckung gerechtfertigt hatte, ein göttliches Wesen, das

---

[48] Die für dieses Bekenntnis typische Evangelienliteratur ist daher die Passionsgeschichte, die der Kern wurde, aus dem die kanonischen Evangelien entstanden; vgl. Ein Jesus und vier ursprüngliche Evangeliengattungen, s. o. Kap. 5, S. 184 ff.

[49] In den im Neuen Testament überlieferten Formeln dieses Glaubensbekenntnisses wird fast immer von Gott geredet, „der Jesus von den Toten auferweckte", vgl. Röm. 4, 25; 8, 34; 1Kor 15, 4; Gal 1, 1; 1Thess 1, 10; 1Pt 1, 21; Apg 2, 24; IgnTrall 9, 2. Das intransitive ἀνίστημι „erstehen", „auferstehen", ist im Neuen Testament verhältnismäßig selten, vgl. 1Thess 4, 14 (hier ist diese Formulierung sicherlich durch das stereotype eschatologische „Die Toten werden auferstehen" veranlaßt, das im Zusammenhang erscheint); Mk 8, 31; 9, 31; 10, 34 parr; Joh 20, 9; Apg 17, 3. Im zweiten Jahrhundert n. Chr. ist dieser Sprachgebrauch wesentlich häufiger anzutreffen, vgl. Barn 15, 9; IgnSm 2, 1. Die Bekenntnisformulierung „auferstanden von den Toten" ist seit Justinus Martyr festes Gut geworden, vgl. Dial 85, 2; 132, 1; ebenso „tertia die resurrexit a mortuis" (im sogenannten römischen Symbol). Doch die ältere Formulierung „er wurde von den Toten auferweckt" erscheint immer noch gelegentlich in späterer Literatur, vgl. Justin Apol I 31, 7; Irenaeus adv. her. I 10, 1; Tertullian adv. Prax. 2.

[50] Siehe die vorhergehende Anmerkung.

von den Toten erstand. Dennoch blieb in diesem Glaubensbekenntnis Jesu Menschheit der Maßstab für das Evangelium, das alle ruft, die leiden und sterben, die arm und verlassen sind, die keinen sozialen und politischen Rang haben und die sich keiner religiösen oder moralischen Tugenden rühmen können. Es ruft diese Menschen ohne Rücksicht auf Rang, Stand und Volkszugehörigkeit: „Weder Jude noch Grieche; weder Freier noch Sklave; weder Mann noch Weib."

d) Obgleich das Bekenntnis von Tod und Auferstehung ursprünglich den Worten und Taten Jesu ganz gleichgültig gegenüberstand, wurde es dennoch dasjenige Bekenntnis, das nicht nur Jesu Menschheit und die Wirklichkeit seines geschichtlichen Daseins bewahrte; es schuf vielmehr auch die Literaturform des (kanonischen) Evangeliums, in der sich schließlich auch die Überlieferungen der Worte und Taten Jesu sachgemäßer und verläßlicher aufbewahren ließen als in anderen Formen der Evangelien-Literatur. Aber die wirkliche Stärke dieses Bekenntnisses liegt nicht einfach darin, daß es eine sehr tief im jüdischen Denken verwurzelte Vorstellung in genialer Weise mit einer großen theologischen Einsicht in Jesu Leiden verband und so den Sinn dieses Leidens zur Sprache bringen konnte. Die wirkliche Stärke dieses Glaubensbekenntnisses erscheint erst dann, wenn man seine *soziologischen Konsequenzen* in Betracht zieht, die bereits von Paulus klar gesehen worden sind.

Der Begriff „ekklesia" erscheint zum ersten Male in den paulinischen Schriften und in jenem Kreise von christlichen Gemeinden, die den Glauben an Jesu Tod und Auferweckung angenommen hatten[51]. Zwei weitere eng mit diesem Begriff verbundene Vorstellungen finden sich ebenfalls in den paulinischen Schriften: die ekklesiologischen Formeln „in Christus" und „Leib Christi"[52]. Besonders diese beiden ekklesiologischen Formeln bezeichnen die christliche Gemeinde als die neue Gemeinschaft, die einzig auf Grund der eschatologischen Tat Gottes besteht, wie sie im Bekenntnis von Kreuz und Auferstehung geglaubt wird[53]. Da aber christologische und ekklesiologische Aussagen in diesem Bekenntnis austauschbar sind, wird die Bekenntnisaussage vom wirklichen Menschsein und Leiden Christi auch zu einer Aussage über die menschliche Verantwortung im Leben der Gemeinde, vgl. z.B. 1Kor

---

[51] Über diesen Begriff sowie über die gesamte Diskussion des Kirchenbegriffs im Urchristentum (einschließlich der einschlägigen Literatur) vgl. die ausgezeichnete knappe Darstellung von *K. Stendahl*, Kirche II. Im Urchristentum, RGG³ III (1959), 1297–1304.

[52] Es ist nicht möglich, diese Begriffe und die schwierigen Probleme, die damit verbunden sind, in diesem Zusammenhang auch nur zu berühren. Für eine kurze Darstellung und Literatur siehe *Bultmann*, Theologie des Neuen Testaments, 306 ff; *Conzelmann*, aaO 280 ff.

[53] Wie in den festen Formulierungen dieses Bekenntnisses, so steht der Terminus „Christus" (ob Titel oder Eigenname) sehr häufig in den ekklesiologischen Aussagen, die zu diesem Bekenntnis gehören; vgl. z. B. 1Kor 12, 12; Gal 6, 2, sowie die Formel „in Christus".

12–13, wo das Verständnis der Kirche als „Leib Christi" identisch ist mit gegenseitiger Liebe und Verantwortlichkeit füreinander. Das Bemerkenswerte an diesem Kirchenverständnis ist, daß die Berufung auf traditionelle religiöse, moralische und soziale Strukturen und Ideologien überflüssig wird. Vielmehr ist das „Gesetz Christi" (Gal 6, 2), dem die Kirche unterworfen ist, eine direkte Konsequenz, die sich aus dem Glauben an Jesu Leiden und Rechtfertigung ergibt.

VII. Schlußbemerkung

Die Erwartung des Kommens des Messias in der Zukunft schuf eine eschatologische Sekte, in der sich alle zusammenschlossen, die willens waren, sich auf sein Kommen vorzubereiten. Der Glaube an Jesus als göttliche Weisheit fand seine angemessene Institution in Schulen und Zusammenschlüssen von Eingeweihten, deren Überlieferungen den Weg in die göttliche Weisheit wiesen. Die Erkenntnis der Gegenwart göttlicher Macht in religiösen Persönlichkeiten schuf Heilige und Übermenschen als Symbole der Frömmigkeit, aber war außerstande eine Gemeinschaft aufzubauen. Die Verkündigung von Gottes geschichtlicher Tat, durch die er begonnen hatte, sein Volk zu rechtfertigen, war die Geburt der Kirche als geschichtlich verantwortliche Gemeinschaft.

Für die Geschichte der christlichen Glaubensbekenntnisse und Symbole ergeben sich aus der Erkenntnis der verschiedenen Grundtypen eine Reihe von neuen Gesichtspunkten. Das gilt besonders hinsichtlich der Stellung von Rechtgläubigkeit und Ketzerei zum Bekenntnis. Ebensowenig wie man sagen kann, daß die Häresie einfach eine Abweichung vom wahren Glauben war, wird man auch nicht davon reden dürfen, daß das Bekenntnis der orthodoxen Kirche sich aus rechtgläubigen Anfängen ungebrochen entwickelt hat. Ohne Zweifel wurde das Bekenntnis von Kreuz und Auferstehung der Grundtypus des rechtgläubigen Symbols der Kirche. Aber ehe es sich zum Apostolischen und Nicänischen Symbol entwickelte, wurden eine Reihe von Elementen anderer und andersartiger Bekenntnisse mitaufgenommen und verarbeitet, und sein ursprünglicher Sinn wurde damit drastisch verändert, um neuen religiösen Fragen gerecht werden zu können.

Parallel zu dieser Entwicklung beschränkte sich das Wachstum der kanonischen Evangelien-Literatur nicht auf die Leidens- und Auferstehungsgeschichte Jesu, sondern nahm auch anderes Überlieferungsmaterial auf, das eigentlich den häretischen Tendenzen anderer Grundtypen alter Bekenntnisse entsprach: Wundergeschichten vom Typus des göttlichen Menschen, rein an der Zukunft orientierte apokalyptische Weissagungen (Markus), Sammlungen von Sprüchen und „Worten der Weisen" (Matthäus und Lukas) und den Mythos der erniedrigten und verherrlichten Weisheit, der zu einem wesentlichen Thema des Johannesevangeliums wurde.

Erfolg und Mißerfolg dieser Entwicklungen in Bekenntnis und Evangelium sollen hier nicht beurteilt werden. Sicherlich findet sich neben angemessener und kritischer Wandlung in der Geschichte der Bekenntnisse ebenso der Kompromiß und der Irrtum, oft mit weitreichenden Konsequenzen. Die Einsicht, die sich aus der Erkenntnis dieser Strukturen und Entwicklungen ergibt, kann aber vielleicht doch der Lösung unserer eigenen Probleme Maßstab und Richtung geben.

Ich möchte versuchen dies in den folgenden Thesen anzudeuten:

1. Die verschiedenen religiösen Hoffnungen und Ideologien des Judentums zur Zeit Jesu und der frühen Christenheit können nicht mit den religiösen Voraussetzungen unserer eigenen Zeit gleichgesetzt werden. Es ist deshalb unsere Aufgabe, die nun einmal gegebenen religiösen Voraussetzungen unserer eigenen Zeit immer wieder neu zu klären, und zwar nicht nur um heute relevant reden zu können, sondern auch um der Integrität unseres eigenen Denkens willen.

2. Wenn uns die christliche Botschaft und die christliche Überlieferung irgend etwas zu sagen haben, so ist dies nicht die Botschaft der religiösen Voraussetzungen einer vergangenen Zeit. Sondern die eine Tatsache, daß Gott in Jesus von Nazareth in einzigartiger Weise in das Leben und in die Geschichte der Menschheit gekommen ist, d. h. der irdische (oder historische) Jesus, der keineswegs im unzugänglichen Dunkel der Geschichte bleiben muß, dessen Kenntnis aber den Gesetzen geschichtlicher Wissenschaft unterworfen ist, muß das zentrale Problem der theologischen Ausgabe bleiben.

3. Die Frage von Orthodoxie und Häresie ist heute genauso wichtig wie ehedem. Aber sie kann nicht auf Grund eines überlieferten Bekenntnisses entschieden werden. Vielmehr hängt diese Entscheidung an der Frage der Menschheit Jesu. Es kommt alles darauf an, ob wir imstande sind, uns dieser Grundlage seiner Menschheit zu versichern; daß er geboren wurde und lebte als ein Mensch auf dieser Welt, daß er den Armen predigte, mit den Verachteten an einem Tisch saß und schließlich das Opfer der normalen Prozesse der etablierten Gesellschaft wurde.

4. Es ist eine Frage unseres kritischen Denkvermögens, ob wir diese Begegnung mit Jesus auf die Auseinandersetzung mit den Ideologien und der Religiosität unserer eigenen Zeit anwenden können. Die Pharisäer erwarteten, daß der Gerechte gerechtfertigt würde. Paulus wußte, daß Gott den Menschen gerechtfertigt hatte, der keine Gerechtigkeit beanspruchen konnte, weil Jesus, den Gott gerechtfertigt hatte, am Kreuz als Sünder starb.

5. Der Prüfstein der Rechtgläubigkeit ist die Frage, ob sie eine Gemeinschaft der Glaubenden stiften kann, nicht aber eine Schule oder Sekte oder einen religiösen Verein, oder nur dazu dient, um einzelne religiös Interessierte zu erbauen. Kirche als Gemeinschaft der Glaubenden besteht nicht in der arroganten Überzeugung gemeinsamer religiöser Ansichten, seien diese nur ererbt oder mutig ergriffen; Kirche besteht in dem Willen der Glaubenden, die gegenseitige Verantwortung der Liebe um Jesu willen als ihr eigentliches Werk anzuerkennen.

Kapitel 7

DIE JOHANNEISCHE ENTWICKLUNGSLINIE*

JAMES M. ROBINSON

Von dem damaligen Vorsitzenden des Research Committee der Society of Biblical Literature, Krister Stendahl, war ich gebeten worden, einen Forschungsbericht vorzulegen, der eine wichtige gegenwärtige Problematik der Erforschung der Evangelien offenlegt, zu der eine Reihe von Mitgliedern der SBL Beiträge veröffentlicht haben. Dieser Bericht sollte dann als Ausgangspunkt für die weitere Diskussion im SBL-Seminar über die Evangelien dienen. Mein Bericht wird das vierte Evangelium in den Mittelpunkt stellen, aber er wird auch Konsequenzen für die Arbeit an den synoptischen Evangelien haben. Ich werde die gegenwärtige Problematik der johanneischen Forschung auf vier verschiedenen Gebieten zu umreißen versuchen: I. Quellentheorie; II. Theologie; III. Die religionsgeschichtliche Entwicklungslinie; IV. Die Frage der Gattung Evangelium. Indirekte Folgerungen werden sich ergeben für die Rekonstruktion des wissenschaftlichen Verstehens des Urchristentums im allgemeinen und der Rolle der Evangelien im besonderen.

Zunächst möchte ich ganz kurz einige einleitende Bemerkungen über die johanneische Forschung machen, die der jüngsten Zeit und den speziellen Fragestellungen, mit denen sich dieser Aufsatz vor allem beschäftigen wird, vorausgegangen ist.

1. In der zeitlichen (und örtlichen) Einordnung des vierten Evangeliums hat sich während der letzten zwei Generationen ein Wechsel angebahnt. Das für das Evangelium angenommene Abfassungsdatum hat sich nach und nach von etwa 125 n. Chr. auf etwa 90 n. Chr. verschoben[1]. Die Hauptgründe

---

* Dieser Vortrag wurde bei der Gründungsversammlung des Seminars über die Evangelien der Society of Biblical Literature in Berkeley, California, am 19. Dezember 1968 gehalten.

[1] *W. Bauer*, Das Johannesevangelium (HNT 6, 1925², 1933³), 237 und 245: 100–125 n. Chr.; *A. Jülichers* Einleitung in das Neue Testament (neu bearbeitet zusammen mit *E. Fascher*, 1931⁷) schlug als terminus a quo 100 n. Chr. vor, obwohl ein früheres Datum für möglich gehalten wurde, aber wegen der Annahme einer Abhängigkeit von allen drei synoptischen Evangelien nicht in Frage kam. Als terminus ad quem wurde 100–125 n. Chr. angenommen, eine Datierung, die auf der Annahme beruht, daß die valentinianische Gnosis (seit etwa 130 n. Chr.) Johannes benutzt hat und daß sich im Johannesevangelium keine Auseinandersetzung mit der Gnosis findet, die von 125 bis 175 n. Chr. ihre Blütezeit hatte. Aufschlußreich ist der Wandel in RGG: in der 1. Aufl. (Bd. III, 1912, 613; *W. Bousset*): „Mitte des zweiten Jahrhunderts"; in der 2. Aufl. (Bd. III, 1929, 363; *M. Dibelius*): „zwischen 115 und 145 n. Chr."; in der 3. Aufl. (Bd. III, 1959, 849; *R. Bultmann*): „Ende des ersten

für diesen Wandel sind, daß sowohl eine Frühdatierung der Gnosis als auch die Entdeckung sehr früher Papyri das Abfassungsdatum zurückschoben – eine Tendenz, die in dem Maße gefördert wurde, in dem das Urteil an Boden gewann, daß das vierte Evangelium von den Synoptikern unabhängig sei. Vielleicht hat die Tatsache, daß die apostolische Verfasserschaft die meisten ihrer Verteidiger verloren hat[2], es einfacher gemacht, ein früheres Datum in seinem eigenen Recht in Betracht zu ziehen, ohne daß dabei apologetische oder anti-apologetische Töne mitschwingen.

2. Bezüglich des Ortes neigt man wegen der Neudefinition der Gnosis (nicht als radikale Hellenisierung, sondern eher als Orientalisierung des Christentums) und wegen des orientalischen Stils des Johannes dazu, die Abfassung des Evangeliums von Alexandria oder Kleinasien nach Syrien zu verlegen[3].

Jahrhunderts". *Dibelius* und *Bultmann* stimmen gegenüber früheren Behandlungen dieser Frage darin überein, daß Ignatius nicht von Johannes abhängig ist. *W. G. Kümmel* (*Feine-Brehms* Einleitung in das Neue Testament, 1963[12], 172) beruft sich auf die Annahme der Abhängigkeit des Ignatius vom vierten Evangelium und auf das Datum von P 52 und P Egerton 2 im frühen 2. Jahrhundert als Begründung für den Anfang des 2. Jahrhunderts als terminus ad quem; und er benutzt die Annahme der Abhängigkeit von Lukas als Begründung für 80–90 n. Chr. als terminus a quo: „Die Annahme ist daher heute fast Allgemeingut, daß das Joh. etwa im letzten Jahrzehnt des 1. Jahrhunderts geschrieben worden ist." Vgl. *W. Marxsen*, Einleitung in das Neue Testament (1963), 219: „gegen Ende des 1. Jahrhunderts"; *R. H. Fuller*, The New Testament in Current Study (1962), 110 f.

[2] In welchem Ausmaß diese Strömung in den letzten Jahrzehnten an Boden gewonnen hat, zeigt die Stellung von *R. E. Brown*, The Gospel According to John (I–XII) (The Anchor Bible, 1966), ci: „Wir würden *einen Hauptjünger* voraussetzen, dessen Weitergabe des historischen Materials, das er von Johannes erhalten hatte, sich durch dramatische Begabung und vertiefte theologische Einsicht auszeichnete. Die Predigt und Lehre dieses Jüngers gab den Erzählungen und Reden, die wir jetzt im vierten Evangelium finden, ihre Gestalt. Kurz gesagt, dieser Jünger wäre also für die Stadien 2 bis einschließlich 4 der Komposition des Evangeliums, wie wir sie angenommen haben, verantwortlich gewesen." Nach S. xxxiv bedeutet Stadium 2: „Während einer Zeitspanne von vielleicht mehreren Jahrzehnten wurde das überlieferte Material geprüft, ausgesucht, überdacht und in die Form und den Stil der einzelnen Erzählungen und Reden gegossen, die Teile des vierten Evangeliums wurden." Diesem mündlichen Stadium folgten zwei schriftliche Ausgaben. Eine endgültige Redaktion zur heutigen Form wurde dann von einem Freund dieses Johannesjüngers ausgeführt. Obwohl also „Johannes, der Sohn des Zebedäus, vielleicht die Quelle der historischen Überlieferung hinter dem vierten Evangelium ist" (S. c), so ist doch das Buch der „Offenbarung das unmittelbarste Werk des Johannes" (S. cii) und der vierte „Evangelist" ist nicht Johannes. *Brown* schreibt Johannes die Autorschaft nur „in dem alten Sinne zu: Autor = Autorität" (S. xcviii).

[3] Vgl. *Bauer* (HNT 6, 1933[3]), 243 f: „Fragen wir unsere Schrift selbst nach ihrem Entstehungsort, so weist sie uns viel weiter hinein nach dem Osten dorthin, wo der Geist orientalischer Mystik und Gnosis, der unsere Schrift durchweht, zu Hause ist. In die Nähe Palästinas werden wir geführt durch das schroff ablehnende Verhältnis zum Judentum. Antisemitismus von dieser Stärke setzt doch wohl eine Gegend voraus, in der es den Juden möglich war, den Christen nicht nur das Leben sauer zu machen, sondern sie ernstlich zu gefährden. Hier konnten auch Johannesjünger sowie

Außerdem haben die mandäischen Handschriftenfunde, sowie die von Qumran und Nag Hammadi und die sich daraus ergebende Preisgabe der Vorstellung eines im 1. Jahrhundert vorherrschenden normativen Judentums sogar Jordanien nahegelegt[4].

3. Eine dritte allgemeine Strömung in der johanneischen Forschung ist die zunehmende Erkenntnis der Unabhängigkeit des Johannesevangeliums von den synoptischen Evangelien[5]. Diese Strömung kann man teilweise der verstärkten Aufmerksamkeit zuschreiben, die man der mündlichen gegenüber der schriftlichen Überlieferung schenkt, und der sich daraus ergebenden Verlagerung der Beweislast auf denjenigen, der behauptet, daß eher ein schriftliches synoptisches Evangelium als eine lebendige mündliche Überlieferung vorauszusetzen sei[6]. H. Köster hat die möglichen Argumente für eine Behauptung der Abhängigkeit von den Synoptikern weiter geklärt und verschärft, indem er zeigte, daß für die Zeit, in der mündliche Überlieferung noch lebendig war, nur das Vorliegen von redaktionellen Zusätzen oder Änderungen, die die Evangelisten an der mündlichen Überlieferung vorgenommen haben, beweisen kann, daß das geschriebene Evangelium und nicht die münd-

---

orientalische Propheten und Gottessöhne der neuen Gemeinde und ihrem Herrn Konkurrenz machen, so daß ihre Bekämpfung erforderlich wurde. Etwa in Syrien, für das sich schon Ephraem ... ausgesprochen (hat), wo wir in Ignatius von Antiochien einen Zeitgenossen und Geistesverwandten unseres Autors antreffen ... und wohin der semitische Klang seiner Sprache ausgezeichnet paßt, wären die Vorbedingungen für die Entstehung seines Werkes in erster Linie gegeben."

[4] Diejenigen, die sich etwas einseitig nur auf Qumran berufen, haben beträchtlichen Scharfsinn aufbringen müssen, um zu beweisen, daß Qumran *Bultmanns* Ansicht widerlegt habe, und es dann Qumran als Verdienst anzurechnen, daß erstmals von hier aus die Forschung bezüglich des Ursprunges des vierten Evangeliums in die orientalische, semitische Region verwiesen wurde. Genau das hatte *Bultmann* wie *Bauer* schon Jahrzehnte vor der Entdeckung Qumrans gesagt. Das Fehlen eines gnostischen Erlösermythos in Qumran schien von dem abzuweichen, was *Bultmann* bezüglich jordanischer Täufersekten vorausgesetzt hatte. Aber diese Lücke scheint doch wohl durch solches Nag Hammadi Material wie die Apokalypse des Adam (CG V, 5) geschlossen zu sein. Vgl. meine Behandlung der Frage nichtchristlicher Gnosis in: The Coptic Gnostic Library Today, NTS 14, 1967/68, 372–380. *Haenchen*, dessen johanneische Forschung eine Ausnahme gegenüber der allgemeinen Ausrichtung an Qumran bildet, lokalisierte nichtsdestoweniger 1959 die Niederschrift des vierten Evangeliums in „irgendeine kleine Gemeinde an der Grenze zwischen Syrien und Palästina" (Gott und Mensch, 1965, 112).

[5] *Haenchen* hat diese Entwicklung verfolgt im Abschnitt I über „Johannes und die Synoptiker" in seinem Aufsatz: Johanneische Probleme, ZThK 56, 1959, 19–20 (wieder abgedruckt in Gott und Mensch, 78–81). *Haenchen* selber nimmt an, daß der Redaktor (aber nicht der Evangelist) von den Synoptikern abhängig war.

[6] Schon *J. Schniewind*, Die Parallelperikopen bei Lukas und Johannes (1914, 1958²), schreibt die meisten Parallelen der mündlichen Überlieferung zu. Obwohl Johannes die Synoptiker „voraussetzte", war er doch nicht „wörtlich abhängig" (99); Joh 7 und 21 zeigen schwache Berührungen, die durch Erinnerung an das Lukasevangelium erzeugt wurden, nicht durch literarische Abhängigkeit im strengen Sinne (95).

liche Überlieferung die Quelle des Materials synoptischen Typs war[7]. Wie die Datierungsfrage, so ist auch die Diskussion über die Unabhängigkeit des Johannes von den Synoptikern von dem Verdacht befreit worden, daß sie sich apologetisch auf die Behauptung der apostolischen Verfasserschaft zubewege. Daher ist die Frage der Unabhängigkeit des Johannesevangeliums von den Synoptikern in ihrem eigenen Recht ernsthafter in Erwägung gezogen worden.

Erklärt man, daß Johannes völlig unabhängig von Markus war, so nimmt man damit an, daß Johannes (oder seine Quelle) sich die Gattung „Evangelium" zunutze machte, ohne sich dafür Markus zum Vorbild nehmen zu können. Hier erhebt sich nun die Frage: Rechnet man Markus allein das Verdienst an, diese Gattung erfunden zu haben? Oder führt man das Auftreten dieser neuen Gattung auf eine bestimmte Konstellation in der Geschichte des Urchristentums zurück, derart, daß zwei Verfasser im gleichen Stadium der Entwicklung unabhängig voneinander ziemlich das gleiche taten? Freilich mag die dialektische Theologie die Neuartigkeit, ja Einzigartigkeit der Evangelien übertrieben haben, und es könnte sich herausstellen, daß der Schritt von der Aretalogie etwa zur Gattung Evangelium für solch eine Annahme nicht zu groß ist, solange man vergleichbare Umstände voraussetzen kann; d. h., wenn man diese Erscheinung nicht durch die übliche Art der Abhängigkeit, nämlich durch kausale Beziehung zwischen zwei Größen, erklären kann, dann sollte man die Erklärung im gemeinsamen Ausgangspunkt einer gleichen Struktur innerhalb einer Entwicklungslinie in der frühen Kirche suchen.

4. Eine vierte allgemeine Strömung in der johanneischen Forschung geht dahin, den johanneischen Stil als einheitlich anzusprechen. Das hat viele Gelehrte davon abgehalten, Quellen, die in das Johannesevangelium eingeschlossen sein könnten, zu identifizieren[8]. Diese Strömung hat oft apologetische Züge angenommen, besonders gegen Bultmanns Quellentheorie, da er es gewagt hatte, die erhabenen Reden des Herrn einer nichtchristlichen gnostischen Quelle zuzuschreiben.

In der Tat sind ihm nur wenige innerhalb oder außerhalb der sogenannten Bultmann-Schule bezüglich dieser angenommenen Quelle gefolgt, die aus „Offenbarungsreden" bestehen sollte. Aber gerade das rasche Verschwinden dieser Quelle aus der wissenschaftlichen Diskussion bringt den ersten Zug der gegenwärtigen Johannesforschung in den Blick, auf den ich mit größerer Sorgfalt die Aufmerksamkeit lenken möchte: nämlich daß die Zeichen-Quelle

---

[7] Synoptische Überlieferung bei den apostolischen Vätern (TU 65, 1957).

[8] *E. Schweizer*, Ego Eimi. Die religionsgeschichtliche Herkunft und theologische Bedeutung der johanneischen Bildreden, zugleich ein Beitrag zur Quellenfrage des vierten Evangelium (FRLANT 56, 1939, 1965²), bes. Teil 3 (1965², 82–112); *E. Ruckstuhl*, Die literarische Einheit des Johannesevangeliums. Der gegenwärtige Stand der einschlägigen Forschungen (Studia Friburgensia, NF 3, 1951), bes. Teil 2, 180–219; *B. Noack*, Zur johanneischen Tradition. Beiträge zur Kritik an der literarkritischen Analyse des vierten Evangeliums (1954).

(σημεῖα-Quelle) die kritischen Stürme so gut überstanden hat. Diese Quelle war vor allem durch Bultmann in der Forschung geläufig geworden, geht aber tatsächlich auf die Bultmann vorausliegende Forschung zurück[9]. In der Tat sieht E. Schweizer, der ursprüngliche Verfechter der stilistischen Einheitlichkeit des Johannes, in dem Material, das man gemeinhin dieser Zeichen-Quelle zuschreibt, eine Ausnahme der Regel, daß ein durchgängig vorherrschender Stil Quellentheorien unwahrscheinlich macht[10]. Dementsprechend

---

[9] Vgl. oben, S. 49–55, für die Diskussion bis zum Jahre 1965 einschließlich. Die übliche Übersetzung von σημεῖα-Quelle ist „Zeichen-Quelle" (englisch „Signs Source"). Aus rein sprachlichen Gründen wird hier der Ausdruck „Zeichen-Quelle" verwendet, obgleich man eigentlich „Wunder-Quelle" oder „Wundergeschichten-Quelle" sagen müßte; doch ist das im Deutschen ungeschickt. In der englischen Ausgabe heißt es „Miracles-Source". A. *Faure*, von dem *Bultmann* abhängig ist, gebraucht den Ausdruck „Wunderquelle" (Die alttestamentlichen Zitate im 4. Evangelium und die Quellenscheidungshypothese, ZNW 21, 1922, 112). *Bultmann* selber läßt σημεῖα für gewöhnlich unübersetzt, aber gelegentlich (RGG III, 1959³, 842) verweist er auf sie als „eine Sammlung von Wundergeschichten". In seinem Kommentar (S. 79, Anm. 1) übersetzt er σημεῖα mit „Wunder" als der üblichen Bedeutung, fügt aber hinzu, daß der Evangelist sich der ursprünglichen Bedeutung „Zeichen" bewußt war (Joh 6, 26; vgl. S. 161). *Haenchen* hat vorgeschlagen, die sachliche Unterscheidung zwischen dem σημεῖα-Verständnis der Quelle und dem des Evangelisten dadurch zum Ausdruck zu bringen, daß man σημεῖα im ersten Fall mit „Wunder" und im zweiten Fall mit „Zeichen" übersetzt. Die Gründe, die R. T. *Fortna* (The Gospel of Signs. A Reconstruction of the Narrative Source Underlying the Fourth Gospel [Society for New Testament Studies, Monograph Serie 11, 1970]) anführt, scheinen mir nicht hinreichend, diese Begriffsunterscheidung zu entkräften. *Fortnas* diesbezügliche Ausarbeitung seiner Stellung (Source and Redaction in the Fourth Gospel's Portrayal of Jesus' Signs, JBL 89, 1970, 151–160) zeigt einige Unzulänglichkeiten der Begriffsunterscheidung auf, z. B. daß sowohl für die Quelle als auch für den Evangelisten die Wundererzählungen über sich selbst hinausdeuten und somit die Funktion eines Zeichens haben. Doch gesteht er zu, daß sie für die Quelle so gut wie gar keine symbolische Bedeutung haben, während sie für den Evangelisten als Handlungen verhältnismäßig unwichtig sind. R. E. *Brown* legte im Evangelienseminar in Toronto im November 1969 eine Kritik an Fortnas Buch vor, in der er Fortna sogar vorwirft, daß er bei der Darstellung der Sicht der Quelle zu weit in die Richtung gehe, die durch eine Begriffsunterscheidung nahegelegt wird. Doch *Fortna* wiederum verschleiert die Unterscheidung, die er so klar sieht, wenn er nicht bereit ist, die unterscheidenden Ausdrücke „Wunder" und „Zeichen" zu benutzen. Der Grund dafür mag in seiner harmonisierenden Absicht liegen, die auf die Behauptung hinausläuft, daß der Evangelist der Quelle nirgendwo widerspricht. Doch gerade diese Sicht hält *Haenchen* für schwerlich annehmbar. Denn *Haenchen* betrachtet 3, 3.5 als johanneische Korrektur einer Überlieferung, die vom Beweis durch Wunder redet und in 3, 2b zum Vorschein kommt (hingegen kehrt der spätere Redaktor nachträglich zum sichtbaren Beweis zurück, indem er die Wassertaufe in die rein geistige Auffassung des Evangelisten von der Wiedergeburt einfügt: Joh 3, 5). Und *Haenchen* betrachtet 20, 29 als eine johanneische Korrektur der überlieferten Ansicht, die sich in 20, 25.27 widerspiegelt. *Fortna* seinerseits läßt sowohl die Nikodemus-Geschichte als auch die Erzählung vom ungläubigen Thomas aus seiner Quelle fort.

[10] Vgl. E. *Schweizers* Rückblick auf mehrere Jahrzehnte wissenschaftlicher Arbeit, die auf seine erstmalige Betonung der Einheitlichkeit des Stiles in EGO EIMI (1939)

besteht derzeit die Neigung, vertreten durch E. Haenchen[11] und R. Fortna[12], die Zeichen-Quelle zu einer umfangreicheren Erzählungsquelle oder zu einem Evangelium zu erweitern. Eine allgemeine Annahme der Zeichen-Quelle war nicht nur durch ihre Verbindung mit der gesamten Quellentheorie Bultmanns erschwert worden; ein weiteres Hindernis bestand auch darin, daß Bultmann sich bei der abschließenden Formulierung seiner Theorie auf A. Faure berufen hatte, dessen Hypothese von der Zeichen-Quelle, so wie er sie 1922 vorgeschlagen hatte, noch durch eine umfangreiche Quellentheorie belastet war, die sich auf Unterschiede in Zitationsformeln für Zitate des Alten Testaments (und der Worte Jesu) stützte. Diese Theorie Faures erlangte keine

---

folgte; er findet sich im Vorwort zur zweiten Ausgabe (1965, S. VI): „Was ich allgemein festgestellt hatte, hat sich auch daran bewährt: die Einheit des Stils ist derart, daß Quellenscheidung auf Grund dieser Charakteristica unmöglich scheint. Eine Ausnahme bilden nur der Prolog und die Wundergeschichten, wo mindestens bei den ersten beiden eine Quelle höchstwahrscheinlich noch nachzuweisen ist. Ich meinte allerdings – darin vorsichtiger als E. Ruckstuhl –, daß die Tatsache, daß Quellen sprachlich nicht nachweisbar sind, noch nicht beweist, daß sie überhaupt nicht existierten; doch bleiben mir Quellenschriften außerhalb des Prologs und der Wundergeschichten sehr unwahrscheinlich." Auf S. 100 führt *Schweizer* Joh 2, 1–10 als eine Stelle auf, die keinerlei johanneische Züge enthält, und 2, 13–19; 4, 46–53; 12, 1–8. 12–15 als solche Stellen, die so gut wie keine derartigen Züge enthalten.

[11] *Haenchen* arbeitet seit Jahrzehnten an einem Johannes-Kommentar, der noch nicht erschienen, aber teilweise im Manuskript zugänglich ist. Seine Stellung zum Johannesevangelium ist in einer Reihe von Aufsätzen veröffentlicht, gesammelt in *Haenchen,* Gott und Mensch (1965), 58–156; vgl. auch 14 ff; und *ders.,* Die Bibel und wir (1968), 182–311; vgl. auch 9 f. In seinem Kommentar beruft sich *Haenchen* auf E. C. *Colwell,* The Greek of the Fourth Gospel (1931), um den „Grundschaden der von Schweizer begonnenen Arbeit" zu überwinden. *Colwell* stufte das johanneische Griechisch als allgemeines Koine-Griechisch ein und fand im Vergleich mit anderen Beispielen, z. B. Epiktet, daß das, was als kennzeichnend für Johannes angesehen worden war, einfach kennzeichnend für hellenistisches Griechisch überhaupt ist. Auf der Grundlage dieser Einsicht verkürzt *Haenchen* die Liste der besonderen johanneischen Stileigenheiten in einem solchen Maße, daß die Frage des Stils für die Frage der johanneischen Quellen nur noch eine untergeordnete Rolle spielt. Vgl. seine schon 1960 geäußerte Skepsis (wieder abgedruckt in: Die Bibel und Wir [1968], 238–242). *Fortna* (The Gospel of Signs, 203 f) neigt dazu, dies hinsichtlich des johanneischen Stiles einzuräumen, doch behauptet er, man sollte von der zeitlich früher anzusetzenden Quelle erwarten, daß sie „dem übrigen Neuen Testament" (das also auch „früher" entstanden sein soll?) näher stehe als der „späteren" Koine. Vermutlich soll das zu dem Ergebnis führen, daß eine johanneische Quelle vom Evangelisten unterschieden werden kann, insofern nämlich die Quelle mehr neutestamentliche, dagegen weniger späte hellenistische Züge aufweisen müsse. Aber eine solche Berufung auf ganz unbedeutende chronologische Differenzen ist wohl nur eine Notauskunft.

[12] *Fortna* (aaO 203–214) versucht nachzuweisen, daß seiner Quelle die meisten (64 %) der besonderen stilistischen Züge des Johannes fehlen. Wenn sie gelegentlich auftauchen, dann werden sie als johanneische Redaktion erklärt (205). Einige dieser stilistischen Züge kennzeichnen die Quelle, aber nicht den Evangelisten. Kommen solche stilistischen Züge der Quelle in dem vom Evangelisten hinzugefügten Material vor, dann werden sie als Zeichen dafür gewertet, daß der Evangelist den Stil der Quelle nachahmt (214–218).

Anerkennung [13]. Daraus ergab sich, daß das Augenmerk von der Zeichen-Quelle abgelenkt wurde. Jedoch war das keine logische Folgerung aus der Beurteilung von Faures Theorie. Denn obwohl die Zeichen-Quelle Faures Hauptthese stützte, so hing doch seine Begründung für das Vorhandensein der Zeichen-Quelle nicht von seiner gesamten Quellentheorie ab [14]. Deshalb hatte schon Bultmann selber sich der kritischen Aufgabe unterzogen zu bestimmen, was in Faures Aufsatz haltbar war; er übernahm so die Zeichen-Quelle und verwarf das Übrige. Wenn heutzutage eine entsprechende kritische Unterscheidung bei Bultmanns Quellen vorgenommen werden kann, dann könnte die Zeichen-Quelle weiter an Gewicht gewinnen und schließlich allgemeine Anerkennung finden.

Sollte es gelingen, das Vorhandensein einer solchen Zeichen-Quelle erfolgreich nachzuweisen, so daß ihre Abgrenzung ungefähr bestimmt werden kann und sie so allgemein von der Wissenschaft angenommen wird – so wie das hinsichtlich der synoptischen Spruchquelle der Fall ist –, dann wäre damit ein neuer Zugang zur johanneischen Theologie gewonnen. Er ließe sich auf das Nachzeichnen der johanneischen Überlieferungen gründen, ausgehend von der Stufe der mündlichen Überlieferung – wobei man vielleicht zwischen der mündlichen Weitergabe einzelner Geschichten und der mündlichen Weitergabe eines Zyklus von Geschichten zu unterscheiden hätte – weiter durch das Stadium der Zeichen-Quelle hindurch zum vierten Evangelisten und schließlich zum endgültigen Redaktor. Arbeitete man so innerhalb dieser johanneischen Entwicklungslinie die Stellung des vierten Evangelisten heraus, dann könnte man in zuvor unerreichter Genauigkeit profiliert darstellen, welchen theologischen Standpunkt er einnahm in Beziehung zu dem Überlieferungsstrom, in dem er sich bewegte. Auf diese Weise könnte die Untersuchung der johanneischen Theologie jenen Grad von Genauigkeit erlangen, der innerhalb der synoptischen Überlieferung durch die Redaktionsgeschichte für das Studium des Matthäus und Lukas bereits ermöglicht wurde [15].

---

[13] Schon *F. Smend* (Die Behandlung alttestamentlicher Zitate als Ausgangspunkt der Quellenscheidung im 4. Evangelium, ZNW 24, 1925, 147–150) zeigt, daß die Zitationsformeln keine verläßliche Grundlage für die Quellenscheidung bieten.

[14] Nach *Faure* (ZNW 21, 1922, 113, Anm. 3) ist eine vorliegende Zitationsformel kein Unterscheidungsmerkmal für die Zeichen-Quelle, sondern vielmehr für eine weitere, Johannes 1–12 umfassende Quelle, für welche die Zeichen-Quelle nur eine unter anderen Quellen gewesen ist. Die Zeichen-Quelle selber enthielt keine alttestamentlichen Zitate. Wie unabhängig die Frage der Zeichen-Quelle von der der Zitationsformeln ist, wird durch die Tatsache angezeigt, daß *Bultmann* (in seinem Kommentar, 346, Anm. 4) von *Faure* abweicht, indem er 12, 38, das eine Zitationsformel enthält, in die Zeichen-Quelle einschließt und dennoch nicht daraus folgert, daß alle Stellen mit dieser Formel zu jener Quelle gehören. Er weist ausdrücklich darauf hin, daß Stellen, die diese Formel enthalten (13, 18; 15, 25; 17, 12), dem Evangelisten zugeschrieben werden müssen. *Fortna* (aaO 218) schreibt beide Arten von Zitationsformeln der Quelle zu.

[15] *W. Marxsen* (Der Evangelist Markus. Studien zur Redaktionsgeschichte des

Nach einer Generation, in der das Interesse an Quellentheorien den unmittelbaren theologischen Auslegungen gewichen war, könnte die Erforschung
der Zeichen-Quelle ein neuer fruchtbarer Ansatzpunkt für die notwendige
Rückkehr zum Problem der literarischen Quellen der Evangelien werden.
Diese Art der Rückkehr zur Quellentheorie möchte ich derjenigen vorziehen,
die K. Stendahl bei der Gründung des Seminars über die Evangelien als erneutes Beackern des schon reichlich beackerten Feldes der Zweiquellentheorie
bezeichnet hatte. Ihre andauernde Stabilität kann von der Gefahr der Erstarrung oder des Dogmatismus befreit werden, indem man sie in einen neuen
und möglicherweise schöpferischen Zusammenhang stellt. Das synoptische
Problem muß als Problem der vier Evangelien neu gefaßt werden!

I. Literarische Quellentheorie

Selbstverständlich trifft jeder Versuch, schriftliche Quellen für das vierte
Evangelium nachzuweisen, auf grundsätzliche Schwierigkeiten. Für die synoptischen Evangelien macht die Tatsache, daß Markus auf uns gekommen
ist, seine Entdeckung als Quelle des Matthäus und des Lukas verhältnismäßig
einfach. Dadurch, daß Markus die Grenzen dieser ersten Quelle offenlegte, er-
leichterte er so überdies das Argument für das Vorhandensein von Q, – ein
notwendiges Postulat, um das Markus fehlende gemeinsame Material des
Matthäus und des Lukas zu erklären. Außerdem hat der Gebrauch von Markus und Q bei nicht nur einem, sondern bei zwei überkommenen Evangelien
die allgemeine Annahme der Zweiquellentheorie als grundsätzliche Lösung
des synoptischen Problems gefördert. Keine dieser Bedingungen trifft für das
vierte Evangelium zu; denn keine der uns sonst erhaltenen Schriften benutzte
seine Quelle(n), und keine johanneische Quellenschrift ist auf uns gekommen.

Die bloße Tatsache, daß eine Quellenschrift nicht mehr erhalten ist, sollte
man nicht als Einwand gegen die Möglichkeit ihrer Existenz anführen. Es
ist ohnehin nur ein kleiner Teil der antiken Literatur, und damit zweifellos
auch der frühchristlichen Literatur, übriggeblieben. Spuren solcher früheren
christlichen Quellen finden sich in der Tat in Lk 1, 1–4, in Papias und in erhaltenen Fragmenten und noch überlieferten Namen apokrypher Evangelien,

---

Evangeliums [FRLANT 67, 1956]) führte den Ausdruck „Redaktionsgeschichte" als
bewußtes Korrektiv zur Formgeschichte ein, die die Evangelisten nicht als Autoren,
sondern als bloße Sammler eingestuft hatte. So war es für ihn eigentlich anachroni-
stisch, ihre Werke als „Redaktion" zu bezeichnen. *Haenchen* (Der Weg Jesu. Eine
Erklärung des Markusevangeliums und der kanonischen Parallelen [1966], 24)
macht auf diese Unstimmigkeit aufmerksam und schlägt den Ausdruck „Komposi-
tionsgeschichte" vor. Vgl. meine Auseinandersetzung mit diesem Begriffsproblem in
Abschnitt 1 meines Vortrages: On the Gattung of Mark (and John), in: Jesus and
Man's Hope (Pittsburgh Theological Seminary Festival on the Gospels; A Perspective
Book I, 1970), 99–129; bes. 99–106.

die aber sonst verloren sind. Man sollte jedoch, wenn es sich, wie in diesem Falle, um wertvolle frühe Überlieferungen über Jesus handelt, ihren Verlust nicht einfach als Zufall oder Willkür erklären. Vielmehr muß man innerhalb des Zeitraums, der sich bis zum Hervortreten des Kanons erstreckt, nach Strömungen suchen, die erhellen könnten, warum gewisse Quellen aufbewahrt und andere nicht aufbewahrt worden sind. Im Hinblick auf das synoptische Material läßt sich die Lage ohne größere Schwierigkeiten hypothetisch rekonstruieren. Matthäus und Lukas beabsichtigten wahrscheinlich nicht, das Markusevangelium zu bewahren. Eher wollten sie wohl ihre Werke als verbesserte Ausgaben des Evangeliums schlechthin verstanden wissen und sie an die Stelle der früheren Ausgabe des Evangeliums (nämlich des Markus) setzen. Das Überleben des Markusevangeliums mag man zum Teil der Tatsache zuschreiben, daß sowohl Matthäus als auch Lukas während der Zeit Anerkennung fanden, in der sich die Kanonisierung anbahnte, und daß somit hier die Vorstellung einer Vielzahl von Evangelien stillschweigend zugestanden wurde. Doch zeigt der Verlust von Q, daß dieser Faktor allein kein ausreichender Grund für das Überleben auch des Markus gewesen sein kann. Vielleicht war Q in einer Zeit, in der seine Gattung von Gnostikern ausgebeutet wurde, der Häresie verdächtig geworden. Im Vergleich damit mußte Markus als verhältnismäßig rechtgläubig erscheinen, zumal auch wegen seiner Verbindung mit Rom, das die Anwartschaft seiner eigenen Tradition auf Rechtgläubigkeit erfolgreich durchsetzte.

Diese Überlegungen, die das Überleben des Markusevangeliums und den Verlust von Q erklären wollen, erleichtern es ein wenig, den Verlust der Zeichen-Quelle zu begreifen. Wie Matthäus und Lukas, so wollte auch der vierte Evangelist sein Werk als eine verbesserte Ausgabe des Evangeliums schlechthin verstanden haben, und er hätte sich kaum vorstellen können, daß seine Quelle bei etwaigem Überleben noch irgendeine bedeutsame Rolle zu spielen hätte.

Wenn das Johannesevangelium die Synoptiker nicht benutzt hat und wenn es erst in einem relativ späten Stadium in den Kanonisierungsprozeß der rechtgläubigen Kirche einbezogen worden war, – und zwar zunächst dadurch, daß es in Ausrichtung auf die Rechtgläubigkeit hin bearbeitet wurde (vielleicht erst zu dieser Zeit auch durch die Einfügung aus den Synoptikern entlehnter Stücke, so Haenchen), – dann kann sein Milieu länger als das der Synoptiker die Vorstellung des *einen* Evangeliums erhalten haben. Tatians Diatessaron ist für Syrien auf seine Weise ein Zeugnis für das Überleben dieser Vorstellung im späten zweiten Jahrhundert. So könnten die Verdrängung und das schließliche Verschwinden der Zeichen-Quelle zugunsten des vierten Evangeliums wohl stattgefunden haben, ehe dort, wo man die Quelle gekannt hatte, die rechtgläubige Vorstellung von einer Mehrzahl von Evangelien sich durchsetzte. Wenn die Zeichen-Quelle mit einem Ort verbunden war, der sich im Kampf um die Anwartschaft und den Anspruch auf Rechtgläubigkeit auf der Seite des Verlierers fand, dann stünde dem kirchlichen Gewicht, das sich in Markus darstellt, eine entsprechende Schwäche auf seiten der Zeichen-Quelle, wie übrigens auch im Falle von Q, gegenüber. Die Möglichkeit freilich, daß die Quelle im ländlichen Syrien entstand (so Haenchen) und daß das vierte Evangelium in seiner rechtgläubigen Form in Kleinasien veröffentlicht worden war, könnte den Verlust der ersteren und das Überleben des letzteren erklären helfen. Die Langsamkeit, mit der das vierte Evangelium selbst Anerkennung in rechtgläubigen Kreisen gewann, und dann auch erst in einer rechtgläubigen Ausgabe, zeigt in der Tat, wie unwahrscheinlich das Überleben der vorjohanneischen Zeichen-Quelle gewesen sein mußte. Noch nicht einmal eine der kirchlichen Redaktion vorausliegende Abschrift des vierten Evangeliums ist uns erhalten, von dessen Quelle gar nicht erst zu reden. Zwar spiegelte in gewisser Weise die Zeichen-Quelle eine Christlichkeit wider, die in das rechtgläubige Christentum einbegriffen wurde (wie z. B. im Lukasevangelium und in der Apostelgeschichte). Bei der protognostischen Tendenz des vierten Evangelisten hingegen war das nicht der Fall. Aber zu der Zeit, als die Kanonisierung dieser Quelle zusammen mit anderen Evangelien eine echte Möglichkeit gewesen wäre, war es für die alte Quelle wohl zu spät, wie das Markusevangelium gerettet und dem Kanon eingegliedert zu werden. Im Gegenteil, es war das vierte Evangelium selbst, gegen den Vorwurf der Gnosis durch seinen Redaktor geschützt, das zur einzigen Form wurde, in der die johanneischen Traditionen in den Kanon hineinkamen und so erhalten wurden.

Die Annahme einer Abhängigkeit von den synoptischen Evangelien hat die Quellentheorie hinsichtlich des vierten Evangeliums zusätzlich behindert. Einmal machte diese Annahme die Suche nach weiteren schriftlichen Quellen ziemlich überflüssig. Außerdem ergab sich dadurch für die Forschung in ihrer Einschätzung des möglichen Erfolges, den sie von einem solchen Unternehmen erwarten konnte, ein falsches Vorurteil. Wenn man dasjenige johanneische Material, das synoptische Parallelen hat, von den synoptischen Evangelien ableitet, ist man gezwungen, dem vierten Evangelisten einen äußerst freien und schöpferischen Gebrauch der mündlichen und sogar der schriftlichen Überlieferungen zuzugestehen. Denn die Fassung dieses Materials in Johannes weicht recht erheblich von den synoptischen Fassungen ab. Da es unmöglich wäre, irgendeines der synoptischen Evangelien aus dem vierten Evangelium zu rekonstruieren, so könnte man vermutlich auch keine nicht-synoptischen Quellen aus dem vierten Evangelium rekonstruieren. Wenn aber die gegenwärtig bevorzugte Annahme stimmt, daß das vierte Evangelium die Synoptiker nicht benutzt hat, dann ist es nicht nötig, ihm so viel Freiheit im Gebrauch seiner Quellen zuzuschreiben. Seine Freiheit im Gebrauch des Alten Testaments ist ohnehin nicht so groß wie die Freiheit, die bei einer Benutzung der Synoptiker anzunehmen wäre, ist auch kein ganz analoges Phänomen und daher weniger gewichtig. Bei Haenchen zeigt sich eine allgemeine Tendenz,

das Ausmaß der schöpferischen Originalität des vierten Evangelisten zu redu-
zieren, obwohl er die Möglichkeit, die Zeichen-Quelle im einzelnen zu rekonstruieren, noch skeptischer als Fortna beurteilt. So wie sich der Schwerpunkt in der synoptischen Forschung von der Formgeschichte und von der
mündlichen Überlieferung auf die Redaktionsgeschichte und auf die schriftlichen Evangelien verlagert hat, so betont eine entsprechende Strömung, daß
die synoptischen Evangelien nicht als bloße Herausgeber, sondern als Autoren
anzusehen sind. Da man trotz des Matthäus und Lukas zugeschriebenen Ran-
ges eines theologischen Autoren ihre Quellen Markus und Q noch immer
aufdecken kann, so steigert sich vergleichsweise ein wenig die Wahrscheinlichkeit, ebenso johanneische Quellen aufdecken zu können.

Eine Quelle zu rekonstruieren, ist natürlich ungleich schwieriger, als ihr
Vorhandensein zu beweisen. Freilich, wenn sich die Quelle nirgends mit
Sicherheit erfassen läßt, dann muß man ernsthaft fragen, ob sie jemals vorhanden war. Wenn aber eine schriftliche Quelle an irgendeiner Stelle greifbar
wird, dann ist ihr Vorhandensein bestätigt, und es fragt sich nur noch, wie
umfassend sie war und was für einen Charakter sie hatte.

Um dieser methodologischen Beobachtung willen mag man einen Vergleich mit der Lage im Falle von Q anstellen: Immer wieder wird eine
schriftliche griechische Form von Q in Frage gestellt. Aber wenn nun solche
Kritiker mit der Predigt Johannes des Täufers in Q konfrontiert werden
(Mt 13, 7–10; Lk 3, 7–9), dann neigen sogar sie zu dem Zugeständnis, daß
man hier eine schriftliche griechische Quelle annehmen muß. Denn hier hat
man bei Mt und Lk eine identische Folge von 63 Wörtern mit nur drei sehr
geringfügigen Änderungen („Frucht" gegenüber „Früchten", „vorgeben zu
sagen" gegenüber „anfangen zu sagen", und bei Lk noch ein überflüssiges
„und"). Infolgedessen bleibt nur noch zu fragen, wie umfassend Q war (d. h.
ob einiges „Q"-Material nicht eher aus anderen, möglicherweise aramäischen
Quellen stammen könnte), wie es beschaffen war (einschließlich der Frage, ob
Matthäus und Lukas je verschiedene Rezensionen benutzt haben) und ob man
es überhaupt Q nennen möchte. In gleicher Weise hat man die Zeichen-Quelle
am klarsten in Joh 2, 1–12 a (Hochzeit zu Kana) entdeckt, unmittelbar gefolgt von Joh 4, 46 b–54 a (Heilung des Sohnes eines königlichen Beamten von
Kapernaum). Vielleicht hatte der vierte Evangelist damit begonnen, seine
Auslegung in die Quelle zu interpolieren, aber ihren Wortlaut selbst zunächst verhältnismäßig unverändert zu belassen. Später gelang es ihm besser,
Quelle und Auslegung zu verschmelzen, so daß für uns die Rekonstruktion
der Quelle in zunehmendem Maße schwerer wird. Jedenfalls sind für das
Vorhandensein der Zeichen-Quelle im Falle dieser ersten beiden Wundergeschichten sehr überzeugende Argumente beigebracht worden. Deshalb möchte
ich die Beweisführung noch einmal zusammenfassen, um einschätzen zu können, inwieweit solch ein Zugang zur johanneischen Entwicklungslinie ernsthaft in Betracht gezogen werden kann.

Zuerst wollen wir die Stelle betrachten, an der vermutlich in der Quelle die beiden Geschichten miteinander verbunden waren. Denn hier haben wir Anzeichen für die unbeholfenen Bemühungen des Evangelisten, die Verbindung wieder herzustellen, die durch seinen Einschub 2, 13–4, 45 unterbrochen worden war. Der Evangelist stellte sich den Rahmen für das erste Wunder so vor, daß Jesus von der Gegend der Tätigkeit des Täufers (Bethanien jenseits des Jordans; 1, 28) nach „Kana in Galiläa" gekommen war. Das schloß wahrscheinlich die Ausführung der Absicht ein, „nach Galiläa hinein" zu gehen (1, 43). Eine analoge Wanderung findet man 4, 43: „Aber nach zwei Tagen [16] (nämlich in Samaria, vgl. 4, 40) ging er aus von dort nach Galiläa hinein." Diese Bewegung wird noch einmal in 4, 45 aufgeführt: „Als er dann nach Galiläa kam . . .," und 4, 47: „Jesus war von Judäa nach Galiläa gekommen." Diese Analogie zur Situation von 2, 1 ff wird dann in 4, 46 a deutlich gemacht: „So kam er wieder nach Kana in Galiläa, wo er Wasser in Wein verwandelt hatte."

Die Reise nach Galiläa im Text, so wie er heute in Kap. 4 dasteht, ist die Wiederholung einer früheren Wanderung (vgl. 4, 3: „wieder nach Galiläa"). Und doch kann man herausfühlen, daß diese Wiederholung teilweise durch den Wunsch des Evangelisten motiviert wird, zu einer unterbrochenen Erzählung zurückzukehren; sie ist nicht unzweideutig als eine verschiedene, zweite Reise gedacht. Denn wenn der Hinweis in 4, 54 auf ein „zweites Wunder" „auf dem Wege von Judäa nach Galiläa" sich tatsächlich auf eine neue Reise bezöge (worauf 4, 43.45.46, oberflächlich betrachtet, hinzuweisen scheinen), dann sollte 4, 54 nicht von der Heilung des Sohnes eines königlichen Beamten als dem zweiten Wunder sprechen, das auf einer deutlich zu unterscheidenden zweiten Reise „auf dem Wege von Judäa nach Galiläa" vollbracht worden war. Denn es wäre das erste und einzige Wunder auf solch einer zweiten Reise, und die Formulierung in 4, 54 macht klar, daß es ein „zweites" in Beziehung auf den Beginn der Wunder in 2, 11 ist. Es ist das zweite Wunder nur dann, wenn die in 4, 54 erwähnte Reise die Verwandlung

---

[16] Es ist unklar, ob eine Beziehung besteht zwischen den Zeitangaben „am dritten Tag" (2, 1) und „nach zwei Tagen" (4, 43). Vielleicht bot der zweitägige Aufenthalt in Samaria (4, 40) eine passende Stelle für den Herausgeber, um zum Zusammenhang von 2, 1 zurückzukehren, dessen Zeit, die als „am dritten Tag" angegeben wird, dann in 4, 43 mit der Zahl von 4, 40 als „nach zwei Tagen" umformuliert wird. In dieser Art etwa könnte der Herausgeber aus 4, 40 („und er blieb zwei Tage da") die Vorstellung für seinen Einschub in 2, 12 b („und sie blieben nicht lange daselbst") gewonnen haben, wenn er schon bei 2, 12 die Stelle voraussah, an der er den Einschub beenden und zu seiner Quelle zurückkehren würde. Freilich ist der Grund für die drei Tage in 2, 1 schwer zu ermitteln (vgl. „am nächsten Tag" 1, 29.35.43), man nähme denn mit *Haenchen* an, es solle die längere Zeit darstellen, die man braucht, um nach Galiläa zu gehen. Der Zeithinweis in 2, 1 mag dann eher dem Evangelisten zugeschrieben werden (so *Fortna*) als der Quelle. Solche Schwierigkeiten zeigen an, wieviel bei einer gründlichen Auslegung des vierten Evangeliums selber noch zu tun bleibt, wenn man dabei die Zeichen-Quelle in Rechnung stellt.

von Wasser in Wein (2, 1–11) als das erste Wunder einschließt. Auf diese Weise enthüllt der Evangelist die Tatsache, daß das, was er tatsächlich als zwei Reisen darstellt, in seinen Gedanken bis zu einem gewissen Grade immer noch eine einzige Reise ist. Es handelt sich also in 4, 43–46 a anscheinend um eine redaktionelle Nahtstelle, die einen zerbrochenen Zusammenhang wieder herstellen soll, und zwar in recht ungeschickter Weise (vgl. auch die Schwierigkeit von 4, 44 in seiner gegenwärtigen Stellung).

Am Ende der Geschichte von der Hochzeit zu Kana findet man eine fast ebenso ungeschickte Vorausnahme von 4, 46 b–54 a. Auch sie versteht man wohl am besten so, daß sie die Unterbrechung eines ursprünglichen Zusammenhanges widerspiegelt: „Danach zog er hinab nach Kapernaum, er, seine Mutter, seine Brüder und seine Jünger, und sie blieben nicht lange daselbst. Und der Juden Ostern war nahe, und Jesus zog hinauf nach Jerusalem" (2, 12–13). D. h. eine Reise nach Kapernaum wird berichtet, durch die der Rahmen für eine Geschichte hergestellt wird. Jedoch eine Kapernaum-Geschichte, die das Erwähnen eines solchen Rahmens rechtfertigt, ist ausgelassen; die folgende Erzählung, eine Reise nach Jerusalem, beginnt unmittelbar. So vermissen wir in 2, 12 eine solche Kapernaum-Geschichte, wie sie in 4, 46 b–54 a geboten wird; und zwar handelt es sich dabei genau um die Geschichte, die in 4, 46 durch eine Rückblende auf 2, 1–11 eingeführt werden sollte. Aber dieses Rückblenden spielt im gegenwärtigen Text keine bedeutendere Rolle als 2, 12 – die Hauptbedeutung sowohl von 2, 12 als auch von 4, 43–46 a liegt darin, daß sie den Kritiker auf die Naht aufmerksam macht, die durch die Herausgebertätigkeit des Evangelisten geschaffen wurde.

Folgendes scheint typisch für das Verfahren eines Herausgebers zu sein: Er spaltet seine Quelle auf, um etwas einzufügen. Dann kehrt er zum ursprünglichen Text zurück, wiederholt und variiert die Stelle, die der Einfügung vorausging, als ob man die Quelle mit irgendeinem Hinweis dort wieder aufnehmen müsse, wo man sie verlassen hatte [17]. In ähnlicher Weise unterbrach der Herausgeber des 2. Korintherbriefes (in 2Kor 2, 13) einen Brief, um einen anderen einzufügen (2, 14–7, 4). In 7, 5 faßt er dann den letzten angeführten

---

[17] *Fortna* (aaO 78) weist auf dieses Verfahren hin und stellt fest, daß es 11, 3 b und 11, 5–6 a; 11, 7 a und 11, 11 a; 5, 9 a und 5, 14 b vorliegt (aaO 53, Anm. 4). In solchen Fällen ist es schwer, den ursprünglichen Wortlaut der Quelle von der Überarbeitung des Wortlauts durch den Herausgeber genau zu unterscheiden, da er seine Quelle an den Nahtstellen wiederholt. Obwohl 4, 46 a deutlich eine redaktionelle Rückblende zu sein scheint, könnte man doch zweifeln, ob 2, 12 des Evangelisten Vorwegnahme der nächsten Geschichte der Quelle darstellt oder, wie *Fortna* annimmt, oder der tatsächliche Übergang zur nächsten Geschichte in der Quelle selbst war (abzüglich 2, 12 b, das dem Evangelisten angehört). Die Tatsache, daß die zweite Geschichte, vom formkritischen Gesichtspunkt aus gesehen ganz zutreffend, in 4, 46 b beginnt und daß 2, 12 a daher einen Übergang bildet, würde im zweiten Falle bloß anzeigen, daß der Verfasser der Zeichen-Quelle wie Markus schon damit begonnen hat, die Art von Bindegliedern einzuführen, mit denen *K. L. Schmidts* Buch (Der Rahmen der Geschichte Jesu [1919]) uns vertraut gemacht hat.

Satz des ursprünglichen Briefes neu (oder war 2, 12–13 die Neufassung?). So schafft er die Dublette 2, 12 f und 7, 5. Vielleicht ist 1 Kor 12, 31 a und 14, 1 ein weiterer Beleg für eine solche Gewohnheit eines Herausgebers[18]. Entsprechend finden wir es bei Johannes: Wenn der Bericht der Verleugnung des Petrus unterbrochen wird, um die Befragung Jesu durch den Hohenpriester einzufügen (18, 19–24), so wird danach die Erzählung von Petrus mit ihren letzten Worten vor dem Einschub wieder aufgenommen („Petrus aber stand und wärmte sich", 18, 18 b und 25 a).

Solch eine Technik ist am einfachsten, wenn eine Zitationsformel die Nahtstelle bildet: Es folgt dann auf die Formel nicht das ursprüngliche Zitat, sondern ein neues mit den daraus sich ergebenden Folgerungen wird eingeschoben. Durch einfache Wiederholung der Zitationsformel kann dann der ursprüngliche Zusammenhang wieder hergestellt werden. In Mk 2, 1–12 gibt die Zitationsformel („er sprach zu dem Gichtbrüchigen") sowohl die Stelle, an welcher die Diskussion über die Sündenvergebung in die Heilung des Gichtbrüchigen eingefügt ist (2, 5), als auch die Stelle, an welcher die eigentliche Wundergeschichte wieder aufgenommen wird (2, 10). In ganz entsprechender Weise verrät sich offensichtlich ein johanneischer Einschub in der ersten Wundergeschichte, der Hochzeit zu Kana. In 2, 3 findet man die Zitationsformel: „spricht die Mutter Jesu (zu ihm) . . .", und in 2,5 ihre etwas veränderte Wiederholung: „Seine Mutter spricht (zu den Dienern)." Sowohl Haenchen[19] als auch Fortna[20] haben den dazwischenliegenden Text an zwei Merkmalen als johanneisch erkannt: einmal findet sich die Abneigung des Johannes gegen eine menschliche (anstatt einer göttlichen) Motivierung der Taten Jesu und zum andern die johanneische Betonung von Jesu kommender „Stunde". Beide treten wieder in 7, 6 auf bei einer entsprechenden johanneischen Zurückweisung von Jesu Verwandten (nur sind seine Brüder statt seiner Mutter eingesetzt). Darauf folgt, wie in Kap. 2, daß Jesus in der Tat tut, was er auf menschliches Betreiben hin zu tun verweigert hatte. Wollte man die Einheitlichkeit der Geschichte annehmen, dann wäre es schwierig zu begreifen, warum Jesu Mutter nach der Abweisung in 2, 4 fortfährt (in 2, 5), als existiere das dazwischenstehende Material gar nicht. Dieses Problem ist zufriedenstellend gelöst, wenn 2, 3 b–4 eine Interpolation des Evangelisten in die Zeichen-Quelle ist. Es muß wohl nicht besonders betont werden, daß weitere Untersuchungen solcher redaktioneller Gewohnheiten wie die hier aufgezeigte beträchtlich die Genauigkeit vergrößern würden, mit der Quellen vom vorliegenden Text unterschieden werden können.

Schaut man weiter nach Redaktionstätigkeit innerhalb der Kapernaum-

---

[18] *J. T. Sanders* (First Corinthians 13: Its Interpretation since the First World War, Interpretation 20, 1966, 182 ff) hat dies unter einer Reihe von anderen Gründen für die Vermutung angeführt, daß 1Kor 13 nicht an seiner ursprünglichen Stelle stehe.

[19] Gott und Mensch, 75 f. 93 Anm. 1.   [20] The Gospel of Signs, 30–32.

Geschichte aus, so bemerkt man eine redaktionelle Naht in der Art, in der sich der Schluß von 4, 47 mit dem von 4, 49 überlagert. Vers 47 b berichtet in indirekter Rede, daß der Beamte Jesus bat, hinabzukommen und seinen Sohn zu heilen, der todkrank sei. Vers 49 b zitiert den Beamten in direkter Rede: „Herr, komm hinab, ehe denn mein Kind stirbt." Das eingeschobene Stück hat anscheinend die Geschichte in keiner Weise vorangebracht; der Evangelist nimmt einfach die Stelle wieder auf, an der er seine Erzählung unterbrochen hatte. Tatsächlich ist die eingefügte Bemerkung Jesu ziemlich unberechtigt, anscheinend ohne Motivierung durch die Bitte des Vaters, daß der Sohn geheilt werde, und ohne darauf bezogen zu sein. Die offensichtliche Abweisung scheint im darauf folgenden Geschehen unbeachtet, da Jesus tatsächlich den Sohn heilt. Daraus könnten wir den Schluß ziehen, daß die Verse 48–49 (oder 47 b–49 a, so Fortna)[21] nicht aus der Quelle stammen, sondern vom Evangelisten hinzugefügt wurden. Diese Erklärung bietet sich auch noch durch zwei Merkmale an, durch die sich die Interpolation heraushebt: ein anderes Wort für das kranke Kind (παιδίον) wird hier benutzt (in der übrigen Geschichte steht υἱός viermal, wenn der Vater und Jesus sprechen, und der Ausdruck παῖς einmal, wenn die Diener sprechen). Außerdem redet in der Quelle Jesus den Vater im Singular an, während er ihn in der Interpolation im Plural anredet. Dies ist eine geringfügige Inkonsequenz, die nicht nur den sekundären Charakter der Interpolation anzeigt, sondern auch vermuten läßt, daß hier die Kirche angeredet ist.

Solche Interpolationen wie 2, 3 b–5 a und 4, 47 b–49 a, die mitten in die Geschichten hineingesetzt sind, entsprechen der Art und Weise, in der eine schriftliche Quelle, die ihre eigene Stabilität besitzt, bearbeitet werden mußte. Denn im Falle mündlicher Überlieferung hätte man freier mit der vorangehenden Schicht umgehen und die eigene Interpretation vollständiger und unauffälliger in das Ganze einbauen können. So kann man mit rein literarkritischen Argumenten einige Abschnitte der Johannes zugrundeliegenden schriftlichen Quelle herauslösen[22].

Eine weitere Frage betreffs des Zustandes der Zeichen-Quelle bezieht sich auf ihren Umfang. Ihr Vorhandensein scheint von solchen literarkritischen Beobachtungen wie den eben beschriebenen abzuhängen. Doch ihre Grenzen sind freilich noch nicht durch eine Analyse festgelegt, die sich auf zwei Wundergeschichten beschränkt. Fortnas Untersuchung wollte sowohl Bultmanns Zeichen-Quelle als auch seine Quelle der Passions- und Auferstehungserzählung

---

[21] AaO 41.

[22] Man kann in der Menge der hier nicht behandelten johanneischen Forschung eine immer wiederkehrende Erkenntnis – wiewohl vielfach durch offensichtlich irreführende Zusammenhänge verdunkelt – des vorjohanneischen Zusammenhanges dieser zwei Wundergeschichten verfolgen. Aus einem solchen Überblick würde ein verstärktes Bewußtsein des Grades an Objektivität (im Sinne von wissenschaftlicher Verifizierung durch experimentelle Wiederholung) hervorgehen, welche diesem Ergebnis zugute geschrieben werden kann.

zu einer einzigen Quelle verbinden. Fortna schließt außerdem als dritte Wundergeschichte noch Johannes 21, 2–14 ein, die Bultmann dem Redaktor zuschreibt. Auf diese Weise kommt eine verhältnismäßig große Quelle zustande, die etwa ein Fünftel des gesamten Umfangs des vierten Evangeliums ausmacht[23]. Fortna erklärt Bultmanns Trennung in zwei erzählende Hauptquellen durch den Einfluß Faures, der das Evangelium am Ende des 12. Kapitels in zwei Teile aufteilt. Fortna[24] betrachtet diese Aufteilung als widerlegt, und zwar durch Schweizer und alle diejenigen, die seiner Anschauung folgen. Sie hatten im gesamten Evangelium vorherrschende stilistische Züge zusammengetragen. Fortna seinerseits argumentiert für die Eigentümlichkeit seiner Quelle gegenüber dem vierten Evangelium auf Grund solcher stilistischer Züge. Er setzt sich außerdem für die Integrität seiner Quelle ein, und zwar mit dem Argument, daß von den Perikopen, die er seiner Quelle zuordnet, alle außer einer zumindest *ein* Beispiel der für die Quelle charakteristischen Züge enthalten.

Fortna benutzt dies als seinen Hauptbeweis für die Einbeziehung der Passionsgeschichte in seine Quelle[25]. Aber wenn man die Listen der Züge anschaut, die charakteristisch für die Quelle sein sollen[26], um diejenigen Züge zu finden, die angeblich die Passionsabschnitte mit der übrigen Quelle verbinden (Kap. 18–20, denen 2, 14–19; 12, 1–15 usw. vorangehen), so kommt man nur zu einem mageren Ergebnis. Von einer Liste von neun Wörtern, die im Neuen Testament häufig sind, aber nur selten bei Johannes (und dort auf seine Quelle beschränkt) auftreten, kommen fünf nur einmal vor und können deshalb nicht die zwei Abschnitte als ein und derselben Quelle zugehörig miteinander verbinden. Vier Wörter kommen je dreimal vor, mit zumindest einem Fall in Passionsabschnitten und einem im Abschnitt der Zeichen-Quelle (σὺν, ἕκαστος, εὐθέως, und πρῶτον als Adverb gebraucht). Von acht Ausdrücken, die im Neuen Testament außerhalb von Johannes (bei dem sie nur in der Quelle auftreten) fehlen oder selten sind, kommt nur einer sowohl in der Passionsgeschichte als auch in Abschnitten der Zeichen-Quelle vor (κραυγάζειν), und dieser eine Ausdruck erscheint auch sonst im Neuen Testament. Von fünf Merkmalen, die Ruckstuhl auf seiner Liste von „johanneischen" Merkmalen verzeichnet und die Fortna der Quelle und nicht dem Evangelisten zuschreibt, findet sich eines (Substantiv mit ἐκ = „gemacht aus") einmal in den Abschnitten der Passionsgeschichte (19, 2; sonst noch zweimal), ein zweites (ἑλκύειν im nicht übertragenen Sinne) ebenfalls einmal (18, 10; sonst noch zweimal in Kap. 21). Dies zuletzt erwähnte Merkmal hält Fortna für unwichtig, da es im strengen Sinn kein Stilelement, sondern mit dem

---

[23] The Gospel of Signs, 215 Anm. 4. [24] AaO 217 f Anm. 3.

[25] Tatsächlich hat *W. Wilkens* (Die Entstehungsgeschichte des vierten Evangeliums [1958]) Fortna hinsichtlich dieser Feststellung vorweggenommen. Zu diesem erfolglosen Versuch vgl. *Haenchen*, Gott und Mensch, 80 Anm. 1, und meine Besprechung: Recent Research in the Fourth Gospel, JBL 78, 1959, 242–246.

[26] The Gospel of Signs, 214–217.

Inhalt vorgegeben ist. Elf andere Merkmale können nicht immer als der Quelle eigentümlich angesprochen werden, da sie auch anderwärts im Neuen Testament vorkommen; aber weil sie bei Johannes sonst selten sind, betrachtet Fortna sie als charakteristisch für die Quelle. Von diesen elf Merkmalen finden sich sechs sowohl in Passionsabschnitten als auch sonst in der Quelle: einführendes oder wiederaufnehmendes ἦν (19, 14); einschaltendes oder erklärendes ἦν (18, 10.13.28.40; 19, 14.19.23); ὡς mit Zahlwort (19, 14.[39]); Verb im Singular mit doppeltem Subjekt (18, 1 b. 15; usw.); Substantiv mit ἐκ, „von" (18, 3); ὄνομα αὐτῷ (18,10). Fortna schließt in diese Liste noch zwei weitere Merkmale ein, welchen jedoch kaum Bedeutung zukommen dürfte: Zahlwort mit ἐκ (12, 2.[4]; [13, 21]; 18, [17.25.]26). Das kommt aber so häufig bei den Synoptikern vor, daß Schweizer es nicht in seine Liste von eigentümlichen johanneischen Zügen einschließt. Außerdem tritt es nicht nur in der Quelle auf, sondern auch zweimal (7, 50; 20, 24) an johanneischen Stellen. Fortna erklärt das durch das Argument, der Evangelist ahme die Quelle nach, hatte ursprünglich allerdings eingeräumt[27], daß dieses Merkmal nicht als Zeugnis für die Quelle angeführt werden solle. Fortna beruft sich auch auf „Rabbuni", 20, 16, um die Abschnitte der Passionsgeschichte mit denen der Zeichen-Quelle zusammenzubringen. Dies aber scheint die offensichtliche Folgerung aus der Wortstatistik umzukehren, da sonst überall im vierten Evangelium Rabbi und nicht Rabbuni vorkommt. Zusammenfassend erscheint mir (im Gegensatz zu Fortna) das gesamte Ergebnis ein recht magerer Beweis, um den Einschluß einer Passions- und Auferstehungsgeschichte in die Zeichen-Quelle begründen zu können.

Es scheint Fortna selber aufzufallen, daß diese beiden Überlieferungskreise im vorliterarischen Stadium unabhängig voneinander waren; denn er hält die Tempelreinigung für ein Bindeglied, das „in angemessener Weise einen Zyklus von Wundergeschichten mit einer überlieferten Passionsgeschichte zusammenfügt"[28]. Es fällt sehr schwer, auf der Grundlage des von Fortna bis jetzt gebotenen Materials über diese unausgeglichene Position hinauszukommen, die dazu neigt, die beiden schriftlichen Haupterzählungsquellen Bultmanns wieder in mündliche Überlieferungszyklen zurückzuverwandeln. Es gibt gute Gründe für die Annahme, daß es sich um schriftliche Quellen handelt, aber es gibt noch keinen zwingenden Grund dafür, sie zu einer einzigen, dem Evangelisten vorliegenden Quelle zu vereinen.

Fortnas Annahme, daß es sich um eine einzige Quelle handelt, hängt vielleicht letztlich, wenn auch unbeabsichtigt, mit dem synoptischen Vorbild zusammen. Er schließt in manchen Fällen von der Tatsache, daß ein Ausdruck oder eine Einzelheit aus der Überlieferung stammt oder synoptische Parallelen hat, darauf, daß solche Bestandteile seiner Quelle zugeschrieben werden müssen. Da er solches, den Synoptikern ähnliches Material sowohl in den

---

[27] AaO 210.   [28] AaO 146.

Wundergeschichten als auch in den Passionsstücken findet, neigt er dazu, beide Arten von Material der *einen* Quelle zuzuschreiben; und zwar geschieht das auf Grund solcher instinktiver Logik wie der, daß zwei Dinge, die einem dritten gleich sind, auch untereinander gleich sein müssen.

Da Fortnas Arbeit und der noch nicht erschienene Kommentar von Haenchen die gegenwärtige Problematik der johanneischen Forschung kennzeichnen, wird ein Vergleich der allgemeinen Linien in ihrer Ähnlichkeit und ihrer Verschiedenartigkeit den Gang der noch bevorstehenden Auseinandersetzung andeuten. Obgleich die beiden Arbeiten grundsätzlich unabhängig voneinander entstanden sind, ist Fortna doch von Haenchens zahlreichen Aufsätzen über das vierte Evangelium beeinflußt und andrerseits stand Fortnas Manuskript Haenchen zur Verfügung, als er den endgültigen Aufriß seines eigenen Kommentars entwarf. Beide haben miteinander im Briefwechsel gestanden, sowohl direkt als auch auf dem Umwege über mich; sie haben persönlich das Ausmaß ihrer Übereinstimmung und ihrer Meinungsverschiedenheit besprochen, ohne jedoch ihre Stellungen merklich zu verändern.

In einer Hinsicht sind die Positionen beider beinahe einander gleich; beide beziehen nämlich in ihre Quelle mehr von dem erzählenden Material ein als nur die Wundergeschichten. Aber während Fortna die Quelle einfach als ein Evangelium „im engeren (nämlich im synoptischen) Sinne" [29] bezeichnet, nennt Haenchen sie „ein Evangelium von nicht-synoptischem Typ" [30]. Für ihn ist sie nur eine „Art vergröberten Markusevangeliums", da es ein Evangelium ist, „das Jesu Herrlichkeit nicht mehr in geheimen Epiphanien zeigte, sondern möglichst sichtbar und greifbar" [31]. Viel von dem, was Fortna in seine Quelle einbezieht, schreibt Haenchen nur unbestimmt einem Erzähler oder einer Tradition zu. Für Fortna bedeutet der Beweis, daß eine Stelle der vorjohanneischen Tradition angehört, meist ohne weiteres die Zugehörigkeit zu seiner Quelle. Haenchen versteht den vierten Evangelisten so, daß er mit einer Zeichen-Quelle gelebt hat, die das in den Gottesdiensten seiner eigenen Gemeinde benutzte Evangelium war. Daher ist seine Beziehung dazu eher die zu einer mündlichen Überlieferung, derer man sich erinnert, als die zu einer schriftlichen Quelle [32]. Fortna arbeitet mit der Methode von Schere und Leimtopf, setzt also eine dementsprechende detaillierte literarische Arbeit auf seiten des vierten Evangelisten voraus. Daher ist Fortna kühn genug, eine wörtliche griechische Rekonstruktion der Quelle zu veröffentlichen [33], was sogar im Falle von Q als ausgesprochen mutig erscheinen würde, während Haenchen für gewöhnlich einer Abgrenzung der Quelle ausweicht.

Es ist nicht allein auf Grund des Vorkommens ausgeprägter theologischer Züge, daß Haenchen bestimmte Überlieferungen in seine Quelle einschließt.

---

[29] AaO 221 Anm. 2.   [30] Gott und Mensch, 113.
[31] Aus der Literatur zum Johannesevangelium 1926–1956, ThR NF 23, 1955, 303.
[32] AaO 303 f; vgl. *ders.,* Gott und Mensch, 112 f.
[33] The Gospel of Signs, 235–245.

Aber beim Fehlen solcher theologischer Betrachtungen in Überlieferungen, die seiner Meinung nach überhaupt ihre wörtliche Genauigkeit verloren haben, zögert er, sie mit seiner Quelle in Verbindung zu bringen. Umgekehrt hält Fortna inhaltliche Verschiedenheiten für kaum erheblich, wenn er seine genauen Quellenscheidungen vornimmt. Außerdem neigt er dazu, die theologische Position der Quelle und die des Evangelisten einander näher zu rükken, als Haenchen es tut, und spricht deshalb lieber von einem *Evangelium der Zeichen* als von einer Quelle von Wundergeschichten. Je ausgedehnter freilich die Quelle wird, desto weniger Profil vermag sie zu bewahren, und desto mehr mußte ihre Theologie dazu neigen, verschiedenartige Elemente einzuschließen, sowie auch der Theologie des Johannesevangeliums ähnlicher zu werden.

So hat Fortna sein Evangelium der Zeichen beträchtlich über jene Grenzen hinaus vergrößert, innerhalb derer man das Ausmaß von Haenchens Zeichen-Quelle vermuten kann. Haenchen aber hat an einem anderen Stadium der johanneischen Entwicklungslinie die Menge des neuen Materials erweitert, Fortna dagegen hat es hier verringert. Haenchen macht den späteren Redaktor nicht nur verantwortlich für die Sakramente, für die futuristische Eschatologie und für Kap. 21 (wie im Falle von Bultmanns Redaktor), sondern auch für den Lieblingsjünger und für die wenigen Stellen, an denen der gegenwärtige Text von den Synoptikern abhängig ist. Im Gegensatz dazu ist Fortna methodisch sehr skeptisch gegenüber der Möglichkeit, Material einem Redaktor zuzuschreiben. Daher spielt jene Kategorie nur eine unwesentliche Rolle in seiner Darstellung [34].

---

[34] AaO 4–8. Abschätzige Werturteile darüber, daß man bestimmtes Material etwa einem nach-johanneischen Redaktor zurechnet, sind aus der veröffentlichten Form dieses Abschnitts in *Fortnas* Buch getilgt worden; sie müssen sich aber doch in seiner tatsächlichen Arbeit ausgewirkt haben. Wenn johanneische Forschung jedoch so verstanden werden muß, daß sie sich nicht ausschließlich mit dem Evangelisten, sondern mit der gesamten johanneischen Entwicklungslinie zu befassen hat, dann wird die Ungültigkeit so mancher solcher Werturteile offenkundig und die Forschung wird an einem besonderen und wichtigen Punkte frei von den Beschränkungen, die ihr durch frühere Vorstellungen aufgebürdet worden waren. *R. E. Brown* weist in seiner Kritik an Fortna nach, daß man in den johanneischen Reden unausweichlich dem Redaktor begegnen muß, da sich hier zwei Schichten finden, deren ältere dem Evangelisten zugehört. Da *Fortna* sich auf das erzählende Material beschränkte, gelang es ihm, die volle Konfrontierung mit diesem Problem zu vermeiden. Außerdem schreibt *Fortna* Joh 21 nicht dem Redaktor zu, sondern dem Evangelisten und macht es sich so sehr leicht, sich das dritte „Zeichen" für seine Quelle aus diesem Kapitel zu beschaffen. *Brown* zeigt aber, wie schwierig eine solche Ansicht aufrechtzuerhalten ist, nicht nur wegen der gelehrten Tradition, die Kap. 21 dem Redaktor zuweist, sondern auch wegen der Schwierigkeit, eine plausible Erklärung dafür zu finden, daß dann der Evangelist den Schluß seiner Quelle in 20, 30 f böte, aber dennoch mit weiterem Material aus dieser Quelle in Kap. 21 fortführe; eine weitere Schwierigkeit liegt darin, daß man dann die Geschichte in Kap. 21, 1–14 nur schwerlich als ursprüngliche Auferstehungsgeschichte auffassen dürfte. Möglich wäre es allerdings anzuneh-

Die Ähnlichkeit in der grundsätzlichen Richtung einerseits und die Abweichungen in Methode und Ergebnissen andrerseits machen die auf Bultmann folgende Entwicklung der johanneischen Quellentheorie zu einem fesselnden und vielversprechenden Unternehmen. Es könnte sich daraus vom vierten Evangelium ein scharf profiliertes Bild ergeben, in dem auch andere Hauptgesichtspunkte der johanneischen Forschung sich deutlicher abzeichnen würden.

II. Johanneische Theologie

Das Aufspüren einer literarischen Quelle bedeutet weit mehr als nur das Aufstellen einer Quellentheorie. Es bildet auch eine Grundlage für die Redaktionsgeschichte, die ein wichtiger Schlüssel dazu ist, die Theologie des vierten Evangelisten schärfer ausarbeiten zu können. Der Evangelist scheint die Peinlichkeit der gesamten redaktionellen Situation in 4, 47–49 nur dazu geschaffen zu haben, um gerade die kurze Auslegung einzuschieben: „Wenn ihr nicht Zeichen und Wunder seht, so glaubt ihr nicht." Dies ist offensichtlich seine eigene Auslegung, die ihm so wichtig war, daß er sich all die Mühe machte, sie anzubringen. So sollte es durch eine Untersuchung seiner redaktionellen Tätigkeit und durch Aufspüren der Überlieferungsschichten möglich sein, von den eigenen Absichten des Evangelisten ein scharf profiliertes Bild herauszuarbeiten. Läse man die Geschichte ohne solche Unterscheidung zwischen der vorausliegenden Schicht und der Redaktion des Evangelisten, so könnte man unmöglich die Absicht der Geschichte vom Blickpunkt des Evangelisten aus, sozusagen vom Innern seiner Werkstatt her, sehen. Indem man ihn bei seiner Arbeit beobachtet, wird seine Absicht klarer sichtbar, als wenn man nur einfach das Endprodukt anschaut und nicht weiß, was ihm zugrundeliegt. Das ist gemeint, wenn man betont, wie wichtig es ist, die Stelle 4, 48 als Bemerkung des Evangelisten zu erklären.

Paul Meyer ist der Ansicht[35], daß nur eine „solche vorgefaßte theologische Meinung wie die Bultmanns" dazu führen könne, den Zweck oder Höhepunkt der Erzählung in 4, 48 zu sehen statt „in dem dreimal wiederholten Verb ‚lebt'" oder in 53b. Man mag wohl einräumen, daß (wenn die johanneische Interpolation unbeachtet bleibt), Meyer den Zweck und Höhepunkt der ursprünglichen Geschichte treffend wiedergegeben hat. Doch sollte man sehen, daß der Zweck, den die Geschichte in einem (mündlichen oder

---

men, daß die Fischzugsgeschichte in der Quelle eine Wundergeschichte war, die dann zur Epiphaniegeschichte ausgestaltet wurde und schließlich als Auferstehungsgeschichte in Joh 21 Aufnahme fand.

[35] In einem Vortrag, gehalten auf der Jahresversammlung der American Academy of Religion in Dallas, Texas, am 18. Oktober 1968, über: Seeing, Signs, and Sources in the Fourth Gospel.

schriftlichen) vorjohanneischen Stadium hatte, nicht notwendigerweise mit
dem Ertrag übereinstimmt, den der Evangelist einbringen wollte, als er die
Geschichte neu erzählte. Die rein literarische Beobachtung, daß der Evangelist eine Interpolation gemacht hat – ganz abgesehen von ihrem theologischen
Inhalt –, ist Grund genug, hier nach der besonderen Absicht zu suchen, die sich
mit der Erzählung in dem Stadium der Entwicklungslinie verband, in dem sie
vom Evangelisten verwendet wurde.

Meyer bestreitet die beherrschende, durch Bultmann repräsentierte Ansicht,
daß 4, 48 „Jesu Unwillen über das Verlangen nach einem Wunder als Ga-
rantie für den Glauben" [36] herausstelle. Er zieht eine positive Interpretation
vor [37], die er folgendermaßen formuliert: „Der Glaube kann sich nicht selbst
erzeugen, sondern muß seinen Grund haben in der Erkenntnis von etwas, das
Gott getan hat". „Nachdrücklich abgelehnt wird nicht die Gewährung eines
Zeichens, sondern die Möglichkeit eines Glaubens, bei dem nicht zuvor gewisse Bedingungen erfüllt sind; es müssen erst Zeichen gesehen werden, ehe
es irgendeinen Glauben im johanneischen Sinne geben kann." In dieser Auslegung tritt Jesu Seligpreisung derjenigen, die nicht sehen und doch glauben
(20, 29), ihre Rolle als interpretierende johanneische Theologie ab an die an-
maßende Behauptung des Thomas, daß er nicht glauben wolle, ohne zu sehen
(20, 25). Genau das aber scheint die Seligpreisung doch relativieren zu wollen.
Die grammatische Ähnlichkeit von 4, 48 und 20, 25 wird jedoch von Meyer
als Grund benutzt, beide Sätze zusammen zum normativen johanneischen Begriff des wahren Glaubens zu erheben. Jedoch sollte die alles andere als
ideale Rolle, die Thomas in der Schlußszene spielt (belegt durch den Höhepunkt in 20, 29), dazu dienen, die von den meisten akzeptierte Auslegung zu
unterstützen, daß nämlich 4, 48 eine Kritik einschließt. Trotzdem fragt Meyer,
„ob dieses scheinbare Auseinanderklaffen der Anschauung (zwischen Quelle
und Evangelist) nicht daher kommt, daß wir Meinungsverschiedenheiten und
Zusammenhänge in das Evangelium hineinlesen, die ihren Ursprung in modernen Diskussionen über Wunder und Glauben haben, daß wir also in die
Zeichen-Quelle einen krasseren Wunderglauben hineinlesen und in die Ansicht des Evangelisten ein idealisierteres, dem modernen Geist angemesseneres
Verstehen, als es dieses Dokument des späten ersten Jahrhunderts irgendwo
enthält".

Dieser Vorwurf der Modernisierung wird treffend durch die jüngst erschienene Nag Hammadi Abhandlung, das Apokryphon des Jakobus aus dem
Jung Codex (CG I, 1), in Frage gestellt [38]. Diese Abhandlung wird in das
2. Jahrhundert n. Chr. datiert, und wie beim Johannesevangelium so disku-

---

[36] Kommentar, 151.

[37] Veröffentlicht von seinem Schüler *W. A. Meeks*, The Prophet-King. Moses
Traditions and the Johannine Christology (1967), 40.

[38] Epistula Jacobi apocrypha, hg. von *M. Malinine, H.-Ch. Puech, G. Quispel,
W. Till* und *R. Kasser* (1968).

tiert man auch hier bereits darüber, ob man sie für gnostisch halten soll oder nicht. Ebenso ist auch die Annahme der Herausgeber, daß sie das Johannesevangelium benutzt hat, in Zweifel gezogen worden. Diese Abhandlung enthält Stellen, die der Auslegung, die Haenchen Joh 20, 29 im Blick auf die Zeichen-Quelle gibt, so nahe kommen, wie man es sich nur wünschen kann (3, 17–34; 12, 39–13, 1): „Wehe denen, die den Sohn (des) Menschen gesehen haben. Es werden selig werden die, die den Menschen nicht gesehen haben und die nicht mit ihm verkehrt haben und die nicht mit ihm gesprochen haben und die nicht gehört haben von ihm. Euer ist das Leben. Wißt denn, daß er euch geheilt hat, als ihr krank wart, damit ihr Herrscher werden solltet. Wehe denen, die genesen sind von ihrer Krankheit, denn sie werden wieder zur Krankheit zurückkehren. Wohl denen, die nicht erkrankten und die Gesundheit gekannt haben, bevor sie erkrankten. Euer ist das Reich Gottes. . . . Wehe denen, die hörten und nicht glaubten. Selig werden die werden, die nicht sahen, aber doch glaubten.“

Die Kritik an der Faszination durch das sichtbare Wunder, eine Kritik, die Haenchen dem vierten Evangelisten zuschreibt, deckt sich weitgehend mit dieser neuen Belegstelle. Doch sogar abgesehen davon schätzt Meyers Kritik Haenchen nicht richtig ein, weder inhaltlich, noch methodisch. Was den Inhalt anbetrifft, so gibt Haenchen eine klare, doch fein abgetönte Unterscheidung zwischen der Sicht der Zeichen-Quelle und der des Evangelisten, die weit mehr überzeugt als die Entweder-Oder-Haltung, gegen die Meyers Kritik sich richtet. Für die Zeichen-Quelle „beweisen die Wunder Jesu unmittelbar und für jedermann sichtbar Jesu göttliche Würde“ [39]. Der Evangelist seinerseits „zweifelt . . . keineswegs daran, daß Jesus alle diese Wunder vollbracht hatte“ [40]. Die Kritik des Evangelisten an der Bitte des Vaters, daß sein Sohn geheilt werden möge, wird folgendermaßen dargestellt: „Die Rettung des Kindes . . . ist und bleibt aber ein im Bereich des Irdischen verharrendes Geschehen, und wenn Jesus sie vollbringt, so ist er damit noch nicht als der erkannt, der er für den Glauben ist: der Spender des wahren Lebens mit Gott. Wohl aber kann das Wunder, das Jesus in der irdischen Sphäre für jedermann sichtbar vollbringt, zum Zeichen, zum Hinweis auf das wahre Wunder werden: daß wir in ihm den Vater sehen (14, 9) und mit ihm und dem Vater in Gemeinschaft treten (14, 23). Nun sollte zwar der Mensch eigentlich solche Hinweise gar nicht brauchen. Jesu Wort an Thomas: ‚Selig sind, die nicht sehen und doch glauben‘ (20, 29) gilt auch hier. Aber der Mensch kommt – wie hier der königliche Beamte – meist erst zu diesem wahren Glauben, wenn ihm ein Wunder dafür die Augen öffnet. Diesen Zusammenhang sah Johannes in unserer Geschichte beschrieben: Zunächst glaubt der Vater nur, daß Jesus den Sohn gesund machen werde. Erst danach geht ihm der wahre Glaube auf: ‚Er kam zum Glauben samt seinem ganzen

---

[39] Gott und Mensch, 68.   [40] AaO 69.

Hause' (4. 53). Unter dieser Voraussetzung hat sich Johannes unsere Geschichte aneignen können."[41]

Methodisch gesehen haben die Verfechter eines Unterschieds im Standpunkt zwischen der Zeichen-Quelle und dem Evangelisten die Quelle benutzt, um Zugang zu schaffen zu den aufeinanderfolgenden Auslegungsstadien in der Geschichte der Weitergabe von Überlieferungen. Sie gründeten ihre Sicht der Theologie verschiedener Stadien in dieser Entwicklungslinie auf die objektiven Ergebnisse ihrer Quellenanalyse. Meyer aber neigte dazu, Entscheidungen über Quellen auf theologische Fragen zu gründen: „Etwas mehr noch ist nötig, ein anderes Element in der Beweisführung, bevor man sich erfolgreich nicht nur für Ausmaß und Profil solch einer Quelle, sondern überhaupt schon für ihr bloßes Vorhandensein einsetzen kann. In der derzeitigen Diskussion besteht dieses entscheidende zusätzliche Element ganz deutlich in der Behauptung, daß ein eindeutiger Unterschied klafft einerseits zwischen dem Verständnis der Wunder, das in die Überlieferung und die Erzählungen selber eingebettet ist, und andrerseits dem, was wir den Evangelisten mit diesem Material tun sehen." Da Meyer nur sehr wenige der literarischen Beweise aufführt, die in der Regel zur Stützung der Quellentheorie vorgetragen werden, behauptet er zu voreilig von anderen, sie müßten zu theologischen Erwägungen ihre Zuflucht nehmen, um ihre Sache zu beweisen. Fortnas Untersuchung, die Meyer noch nicht zugänglich gewesen war, zeigt, wie ausschließlich literarkritische Erwägungen zur Zeichen-Quelle führen können. Meyer befindet sich methodisch auf einer Stufe der Forschung, die der Redaktionskritik vorausliegt, indem er bei seiner Sicht der johanneischen Theologie entweder gar keine literarkritische Position voraussetzt, oder, wenn er es doch tut, ihre theologische Bedeutung vermindert[42]. Das Fehlen einer scharfen Zeichnung der johanneischen Theologie, wie es in Meyers Darbietung der Fall ist, kann nur durch methodischen Fortschritt überwunden werden, der auf literarkritischer Grundlage die verschiedenen Stadien der johanneischen Überlieferung festlegt. Auf der Grundlage dieses objektiven Maßstabes kann man dann die verschiedenen Stadien in der Entwicklung der johanneischen Theologie aufzeichnen.

Zur gleichen Ergebnislosigkeit führt das Fehlen von objektiven Maßstäben bei der genauen Bestimmung der Tendenz der Theologie des vierten Evangelisten innerhalb der johanneischen Entwicklungslinie auch an einer anderen Stelle, nämlich in der gegenwärtigen Diskussion um die Gültigkeit von Bultmanns Theologie insoweit, als diese Diskussion sich im Rahmen johanneischer Theologie abspielt. Ebenso wie H. Schlier vor etwa zwanzig Jahren seine

---

[41] AaO 88.

[42] Dies wird durch die Harmonisierung deutlich, mit der er abschließt: „Joh 19, 35–37 könnte durch den für Kap. 21 verantwortlichen Redaktor hinzugefügt worden sein, steht aber doch in gewissem Einklang mit der Arbeit des Evangelisten in der Thomas-Perikope."

Abkehr von Bultmann und seinen Übertritt zur römisch-katholischen Kirche
voraussagte, indem er Bultmann auf eine Seite mit den gnostisierenden Gegnern des Paulus in Korinth stellte[43], so hat E. Käsemann in seinen Shaffer
Lectures von 1966 seine Abkehr von Bultmann dadurch zum Ausdruck gebracht, daß er provozierend das vierte Evangelium selbst verwarf, weil es in
zu vollem Maße an der gnostisierenden Kultur, aus der es stammte, Anteil
hatte[44]. Käsemann zufolge wird Christus bei Johannes im Bilde des „über
die Erde schreitenden Gottes" eher doketisch dargestellt als paradox und
dialektisch, wodurch Johannes in den Bereich einer normativen Theologie des
Kreuzes gebracht werden könnte. Im Hinblick auf das Ausmaß, in dem Bultmann seine eigene Theologie mit der des Johannes identifiziert hatte, war
Käsemanns Angriff auf Bultmanns Theologie derart frontal, daß er zum
Thema des Treffens Alter Marburger im Jahre 1967 gemacht wurde, auf dem
Bornkamm das Gegenreferat vortrug[45].

Obwohl Bornkamm zugesteht, daß Bultmann zu weit ging, als er den
johanneischen Christus als Incognito beschrieb, so hält er doch den dialekti-
schen Charakter der johanneischen Theologie aufrecht. Er erweist, daß die
Rede von der im Fleisch offenbarten Herrlichkeit eine zurückblickende Feststellung ist, die sich auf das Kommen des Parakleten nach dem Weggang Jesu
gründet. Die Verherrlichung Jesu durch die Erhebung zum Himmel am
Kreuz, auf die das Evangelium wiederholt hindeutet, wird in der Tat vom
Evangelisten vorausgesetzt, für den sie als Herrlichkeit, die rückblickend im
Fleisch sichtbar wird, in die vorangehende Erzählung zurückprojiziert worden
ist.

Haenchen, der mit Bornkamm in der Kritik an Käsemanns Ansicht übereinstimmt, faßt diese komplexe johanneische Stellung folgendermaßen zusammen[46]:

„Weder die Juden noch die Jünger haben aber während Jesu Erdenleben
in ihm den Vater gesehen. Wo Johannes von vielen spricht, die zum Glauben kommen (2, 11.23; 7, 31; 8, 30 ff), stellt sich alsbald heraus: wahrer

---

[43] Über das Hauptanliegen des 1. Briefes an die Korinther. Eine Abschlußvorlesung,
EvTh 1949, 462–473 (wieder abgedruckt in: Die Zeit der Kirche [1955], 147–159).

[44] Jesu letzter Wille nach Johannes 17 (1966). Ziemlich die gleiche gegen Bultmann gerichtete kritische Beurteilung des Johannes, die auch in ihrer Berufung auf
die normengebende Rolle der Apokalyptik an Käsemann erinnerte, war bereits vom
Pannenberg-Kreis ausgearbeitet worden; vgl. *U. Wilckens,* Das Offenbarungsver-
ständnis in der Geschichte des Urchristentums, in: Offenbarung als Geschichte, hg. von
W. Pannenberg (Kerygma und Dogma Bh. 1, 1961), 80–87.

[45] Zur Interpretation des Johannes-Evangeliums: Eine Auseinandersetzung mit
Käsemanns Schrift ‚Jesu letzter Wille nach Johannes 17', EvTh 28, 1968, 8–25
(wieder abgedruckt in: Geschichte und Glaube, Ges. Aufs. III [1968], 104–121; die
Zitate, die hier angeführt sind, finden sich auf S. 116 f).

[46] Vom Wandel des Jesusbildes in der frühen Gemeinde, in: Gustav Stählin Festschrift (1970).

Glaube war es nicht (2, 24 f; 8, 40.47.59). Ähnlich steht es aber auch bei den Jüngern: 14, 7–9 zeigen, daß Philippus trotz so langen Beisammenseins eben nicht in ihm den Vater gesehen hat, und 16, 29 ff antwortet Jesus auf die Versicherung der Jünger, sie glaubten jetzt, daß er vom Vater gekommen sei, sie würden sich alsbald zerstreuen und ihn allein lassen. Den Grund für diese Glaubenslosigkeit der Jünger offenbart 7, 39 b: Vor der Verherrlichung Jesu gab es noch keinen Geist. Ihn haucht erst der Auferstandene seinen Jüngern ein (20, 22).

„Wie bei Paulus und in gewissem Sinn auch bei Markus, so ist das Erdenleben Jesu auch bei Johannes noch nicht die Zeit, da Jesu wahres Wesen erkannt wird, und das, obwohl dieses irdische Wirken nach Johannes gerade das Ziel hat, den Vater in ihm sichtbar zu machen. Dennoch erreicht das Erdenleben dieses Ziel, aber erst nachträglich: der Geist führt die Jünger in alle Wahrheit. Das Erdenleben Jesu wird sozusagen erst hinterdrein in seinem eigentlichen Sinn durchsichtig: durch den Geist. Dieser wird in seiner Bedeutung vor allem in den Aussagen über den „Beistand", den παράκλητος, im Evangelium erläutert (14, 16 f.26; 15, 26; 16, 5–15). Bereits 8, 26 hatte Jesus angedeutet, daß er noch viel zu sagen habe; aber erst nach der Erhöhung des Menschensohnes werde man erkennen, daß er es ist, den der Vater gesandt hat. Deutlicher wird die Rolle des Geistes in den Abschiedsreden beschrieben: Der Geist der Wahrheit wird die Jünger alles lehren (14, 26); Jesus hätte ihnen noch viel zu sagen, aber sie können es jetzt noch nicht fassen."

„Damit ist nun aber gegeben: Das neue Jesusbild, das der Evangelist entwirft, ist selbst eingegeben von dem Geist, der die Jünger in alle Wahrheit führt (16, 13) .... Wenn aber das Schwergewicht derart auf den Geist, den der nachösterlichen Gemeinde gesandten Parakleten, übergeht, droht der „irdische Jesus" zu einem bloßen Vorläufer des Geistes zu werden. Dem hat Johannes entgegengearbeitet, indem er daran erinnerte, daß zwischen Jesus und dem Geist innigste Übereinstimmung besteht: Der Geist „wird nicht aus sich selber sprechen, sondern was er hört, sagen .... Er wird mich verherrlichen, denn er wird von dem Meinen nehmen und euch verkünden" (16, 13 f). Damit, daß der Evangelist unter der Leitung des Geistes den wahren Sinn der Jesusbotschaft verkündet, bringt er Jesus erst wirklich zu Ehren."

In Bornkamms Darstellung hat dieses schwierige Verfahren, die verschiedenen Aussagen im Johannesevangelium, einschließlich der scheinbaren Gegensätze, miteinander zu versöhnen, dann eine gewisse objektive Begründung erhalten; das geschieht dadurch, daß Bornkamm sich auf die scharf von der Zeichen-Quelle sich abhebende johanneische Theologie beruft. „Aller Wahrscheinlichkeit nach hat das Christusbild der Johannes vorliegenden Tradition in vieler Hinsicht dem Bilde des ‚über die Erde schreitenden Gottes‘ entsprochen, das Käsemann für das Johannesevangelium im Ganzen entworfen hat." So wie Haenchen versucht auch Bornkamm dem Maße der inhaltlichen Aneignung jener Überlieferung voll gerecht zu werden; man muß auf diese Aneignung aus der Tatsache schließen, daß der Evangelist wirklich die Quelle für seine Zwecke verwandt hat.

„Ohne Zweifel hat er sie (die Tradition) sich wirklich zu eigen gemacht und ist in einem erstaunlichen Maße selbst von ihr geprägt.... Ebenso unbestreitbar ist aber die gleichfalls durchgehende johanneische Kritik dieser Tradition, die ständige Tendenz, die Wunder transparent als Hinweis und Zeichen auf Jesus selbst zu deuten, dem massiven Mirakelglauben zu wehren und das beharrliche, am Irdischen haftende Unverständnis des Unglaubens zu geißeln. ... interpretiert man wie Käsemann die Geschichte Jesu nach Joh gradlinig und undialektisch als die Geschichte des über die Erde schreitenden Gottes, geprägt vom Doketismus und der Realität des Kreuzesgeschehens beraubt, so hat man allenfalls die vorjohanneische Tradition, nicht aber Joh getroffen."

Diese Debatte zwischen Käsemann und Bornkamm ist für die sich an Bultmann anschließende Auseinandersetzung des letzten Jahrzehnts eigentlich eine interne Angelegenheit. Doch sie veranschaulicht, wie weit eine neutestamentliche Schrift, wenn man auch weitgehend in bezug auf den spezifischen religionsgeschichtlichen Zusammenhang ihres Autors (z. B. gnostisierende Umgebung) übereinstimmen mag, nicht ausreichend bestimmt werden kann, wenn sie isoliert von der christlichen Entwicklungslinie, in der sie sich bewegt, und außerhalb des breiteren Zusammenhanges jener Gesamtentwicklung behandelt wird. Vielmehr müssen die Umrisse einer neutestamentlichen Schrift klargemacht werden, indem man bestimmt, woher sie kam und in welcher Richtung sie sich bewegte. Das heißt: neutestamentliche Theologie kann nicht außerhalb einer Rekonstruktion der Geschichte der Weitergabe von Überlieferungen betrieben werden. Denn außerhalb einer solchen Rekonstruktion kann die hermeneutische Arbeit, die innerhalb einer Schrift geleistet wird, nicht bestimmt werden. Das bedeutet wieder, daß Fortschritt im Verständnis johanneischer Theologie vom Fortschritt in der Herausarbeitung johanneischer Quellen abhängt, etwa von der Lösung des Problems der Zeichen-Quelle, um die sich Fortna und teilweise auch Haenchen bemühen. Wir beabsichtigen damit keineswegs, die Rolle der Religionsgeschichte für das Verständnis der neutestamentlichen Theologie herabzusetzen. Wenn überhaupt, dann sollte man vielleicht sagen, daß die johanneische Entwicklungslinie als solche am besten als Teilabschnitt innerhalb der Religionsgeschichte verstanden wird. Und diese innerchristliche Entwicklungslinie, als religionsgeschichtliche Entwicklungslinie gesehen, muß natürlich in bezug auf ihre „Umwelt" verstanden werden, also innerhalb der umfassenden religionsgeschichtlichen Entwicklungslinie der hellenistischen Welt.

III. Die religionsgeschichtliche Entwicklungslinie

Im 20. Jahrhundert sind die bedeutsamen Verschiebungen in der Erforschung des vierten Evangeliums hinsichtlich seines religionsgeschichtlichen Ortes dem Umschwung von A. v. Harnacks Definition der Gnosis als radikaler Hellenisierung des Christentums zu H. Lietzmanns Definition als Reorientalisierung des Christentums gefolgt. Es ist sachdienlich, dieses Gefälle in der Geschichte der johanneischen Forschung aufzuzeigen. Denn die Lethargie der allgemein vorherrschenden Meinung hat dazu geneigt, es zu verdecken und die Bedeutung jüngster Entdeckungen (wie etwa Qumran) für solche Fragen dort zu sehen, wo eigentlich nichts Neues zum Vorschein gekommen ist. H. Gunkel schrieb 1903:

„Unbestreitbar ist, daß der Pharisäismus eine der führenden Mächte jener Zeit gewesen ist; aber die populäre, gegenwärtig, wie es scheint, besonders unter den jüdischen Gelehrten verbreitete Vorstellung, daß er die schließlich allein in Betracht kommende, charakteristische Ausprägung der Religion jener Epoche gewesen sei, ist nicht haltbar; die alleinige Führung hat der Pharisäismus erst seit der Abstoßung des Christentums und seit den großen Römerschlägen unter Titus und Hadrian gewonnen, womit dann eine neue Epoche beginnt. In der früheren Zeit ist das Judentum viel reicher gestaltet. Da gibt es neben der Schriftgelehrsamkeit andere Richtungen, aus denen die Apokalypsen stammen, Richtungen, die das Volk zu den Aufstandsversuchen entflammt haben, und aus denen Männer hervorgegangen sind, die mit dem Anspruch auftraten, Propheten oder gar der verheißene Christus selbst zu sein. Alle Apokalypsen wollen Geheimschriften sein und geben Geheimtraditionen wieder; demnach haben wir uns vorzustellen, daß es damals gewisse Kreise gegeben hat, die sich an solchem Geheimwissen erbauten, und die sich vor der Öffentlichkeit verbargen. Wir hören aus derselben Zeit ausdrücklich von dem Geheimbunde der Essaeer. Die geheimen Traditionen der Apokalypsen behandeln besonders Eschatologie, Angelologie, Kosmologie und Urgeschichte. Hier ist nun die eigentliche Stätte, wo fremdes Material in vollen Strömen in das Judentum eingedrungen ist."[47]

Gunkel zitiert dann Bousset:

„Wenn das vom alexandrinischen Judentum zugestanden wird, so gilt es fast in demselben Grade vom palästinensischen. Auch hier erstrecken sich die konstatierten Einflüsse doch schließlich bis ins Zentrum der Religion."[48]

---

[47] Zum religionsgeschichtlichen Verständnis des Neuen Testaments (1903, 1930³), 29.
[48] Die Religion des Judentums im späthellenistischen Zeitalter (1903), 492; (1926³), 523.

Einen dieser fremden Bestandteile der vorchristlichen Zeit beschreibt Gunkel folgendermaßen:

„In einer späteren Zeit des Orients sehen wir dann neue Bildungen, deren Anfang wir etwa an den Beginn der griechischen Zeit setzen dürfen; wir lernen diese religiösen Erscheinungen meist erst da kennen, wo sie ihre Propaganda auf griechisch-römischen Boden herüber erstrecken; wir wissen einstweilen nicht, wo und wann sie im Orient entstanden sind; man darf ihre Vertreter mit einem Worte, das in diesen Kreisen selbst gebraucht worden ist, ‚Gnostiker' (Mandaje) nennen." [49]

So war es denn keine Überraschung, daß die erste größere religionsgeschichtliche Entdeckung unseres Jahrhunderts, die mandäischen Texte, in Bultmanns Urteil jenen Grundansatz zu bestätigen und mit größerer Präzision auszustatten schien.

„Sieht man, daß von allen angeführten Quellen die mandäischen weitaus die stärkste Verwandtschaft mit dem JohEv zeigen, so wird man fragen, ob nicht die Mandäer jene Religionsgemeinschaft sind, nach der als der Voraussetzung für das johanneische Christentum gefragt wurde. Läßt sich diese Frage auch vorläufig nicht zum Abschluß bringen, so führt sie uns doch erheblich weiter ... Könnten wir ein deutlicheres Bild von den Essäern gewinnen, so würden wir vielleicht weiter kommen. Auf alle Fälle zeigen die jüdischen und judenchristlichen Taufsekten, deren durchgreifende Untersuchung dringend notwendig wäre, welche Möglichkeiten hier bestanden... Wir kommen für die Erkenntnis der Geschichte des Urchristentums nicht damit aus, daß wir, wie Bousset und Heitmüller gezeigt haben, die Stufen des palästinensischen und des hellenistischen Urchristentums unterscheiden, sondern wir müssen im palästinensischen Urchristentum zwei Schichten unterscheiden. Um das Problem möglichst scharf zu formulieren, könnte ich sagen: man muß damit rechnen, daß das johanneische Christentum einen älteren Typus darstellt als das synoptische.... Ist diese Konstruktion richtig, so enthält sie zugleich ein Stück der Lösung des von Bousset wesentlich im Dunkel belassenen Problems der Kontinuität zwischen palästinensischem und hellenistischem Urchristentum: Das ursprüngliche urchristliche Täufertum dürfte von vornherein eine stärkere Tendenz zur Hellenisierung gehabt haben als die Urgemeinde, in der neben Messiasglauben und Eschatologie die Frage des Gesetzes zum konstituierenden Faktor wird.... Natürlich ist das alles zunächst Konstruktion und soll nur weitere Aufgaben der Forschung andeuten. Ich bemerke dazu nur noch, daß mir das Problem der Hellenisierung des Urchristentums mit dem der Syrifizierung eng zusammenzuhängen scheint. Der Anteil Syriens an der hellenistischen und urchristlichen Religionsgeschichte muß dringend unter-

---

[49] *Gunkel,* aaO 18.

sucht werden. Ist das JohEv, wie ich glaube, in Syrien entstanden, so erhält dadurch die eben genannte Frage nach der Kontinuität eine bestimmtere Antwort." [50]

Man braucht nicht besonders hervorzuheben, daß die mandäischen Forschungen ohne weiteres durch die Schriftrollen vom Toten Meer in den Schatten gestellt wurden, die so in der jüngsten Zeit der neue religionsgeschichtliche Faktor in der Erforschung der johanneischen Literatur wurden. Das Grundmodell bestand darin, daß man in Qumran die Erklärung für den Ursprung des johanneischen Dualismus fand, aber, im Unterschied zum mandäischen Ansatz, nicht die Quelle der johanneischen Christologie (die oft stillschweigend der Erklärung überlassen blieb, daß sie doch einem tatsächlichen Geschehen entsprach, da Jesus wirklich vom Himmel gekommen und wieder dorthin zurückgekehrt sei; d. h. dies seien keine Vorstellungen, sondern eher *Tatsachen;* daher hält man eine religionsgeschichtliche Erklärung hier gar nicht für nötig). Aber auch in der Qumranforschung ist auf die anfängliche Begeisterung eine mehr realistische Einschätzung wirklich haltbarer Ergebnisse gefolgt [51].

Inzwischen hat Lady Drower mandäische Texte in bisher unerreichter Zahl herausgegeben, und die Forschung in diesem Gebiet, obwohl weniger gut bekannt als die Qumran-Untersuchungen, ist ständig fortgeschritten mit dem Ergebnis, daß die von Bultmann vorausgesetzte Position Lidzbarskis stetig neue Bestätigung erhalten hat. K. Rudolph faßt das wie folgt zusammen:

„Die ursprünglichen Zusammenhänge eines sektiererischen häretischen Judentums mit der frühen Gnosis werden des weiteren bestätigt durch eine Untersuchung der mandäischen Schriften. Schon Lidzbarski hatte den großen Anteil jüdischer Elemente im Mandäismus hervorgehoben, was durch neuere Untersuchungen nur bestätigt worden ist (Schlier, Odeberg, Pederson, Epstein). Ich habe mich in meinen Mandäerarbeiten speziell auch diesem Problem zugewandt und nachweisen können, daß die urmandäische oder nasoräische Sekte einem häretisch-gnostischen Judentum, das sich in Form von Taufsekten im Ostjordanland konstituiert hatte, entsprungen ist. Die jüdischen Elemente auf moralisch-ethischer Ebene in der ältesten Schicht der mandäischen Literatur zeigen u. a. enge Berührungen mit dem spätjüdisch-häretischen Radikalismus, wie er uns in der Qumranliteratur entgegentritt. Hinzu kommen Motive und Spekulationen, die sich nur aus

---

[50] Die Bedeutung der neuerschlossenen mandäischen und manichäischen Quellen für das Verständnis des Johannesevangeliums, ZNW 24, 1925, 142–145 (wieder abgedruckt in: Exegetica [1968], 100–103).

[51] Vgl. *H. Braun,* Qumran und das Neue Testament. Ein Bericht über 10 Jahre Forschung (1950–1959), ThR NF 28, 1962, 192–234 (wieder abgedruckt in *ders.,* Qumran und das Neue Testament I [1966], 96–138).

dem ursprünglich jüdischen Milieu erklären lassen; ich habe dies durch literarkritische Untersuchungen des Näheren zeigen können....

Dieser Ansicht über den Ursprung der mandäischen Sekte, die bereits Lidzbarski vertrat, haben auch die beiden besten Kenner des mandäischen Schrifttums, Lady Drower und R. Macuch, zugestimmt. Lady Drower hat ihre frühere Auffassung vom iranischen Ursprung der Mandäer jetzt aufgegeben....

Ich bin also der begründeten Auffassung, daß der gnostische Erlösermythos vorchristlichen Ursprungs ist. In welchen Kreisen wir seine Entstehung vermuten können, habe ich im vorhergehenden Abschnitt schon angedeutet; es sind iranisch-jüdische Kreise. An diesem Punkt ist noch eine exakte Einzelforschung notwendig, besonders unter Heranziehung der neuen Texte. Paulus und der anonyme Verfasser des Johannesevangeliums setzen m. E. eine Erlöserlehre gnostischen Gepräges voraus, benutzen ihre Termini, aber bekämpfen sie auch; für sie ist der mythologische Erlöser oder Offenbarer durch den historischen Erlöser Jesus Christus überholt.

Einen einwandfreien Beweis für unsere Auffassung liefert, abgesehen von den Teilen der hermetischen Gnosis und dem ‚Perlenlied‘, die mandäische Literatur. Sie entstammt einer nichtchristlichen gnostischen Sekte, die Christus als Erlöser dämonisiert hat."[52]

---

[52] Stand und Aufgaben in der Erforschung des Gnostizismus, Tagung für allgemeine Religionsgeschichte 1963 (Sonderheft der Wissenschaftlichen Zeitschrift der Friedrich-Schiller-Universität Jena), 93 f. 97. Vgl. auch die Feststellung in seinem Aufsatz: Problems of a History of a Development of the Mandaean Religion, History of Religions 8, 1969, 210–235, bes. 210 f.: „Eine weitere bemerkenswerte Tatsache, die demjenigen auffällt, der sich mit mandäischen Untersuchungen befaßt, ist die außerordentlich weit auseinandergehende Einschätzung des Alters der mandäischen Literatur und Religion. Während Nöldeke, Brandt und Lidzbarski – also jene, die am besten über das Material Bescheid wußten – fest von dem Bestehen der Sekte in vorchristlicher Zeit überzeugt waren, ziehen andere Forscher eine spätere Datierung vor, und zwar fast nur solche, die sich nur für kurze Zeit einmal mit den Mandäern beschäftigt hatten. Da nun freilich wissenschaftliche Forschung eine Sache ist, bei der keine andere Autorität als nur die Tatsachen selbst Anerkennung beanspruchen dürfen, so ist die voraussetzungslose und vorurteilsfreie Überprüfung aller Tatsachen und Meinungen selbstverständlich. Aber gerade hinsichtlich der kurzen Geschichte der mandäischen Forschung kann man sagen, daß tiefsitzende Vorurteile und hartnäckiger Zweifel mehr Unheil als Gutes gestiftet und die Forschung in keiner Weise vorangebracht haben. ‚Denn schließlich‘, so schrieb kürzlich Macuch, ‚sollten wir damit aufhören, von den Mandäer-Forschern ständig weitere Beweise zu verlangen; angeblicher und eingebildeter Zweifel sollte einen kleinen Schritt in Richtung einer Aussöhnung tun.‘" Im Gegensatz dazu vgl. *M. Smith:* „Deshalb besteht der wesentliche Beitrag der mandäischen Forschung zur neutestamentlichen Kritik darin, daß sie das Buch von Thomas, Le Mouvement baptiste en Palestine, hervorgebracht hat, das das alte Beweismaterial für die Täufersekten zusammenstellt." (Aramaic Studies and the Study of the New Testament, JBR 26, 1958, 305). Zur Frage der Bedeutung für die johanneische Forschung vgl. dagegen auch *R. E. Brown* (The Gospel According to John I–XII, S. lv): „Die ältesten uns be-

Diese beständige Strömung in der Forschung des 20. Jahrhunderts ist durch die koptisch-gnostischen Codices aus der Gegend von Nag Hammadi noch einen Schritt weiter geführt worden. Sie spiegeln in einigen ihrer Traktate, etwa in der Apokalypse des Adam, der Paraphrase des Schem und den Drei Stelen des Seth, in einer offenbar nichtchristlichen Gnosis ein gnostisches oder halbgnostisches Judentum wider, das sich in einigen Fällen in der Jordangegend lokalisieren läßt und das in gewisser Wechselbeziehung zu Täuferbewegungen steht. Die Richtung dieser ganzen Strömung hat O. Cullmann folgendermaßen zusammengefaßt:

„Die wichtigste Wandlung in der neueren Forschungsgeschichte des ältesten Christentums besteht wohl darin, daß diese zu schematische Sicht durch den Nachweis erschüttert wurde, daß in Wirklichkeit die Wurzel des Christentums jenseits des Gegensatzes: palästinensisches Judentum – außerpalästinensischer Hellenismus nicht nur im offiziellen Judentum, sondern in einem *palästinensisch*-syrischen Judentum *besonderer* Prägung zu suchen ist, das seinerseits bereits vom orientalisch-hellenistischen Synkretismus beeinflußt ist. Dieses vom offiziellen Judentum der Zeit stark verschiedene und z. T. in Opposition zu ihm stehende Judentum hat einerseits seinen Niederschlag in spätjüdischen Apokalypsen, andrerseits in Spekulationen gefunden, die mit dem späteren Gnostizismus verwandt und in jüdischen Taufsekten zu finden sind.

„Diese von R. Bultmann (1925) und anderen, von mir in meinem Buch über den gnostischen Charakter des pseudoklementinischen Judenchristentums (1930) vertretene Sicht konnte sich auf die Neuerschließung der mandäischen Texte stützen (M. Lidzbarski, 1905/15 ff, jetzt K. Rudolph, 1960), wird aber besonders durch die schon erwähnte Entdeckung der Schriftenrollen von Qumran bestätigt, deren eigentliche Bedeutung für die Erforschung des Urchristentums in der Verdeutlichung dieser jüdischen Sonderströmung liegt, endlich auch durch einen Teil der ebenfalls nach dem zweiten Weltkrieg (1947) in Nag Hamadi in Ägypten gefundenen koptischen gnostischen Texte.

„Im Urchristentum Palästinas selber gab es demnach schon von Anfang an zwei Strömungen. Den beiden Formen palästinensischen Judentums, die wir jetzt kennen, dem offiziellen und dem durch esoterische Sekten-

---

kannten Formen der mandäischen Theologie muß man verhältnismäßig spät in der christlichen Zeit datieren; und es besteht keine Möglichkeit, daß Johannes von diesem Denken, wie wir es heute kennen, beeinflußt worden war .... Literarkritik deutet darauf hin, daß die gnostischen Schichten des mandäischen Denkens und ihrer Schriften verhältnismäßig späte Schichten sind." Im Lichte dieser reichlich persönlichen Ansicht vom Mandäertum muß man es verstehen, daß *Brown* „den vorausgesetzten gnostischen Einfluß" auf das Johannesevangelium als eine „Schwierigkeit" in Bultmanns Quellentheorie ansieht, die er Bultmann „persönlich" zuschreibt (aaO, S. xxx).

kreise vertretenen, entspricht auf dem Boden des *palästinensischen* Urchristentums schon bei der Entstehung ein Nebeneinander einer eher lega-
listischen, am alttestamentlichen Gesetz und am Tempel starr festhaltenden
Theologie und einer andern, dem Gesetz und dem Tempel freier gegen-
überstehenden, die jenem esoterischen Judentum verwandte Gedanken-
gänge aufweist. Die Frage, inwieweit Jesus selbst mit diesen jüdischen Son-
deranschauungen vertraut war, worauf einiges hinweisen könnte, muß
vorläufig offen bleiben.

„Auf jeden Fall verändert sich so die Perspektive, in der man früher das
Verhältnis von Judenchristentum und Heidenchristentum gesehen hat. Anschauungen, die man bis dahin für erst in verhältnismäßig später Zeit und
außerhalb Palästinas ins Christentum eingedrungene Elemente hielt, erscheinen nunmehr, und ohne daß dieses Urteil von irgendeiner apologetischen Absicht inspiriert wäre, als viel älter und bereits von Anfang an
vorhanden. Die so viel diskutierte Frage nach dem Ursprung des Gnostizismus stellt sich unter diesem Gesichtswinkel ebenfalls ganz anders dar.
Das zu dem oben erwähnten Fund aus Ägypten gehörige Thomasevangelium (Sammlung von Jesusworten) weist, jedenfalls was eine der benütz-
ten Quellen betrifft, in die gleiche Richtung eines gnostischen Judenchristentums.“ [53]

In diesen Zusammenhang stellt Cullmann das Johannesevangelium.

Statt vor einer neuerlichen Veränderung im religionsgeschichtlichen Rahmen des Johannes steht man vor einem im Verlauf dieses Jahrhunderts verhältnismäßig beständigen Bild, das in der jeweiligen Problematik der Forschung erscheint; eine Reihe von Handschriftenfunden haben Beweismaterial
für dieses Bild angereichert, das anfänglich mehr aus der Intuition als aus
der Dokumentation entstanden war. Das neue Element besteht vielleicht in
einer volleren Anerkennung der Tatsache, daß das Beweismaterial sich nicht
mit der Sicht einer unveränderlichen gnostischen Position vereinbaren läßt.
Eher zeigt es eine Entwicklung von den vorgnostischen oder protognostischen
Stadien in Qumran durch Zwischenstadien hindurch, bezeugt im Neuen Testament sowie z. T. in Nag Hammadi, in die voll entwickelten gnostischen
Systeme des zweiten Jahrhunderts n. Chr. So entsteht eine gnostisierende
Entwicklungslinie, in welcher das Johannesevangelium seinen religionsgeschichtlichen Ort hat. Das schärfere Profil, das durch die neuen religionsge-
schichtlichen Materialien sich für den Ort des Johannesevangeliums in dieser
Entwicklungslinie ergibt, läßt sich zu der überlieferungsgeschichtlichen Entwicklungslinie in Beziehung setzen, die durch das Mittel der Literarkritik

---

[53] Wandlungen in der neueren Forschung des Urchristentums. Zugleich ein Beitrag zum Problem: Theologie und Geschichtswissenschaft, in: Discordia Concors (Festschrift für E. Bonjour, 1968), 58–60.

aufgespürt werden kann. Die Zusammenschau beider Linien kann in den nächsten Jahrzehnten zu einem großen Fortschritt in der Auslegung des vierten Evangeliums führen.

IV. Die Gattung „Evangelium" [54]

Wenn das vierte Evangelium unabhängig von den synoptischen Evangelien ist, dann drängt sich die Frage nach einer Erklärung dafür auf, wieso die gleiche Gattung in zwei voneinander unabhängigen Entwicklungslinien, in der synoptischen und in der johanneischen, entstehen konnte. Vielleicht kann der Begriff eines beiden gemeinsamen Sitzes im Leben für das Verständnis einer solchen Sachlage Hilfe leisten.

Die Struktur einer Lösung kann durch den analogen Sachverhalt bei Matthäus und Lukas vorgegeben sein. Dort bewegen sich zwei voneinander unabhängige Evangelien in weitgehend gleichen Positionen in entsprechenden Entwicklungslinien; beide tun, jedes auf seine Weise, das gleiche. Sowohl Matthäus als auch Lukas verbinden das erzählende Evangelium des Markus mit der Spruchquelle, Q, weil beide an dem Punkt angekommen sind, wo dieses Unternehmen das einzig Richtige war; denn Q mußte andernfalls in zunehmendem Maße als doketisch, Markus wegen seines Mangels an Spruchgut als nicht erbaulich genug erscheinen. Gesteht man zu, daß dieser Sachverhalt bei Matthäus und Lukas vorlag, – beide stimmen unabhängig voneinander auch in anderen Neuerungen überein, etwa im Voranstellen einer Kindheitserzählung und im Anfügen von Auferstehungserscheinungen –, dann sollte es leichter zu begreifen sein, daß eine ähnliche, beiden gemeinsame strukturelle Stellung innerhalb der Entwicklungslinie des Evangeliums die Ähnlichkeit der Form auch im Falle von Markus und Johannes erklären

---

[54] Man mag fragen, ob der Ausdruck „Evangelium" von allen Gattungen gebraucht werden sollte, die Jesus-Überlieferungen enthalten (ganz zu schweigen von gnostischen „Evangelien", wie etwa dem Evangelium der Wahrheit und dem Ägypter-Evangelium von Nag Hammadi, die in ihrer Form mit anderen Evangelien noch weniger Verwandtschaft zeigen). Das vierte Evangelium benutzt weder das Substantiv noch das Verb. Joh 20, 30 (vgl. 21, 25) spricht einfach von „diesem Buch" (βιβλίον). Matthäus beginnt „das Buch (βίβλος) von der Geschichte Jesu Christi..." Apg 1, 1 weist auf Lukas zurück als dem „ersten Band" (λόγος). Lk 1, 1 beginnt, indem er auf eine „Erzählung" (διήγησις) verweist. Nur Markus sagt „Dies ist der Anfang des Evangeliums von Jesus Christus", und sogar hier bezeichnet „Evangelium" nicht ausdrücklich das Buch selber, sondern nur seinen Inhalt. Nur wenn die Gattung des Markus im ganzen besser geklärt worden ist, wird es möglich sein zu bestimmen, wieweit die anderen kanonischen Evangelien bezüglich ihrer Form derselben Gattung angehören, ohne Rücksicht darauf, welche Bezeichnungen sie sich selber geben. In mancher Hinsicht entspricht Johannes am meisten dem Markus, etwa darin, daß er mit Johannes dem Täufer anfängt und nicht mit Jesu Geburt, vgl. meinen Aufsatz On the Gattung of Mark (and John), aaO (s. Anm. 15), 99–129.

könnte. Freilich haben sie nicht wie Matthäus und Lukas zwei schriftliche Quellen gemeinsam. Doch kann man sich wohl wie L. E. Keck, M. Smith, H. Köster, D. Georgi und P. J. Achtemeier[55] fragen, ob es nicht bei Markus eine schriftliche, einer Aretalogie entsprechende Quelle gibt, die sich mit der Zeichen-Quelle des Johannes vergleichen läßt. Jedenfalls hat man tatsächlich in Markus und Johannes die bemerkenswerte Parallele eines zunächst mündlich umlaufenden Zyklus von Erzählungen. Markus bewahrt davon zwei Versionen und Johannes eine dritte, nämlich eine kurze Sammlung von Wundern, die um die wunderbare Speisung der Menge herumgruppiert sind. Wenn man auf diese Weise sogar schon im Stadium der mündlichen Überlieferung die Anfänge einer Strömung innerhalb der Entwicklungslinie spüren kann, die zu Markus und Johannes hinführt, dann erkennt man an der von Matthäus und Lukas an Markus ausgeführten Redaktion eine strukturell spätere Bewegung zur Rechtgläubigkeit hin, die etwa dem kirchlichen Redaktor vergleichbar ist, der das vierte Evangelium bearbeitete.

Indem man so die johanneische Entwicklungslinie durch Literarkritik aus ihrer Isolierung befreit und zu der synoptischen in Beziehung setzt, trägt das gegenseitige Verhältnis beider zu ihrem Verständnis bei, und die Kluft zwischen den Synoptikern und Johannes wird überbrückt. Das synoptische Problem, nämlich die Frage, warum die drei ersten Evangelien einander so sehr gleichen, wird in Anbetracht der Unabhängigkeit des vierten Evangeliums von den Synoptikern zu einem Problem aller vier Evangelien: Wieso ist das vierte Evangelium vom Typ des Markus (und insofern synoptisch)? Oder, in Kösters Terminologie: Wieso stellen sowohl Markus als auch Johannes, unabhängig voneinander, den Fortschritt vom Typus der Aretalogie zum Kerygma-Typus des Evangeliums dar[56]? Das Problem überhaupt aufgeworfen zu haben, verdient wohl ebensoviel Beachtung wie der Vorschlag irgendeiner vorläufigen Lösung.

Vergleichbare Schritte innerhalb einer Entwicklungslinie – das Bewegungsäquivalent zu einem gemeinsamen Sitz im Leben – können also die

---

[55] *L. E. Keck,* Mark 3, 7–12 and Mark's Christology, JBL 84, 1965, 341–358. Vgl. die Kritik von *T. A. Burkill,* Mark 3, 7–12 and the alleged Dualism in the Evangelist's Miracle Material, JBL 87, 1968, 409–417. Die Quellentheorien der drei anderen genannten Gelehrten sind noch nicht, oder erst in jüngster Zeit zugänglich; vgl. *P.-J. Achtemeier,* Toward the Isolation of Pre-Marcan Miracle Catenae, JBL 89, 1970, S. 265 ff; *M. Smith,* Aretalogies, Divine Men, the Gospels, and Jesus (Vortrag im Seminar über die Evangelien auf der Jahrestagung der Society of Biblical Literature, Oktober 1970). Mehrere markinische Quellentheorien wurden während des Aufkommens der Formgeschichte veröffentlicht, die diese Quellentheorien weitgehend in den Schatten stellte. Es ist an der Zeit, sie auf sachdienliche Beobachtungen hin zu überprüfen.

[56] Ein Jesus und vier ursprüngliche Evangeliengattungen, s. o. Kap. 5, S. 150 ff. *Fortna,* The Gospel of Signs, 221, Anm. 2, behauptet, daß die Zeichen-Quelle nicht eine Aretalogie, sondern ein Evangelium kerygmatischen, markinischen Typs gewesen ist.

vergleichbaren Formen von Markus und Johannes erklären. Dieser Vor-
schlag veranschaulicht, in welcher Weise die Neufassung der neutestamentlichen Wissenschaft durch das Modell der Entwicklungslinien die alten Probleme so umgestaltet, daß sie auf neue Lösungen hinweisen. Die Aufgabe des
Historikers besteht nicht nur darin, weiterhin die Geschichte der besonderen
Abhängigkeiten und Einflüsse zu untersuchen, die von einem festgelegten
Punkt her auf einen anderen festen Punkt hingehen. Vielmehr sollte der
Historiker, vielleicht grundsätzlicher, seine Aufmerksamkeit auf die Geschichte der verschiedenen Stadien in der Entwicklung des frühen Christentums richten, in denen die Morphologie einer Entwicklung sichtbar wird,
die von der Kulturströmung getragen wurde, in der sich die gesamte hellenistische Welt bewegte. Solch eine Neuorientierung der wissenschaftlichen
Arbeit könnte die Vorbedingung dafür sein, daß ein angemesseneres Verstehen des Urchristentums zukünftig möglich wird.

Kapitel 8

SCHLUSS: DAS ZIEL
UND DIE REICHWEITE VON „ENTWICKLUNGSLINIEN"

HELMUT KÖSTER

Unsere Aufsätze wollen in mehrfacher Hinsicht die gegenwärtige Kulturkrise im Blick auf die neutestamentliche Wissenschaft anzeigen. Unsere „Entwicklungslinien" wollen neue Wege durch bereits erforschtes und durch noch unerforschtes Gebiet bahnen. Es sind nicht zufällige, sondern absichtliche und bedachte Versuche. Es ist zu hoffen, daß diese Versuche neue Perspektiven für das Verstehen der frühchristlichen Geschichte sowie auch für das Begreifen der gegenwärtigen Aufgaben des Christentums eröffnen. Dementsprechend haben wir uns bemüht, die Fallgruben einer „unvoreingenommenen" Forschung zu vermeiden; denn wir sind uns durchaus der Gefahr bewußt gewesen, daß dabei im Grunde nichts anderes herauskommen könnte, als nur ein neues Spiel in der Sandkiste einer belanglosen Wissenschaft. Die Geschichte soll unser Lehrmeister sein, nicht damit uns unsere eigene Position durch die Geschichte bestätigt wird, sondern damit wir uns der Geschichte aussetzen und aus den verwickelten und qualvollen Entscheidungen lernen können, die der Mensch als geschichtliches Wesen gefällt hat.

Aber wenn schon der Rückzug in die Objektivität der Wissenschaft eine gefährliche Sache ist, so wäre es noch katastrophaler, wenn man von der Wissenschaft erwartet, daß sie zu jenen verlockenden Lehren von Gestern zurückführt, die so klare und unzweideutige Lösungen für die bedrängenden Probleme unserer Zeit anzubieten scheinen. Diejenigen, die sich immer wieder auf die bleibende Gültigkeit der biblischen Wahrheit beriefen, haben lange genug die Worte Jesu als Rezeptbuch für individuelle Moral und Frömmigkeit mißbraucht. Wenn heute radikale Moralisten einer neueren Sorte ihre inbrünstige Opposition zu den bestehenden Strukturen und Institutionen der Gesellschaft durch den Hinweis auf Jesu Predigt von der Gottesherrschaft zu beglaubigen suchen, so hat das keineswegs größere Überzeugungskraft. „Relevanz" ist nicht unbedingt ein brauchbarer Maßstab für die Gültigkeit der Ergebnisse wissenschaftlicher Arbeit. Überdies lohnt sich der ungeheure Aufwand an Zeit und Kraft, den die wissenschaftliche Arbeit erfordert, ja überhaupt nicht, wenn man historisches Material lediglich als Verzierung für eine Ansicht benutzen will, die einem bereits als einfältige Lösung eines gegenwärtigen Problems zur Verfügung steht.

Man muß einfach die Tatsache zur Kenntnis nehmen, daß die Fragen unserer Zeit vielschichtig und verwirrend sind und daß man sie nicht durch den

Rückzug auf vorwissenschaftliche Lehren und Symbole, noch auch durch den Rückgriff auf die Ergebnisse der Geschichtswissenschaft einer früheren Zeit lösen kann. „Relevanz" kann sich nur dann ergeben, wenn man den Mut hat, sich in ein Nachzeichnen von Entwicklungslinien hineinzuwagen, in dem die Verflechtung historischer Entwicklungen in Rechnung gestellt wird.

Mir ist die Aufgabe zugefallen, in diesem Schlußkapitel für den nächsten Schritt auf dem mit diesen Aufsätzen eingeschlagenen Wege die Richtung anzugeben. Da es sich bei unseren Aufsätzen um Versuche handelt, ist es natürlich unmöglich, die Ergebnisse weiterer Versuche ähnlicher Ausrichtung vorauszusagen. Aber ein paar Hinweise, die nicht ohne Belang sein mögen, lassen sich geben, und ein paar Probleme können erwähnt werden.

I. Neue Maßstäbe für die Einteilung der frühchristlichen Literatur

Die Unterscheidungen zwischen kanonischer und nichtkanonischer, rechtgläubiger und häretischer Literatur sind überholt. Die klassische „Einleitung in das NeueTestament" hat ihre wissenschaftliche Berechtigung verloren. Man kann eigentlich nur noch von einer „Geschichte der frühchristlichen Literatur" reden. Aber die Maßstäbe für die Untersuchung und Bewertung dieser Literatur neu zu definieren, ist eine Aufgabe, deren Lösung uns noch bevorsteht. Ohne Zweifel hat die Formgeschichte auch ein neues Bewußtsein für die Frage verschiedener Literatur*gattungen* wachgerufen; der am deutlichsten sichtbare Fortschritt ist hier in jüngster Zeit im Hinblick auf die Evangelien gemacht worden, die in ihrer Eigenart als literarische Produkte besser erfaßt worden sind. Aber obgleich mehrere Aufsätze in diesem Band unmittelbar zu dieser Frage beitragen wollen, so hat unsere Arbeit doch zugleich unsere Erkenntnis der Schwierigkeiten verschärft.

Das „Evangelium", das zunächst so eindeutig als ursprüngliche christliche Literaturgattung erschien, hat sich mehr und mehr als eine recht vielschichtige Literaturform erwiesen, zu der nichtchristliche Gattungen wesentliche Beiträge geleistet haben. Jedoch bedürfen diese Beziehungen weiterer Untersuchung. Die Gattung „Logoi" ist diejenige, die sich am deutlichsten in ihrer von jüdischen Vorbildern ausgehenden Entwicklung heraushebt: sie entstand aus den „Worten der Weisen". Aber andere Gattungen, die in gleicher Weise die Form des „Evangeliums" prägten, haben einer genaueren Definition bisher widerstanden.

Die Literatur, die sich mit dem „göttlichen Menschen" beschäftigt, also die Aretalogie, ist vielgesichtig und erscheint in ganz verschiedenen Kulturzusammenhängen; sie schließt solche Schriften wie Philos Vita Mosis ebenso ein wie Philostratus' Apollonius und die Alexanderlegende, um nur einige wenige Beispiele zu nennen. Wenn man sich daran macht, die mündlichen Überlieferungen zu untersuchen, die dieser Literatur zugrunde liegen, sowie auch die

Kulturbedingungen und die religiöse oder politische Abzweckung, die zu ihrer Abfassung führten, in Betracht zu ziehen, so werden wohl viel enger verschlungene Beziehungen zwischen dem Christentum und der Kultur seiner Zeit hervortreten als man allgemein annimmt. Eine solche Untersuchung müßte auch die hagiographische Literatur der alten Kirche mit einbeziehen, denn dort ist die Abhängigkeit von heidnischen Vorbildern besonders deutlich.

Nicht weniger bringt uns die Frage der Gattung der Apokalypse oder des Offenbarungsevangeliums in Verlegenheit. Sie ist ganz sicher aufs engste mit der jüdischen Literatur verwandt. Aber eine weitere Klärung dieser jüdischen Literatur und der Vorbilder, die ihre Komposition beeinflußt haben, ist erforderlich. Die Beziehung dieser Literatur zu den prophetischen Büchern des Alten Testaments, zur Entwicklung des Bundesformulars, zur Gattung des „Testaments" und schließlich zur Auslegungstradition der „Schrift" muß in die Untersuchung des Hintergrundes der christlichen Gattung des Offenbarungsevangeliums einbezogen werden. Die größeren Schwierigkeiten liegen jedoch woanders: welchen Beitrag haben frühchristliche Propheten, ihre Wirksamkeit und die Aufbewahrung und Weitergabe ihrer Aussprüche, zur Entstehung dieser christlichen Literaturgattung geleistet? Ohne Zweifel war dieses Phänomen, das in den Bereich der mündlichen Überlieferung gehört, ein wesentliches Moment in der christlichen Umformung der literarischen Gattung der Apokalypse. Schließlich gehört auch die bunte Mannigfaltigkeit der gnostischen Offenbarungen in den Zusammenhang einer Untersuchung dieser Gattung. Die Entwicklungslinie, die hier neue Durchblicke verschaffen soll, muß den gesamten Bereich literarischer Produktion vom alttestamentlichen Buche Ezechiel bis zur gnostischen Pistis Sophia und vom Genesis Apokryphon bis zu den hinter die Schöpfungsgeschichte zurückgehenden Spekulationen des Apokryphon des Johannes umfassen.

In einer solchen Untersuchung wird man darauf achten müssen, daß die christliche Gattung der Apokalypse nicht etwa als eine gradlinige Fortsetzung einer bereits bestehenden und schon festgelegten Literaturgattung des Judentums angesehen werden kann. Das allgemein angenommene Schema einer Entwicklung von der jüdischen zur christlichen und von der christlichen zur gnostischen Literatur ist nicht überzeugend. Freilich, die älteren jüdischen Apokalypsen gehen den Anfängen des Christentums zeitlich voraus. Aber die typische jüdisch-apokalyptische Literatur (4. Esra, syr. Baruch, usw.) entstand zur gleichen Zeit, in der die ersten christlichen apokalyptischen Schriften (die synoptische Apokalypse, die Offenbarung des Johannes, der Hirte des Hermas) sowie auch höchstwahrscheinlich die ältesten gnostischen Offenbarungsbücher (Apokryphon des Johannes) geschrieben wurden, nämlich in der zweiten Hälfte des ersten Jahrhunderts und in der ersten Hälfte des zweiten Jahrhunderts n. Chr. Es scheint also, daß Judentum, Christentum und Gnosis Schriften derselben Gattung gleichzeitig hervorgebracht und entwickelt haben. Gemeinsamkeiten mögen daher nicht einfach nur durch das

Teilhaben an den gleichen literarischen Konventionen verursacht sein, sondern auch durch den Einfluß derselben kulturellen Bedingungen, durch die diese Zeit charakterisiert war. Auf der anderen Seite ließen sich Unterschiede aus den besonderen religiösen Erfahrungen und Überzeugungen erklären, die jeweils vorherrschten und die vor allem in nichtliterarischen Symbolen und Überlieferungen sichtbar sind, in denen sich die grundlegenden Maßstäbe des Glaubens darstellen.

Die Erfahrungen der christlichen Kirche haben hier und auch sonst eine neue und kräftige mündliche Überlieferung hervorgebracht. Diese mündliche Überlieferung unterscheidet sich in ihrem Charakter recht deutlich von der mündlichen Überlieferung des rabbinischen Judentums, denn sie ist nicht in erster Linie durch den Wunsch motiviert, einer glaubwürdigen Auslegung der Schrift eine bestimmte Gestalt zu geben; vielmehr entspringt die christliche mündliche Überlieferung einer neuen religiösen Erfahrung, die mit solchen Symbolen wie „Auferstehung", „Geist" und „Neuer Bund" beschrieben werden kann. Die Formulierung dieser Erfahrung, gewöhnlich Glaubensbekenntnis oder Symbol genannt, geht der Übernahme bestehender Literaturformen und der Schaffung neuer Literaturgattungen zeitlich und sachlich voraus. Daher erfordert die systematische Beschreibung der Entwicklung solcher literarischer Gattungen eine gleichzeitige Untersuchung der Entfaltung jener Glaubensanschauungen, die in formulierten Bekenntnissen und Symbolen belegt sind.

Es läßt sich z. B. zeigen, daß die Gattung der Apologie im ganzen gesehen vom hellenistischen Judentum übernommen worden ist. Man hat außerdem darauf hingewiesen, daß etwas später auch die philosophische Literaturgattung des Protreptikus die christliche apologetische Literatur unmittelbar beeinflußt hat (vgl. Aristoteles, Ciceros Hortensius). Aber das wichtigste Element in der Bildung christlicher Apologien war das Glaubensbekenntnis der rechtgläubigen Kirche, das zu jener Zeit in der Entwicklung begriffen war. Bereits zur Zeit Justins des Märtyrers lieferte das Glaubensbekenntnis den allgemeinen Aufriß für die Hauptabschnitte christlicher apologetischer Schriften. Bei der lateinischen Umformung dieser Literaturgattung in die Rede des Anwalts der Verteidigung (Tertullian) war wiederum das Glaubensbekenntnis unverkennbar das wichtigste formgebende Moment der neuen Gattung.

Franz Overbecks Unterscheidung zwischen christlicher Urliteratur und patristischer Literatur wird vollends fragwürdig, wenn man auch noch den Einfluß des Glaubensbekenntnisses (oder besser: der mannigfaltigen Bekenntnisentwicklungen) auf die Formung späterer polemischer Schriften (Adversus Judaeos, Adversus Haereses, Adversus Marcionem) und auf die Entstehung theologischer Abhandlungen über bestimmte Themen (De resurrectione, De principiis, De anima – sowohl in der orthodoxen als auch jeweils in der gnostischen Form) mit in Betracht zieht. Die Trennung in die Fachgebiete „Einleitung in das Neue Testament" und „Patrologie" läßt sich nicht rechtfertigen. Die gleichen Entwicklungen des Glaubensbekenntnisses, die die apologetische

Literatur formten, schufen auch schon die Evangelien des neutestamentlichen Kanons. Umgekehrt sind die Einflüsse, die aus der jüdischen und heidnischen literarischen Produktion stammen, keineswegs in den Evangelien weniger bemerkenswert als in den apologetischen Schriften.

Es wäre verlockend, ähnliche Entwicklungslinien für die Gattungen der frühchristlichen Briefliteratur, für paränetische Schriften und Kirchenordnungen, und ebenso auch für die homiletische und Kommentar-Literatur zu umreißen. Die gleichen engen Beziehungen zwischen Christentum und Kultur, Kirche und Gesellschaft, christlicher Theologie und nichtchristlichem religiösen Denken, einschließlich der entsprechenden literarischen Produktion, würden dabei zum Vorschein kommen. Die üblichen Unterscheidungen zwischen kanonischer, apokrypher, patristischer und häretischer Literatur sind auch für diese Schriften ohne jeden Wert.

Es muß zur allgemein gültigen Regel werden, daß die Literatur der ersten drei christlichen Jahrhunderte als untrennbare Einheit behandelt wird. Es ist unmöglich, die Gattungen dieser Literatur und ihre Entwicklung zu beurteilen, man sei denn willens, Entwicklungslinien auszuarbeiten, in denen die Geschichte einer Gattung sowohl in ihrer christlichen wie in ihrer nichtchristlichen Gestalt in Betracht gezogen wird; auch darf man sich dabei nicht von den mehr oder weniger willkürlichen Einteilungen beeinflussen lassen, die traditionellen dogmatischen, polemischen und theologischen Urteilen entstammen.

II. Regional begrenzte christliche Kirchen und die unterschiedlichen kulturellen Bedingungen der römischen Zeit

W. Bauer hatte völlig recht, als er geographisch begrenzte Gebiete der Mittelmeerwelt in seiner Darstellung von Rechtgläubigkeit und Ketzerei heraushob. Ohne Zweifel wird eine weitere Sondierung der Frage regionaler Unterschiede der kulturellen und religiösen Entwicklungen bedeutsame Ergebnisse zeitigen.

Die Welt, die Rom von den hellenistischen Großreichen und Staaten erbte, war tiefgehend hellenisiert. Aber sie hatte nicht überall dasselbe Gesicht. Der Grad der Hellenisierung war in den einzelnen Gebieten recht unterschiedlich, und die neue römische Herrschaft war keineswegs darauf aus, überall die gleichen Bedingungen zu schaffen. Das Problem der regionalen Unterschiede wird noch weiter kompliziert durch die Tatsache, daß die Unterschiede zwischen den Städten und den ländlichen Gegenden ebenso wie die zwischen den oberen und unteren Schichten der Bevölkerung in bezug auf Erziehung und religiöse Orientierung recht erheblich waren.

Selbst wenn man die wohlbekannte Tatsache ernst nimmt, daß die christliche Mission ihren größten Erfolg bei den unteren Schichten der Stadtbevölkerung hatte, so hat man damit noch kein genaues und profiliertes soziologisches Bild der frühen Christenheit gewonnen. Der religiöse, kulturelle und ethnische Pluralismus der hellenistischen und römischen Zeit war sehr viel komplizierter. Was not tut, ist eine genauere Untersuchung der besonderen sozialen und kulturellen Bedingungen in jenen Gegenden und Orten, die eine entscheidende Rolle für die Formung der christlichen Mission und für die Bildung der christlichen Gemeinden spielten.

Am Beispiel des westlichen Kleinasiens lassen sich einige Gesichtspunkte dieser Aufgabe verdeutlichen. Es handelt sich hier um ein Gebiet, das eine einheimische griechische Bevölkerung besaß, die lange Zeit unter persischer Herrschaft gelebt hatte. Orientalische Einflüsse waren sicher vorhanden; aber ebenso hatten sich lokale (besonders lydische und phrygische) kulturelle und religiöse Traditionen in ungebrochener Kraft erhalten. Gleichzeitig hatte die römische Provinz Asien aber auch eine verhältnismäßig starke jüdische Bevölkerung, die bereits seit der persischen Zeit dort fest ansässig war. Die Ausgrabungen in Sardes haben gezeigt, daß die jüdische Bevölkerung in dieser Stadt noch bis ins vierte und fünfte christliche Jahrhundert hinein eine größere Rolle gespielt haben muß. Es läßt sich zeigen, daß die Sprache dieser Juden griechisch gewesen sein muß; sie waren hellenisiert, aber nicht notwendigerweise einem religiösen Synkretismus erlegen, wohl auch kaum in ihrer religiösen Ausrichtung den berühmten alexandrinischen Juden der frühchristlichen Zeit vergleichbar. Die Zeugnisse für das Judentum Kleinasiens sind kürzlich von Thomas A. Kraabel in seiner Harvard-Dissertation (1968) gründlich untersucht worden; ins Einzelne gehende Untersuchungen dieser Art sind auch für andere Gebiete erforderlich. Es stellt sich dabei unter anderem heraus, daß die traditionelle Unterscheidung von palästinischem und hellenistischem Judentum nicht nur im Blick auf die tatsächlichen Verhältnisse in Palästina eine unerlaubte Vereinfachung ist; diese Einteilung übersieht auch die regionalen Unterschiede innerhalb des Judentums der Diaspora.

Untersuchungen der regionalen Besonderheiten müssen sich vor allem mit der Rolle und Lage der jüdischen Gemeinden beschäftigen; nicht nur religiöse, sondern auch soziale und politische Gesichtspunkte sind dabei zu berücksichtigen. Es ist ja in zunehmendem Maße deutlich geworden, daß so gut wie alle sogenannten „hellenistischen" Einflüsse, die das frühe Christentum aufnahm, durch die Kultur und Religion des hellenisierten Judentums jener Zeit vermittelt worden waren. Die Aufmerksamkeit darf sich daher nicht in einer solchen Weise auf die „hellenistischen" Züge im frühen Christentum richten, als seien diese von den typisch „jüdischen" Zügen in bezug auf ihre unmittelbare Herkunft streng zu unterscheiden. Im Gegenteil, das gleichzeitige Auftreten von „jüdischen" und „hellenistischen" Elementen in ein und derselben frühchristlichen Schrift ist meist ein deutlicher Beweis für den kulturellen und religionsgeschichtlichen Hintergrund des frühen Christentums: er ist im Judentum zu suchen und in den verschiedenen Graden seiner Hellenisierung und Angleichung an die Kultur der griechisch-römischen Welt.

Neue und andersartige Ausprägungen des Christentums entwickelten sich dort, wo entweder die Hellenisierung des Judentums nur ganz oberflächlich war, oder wo es keine nachweisbare Verbindung zwischen den Anfängen des Christentums und jüdischen Gemeinden gab. Das erstere trifft offenbar auf das östliche Syrien zu. Unsere Aufsätze haben auf die Anfänge des Christentums in diesen östlichen Gebieten, die nur während begrenzter Zeiträume unter römischer Herrschaft waren, einige Aufmerksamkeit verwandt. Auf der anderen Seite steht hier die Bildung des entschieden westlich geprägten Christentums; seine Anfänge sind in einem Teil des römischen Reiches zu suchen, der offenbar nur eine relativ kleine jüdische Diaspora besaß: in der römischen Provinz Afrika.

Über die ersten Anfänge christlicher Gemeinden in Karthago und Nordafrika wissen wir so gut wie gar nichts. Es gibt keinerlei Anhaltspunkte für die Annahme, daß die Anfänge in Afrika der Entstehung christlicher Gemeinden in Kleinasien und Rom entsprochen haben müssen. Sowie nordafrikanische Gemeinden am Ende des zweiten Jahrhunderts n. Chr. in das Licht der Geschichte treten, erscheinen sie als typisch „westliche" christliche Kirchen, die lateinisch sprechen und schreiben, verhältnismäßig wenige hellenistische Züge hervortreten lassen und kaum Spuren einer judenchristlichen Vergangenheit tragen.

Der Unterschied zu den Anfängen der römischen Gemeinde ist auffallend. Der älteste Beleg für die römische Christenheit (der Römerbrief des Paulus) weist auf einen jüdischen Nährboden der christlichen Gemeinde in jener Stadt. Alle weiteren Belege aus den ersten beiden Jahrhunderten des Bestehens der römischen Gemeinde lassen ein typisch „westliches" Gepräge seltsamerweise vermissen, sondern weisen eher auf die Kultur einer Weltstadt hin, die Rom zu jener Zeit auszeichnete. Der 1. Clemensbrief und der Hirte des Hermas sind freilich angefüllt mit nur oberflächlich christianisierten jüdischen Überlieferungen; sie könnten von einem hellenisierten Juden an irgendeinem beliebigen Ort der griechisch sprechenden Welt abgefaßt worden sein. Im zweiten Jahrhundert kamen alle einflußreichen „römischen" Theologen aus dem Osten; Justinus Martyr aus Samaria, Tatian aus Assyrien, Marcion aus Pontus, Valentinus aus Ägypten, der Monarchianer Theodotus aus Byzanz; im frühen dritten Jahrhundert war es kaum anders: Praxeas kam aus Kleinasien, Sabellius aus Lybien; sogar Hippolyt, der erste wirklich bedeutende „römische" Theologe, kam wahrscheinlich aus Kleinasien und war überdies in jeder Hinsicht ein typisch griechischer Schriftsteller. Tatsächlich war ja das Griechische für fast alle römischen Theologen der ersten Jahrhunderte die literarische Sprache schlechthin.

Der Geburtsort des lateinischen Christentums war nicht Rom, sondern Nordafrika. Wir kenen nur zwei Römer jener Zeit, die lateinisch geschrieben haben: Minucius Felix, dessen Dialog Octavius die erste lateinisch geschriebene Apologie war (es sei denn, daß man doch Abhängigkeit von Tertullian annehmen muß), und der römische Bischof Victor (189–199 n. Chr.). Beide Männer stammten aus Nordafrika! Das Lateinische muß bereits in der zweiten Hälfte des zweiten Jahrhunderts in der Kirche Nordafrikas auch als Schriftsprache in festem Gebrauch gewesen sein. Das älteste christliche Dokument in lateinischer Sprache, das wir besitzen, der Bericht von den scilitanischen Märtyrern (ca. 180 n. Chr.), zeigt, daß das Christentum sich bereits bis in die entlegeneren Gebiete des Landes ausgebreitet hatte; denn Scili war wahrscheinlich eine kleine Stadt in Numidien. Diese Schrift gibt auch einen Hinweis auf das Vorhandensein und den Gebrauch christlicher Schriften, wohl in lateinischer Sprache: „die Bücher (d. h. entweder die Evangelien oder das Alte Testament) und die Briefe des Paulus". Die älteste lateinische Übersetzung des Neuen Testamentes (die Vetus Latina) muß in der nordafrikanischen Christenheit entstanden sein. Ihr zur Seite stand eine lateinische Übersetzung des Alten Testaments (sie wird spätestens in den Zitaten Cyprians deutlich sichtbar). Das heißt doch wohl, daß die griechische Kultur, wie sie durch das hellenistische Judentum vermittelt worden war und in seiner heiligen Schrift, nämlich in der griechischen Übersetzung des Alten Testamentes, seinen Ausdruck gefunden hatte, in Nordafrika eine weit geringere Rolle gespielt hat als in Rom. Daß die lateinisch sprechende Christenheit in der römischen und phönizischen Bevölkerung Nordafrikas einen festen Platz gefunden hatte, war von erheblicher Konsequenz. Es ist hier nicht nötig, weitere Bemerkungen über die Folge bekannter und erhabener lateinischer Theologen Afrikas in den folgenden Jahrhunderten anzufügen (Tertullian, Cyprian, Lactantius, Arnobius, Augustinus).

Diese Hinweise auf Kleinasien, Ostsyrien und Afrika wollen nur den engen Zusammenhang zwischen besonderen Ausprägungen der Entwicklung des Christentums und der kulturellen Eigenart begrenzter geographischer Gebiete veranschaulichen. Wir haben zwar gelernt zwischen verscheidenen Zeitabständen in der christlichen Geschichte der ersten Jahrhunderte zu unterscheiden. Ebenso setzt sich allmählich die Erkenntnis durch, daß Erscheinungen der Religionsgeschichte hellenistischer und römischer Zeit erst genauer datiert werden müssen, ehe sie dafür verwandt werden können, die gegenseitigen Beziehungen der christlichen, jüdischen und heidnischen Religion zu bestimmen. Es ist aber ebenso notwendig, unsere Untersuchungen schärfer auf die besonderen Bedingungen einzustellen, die begrenzte geographische Gebiete kennzeichnen. Nur so läßt sich die wechselseitige Beeinflussung von Christentum und Kultur in der Antike besser begreifen. Entwicklungslinien müssen so nachgezeichnet werden, daß sich Bewegungen und Veränderungen sowohl an den zeitlichen als auch an den räumlichen Koordinaten ablesen lassen.

III. „Jesus von Nazareth" und die kulturellen Bedingungen der Spätantike

Daß die Voraussetzungen unserer eigenen Kultur in Frage gestellt werden müssen, wenn wir Texte interpretieren, die aus der Perspektive einer anderen Kultur geschrieben worden sind, ist fast eine Binsenweisheit. Es ist ebenso keine Frage, daß Hang, Neigung und Vorurteil der Kultur, Religion und Ideologie der griechisch-römischen Welt, sofern sie von den Schriften des frühen Christentums geteilt werden, dadurch nicht zur christlichen Norm erhoben werden können, sondern kritisch geprüft werden müssen.

Das hermeneutische Problem hat es mit der Übersetzung zu tun, die durch die Verschiedenheit der „Sprachen" notwendig gemacht wird. Aber das hermeneutische Problem ist noch nicht in seinem vollen Ausmaß aufgeworfen, wenn es nur als Problem der Sprache und der Übersetzung verstanden wird, d. h. wenn man es nur als die Umsetzung einer religiösen Wahrheit oder einer theologischen Einsicht von einem Sprachzusammenhang in den anderen versteht. Solange man imstande war, einen klar formulierten Ausgangspunkt vorauszusetzen, also etwa das Urkerygma oder den biblischen Christus, mochte das noch so hingehen. Hermeneutik wäre dann die Untersuchung von neuen Weltanschauungen oder von neuen religiösen Lehren, durch die eine ursprünglichere, klarer gefaßte religiöse Wahrheit verändert worden sein könnte. Die Wahrheit des Urkerygmas kann dann als Maßstab dienen. Aber dieses hermeneutische Verfahren hat das Problem des historischen Jesus noch gar nicht richtig in den Blick bekommen.

Jesus von Nazareth war ein Mensch, der den Zufälligkeiten und Bedingungen der Geschichte voll und ganz unterworfen war. Es gibt keinen Ausweg, auf dem man dieser Tatsache entrinnen kann, um sich dann etwa des Besitzes einer ursprünglichen Formulierung einer offenbarten Wahrheit zu rühmen, die irgendwie weniger der Ungewißheit und weniger der historischen Zufälligkeit unterliegt als das Leben, die Worte und die Taten des lediglich historischen Menschen Jesus. Zudem führt die Geschichtswissenschaft auch noch zu der Einsicht, daß es recht vielschichtige und unterschiedliche Typen von Glaubensbekenntnissen und Kerygmata gibt, die jeweils nur eine begrenzte Einsicht in das Wesen von Jesu Leben und Wirken geben. Dabei ist es nicht nur so, daß schon die Sprache der ältesten Bekenntnisformeln als solche historisch bedingt ist; vielmehr sind auch diese ältesten Bekenntnisse selbst durch die mehrdeutige Vielschichtigkeit des historischen Phänomens des irdischen Jesus bestimmt.

Das heißt freilich nicht, daß die Frage des historischen Jesus für den Historiker ein völliges Rätsel bleiben muß. Im Gegenteil, die Wissenschaft hat in jüngster Zeit hier so manchen nicht zu bezweifelnden Fortschritt zu verzeichnen. Der Fortschritt besteht einerseits im Hinblick auf die Anzahl verhältnismäßig sicherer Ergebnisse, und andrerseits auch im Hinblick auf die bessere Erkenntnis der gesetzten Grenzen für ein solches Unternehmen, – Grenzen, die sich einfach aus dem Charakter des verfügbaren Materials ergeben.

Es ist jedoch heute so, daß unsere historischen Fragestellungen und Einsichten jenen Problemen parallel sind, die sich in dem Bemühen der urchristlichen Glaubensbekenntnisse widerspiegeln, das Rätsel des irdischen Jesus von Nazareth zu lösen. Die geschichtliche Erkenntnis neigt heute dazu, bestimmte erratische Blöcke, die in den Quellen über Jesus enthalten sind, in den Mittelpunkt zu stellen; dieses Material ist gerade deshalb verhältnismäßig zuverlässig, weil es sich den Auffassungen und theologischen Ansichten der christlichen Schriften, die es – oft unbeabsichtigt – aufbewahrten, nicht recht fügt. Auf der anderen Seite werden für den Christen von heute gerade jene Bestandteile der früheren Überlieferung, die sich seiner Weltsicht und seiner kulturellen Ausrichtung nicht fügen, zur Herausforderung oder zum Stein des Anstoßes für seine religiösen Überzeugungen. Im Falle der Frage des irdischen Jesus kann das darauf hinauskommen, daß diese beiden Problemkreise konvergieren. Es ist die unzensierte Nachricht, die dem Historiker die Möglichkeit gibt, bestimmte Einzelheiten des Lebens Jesu und seiner Worte und Taten richtig einzuschätzen; es sind die gleichen Überlieferungen, die aber auch eine Herausforderung jeglichem theologischen Versuch gegenüber bleiben, Jesus von Nazareth irgendeinem vorgegebenen System einzufügen. Bezeichnend für solches Material sind Nachrichten wie diese: Jesus hatte ganz gewöhnliche menschliche Eltern, Joseph und Maria; er wurde von Johannes getauft, den er selber den Größten unter den Menschen nannte; er pflegte Tischgemeinschaft mit Dirnen und Zöllnern; er verlangte, daß jeder seine Feinde lieben müsse; er wurde unter Pontius Pilatus ans Kreuz geschlagen. Es sind nicht die erhabenen religiösen Gedanken, nicht die großen und wunderbaren Taten und nicht die Predigt tiefer göttlicher Wahrheiten, die zum Stein des Anstoßes für den Glaubenden werden. Im Gegenteil! Der Glaubende nimmt Anstoß an der menschlichen Wirklichkeit Jesu, denn dies ist die Wirklichkeit, für die er selbst haftbar gemacht werden kann.

Das hermeneutische Problem ist hier das Problem eines Widerstreits. Auf der einen Seite dieses Widerstreits steht ein vereinzeltes historisches Ereignis, nämlich das Leben Jesu, seine Worte und Taten und sein Tod. Auf der anderen Seite stehen die kulturellen und religiösen Erwartungen und Ideologien, die in der jeweiligen kulturellen Situation zur Verfügung stehen, um den Sinn des Lebens zum Ausdruck zu bringen. Dieser Widerstreit muß dem Historiker als das wichtigste Problem der Beziehung zwischen Jesus und der frühchristlichen Geschichte erscheinen. Er ist aber auch die zentrale Frage für den Theologen, der sich ja der Frage von Rechtgläubigkeit und Ketzerei stellen muß, mit anderen Worten, er muß sagen können, ob verschiedene mögliche Lösungen dieses Widerstreits redlich und angemessen sind. Für den Christen ist dieser Widerstreit von entscheidender Bedeutung; denn die Strukturen des

Widerstreits sind die gleichen wie ehedem, solange der christliche Glaube überhaupt „Glaube an Jesus" bleibt.

Man kann das geschichtliche Problem des frühen Christentums unter dem Gesichtspunkt der Geschichte von Rechtgläubigkeit und Ketzerei sehen, oder als eine Geschichte menschlicher Versuche, Jesus nachzufolgen, oder auch als eine Auseinandersetzung zwischen „Jesus" und der Kultur jener Zeit: wir haben es immer mit dem hermeneutischen Problem einer Spannung zu tun. Es ist die Spannung zwischen dem vereinzelten historischen Ereignis Jesus in all seiner Zufälligkeit und der Abfolge verschiedener Sprachwelten, in denen dieses Ereignis jeweils neu zum Ausdruck kommen mußte. Es gab paradoxe Lösungen wie diejenige des Paulus, der darauf bestand, daß er nur in der Rolle des Narren von seinem Besitz göttlicher Macht in Schwachheit reden konnte. Es gab auch radikale Lösungen wie die des christlichen Asketen, der wahre Jüngerschaft mit einer vollständigen Loslösung von Kultur und Gesellschaft gleichsetzte. Und es gab vernünftige Lösungen wie die Forderung der Apologeten, ein Bündnis zwischen der christlichen Botschaft und der Kultur ihrer Umwelt herzustellen, jedoch ohne einen Kompromiß mit politischer Macht einzugehen.

In der Untersuchung dieser Geschichte und in der Darlegung der Strukturen dieses Widerstreits und der Strömungsrichtung seines sprachlichen Gefälles ist die Aufgabe des Historikers mit der des Theologen und des Auslegers identisch. Das Nachzeichnen solcher Entwicklungslinien soll dazu führen, daß der theologische Horizont der Welt des frühen Christentums, ebenso wie der unserer eigenen Welt und unseres eigenen Daseins, in den Blick kommen kann. Die Aufgabe, den Widerstreit des heutigen christlichen Daseins in entsprechender Weise kritisch darzustellen, würde über den Rahmen der in diesem Band skizzierten Entwicklungslinien hinausgehen, ist aber völlig im Einklang mit ihrer Absicht – es ist in der Tat das Ergebnis, auf das sie zielen.

REGISTER

In den folgenden Registern wird oft durch eine hochgestellte Ziffer auf Anmerkungen verwiesen. Erscheint jedoch eine Stelle oder ein Autor mehrfach in Text und Anmerkungen der betreffenden Seiten, so ist die Anmerkungsziffer fortgelassen.

a) AUTOREN

b) SACHEN UND NAMEN

c) STELLEN

Altes Testament

Frühchristliche Literatur

Griechische und römische Literatur